Witt · Göbe: webEdition

open source PRESS

R. Moertl

11.2012

D1996845

Andreas Witt ▪ Thomas Göbe

webEdition

CMS ▪ eCommerce ▪ Online-Marketing

Bibliografische Information Der Deutschen Nationalbibliothek

Die Deutsche Nationalbibliothek verzeichnet diese Publikation in der Deutschen Nationalbibliografie; detaillierte bibliografische Daten sind im Internet über http://dnb.d-nb.de abrufbar.

Gesamtlektorat: Dr. Markus Wirtz
Lektorat: Franz Mayer
Satz: Open Source Press (LaTeX)
Umschlaggestaltung: Olga Saborov
Gesamtherstellung: Kösel, Krugzell

ISBN 978-3-941841-79-6 http://www.opensourcepress.de

Inhaltsverzeichnis

Vorwort

Das erste Buch über das Open Source Content Management System webEdition trägt den Untertitel „CMS – eCommerce – Online-Marketing“ und bringt damit das große Funktionsspektrum der Software zum Ausdruck. Wir machen keinen Hehl daraus: Wir sind von webEdition begeistert! Mit unserer Dokumentation möchten wir Sie an dieser Begeisterung teilhaben haben lassen und Ihnen bzw. Ihrem Unternehmen vielleicht ganz neue Perspektiven eröffnen.

Im Vergleich zu vielen anderen Open-Source-Projekten blickt webEdition auf eine ebenso lange wie bewegte Geschichte von mehr als zehn Jahren zurück. Seit November 2009 ist die Software Open Source und wird von dem gemeinnützigen webEdition e.V. weiterentwickelt. Wir haben die Historie für Sie ein wenig aufbereitet (siehe Anhang A), damit Sie einen Eindruck davon bekommen, mit was Sie es eigentlich zu tun haben.

Mit unserem Buch richten wir uns in erster Linie an Anwender, Integratoren/Administratoren und Web-Entwickler, die webEdition bereits einsetzen oder einsetzen möchten. Daher geht es neben den Basisfunktionen und Systemkonzepten vor allem um Praxisbeispiele. Sie gewinnen so einen umfassenden Überblick über das System wie auch bewährte Umsetzungsstrategien, die sich hoffentlich auf die von Ihnen zu bewältigenden Szenarien übertragen lassen.[1]

Es ist uns wichtig, webEdition nicht losgelöst von künftigen Entwicklungen im CMS-Markt und anderen Content Management Systemen zu betrachten, so dass Sie immer wieder auf „Prognosen“ oder Vergleiche mit der Konkurrenz stoßen. Insofern versteht sich unser Buch auch als Entscheidungshilfe im Vorfeld strategischer Entscheidungen; Struktur, Pflege, Aufbereitung und Präsentation von Unternehmensdaten und insbesondere des Ihren Kunden angebotenen Contents können entscheidend für Ihren unternehmerischen Erfolg sein. Eine gute Entscheidungsgrundlage, die die Vorteile, aber eben auch Unzulänglichkeiten einer komplexen Software be-

1 Feature-Listen und Argumentationshilfen hält auch die offizielle Website bereit: `http://www.webedition.org/de/webedition-cms/vorteile-fuer-agenturen-entwickler.php` bzw. `http://www.webedition.org/de/webedition-cms/vorteile-fuer-anwender.php`.

schreibt, kann dabei hilfreich sein – diese Hilfestellung möchten wir Ihnen geben.

Begleitend zum Buch ist die Website `http://www.webedition-buch.de` entstanden, die als Demo-Projekt dient und dieses zugleich zum kostenlosen Download zur Verfügung stellt. So können Sie die im Buch vorgestellten Beispiele direkt in Ihrer webEdition-Installation nachvollziehen. Anwender, die nur über geringe Erfahrungen verfügen, erhalten einen schnellen und unkomplizierten Einstieg. Auf der Website stellen wir auch die im Buch beschriebenen Code-Beispiele als Download bzw. für einfaches Copy&Paste bereit.[2]

Das Vorwort ist auch der geeignete Ort für Danksagungen. Besonderer Dank gilt unseren Familien, die uns den nötigen Freiraum geschaffen haben, dieses Projekt zu realisieren. Dank gebührt den webEdition Core-Entwicklern, die von uns gefundene Fehler sehr schnell beseitigt haben.

Vielen Dank auch unserem Verleger Markus Wirtz und Herrn Franz Mayer, dem Lektor des Buches, die inhaltlich, sprachlich und terminlich zum Gelingen beigetragen haben.

Wir möchten Sie nun nicht länger auf die Folter spannen, wünschen Ihnen viel Spaß mit dem ersten Buch zu webEdition und freuen uns über Ihre Rückmeldungen auf `http://www.webedition-buch.de/de/kontakt/`.

Andreas Witt — Thomas Göbe

[2] `http://www.webedition-buch.de/de/buchinhalte/downloads.php`

Kapitel

1

Vom Content Management zum Web Management

Bevor wir uns mit dem praktischen Einsatz von webEdition und der Realisierung von Web-Projekten befassen, beginnen wir mit einem theoretischen Exkurs zu den Themen *Content Management* und *Experience Management*, denn bei der Umsetzung von IT- bzw. Web-Projekten ist neben der Bestimmung von Zielen die technische Anforderungsanalyse[1] (besonders bei E-Commerce-Websites) und die damit verbundene Systemauswahl von Bedeutung.

Die technische Analyse sollte bereits in der Konzeptionsphase erfolgen und setzt ein Verständnis von System- bzw. Softwaregattungen – wie etwa Content-Management-Systeme, Dokumenten-Management-Systeme und Application Server – voraus. Zur Klärung und für ein gemeinsames Verständnis dieser und verwandter Begriffe werden wir uns nachfolgend mit den

1 Vgl. Grotenhoff, M.; Stylianakis, A. (2002): „Website-Konzeption – Von der Idee zum Storyboard", Galileo Press GmbH, Bonn, S. 9-29.

Grundlagen und Ausprägungen von Content Management und Experience Management näher befassen.

1.1 Was ist Content Management?

Content Management bezeichnet einen Prozess, der in erster Linie die Erstellung, Verwaltung und kontrollierte Veröffentlichung von Inhalten (*Content*) umfasst.[2] Im Zentrum dieses Prozesses steht der Content, der oft mit dem deutschen Wort *Inhalt* übersetzt wird. Da sich *Content* im Kontext von Content Management jedoch nicht nur auf Inhalte wie Text, Audio und Video beschränkt, sondern auch Informationen wie Autor, Titel, Schlagwörter, Beschreibungen etc. umfasst (*Metadaten*), ist diese Übersetzung nicht aussagekräftig genug. Anschaulicher wird es, wenn wir uns Content als eine Art Container mit den folgenden Eigenschaften vorstellen:[3]

- Inhalt (Text, Audio, Video etc.)
- Struktur (HTML, XML etc.)
- Layout (Anordnung der Inhalte)
- Formatierung (grafische Darstellung)
- Medium (Website, E-Mail, Print etc.)

Demnach bezeichnet Content eine Kombination aus Inhalten, die für das jeweilige Ausgabemedium (z. B. E-Mail oder Website) strukturiert, semantisch ausgezeichnet und anschließend an einem Raster (Layout) ausgerichtet dargestellt werden (Formatierung). Die Herausforderung des Content Managements besteht nun darin, die Gesamtheit des in einem Unternehmen befindlichen Contents zu verwalten und zu verarbeiten.

Mit Hilfe von *Content-Management-Systemen* (CMS) sollen die Herausforderungen des Content Managements bewältigt werden. Dabei soll das CMS die durch den *Content-Lebenszyklus* anfallenden Arbeitsschritte bestmöglich unterstützen. Der Content-Lebenszyklus, auch als *Content Life Cycle* bezeichnet, beschreibt den Lebenszyklus von Informationen auf Websites. Da die Wahl des CMS oft von Features beeinflusst wird, die den Content-Lebenszyklus nicht unterstützen, möchten wir diesen Prozess anhand der Abbildung 1.1 kurz erläutern.[4]

[2] Vgl. Nix, M. (2005): „Web Content Management – CMS verstehen und auswählen", Software & Support Verlag GmbH, Frankfurt, S. 15.

[3] Vgl. Koop, H. J.; Jäckel, K. K.; van Offern, A. L. (2001): „Erfolgsfaktor Content Management – Vom Web Content zum Knowledge Management", Vieweg Verlag, S. 8-11.

[4] Vgl. `http://www.contentmanager.de/magazin/artikel_5_der_content_life_cycle.html`

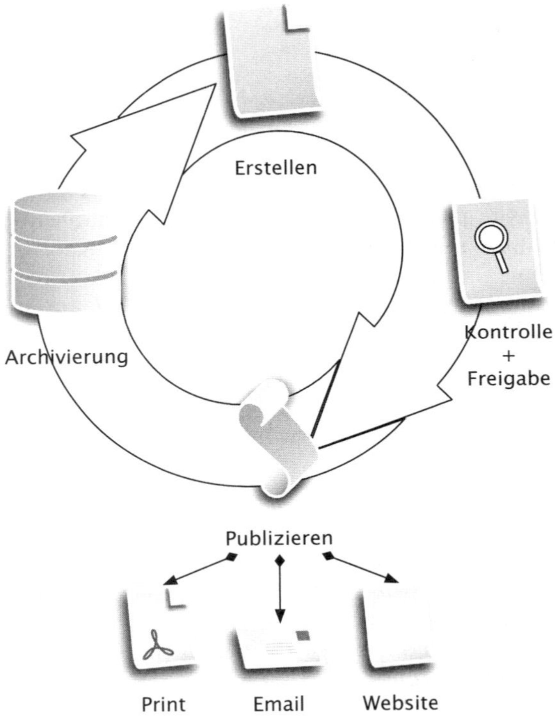

Abbildung 1.1: Content-Lebenszyklus

Der theoretische Ansatz gliedert den Content-Lebenszyklus in die fünf Phasen *Erstellung, Kontrolle, Freigabe, Publikation* und *Archivierung,* wobei wir *Kontrolle* und *Freigabe* gemeinsam betrachten.

Erstellung
: In dieser Phase generieren die beteiligten Autoren bzw. Redakteure die Inhalte, die später den Content auf der Website darstellen.

Kontrolle und Freigabe
: Die zuvor erstellten Inhalte werden auf Korrektheit geprüft und je nach Ergebnis für die Veröffentlichung freigegeben oder an den Autor bzw. Redakteur zur Überarbeitung zurückgewiesen.

Publikation
: Freigegebene Inhalte werden auf der Website (oder Intra- und Extranet) veröffentlicht.

Archivierung
Die Archivierung dient dem dauerhaften Zugriff auf die erstellten Inhalte und ermöglicht somit auch die interne Wiederverwendung des erstellten Contents. Abhängig von der Zielgruppe bieten extern (öffentlich) zugängliche Archive Such- und Filteroptionen.

Ein weiterer wichtiger Aspekt, den der Content-Lebenszyklus nicht erfasst, ist die Versionierung. Innerhalb der genannten Phasen ist in Abhängigkeit von der Größe des Redaktionsteams eine Versionierung unabdingbar. Dadurch wird sichergestellt, dass einzelne Arbeitsergebnisse der verschiedenen Redakteure nicht verlorengehen. Bei der Realisierung von Versionsmanagement-Systemen innerhalb eines Content Management Systems gibt es verschiedene Ansätze, die von *wird nicht unterstützt* über *integrierte statische oder dynamische Konzepte* bis hin zur *Anbindung externer Versionsmanagement-Systeme* reichen.

In den meisten Content Management Systemen findet sich der theoretische Ansatz des Content-Lebenszyklus konzeptionell wieder,[5] durch die nachfolgenden Systemkomponenten umgesetzt:

Asset Management
Zentraler Bestandteil jedes Systems ist das Asset Management[6] (siehe Abbildung 1.2). Dabei übernimmt das Asset Management die – idealerweise medienneutrale – Datenspeicherung aller digitalen Assets. Die zentrale Datenhaltung mittels Asset Management ermöglicht zum einen die Wiederverwendbarkeit der Assets und zum anderen die Versionierung.

Benutzerverwaltung und Zugriffssteuerung
Obwohl Benutzerverwaltung und Zugriffssteuerung separate Komponenten darstellen, arbeiten sie eng zusammen. Jedem Redakteur, der im CMS arbeitet, wird ein entsprechender Benutzer-Account zugewiesen, der wiederum mit einem Set an Rechten (z. B. Lesen, Schreiben, Löschen etc.) und einer bestimmten Sicht (definierter Zugriff auf CMS-Bereiche) verknüpft ist.

Workflow Management
Das Workflow Management als weiterer zentraler Bestandteil ermöglicht das dezentrale Bearbeiten der Assets. Basierend auf den Zugriffsrechten, wird mit dem Workflow Management ein Freigabeprozess umgesetzt, der den Zugriff, die Veröffentlichung und die Weitergabe von Assets innerhalb eines Redaktionsteams steuert. Die definierten

5 Vgl. Nix, M. (2005): „Web Content Management – CMS verstehen und auswählen", Software & Support Verlag GmbH, Frankfurt, S. 36-37.

6 Assets können als Content-Objekte mit einem bestimmbaren Nutzwert verstanden werden, z. B. ein PDF-Dokument zum Thema CMS.

Freigabeprozesse werden durch weitere Tools wie Benachrichtigungen und ToDo-Listen unterstützt.

Import- und Export-Schnittstellen
Durch die zunehmend dezentrale Datenhaltung im Internet ist die Integrationsfähigkeit eines CMS über Schnittstellen von wachsender Bedeutung. Durch Import- und Export-Schnittstellen wird sichergestellt, dass externe Datenbestände (z. B. Produktdaten aus Warenwirtschaftssystemen) genutzt und im CMS erfasste Daten (z. B. Kundendaten) an externe Systeme (z. B. CRM-Systeme) weitergeleitet werden.

Trennung von Inhalt, Layout und Navigation
Neben der medienneutralen Datenhaltung beim Asset Management ist die konsequente Trennung von Inhalt, Layout und Navigation von Bedeutung. Dadurch ermöglichen CMS, dass redaktionell oder über Schnittstellen angebundene Assets abhängig vom Anzeigemedium (Webseite, E-Mail, Print) optimal dargestellt werden – diese Aufgabe übernimmt die Template Engine (siehe Abbildung 1.2). Gleichzeitig ermöglichen Navigations-Tools die einfache (Um-)Strukturierung der Webseite ohne Programmierkenntnisse.

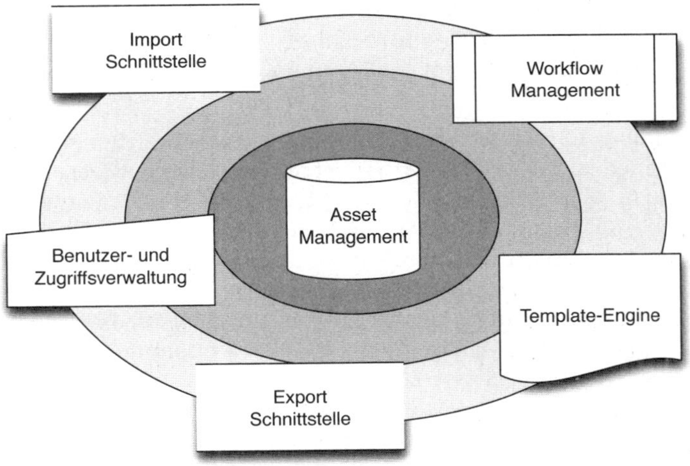

Abbildung 1.2: Schema eines Content Management Systems

Die genannten und in der Abbildung 1.2 dargestellten Systemkomponenten sind jedoch nicht allein auf die Abbildung des Content-Lebenszyklus zurückzuführen. Vielmehr entstehen Funktionen, Systemeigenschaften und Features eines Content Management Systems aufgrund funktionaler und nicht-funktionaler Nutzeranforderungen, wie z. B.:

- Unterstützung von Publishing- und Freigabeprozessen (Workflow Management)
- Speicherung von Bearbeitungsschritten als eigenständige Versionen (Versionierung)
- Bereitstellung von Vorlagen für unterschiedliche Seiten-Typen, z. B. Homepage, News etc. (Template Engine)
- Interne Suchfunktionen und Link-Management
- Modulare Erweiterbarkeit
- Anbindung externer Datenquellen und Informationsdienste (Import- und Export-Schnittstellen)
- Systemanforderungen (Webserver, Programmiersprache etc.)
- Entwicklungszyklen und Update-Intervalle

Obwohl alle Content Management Systeme ähnliche Zielsetzungen verfolgen (z. B. die Abbildung des Content-Lebenszyklus, Trennung von Inhalt und Layout etc.), gibt es zwischen den Systemen erhebliche Unterschiede. Diese Funktions- und Systemunterschiede sowie die stetig wachsende Zahl[7] an CMS führen zu einer Klassifizierung (vgl. Abbildung 1.3) in Enterprise Content Management Systeme, Web Content Management Systeme, Open Source Content Management Systeme, statische Systeme, dynamische Systeme usw. Gleichzeitig wird dadurch deutlich, wie facettenreich die Begriffe Content Management und Content Management Systeme eigentlich sind.

Die Abbildung 1.3 versucht die Bedeutung und die Beziehungen zwischen den verschiedenen *CMS-Klassen* zu veranschaulichen. Es zeigt sich, dass sich Content Management Systeme nicht nur im Funktionsumfang, sondern auch im Lizenzmodell unterscheiden. Allein durch die Lizenzmodelle ließe sich der Markt für Content Management Systeme aufwendig klassifizieren. Wir orientieren uns zunächst an der einfachen Einteilung *Kommerziell* und *Open Source*. Daneben gibt es natürlich auch Misch-Modelle, bei denen das Content Management kostenlos als Community-Edition und kostenpflichtig als Enterprise-Lösung oder das Basissystem kostenlos, jedoch Erweiterungsmodule kostenpflichtig angeboten werden. Letztgenannte Variante kommt auch beim CMS *webEdition* zum Einsatz: Das Basissystem (inkl. Module) ist kostenlos als Open Source Software erhältlich. Jedoch können Erweiterungen (sog. webEdition Apps) von Entwicklern sowohl kostenlos als auch kostenpflichtig angeboten werden. Hierauf werden wir in Abschnitt 6.3 genauer eingehen.

[7] Laut contentmanager.de gibt es mit Stand Dezember 2011 286 für den deutschsprachigen Raum relevante CMS: `http://www.contentmanager.de/itguide/marktuebersicht.html`

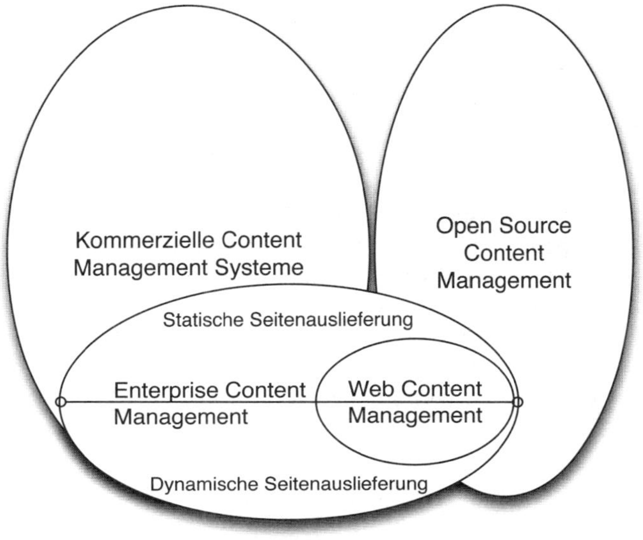

Abbildung 1.3: Klassifizierung von Content Management Systemen

Eine weitere CMS-Klasse sind die Enterprise Content Management Systeme (ECMS). Allein deren Spezifizierung füllt eine Vielzahl von Büchern. Da wir uns mit diesem Thema nicht in angemessener Tiefe befassen können, verweisen wir auf die weiterführende Literatur am Ende des Buches. Um dennoch ein allgemeines Verständnis für Enterprise Content Management zu vermitteln, bedienen wir uns einer oft genutzten definitorischen Beschreibung der AIIM[8] von 2003: „The technologies used to capture, manage, store, deliver and preserve information to support business processes."

Demnach soll es mit Enterprise Content Management Systemen möglich sein, alle strukturierten und unstrukturierten Daten eines Unternehmens zu erfassen, zu verwalten und für Unternehmensprozesse verfügbar zu machen. In diesem Zusammenhang wird Web Content Management als ein Bestandteil des Enterprise Content Managements verstanden, der sich vornehmlich auf die Realisierung von Web-Anwendungen bezieht. Zunehmend werden jedoch immer mehr Aufgaben[9] eines ECMS von Web Content Management Systemen wahrgenommen. Somit ist eine klare Abgrenzung zwischen den unterschiedlichen CMS-Klassen bereits heute und auch zukünftig kaum möglich.

8 `http://www.aiim.org`

9 Anwendungsfelder eines ECMS: Dokumentenmanagement, Collaboration, Web Content Management, Records Management und Workflow/Business Process Management (vgl. Nix, M. (2005): „Web Content Management – CMS verstehen und auswählen", Software & Support Verlag GmbH, Frankfurt, S. 105).

Eine weitere oft bei Web Content Management Systemen genutzte Klassifizierung ist die Art der Content- bzw. Seitenauslieferung. Hierbei wird grundsätzlich zwischen *statisch* und *dynamisch* unterschieden. Dynamische Systeme erzeugen die auszuliefernden Dokumente (z. B. Webseiten, PDFs etc.) bei jedem Aufruf dynamisch neu, indem die vom Website-Besucher angeforderten Inhalte aus der Datenbank abgefragt und mit der entsprechenden Vorlage verknüpft werden. Diese Technik hat vor allem bei der Personalisierung von Webseiten-Inhalten viele Vorteile. Statische Systeme generieren die auszuliefernden Dokumente bereits vor und legen sie als Datei auf dem Webserver ab. Dies hat den Vorteil, dass die Webseiten schneller aufgebaut werden. Darüber hinaus gibt es auch Content Management Systeme, die beide Ansätze vereinen (Hybride) – hierzu zählt auch das CMS webEdition. Dadurch können sowohl komplex personalisierte Webseiten realisiert als auch die Performance-Vorteile von statischen Webseiten (z. B. Impressum, AGB, Datenschutzbestimmungen etc.) genutzt werden.

Sollten wir nun eine Klassifizierung für webEdition vornehmen, würden wir es als (hybrides) Open Source Web Content Management System bezeichnen.

1.2 Was ist Experience Management?

Mit Customer Experience Management (CXM) tritt nach dem Customer Relationship Management (CRM) ein neuer Management-Ansatz hervor, der sich nicht allein mit der Kundenzufriedenheit und dem Kaufverhalten befasst. Im Gegensatz zu anderen Management-Ansätzen stellt CXM[10] den Kunden und nicht das Produkt in den Mittelpunkt, indem ganzheitliche positive Kundenerlebnisse bzw. Kundenerfahrungen geschaffen werden. Dies geschieht vor, während und nach dem Verkauf durch Informationen, Kommunikation und Service (vgl. Abbildung 1.4).

Vorrangiges Ziel des Customer Experience Managements ist es, mittels geeigneter unternehmensweiter Erlebnisstrategien (Events, Support, Markenerlebniswelten etc.) aus einem Kunden einen begeisterten Kunden zu machen. Demnach zielt CXM vor allem auf die Bereiche Marketing, Vertrieb, Kundenservice und Unternehmenskommunikation ab und versucht indirekte Effekte wie Word-of-Mouth-Marketing (Mundpropaganda) zu nutzen.

Unter Web Experience Management (WXM) ist der Bereich zu verstehen, der die Ziele und Anforderungen des Customer Experience Management Web-basiert umsetzt. Vereinfacht ausgedrückt, verbindet WXM neue Formen der Online-Kommunikation (z. B. Social-Media-Marketing) mit den klassischen Formen und dem Content Management.

[10] Vgl. Schmitt, B. H.; Mangold, M. (2004): „Kundenerlebnis als Wettbewerbsvorteil – Mit Customer Experience Management Marken und Märkte gestalten“, 1. Auflage, Gabler, Wiesbaden, S. 28-38.

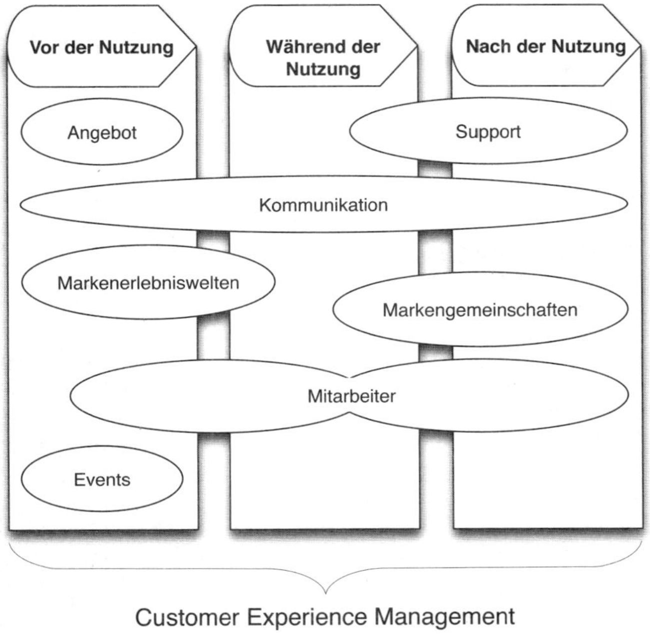

Abbildung 1.4: Erlebnistreiber beim Customer Experience Management nach Bernd H. Schmitt und Marc Mangold

In Anlehnung an die Konzepte des Customer Experience Managements ergeben sich für die Gestaltung der in Abbildung 1.4 genannten Erlebnistreiber im Online-Bereich folgende Regeln:[11]

- Im Zentrum des Web Experience Managements steht die Unternehmenswebsite (Kommunikation, Mitarbeiter).
- Kenne deine Kunden/Zielgruppen und vernetze das Unternehmen/die Unternehmenswebsite mit den Diensten (Facebook, Twitter, XING etc.), die sie benutzen (Events, Angebote, Erlebniswelten).
- Nutze deine (digitalen) Assets und schaffe Erlebnisse/Werte für den Kunden auf den Plattformen (YouTube, Flickr, SlideShare etc.), die deren Qualität am besten hervorheben (Support, Gemeinschaften).
- Integriere und nutze neue Kommunikationsformen und -kanäle (Social Media) ganzheitlich in den Geschäftsprozessen (Kommunikation, Mitarbeiter).

[11] Vgl. Hinderink, D. (2011): „Web Experience Management: Wie die eigene Website und Facebook sich ergänzen". `http://t3n.de/news/web-experience-management-eigene-website-facebook-276909/`

Anhand dieser Regeln und dem Konzept des Customer Experience Managements wird deutlich, dass Content Management Systeme neue Aufgaben zu erfüllen haben. Neben der Erfassung und Verwaltung von internen und externen Assets sind zunehmend externe Dienste/Plattformen (z. B. YouTube, Facebook, Twitter etc.) zu integrieren. Dazu müssen die in Abbildung 1.2 vorgestellten Systemkomponenten wie Import- und Export-Schnittstellen erweitert oder neue Integrationskonzepte geschaffen werden.

Wie sich Customer-Experience-Anforderungen am Beispiel von webEdition umsetzen lassen, hat Christian Kuhn, Autor des Buches „UX Design für Tablets: eine Anleitung für Usability, Screendesign und Webentwicklung", auf der 1. webEdition User-Konferenz eindrucksvoll in einer Präsentation [12] gezeigt.

Ein bisher im Bereich Web Experience Management vernachlässigter, aber im Customer Experience Management wichtiger Aspekt sind die Mitarbeiter des Unternehmens – speziell die Produktmanager, Marketing- und Kommunikationsverantwortlichen. Laut Schmitt und Mangold[13] beeinflussen die Mitarbeiter das Bild und somit auch das Nutzererlebnis, das das Unternehmen beim Kunden hinterlässt, in hohem Maße. Daher sollten Mitarbeiter motiviert, kreativ, kompetent und kundenorientiert sein. In Bezug auf die Entwicklung von Content Management Systemen heißt das, die sich ändernden Redaktionsprozesse optimal (technisch) zu unterstützen, indem sie effizienter, agiler und einfacher zu gestalten sind.[14] Welche Strategien und Funktionen webEdition anbietet, behandeln wir in Kapitel 4.

1.3 webEdition in der Welt des Web Managements

Mit der hohen Innovationsgeschwindigkeit des Internets entstehen stetig neue Anforderungen – Anforderungen an die Online-Kommunikation, das Nutzerverhalten, Web-Techniken und somit auch an Content Management Systeme. Betrachten wir die Entwicklungen im Jahr 2011, stellen sowohl das Web Experience als auch das Customer Experience Management neue Herausforderungen an zukünftige Entwicklungen bei Content Management Systemen dar. Die rasanten Entwicklungen im Web führen zunehmend dazu, dass keine einzelne System-Plattform allein alle Anforderung eines Unternehmens abdecken wird. Daher entscheiden sich immer mehr Software-

[12] Audio-Mitschnitt unter `http://www.webedition.org/de/webedition-konferenz/2011/rueckblick.php` verfügbar.

[13] Vgl. Schmitt, B. H.; Mangold, M. (2004): „Kundenerlebnis als Wettbewerbsvorteil – Mit Customer Experience Management Marken und Märkte gestalten", 1. Auflage, Gabler, Wiesbaden, S. 24.

[14] Bodemann, J. (2011): „Customer Experience und das CMS der Zukunft", In: digitalbusiness Magazin. Ausgabe 4/2011. S. 6-7

hersteller (z. B. e-Spirit AG[15] mit dem CMS FirstSpirit) zu einer Best-of-Breed-Strategie.[16] Dabei entscheidet sich der Hersteller für ein Set an Systemkomponenten, um bestimmte Anforderungen (z. B. Web Content Management) out of the box zu erfüllen. Spezialanforderungen (z. B. Video-Streaming) angrenzender Bereiche werden dann über Integrationsstrategien von Spezial-Software-Lösungen realisiert. Am Beispiel der e-Spirit AG wurde das *AppCenter* auf der CeBIT 2011[17] vorgestellt, das beliebige Web-Anwendungen aus Cloud- und SaaS-Angeboten direkt ins CMS integrieren kann.

Das CMS webEdition verfolgt ähnliche Strategien. Neben dem Basissystem, das alle Web Content Management-Anforderungen erfüllt, bietet es ein Set an Modulen (siehe Kapitel 5), mit denen sich umfassende Online-Marketing-Kampagnen (Newsletter-Modul, Online-Umfragen-Modul, Bannerverwaltungs-Modul) und Webshop-Lösungen (Kundenverwaltungs-Modul und Shop-Modul) umsetzen lassen. Gleichzeitig bietet webEdition verschiedene Möglichkeiten, externe Daten (Assets) zu importieren oder mittels *webEdition Apps* auf externe Datenquellen via API zuzugreifen. Dieses Feature (vergleichbar mit dem e-Spirit AppCenter) bietet webEdition bereits seit dem Jahr 2008.

Unabhängig von den bereits genannten Entwicklungen müssen wir uns bewusst machen, dass Content Management Systeme die Realisierung und Pflege von Websites bestmöglich unterstützen sollten. Websites wiederum dienen der Erfüllung von (Unternehmens-)Zielen, wie z. B.:

- Kundenbindung
- Neukundengewinnung
- eCommerce (Verkauf von Waren und Dienstleistungen)
- Marktforschung
- Imagepflege etc.

Die Ziele sind nicht neu – neu hingegen sind die Möglichkeiten, diese Ziele (online) zu erreichen und deren Erreichungsgrad zu überwachen bzw. zu messen. Themen wie Cloud Computing, eCommerce, Online-Marketing, Social Media, Mobility und Mashability[18] müssen, in welcher Form auch

15 Bodemann, J. (2011): „Customer Experience und das CMS der Zukunft", In: digitalbusiness Magazin. Ausgabe 4/2011. S. 6-7.

16 Von Best-of-Breed spricht man, wenn man unabhängig von Herstellern und Plattformen unter Berücksichtigung der Integrationsfähigkeit und geeigneter APIs die am besten geeignete(n) Technologie, Architektur oder Softwarekomponenten auswählt.

17 `http://www.contentmanager.de/magazin/news_h43528_cebit_2011_e-spirit_launcht_appcenter_zur.html`

18 Mashability bezeichnet die Fähigkeit, Daten zu integrieren, aggregieren, syndizieren, zu importieren und exportieren.

immer, zunehmend von Content Management Systemen abgedeckt werden. Somit wird aus einem CMS eine zentrale Informationsplattform, ein Web Management System, das nicht nur Texte, Bilder, Videos, Warenkorbinhalte, Lieferinformationen aus ERP-Systemen etc. integriert, sondern auch nutzergenerierte Inhalte aus sozialen Netzwerken, Analysedaten aus Tracking-Systemen, externe Serverkapazitäten, Support-Plattformen etc. nutzt, um ein umfassendes zielgruppenorientiertes Nutzererlebnis (Customer Experience) zu schaffen. Dies gilt sowohl für die Nutzer einer Website als auch für diejenigen, die sie pflegen (Redakteure).

Inwieweit webEdition diesen Ansprüchen bereits heute und auch zukünftig gerecht wird und welche Möglichkeiten und Strategien zur Realisierung von Web-Projekten Ihnen zur Verfügung stehen, werden wir in diesem Buch zeigen.

Kapitel

2

Konzeption

2.1 Vom Konzept zum Betrieb

Bei unserer Arbeit als Web-Entwickler und Projektmanager erleben wir immer wieder, dass Dienstleister zwar von agiler Software-Entwicklung und agilem Projektmanagement (z. B. nach Scrum[1]) reden, jedoch gerade bei Web-Projekten die Frage nach dem einzusetzenden (Content Management) System bereits zu Beginn des Projektes beantwortet ist – ohne die genaue Zielstellung und somit die Anforderungen des Projektes zu kennen.

Berücksichtigen wir die schier unüberschaubare Zahl an Content Management Systemen, ist dies auch nicht verwunderlich. Für keinen Dienstleister wird es möglich sein, Know-how für alle Systeme und in allen Bereichen aufzubauen. Dennoch sollte sich die Beratung an den Grundsätzen

1 Scrum ist ein agiles Management-Framework zur Entwicklung von Software unter stetiger Überprüfung der Arbeitsweise und des zu entwickelnden Produktes (Software). Vgl. Pichler, R. (2009): „Scrum – Agiles Projektmanagement erfolgreich einsetzen", dpunkt.verlag, Heidelberg, S. 1–2.

des Web-Projekt-Managements orientieren, d. h. die Systemauswahl kann gezielt erst in der Phase der Grobkonzeption erfolgen. Zum besseren Verständnis befassen wir uns kurz mit den Stufen bzw. Phasen der *Website-Konzeption.* Hier gilt es zwei Herausforderungen zu bewältigen:

1. Es muss ein Projekt erfolgreich realisiert werden.
2. Es wird eine Software entwickelt.

Oftmals wird gerade der zweite Punkt unterschätzt bzw. vernachlässigt, dabei gilt: Eine Website ist auch eine Software, und das Content Management System ist das Framework, mit dem die Website realisiert wird. Diese Betrachtungsweise führt dazu, dass ein Projekt mit all seinen Eigenschaften[2] in den Prozess der (agilen) Softwareentwicklung integriert werden muss. Wie auch beim klassischen Projektmanagement gliedert sich die Website-Konzeption in verschiedene Phasen. Dabei kann die Anzahl und Benennung der Phasen je nach Modell variieren.

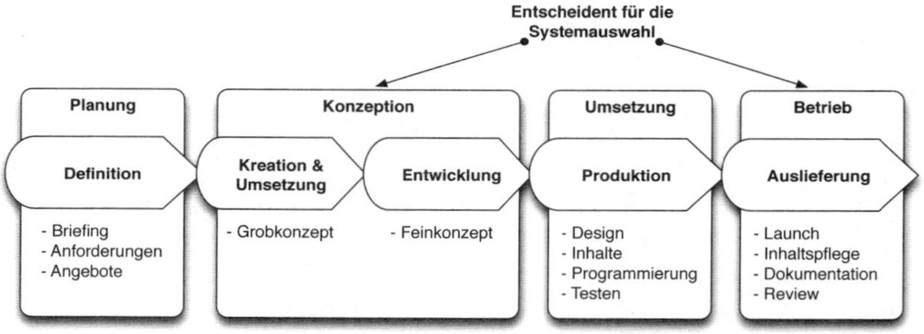

Abbildung 2.1: Phasen der Website-Konzeption

Abbildung 2.1 zeigt mögliche Phasen der Website-Konzeption. Unabhängig davon, ob man sich für vier Phasen[3] oder fünf Phasen[4] entscheidet, gibt es zwei entscheidende Punkte, die die Auswahl des passenden CMS beeinflussen – Konzeption und Betrieb. Bei der Erstellung des Grobkonzeptes werden Rahmenbedingungen, Zielstellungen und detailliertere technische Anforderungen erfasst, die unter anderem für die Auswahl des benötigten CMS von Bedeutung sind. Dabei werden jedoch (redaktionelle) Anforderungen für den laufenden Betrieb meist nicht berücksichtigt. Dies führt oft dazu, dass sich Probleme bei der Nutzung des CMS ergeben, die erst zum Ende des Projektes ersichtlich werden:

[2] Typische Projekteigenschaften sind: Zielvorgabe, Einmaligkeit, Zeitbegrenzung, Risiken und Komplexität.

[3] Vgl. Jacobsen, J. (2011): „Website Konzeption – Erfolgreiche Websites planen, umsetzen und betreiben", 6. Auflage, Addison-Wesley, München, S. 4.

[4] Vgl. Grotenhoff, M.; Stylianakis, A. (2002): „Website-Konzeption – Von der Idee zum Storyboard", Galileo Press GmbH, Bonn, S. 10.

- Die Benutzeroberfläche des CMS funktioniert nur in bestimmten Web-Browsern.
- Struktur und Funktionsweise von Eingabe-Dialogen sind für Redakteure nicht verständlich bzw. nicht dokumentiert.
- Es gibt keine Vorschauansichten vor der Veröffentlichung.
- Handbücher und Dokumentationen sind gar nicht oder nur unzureichend vorhanden.
- Redaktionelle Freigabeprozesse lassen sich nicht abbilden.
- Erstellte Inhalte (z. B. News) sind nach dem Veröffentlichen nicht sofort auf der Website sichtbar (statisches vs. dynamisches CMS).
- Links (URLs) werden vom CMS vorgegeben und können nicht beeinflusst werden (Stichwort Suchmaschinenoptimierung).

Solche Probleme lassen sich teilweise umgehen, indem das oder die in Betracht kommenden Content Management Systeme mithilfe einer Demo-Installation getestet werden. Dabei ist es wichtig, auch mit Demo-Daten – sog. Demo-Sites, wie es sie beispielsweise zu diesem Buch gibt[5] – zu arbeiten. Dadurch lassen sich gerade redaktionelle Probleme, aber auch das Potenzial eines CMS frühzeitig erkennen.

Eine weitere Möglichkeit, die oft bei größeren Projekten genutzt wird, ist das Hinzuziehen eines externen Beraters. Unsere Erfahrungen zeigen immer wieder, dass viele Unternehmen bereits kurz nach der Einführung eines Content Management Systems unzufrieden sind, da die o. g. Punkte nicht beachtet wurden. Als externe Berater unterstützen wir Unternehmen bei der Auswahl des für sie passenden CMS und des passenden Dienstleisters, indem wir den gesamten Prozess der Website-Konzeption begleiten und gemeinsam mit dem Kunden dessen Anforderungen und Ziele durchgehend berücksichtigen. Evaluieren wir ein IT-System, geht es nicht nur um die Frage, ob eine bestimmte Anforderung erfüllt wird, sondern auch, wie diese erfüllt wird – oft ist das *Wie* entscheidender als das *Ob*!

Anhand der Tabelle 2.1 wollen wir exemplarisch und stark vereinfacht am Beispiel des Content Management Systems webEdition zeigen, welche zehn Fragen bei der CMS-Auswahl am häufigsten gestellt werden und wie webEdition diese beantwortet.

Obwohl sich viele der Fragen pauschal mit Ja beantworten lassen und insgesamt 90% der Anforderungen erfüllt sind, ist diese Evaluierung nicht ausreichend aussagekräftig. Wie bereits erwähnt, ist die Frage nach dem *Wie* zu klären, um vollständig abschätzen zu können, inwieweit z. B. das CMS webEdition für ein Projekt geeignet ist.

[5] `http://www.webedition-buch.de`

Tabelle 2.1: Zehn Fragen an das CMS webEdition

Anforderungen	erfüllt
Lässt sich unser Content-Modell mit dem CMS abbilden?	Ja
Können bestehende IT-Systeme an das CMS angebunden werden?	Ja
Ist das CMS skalierbar?	Nein
Können wir unseren Workflow mit dem CMS abbilden?	Ja
Lassen sich mit dem CMS mehrsprachige Inhalte verwalten?	Ja
Bietet das CMS Import- und Exportmöglichkeiten?	Ja
Entstehen durch das CMS Lizenzkosten?	evtl. webEdition Apps
Welche Deployment-Varianten gibt es?	statisch und dynamisch
Mit welchen Clients kann man auf das CMS zugreifen?	Web-Browser
Wird das CMS am Markt bestehen können?	Ja

Betrachten wir einige Fragen genauer:

Können bestehende IT-Systeme an das CMS angebunden werden?
: webEdition bietet verschiedene Möglichkeiten, Daten und Assets aus Drittsystemen zu verarbeiten. Neben Import-Schnittstellen (XML und CSV) kann das webEdition SDK[6] genutzt werden, um eigene Anwendungen (siehe Kapitel 6) zu entwickeln und somit auf externe Datenbestände komfortabel zuzugreifen. Oft bieten die zu integrierenden Drittsysteme Schnittstellen für den Datenaustausch, die direkt in webEdition Templates genutzt werden können. Bis auf die Import-Schnittstelle haben die genannten Lösungen den „Nachteil", dass sie erst programmiert werden müssen – Out-of-the-Box-Lösungen stehen nicht zur Verfügung. Ausnahmen bilden hier die Bezahllösungen Paypal und Saferpay des Shop-Moduls (siehe Abschnitt 5.8) und die Integration der Web Shop Controlling Software ECONDA (siehe Abschnitt 5.8.5 auf Seite 280).

Ist das CMS skalierbar?
: Unter skalierbar verstehen wir die Installation eines Software-Systems auf verschiedene Server wie z. B. mehrere Datenbank-Server oder Server Load Balancing-Systeme. webEdition bietet die Unterstützung solcher Lastverteilungssysteme aktuell nicht. Diese Tatsache ist unter

[6] `http://documentation.webedition.org/wiki/de/webedition/developer-information/software-development-kit-sdk/start`

anderem auf die früheren Lizenz-Strategien – pro Domain eine Lizenz – zurückzuführen.

Können wir unseren Workflow mit dem CMS abbilden?
Das Content Management System webEdition bietet für die Abbildung von redaktionellen Arbeitsabläufen das Workflow-Modul (siehe Abschnitt 5.11). Damit lassen sich verschiedene Freigabeprozesse manuell anstoßen und abarbeiten. Werden vom Nutzer erzeugte Inhalte (z. B. Beiträge, Kommentare etc.) erstellt, kann vor der Veröffentlichung ein definierter Workflow automatisch gestartet werden.

Entstehen durch das CMS Lizenzkosten?
Grundsätzlich ist webEdition eine Open Source Software, und sowohl die Basisversion als auch die Module sind kostenfrei uneingeschränkt nutzbar. Etwas anders verhält es sich bei den webEdition Apps, die von Entwicklern sowohl kostenlos als auch kostenpflichtig angeboten werden können.

Wird das CMS am Markt bestehen können?
Bei der Auswahl eines IT-Systems handelt es sich oft um eine strategische und somit langfristige Entscheidung. Daher ist die bisherige und auch zukünftige Entwicklung des Systems zu betrachten. Im Anhang A.1 habe wir die lange Historie des CMS webEdition für Sie zusammengestellt. Die bisherigen Entwicklungen zeigen, dass der Übergang von der kommerziellen Lösung hin zur Open Source Software mit der Gründung des Vereins und der stetig wachsenden Anzahl an Partnern und Vereinsmitgliedern mehr als positiv verlaufen ist. Die gesamte Community engagiert sich stark bei der Weiterentwicklung des CMS – dazu gehört auch dieses Buch. Bei all den positiven Entwicklungen darf natürlich nicht vergessen werden, dass webEdition hauptsächlich von ehrenamtlichen Programmierern abhängig ist, die an der Weiterführung des Projektes arbeiten. Wir können zwar nicht in die Zukunft schauen, sind uns jedoch sicher, dass webEdition eine haben wird.

Nachdem wir uns mit einigen der in Tabelle 2.1 genannten Fragen genauer befasst haben, wird deutlich, welche verschiedenen Ausprägungen ein *Ja* haben kann. In den nachfolgenden Abschnitten wollen wir uns daher detaillierter mit den wichtigsten webEdition-Systemkonzepten befassen. Dadurch wird deutlich, welche Möglichkeiten, aber auch systembedingte Einschränkungen es gibt.

An dieser Stelle möchten wir noch darauf hinweisen, dass webEdition im Vergleich zu anderen CMS wie TYPO3 oder Joomla! keine Plugins, Extensions oder Themes benötigt, um ein breites Spektrum an Funktionalität zu bieten. Obwohl webEdition modular aufgebaut ist, werden alle Funktionsanforderungen von Websites durch sog. *we-Tags* und generische Template-

Entwicklung realisiert. Dadurch ist webEdition eher mit kommerziellen Systemen wie z. B. CMS Fiona,[7] SixCMS[8] etc. vergleichbar. Der individuelle Charakter von webEdition lässt sich am besten mit einem Framework vergleichen, das zwar zu Beginn eine höhere Lernkurve als *Click & Go-Systeme* erwartet, jedoch deutlich flexibler im Umgang mit speziellen Anforderungen agiert.

2.2 Datei- und Datenbank-basiert

webEdition ist nach unserer Definition (siehe Abschnitt 1.1) ein hybrides Web Content Management System. Hybrid bezieht sich dabei auf die Art der Seitenauslieferung (Deployment), die bei webEdition sowohl statisch als auch dynamisch erfolgen kann. Daher unterscheidet webEdition zwei Arten von Assets: Dokumente und Objekte.

Dokumente können Bilder, PDFs, Office-Dokumente, HTML-, CSS- oder JavaScript-Dateien etc. sein. webEdition-Dokumente werden als Dateien in Verzeichnissen organisiert und auf dem Webserver abgelegt. Dokumente, die auf Vorlagen basieren (z. B. HTML- und PHP-Dateien, aber auch CSS, JavaScript etc.), werden zusätzlich in der Datenbank gespeichert. Dadurch können Dokumente sowohl statisch als auch dynamisch ausgeliefert werden.

Objekte in webEdition lassen sich wie Objekte in einer Programmiersprache beschreiben. Wird das webEdition-Datenbank/Objekt-Modul genutzt, besteht die Möglichkeit, sog. *Klassen* anzulegen. Diese Klassen definieren die Feld-Struktur eines Assets (z. B. Titel, Beschreibung, Inhalt, Link, Grafiken etc.). Wird nun ein Objekt (Instanz einer Klasse) vom Redakteur angelegt, können die zuvor in der Klasse definierten Felder mit Inhalten frei von Layout-Informationen versehen werden. Im Gegensatz zu Dokumenten sollten Objekte als rein dynamische Assets verstanden werden. Zudem erfolgt die Inhaltserfassung bei Objekten nicht Vorlagen-basiert, sondern als Auflistung von Feldern (siehe Abbildung 2.2).

Objekte eignen sich besonders dann, wenn externe strukturierte Daten automatisiert in webEdition eingespielt (z. B. Artikel aus Warenwirtschaftssystemen, Stellenangebote, Kataloge über unterstützte Hardware etc.) oder Daten mehrfach in unterschiedlicher Darstellungstiefe angezeigt werden. Außerdem eignen sich Objekte, wenn Inhalte erfasst werden, die in Beziehung mit anderen Dokumenten, Kundendaten usw. stehen. Das können etwa Nutzerkommentare, Rezensionen und Veranstaltungen sein.

Bei den meisten Website-Projekten sind Dokumente die optimale Wahl. Bei Dokumenten erfolgt die Inhaltspflege Template-basiert, wodurch die Re-

[7] `http://www.infopark.de/cms`
[8] `http://www.six.de/sixcms/detail.php/14960`

dakteure bereits während der Eingabe eine Art Vorschau erhalten. Gleichzeitig sind durch Vorlagen die Eingabemasken sprach- und sogar Domain-spezifisch steuerbar (siehe Abschnitte 2.3 und 2.4). Zusätzlich lassen sich Dokumente mit der Sidebar (siehe Abschnitt 4.5.4) verknüpfen und ermöglichen so zusätzliche Hilfestellungen bei der Inhaltspflege für Redakteure.

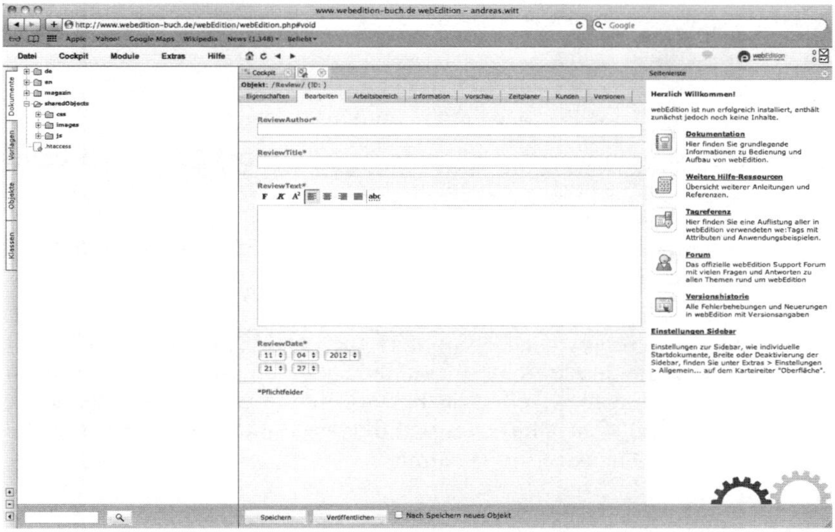

Abbildung 2.2: Eingabemaske eines webEdition-Objekts, z. B. Rezension

Unabhängig von unseren Empfehlungen können Websites sowohl rein auf Dokumenten als auch ausschließlich auf Objekten basieren. Durch die Flexibilität beider Asset-Typen sind den Programmierern, Redakteuren und Website-Verantwortlichen keine Grenzen gesetzt.

2.3 Internationalisierung und mehrsprachige Websites

Obwohl wir Internationalisierung und mehrsprachige Websites in einem Abschnitt besprechen, handelt es sich hierbei um zwei eigenständige Ansätze. Als mehrsprachig bezeichnen wir Websites, die ihre Inhalte in mindestens zwei verschiedenen Sprachen anbieten.

Internationale Websites dagegen richten sich explizit an Nutzer in verschiedenen Ländern und sind mehr als eine reine Übersetzung der Inhalte. Häufig werden bei internationalen Websites eigene Top Level Domains mit der entsprechenden Länderkennung genutzt und sowohl inhaltlich als auch strukturell unterschiedlich aufgebaut. Dabei ist es nicht unüblich, dass international ausgerichtete Websites auch mehrsprachig sind.

Bei der Realisierung mehrsprachiger und/oder internationaler Websites gilt es verschiedene Anforderungen zu berücksichtigen und Herausforderungen zu lösen, die je nach Projektumfang und Größe der Redaktionsteams variieren. Neben den organisatorischen und technischen Anforderungen bedarf es eines inhaltlichen Konzeptes, das unter anderem folgende Punkte berücksichtigen sollte:

- Welche Sprachen sollen angeboten werden?
- Ist der Umfang (Navigation, Texte, Grafiken etc.) für jede Sprachversion annähernd gleich?
- Wie sollten die verschiedenen Sprachen strukturell (URL-Struktur) aufgebaut werden?

Ein Punkt, der besonders viel Diskussionspotenzial bietet, ist die URL-Struktur, da sie entscheidenden Einfluss auf die Suchmaschinenoptimierung haben kann. Daher geben selbst Suchmaschinenbetreiber wie z. B. Google Hinweise[9] auf mögliche Umsetzungsstrategien. Dabei werden meist die folgenden vier Vorgehensweisen genannt:

1. Für jede Sprachversion eine eigene länderspezifische Top Level Domain (für internationale Projekte geeignet).
2. Sprachversionen werden in sog. *Folders* abgelegt, z. B. `webedition.org/de/` (für mehrsprachige Projekte geeignet).
3. Sprachversionen werden als Subdomains umgesetzt, z. B. `de.webedition.org` (für mehrsprachige Projekte geeignet).
4. Sprachversionen werden durch URL-Parameter aufgerufen, z. B. `webedition.org/?lang=de` (nicht geeignet).

Soll eine Website ausschließlich mehrsprachig sein und sich an keine spezielle Nutzergruppe eines Landes richten, empfiehlt es sich, die Lösungsvariante 2 oder 3 zu wählen. Zeitgleich sollte eine generische Top Level Domain wie z. B. `.com`, `.org` etc. genutzt werden. Ausnahmen wären hier mehrsprachige Länder wie z. B. die Schweiz, bei der sich die verschiedenen Sprachen an die Nutzer in einem Land richten. Obwohl Variante 4 technisch ebenfalls umsetzbar wäre, ist diese Lösung mit Nachteilen (z. B. unterschiedliche Sprachversionen sind nicht über eine eindeutige URL erreichbar etc.) behaftet.

[9] `http://support.google.com/webmasters/bin/answer.py?hl=de&answer=182192`

Nachdem das inhaltliche Konzept einer mehrsprachigen und/oder internationalen Website festgelegt wurde, müssen organisatorische und technische Anforderungen ermittelt werden. Bei größeren mehrsprachigen und bei internationalen Websites arbeiten oft unterschiedliche Redakteure an einer jeweiligen Sprachversion. Somit muss sichergestellt werden, dass der Zugriff (Arbeitsbereich – siehe Abschnitt 5.2) von Redakteuren eingeschränkt werden kann. Gleichzeitig ist es notwendig, dass das Backend (Arbeitsoberfläche) eines CMS selbst in verschiedenen Sprachen vorliegt oder zumindest Englisch als Backendsprache anbietet. webEdition bietet aktuell die Sprachen[10] Deutsch, Englisch, Niederländisch, Finnisch, Polnisch, Russisch und Spanisch an. In Hinblick auf große Redaktionsteams oder extern arbeitende Redakteure ist die Abbildung von Workflows ebenfalls von Bedeutung. webEdition bietet hierfür ein eigenes Modul (weitere Informationen im Abschnitt 5.11) an, über das verschiedene Freigabeprozesse umgesetzt werden können und das zusätzlich mit einem internen Messaging-System mit Aufgabenverwaltung verknüpft ist.

Bei der Umsetzung mehrsprachiger Websites unterstützt webEdition die zweite Strategie (Sprachversionen werden in *Folders* verwaltet) optimal. Unabhängig davon, ob Inhalte innerhalb von webEdition als Dokumente oder Objekte verwaltet werden, sieht das CMS vor, dass es für jede Sprachversion ein eigenes Dokument und/oder Objekt gibt. Die einzelnen Sprachversionen werden dann über die Dokumenteneigenschaften (siehe Abbildung 2.3, Bereich **Meta-Infos**) miteinander verknüpft.

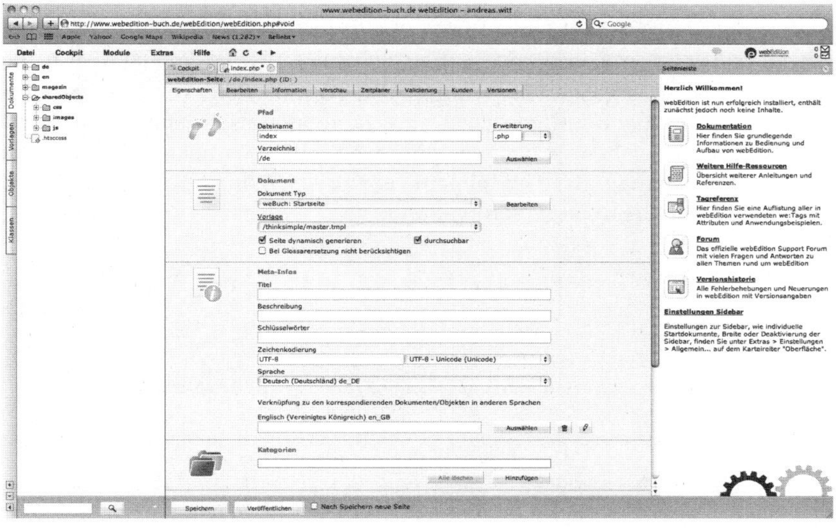

Abbildung 2.3: Verknüpfung von Sprachversionen in webEdition

10 Nicht alle der genannten Sprachen sind schon vollständig übersetzt. Hier bedarf es der Unterstützung der Community. Gleiches gilt für ein Angebot weiterer Sprachen.

Basierend auf dieser Verknüpfung und der Zuweisung einer Sprachversion, werden unter Verwendung von webEdition Tags automatisch Sprachumschaltungen (`<we:listview type="languagelink">`), Formularübersetzungen (`<we:ifPageLanguage>`), Datumsformatierungen (`<we:date format="d.m.Y" />`) usw. für die jeweilige Sprache vorgenommen.

Formulareingaben wie z. B. Land oder Sprache werden mit webEdition ISO-kodiert gespeichert und auf der Website ebenfalls automatisch übersetzt ausgegeben. Dadurch wird ermöglicht, dass je nach Sprache die korrekte Übersetzung – auch im webEdition Backend für Redakteure – angezeigt wird. Da webEdition auch sprachabhängige (Bestätigungs-)E-Mails versenden kann, empfiehlt es sich, Kundendatensätze ebenfalls mit einer Sprache zu verknüpfen. Dadurch ist es möglich, einem Kunden, der auf einer englischen Website eine Bestellung im Online-Shop aufgegeben hat, auch eine englische Bestellbestätigungs-E-Mail zuzusenden (weitere Informationen im Abschnitt 5.8).

Bei der Programmierung mehrsprachiger Websites empfiehlt es sich, für alle Sprachversionen dasselbe Template zu nutzen. Durch Verwendung der entsprechenden webEdition Tags ist dies auch problemlos möglich und vereinfacht zudem die spätere Wartung und Anpassung. Gleichzeitig können die webEdition Tags auch für den Bearbeitungsmodus für Redakteure genutzt werden. Dies ermöglicht, dass Beschriftungen von Feldern und Hinweistexten ebenfalls mehrsprachig angeboten werden können (dies ist aktuell nur bei Dokumenten und nicht bei Objekten möglich). Zudem lassen sich auch Eingabefelder für bestimmte Sprachversionen ausblenden, falls diese Informationen für eine Sprachversion nicht benötigt werden.

Problematisch bei der redaktionellen Pflege von mehrsprachigen Websites ist die Übersetzung bzw. Benennung von Formularfeldern. Diese werden oftmals vom Programmieren „fest" ins Template geschrieben. Um dieses Problem zu umgehen, nutzen wir bei webEdition-Projekten aktuell eine PHP-Datei `languageString.php`, die ein Übersetzungs-Array enthält und vom Redakteur bearbeitet werden kann.

```
<?php
  $GLOBALS['translationWorkspaceID'] = (int) 1; // ID des ↘
Verzeichnisses "/de"
  $GLOBALS['translationNavigationParentID'] = (int) 1; // ID des ↘
Ordners "/Deutsch" im Navigations-Tool
  $GLOBALS['translationRegistrationLabelForename'] = (string) 'Vorname↘
';
  $GLOBALS['translationRegistrationLabelSurname'] = (string) 'Nachname↘
';
  $GLOBALS['translationRegistrationLabelStreet'] = (string) 'Straße';
  $GLOBALS['translationRegistrationLabelNumber'] = (string) 'Haus-Nr.';
  $GLOBALS['translationRegistrationLabelZipcode'] = (string) 'PLZ';
  $GLOBALS['translationRegistrationLabelCity'] = (string) 'Ort';
  $GLOBALS['translationRegistrationLabelCountry'] = (string) 'Land';
  $GLOBALS['translationRegistrationLabelPhone'] = (string) 'Telefon';
```

```
  $GLOBALS['translationRegistrationLabelFax'] = (string) 'Fax';
  $GLOBALS['translationRegistrationLabelEmail'] = (string) 'E-Mail-\
Adresse';
?>
```

Diese Dateien werden pro Sprachversion angelegt und direkt zu Beginn eines Templates eingebunden (siehe nachfolgende Code-Schnipsel). Wir nutzen für das Übersetzungs-Array die PHP-Variable `$GLOBALS`, um direkt mit dem webEdition Tag `<we:var type="global" name=" />` auf die Inhalte des Arrays zugreifen zu können. Das ermöglicht die Ausgabe und Manipulation der Variablen ohne weitere PHP-Programmierung. Eine etwas elegantere Alternative wäre ein Übersetzungs-Tool auf Basis einer webEdition App, die es aktuell leider noch nicht gibt.

```
<we:ifWorkspace path="/en/" doc="top">
  <we:include type="document" path="/en/languageString.php"/>
<we:else/>
  <we:include type="document" path="/de/languageString.php"/>
</we:ifWorkspace>
```

Wie der Ausschnitt aus der `languageString.php` zeigt, kann diese Datei auch für die korrekte Einbindung der Navigation genutzt werden. Dazu kann im webEdition Navigations-Tool, das wir in Abschnitt 4.4 noch detailliert vorstellen werden, die Navigation für die unterschiedlichen Sprachen in Verzeichnissen (siehe Abbildung 2.5) gegliedert werden. Das jeweilige Root-Verzeichnis (z. B. Deutsch) wird dann über die ID ermittelt und im Template ausgegeben.

Aktuell gibt es bei der Realisierung mehrsprachiger Websites mit webEdition kaum Einschränkungen. Eine Ausnahme bildet hier das webEdition Shop-Modul. Obwohl Artikel bzw. Produkte auf Dokumenten und/oder Objekten basieren und auch Übersetzungen der Artikel über die Sprachzuweisung verknüpft werden können, ist eine inhaltliche Übersetzung von Artikeln, die sich im Warenkorb befinden, aktuell nicht möglich. Außerhalb des Warenkorbs funktioniert auch hier die Übersetzung und Sprachumschaltung problemlos.

2.4 Multi-Domains – Möglichkeiten und Einschränkungen

Für die Verwendung zusätzlicher Domains sprechen gleich mehrere Gründe. Für das Online-Marketing und den Vertrieb kann es sinnvoll sein, bestimmte Produkte und/oder Dienstleistungen auf eigenen Domains beispielsweise als Microsites zu betreiben. Neben der lokalen Ausrichtung der Produkte (z. B. Hotels von Hotelketten in verschiedenen Orten) kann zudem die unterschiedliche Zielgruppenansprache von Bedeutung sein. Auch die

Expansion auf den internationalen Markt kann für den Einsatz von sog. Multi-Domains sprechen. So verschieden die Gründe sind, sind auch die potenziellen Lösungen. Neben der technischen Realisierung (mehrere Server, unterschiedliche IP-Adressen etc.) von Multi-Domain-Ansätzen sind noch weitere Aspekte wie die Suchmaschinenoptimierung, der redaktionelle Aufwand, das Social Media Marketing usw. zu berücksichtigen.

Im Bereich der Mehrsprachigkeit von Multi-Domain-Ansätzen ist auch oft von *SEO-Domain-Konzepten* die Rede. Dabei werden für die Realisierung von mehrsprachigen bzw. international ausgerichteten Web-Projekten die drei verschiedenen Konzepte *Multiple Domains*, *Subdomains* und *Folders* diskutiert. Unabhängig davon sind für den Einsatz von Multi-Domains generell verschiedene Aspekte zu berücksichtigen, die in der Tabelle 2.2 beispielhaft aufgelistet sind.[11]

Tabelle 2.2: Multi-Domain-Ansätze

	Multiple Domains	**Subdomains**	**Folders**
Möglichkeiten GEO Targeting	hoch	mittel	niedrig
Anpassungen Design & Site-Struktur	hoch	mittel	niedrig
Website-Steuerung	sehr schwierig	schwierig	einfach
SEO Link-Struktur	mehrere Domains	mehrere Subdomains	intern
Beschränkungen bei SERPs[12]	keine	fast keine	Anzahl begrenzt
Domain Authority, -Trust und -Strength	keine Vererbung	teilweise Vererbung	Vererbung
Sitelink-Unterstützung	Nein	Ja	Ja

Wie der Tabelle 2.2 zu entnehmen ist, bieten die unterschiedlichen Strategien verschiedene Vorteile. Im Bereich der Website-Gestaltung und des strukturellen Aufbaus bieten Multiple und Subdomains die größte Flexibilität. Bei der Vererbung von SEO-Indikatoren wie Authority, Trust und Strength sind es die Folders. Neben den genannten spielen jedoch noch weitere, oft unterschätzte Faktoren eine wichtige Rolle. So ist der redaktionelle Aufwand für Multiple Domains größer als bei Folders. Zudem ist das

[11] Quelle: `http://www.webseoanalytics.com/blog/multiple-domains-vs-subdomains-vs-folders-in-seo/`

[12] Search Engine Result Page (Ergebnisseite von Suchmaschinen)

benötigte (Spezial-)Wissen für bestimmte Konzepte, gerade im Bereich der Suchmaschinenoptimierung, nicht zu unterschätzen – ein Multi-Domain-Projekt besteht nicht nur in weiteren Top Level Domains für eine Hauptdomain, sondern es ist eine eigenständige Strategie mit speziellen (technischen) Anforderungen!

Unabhängig von der technischen Basis, mit der Multi-Domain-Strategien umgesetzt werden, hat es sich bei verschiedenen Projekten bewährt, Domains unabhängig vom Server-Hosting zu verwalten. Neben spezialisierten Anbietern, die sich auf die Domainverwaltung konzentriert haben, bieten auch bekannte Hoster Pakete, die eine reine Domainverwaltung ohne Server und Webpakete ermöglichen. Neben dem Vorteil der zentralen Verwaltung können dadurch Domains gezielt auf unterschiedliche physische Server verteilt werden.

Als technische Basis können mit webEdition nur eingeschränkt Multi-Domain-Strategien umgesetzt werden. Dieser Umstand ist der kommerziellen Historie von webEdition geschuldet, bei der das CMS ehemals pro Domain (pro Domain eine webEdition-Installation) lizenziert wurde. Dennoch lassen sich unter den nachfolgenden Voraussetzungen mit webEdition Multi-Domain-Strategien realisieren:

- Idealerweise nutzen alle Domains denselben Server.
- Es gibt eine Hauptdomain, über die das CMS bedient wird (z. B. `webedition-buch.de/webEdition`).
- webEdition-Module (z. B. Kundenverwaltung, Shop, Glossar etc.) können nur Domain-übergreifend genutzt werden.
- Alle Domains nutzen das gleiche Thumbnail-Verzeichnis.

Trotz der genannten Einschränkungen bietet webEdition etwa mit dem Tag `<we:ifIsDomain>`[13] Unterstützung bei der Umsetzung von Multi-Domain-Strategien. In Verbindung mit einer entsprechenden Verzeichnisstruktur und der Verwendung von `.htaccess`-Dateien lassen sich verschiedene Projekte mit einer webEdition-Installation umsetzen. Abbildung 2.4 zeigt am Beispiel von `webedition-buch.de` und `webedition-magazin.de`, wie eine entsprechende Verzeichnisstruktur aussehen kann.

Bei diesem Beispiel haben wir uns für `webedition-buch.de` als Haupt- und Verwaltungs-Domain entschieden. Somit ist das webEdition Backend für beide Websites über `webedition-buch.de/webEdition/` erreichbar. Alle Inhalte für die Website `webedition-buch.de` werden direkt im Root-Verzeichnis mehrsprachig (getrennt in die Verzeichnisse `/de` und `/en`) abgelegt. Alle Inhalte für die Website `webedition-magazin.de` befinden sich im Verzeichnis `/magazin`.

[13] `http://www.webedition.org/de/webedition-cms/dokumentation/tag-referenz/ifisdomain`

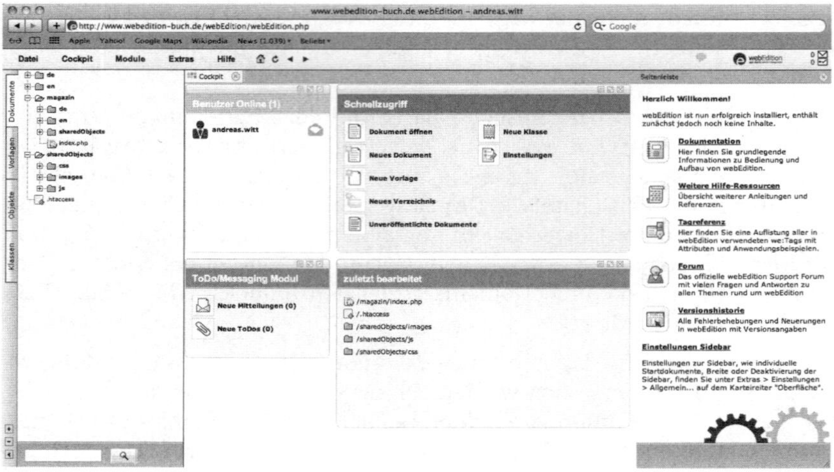

Abbildung 2.4: Verzeichnisstruktur im CMS webEdition für Multi-Domain-Projekte

Auf Grundlage der Verzeichnisstruktur kann durch `.htaccess`-Dateien die Weiterleitung der unterschiedlichen Domains in die entsprechenden Verzeichnisse erfolgen.

```
Options +FollowSymlinks
RewriteEngine on

# Magazin ohne www auf www.webedition-magazin.de/magazin/ umleiten
RewriteCond %{HTTP_HOST} ^webedition-magazin\.de$ [NC]
RewriteRule ^(.*)$ http://www.webedition-magazin.de/magazin/$1 [R=301,L\
]

# Magazin mit www auf /magazin/ weiterleiten
RewriteBase /
RewriteCond %{HTTP_HOST} ^www\.webedition-magazin\.de$ [NC]
RewriteRule ^$ /magazin/$1 [R=301,L]

# Buch ohne www auf www umleiten
RewriteCond %{HTTP_HOST} ^webedition-buch\.de$ [NC]
RewriteRule ^(.*)$ http://www.webedition-buch.de/$1 [R=301,L]
```

In Verbindung mit dem bereits genannten `<we:ifIsDomain>` lässt sich die Ausgabe von Grafiken, Inhalten und der Navigation in Templates steuern. Dazu wird mit dem webEdition Navigations-Tool die Navigation der einzelnen Websites ähnlich strukturiert wie die Dokumentenverzeichnisse zuvor (siehe Abbildung 2.5).

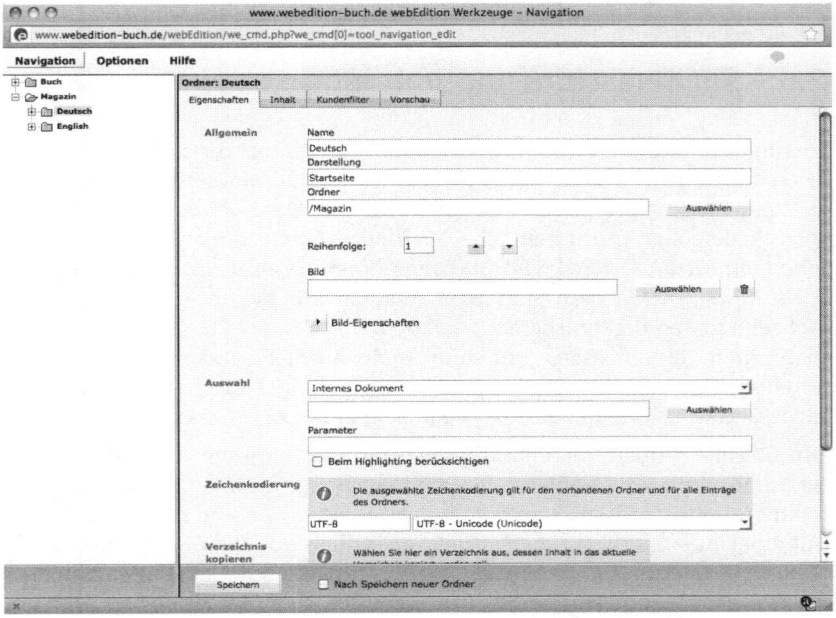

Abbildung 2.5: Navigationsstruktur im CMS webEdition für Multi-Domain-Projekte

Das Rechte- und Zugriffsmanagement (siehe Abschnitt 5.2) von webEdition erlaubt es, den Zugriff für Redakteure auf einzelne Verzeichnisse zu beschränken. Somit kann sichergestellt werden, dass Redakteure der Website `www.webedition-magazin.de` nur auf das Verzeichnis `/magazin` Zugriff haben. Dieses Verhalten lässt sich jedoch nicht auf die webEdition-Module (weitere Informationen zu webEdition- Modulen in Kapitel 5) anwenden. Sofern ein Redakteur Rechte für ein Modul besitzt, kann er dort auch alle Inhalte sehen und bearbeiten. Neben dem Navigations-Tool könnte dies auch gerade für die Kundenverwaltung und das Shop-Modul problematisch werden. Hier zeigt sich die fehlende Mandantenfähigkeit von webEdition.

Zusammenfassend lässt sich festhalten, dass webEdition teilweise Multi-Domain-Projekte unterstützt. Unter Verwendung von Multi-Domain-Zertifikaten lassen sich auch SSL-geschützte Projekte realisieren. Neben den vorgeschlagenen Lösungsansätzen können Multi-Domains durch Einsatz von statischen Seiten (siehe Abschnitt 2.2) automatisiert auf verschiedene Server verteilt werden, indem eine Replikation[14] einzelner Verzeichnisse (z. B. `/magazin`) per Cronjob vom Quell- auf den Zielserver erfolgt. Wobei

14 Eine Replikation in der einfachsten Form ist die Erstellung einer Kopie der Quelldaten auf ein entferntes Zielsystem.

dies nur bei sehr kleinen und einfachen Webseiten sinnvoll ist und eine Manipulation der webEdition Link-Struktur erfordert.

2.5 Suchmaschinenoptimierung

Suchmaschinenmarketing (*Search Engine Marketing*, kurz: SEM) ist bereits seit einigen Jahren fester Bestandteil des Online-Marketings und unverzichtbar für eine erfolgreiche Online-Strategie. Das Suchmaschinenmarketing gliedert sich in die Bereiche *Suchmaschinenoptimierung* (*Search Engine Optimization*, SEO) und *Suchmaschinenwerbung* (*Search Engine Advertising*, SEA). Mit dem SEM wird versucht, die Sichtbarkeit der eigenen Webseite in den Ergebnislisten (*Search Engine Result Pages*, SERP) der Suchmaschinen zu verbessern, um somit mehr Aufmerksamkeit und Traffic zu erhalten. Die Suchmaschinenoptimierung versucht diese Ziele mit einem verbesserten Listing in den sog. organischen Suchergebnissen zu erreichen.

Obwohl alle großen Suchmaschinenbetreiber Richtlinien für die Suchmaschinenoptimierung anbieten, wird oft versucht, mit nicht zulässigen Maßnahmen das organische Ranking zu beeinflussen, was im schlimmsten Fall mit einer Abstrafung (und eventuell Ausschluss aus dem Index) durch den Suchmaschinenbetreiber enden kann. Anhand der Google-Richtlinien[15] werden wir nachfolgend zeigen, wie webEdition Maßnahmen zur Suchmaschinenoptimierung unterstützt.

Bei der Suchmaschinenoptimierung unterscheiden wir zwischen der Indexierung einer Website und der Darstellung der Website in der Ergebnisliste der Suchmaschine (Content-Optimierung). Zur besseren Indexierung von Websites gibt es verschiedene Maßnahmen, die abhängig von der Website genutzt werden können. Ein sehr wichtiges Werkzeug dabei sind die Google Webmaster Tools.[16] Deren Nutzung setzt voraus, dass sich der Nutzer als Inhaber der Website identifiziert. Dies kann durch einen Meta-Tag auf der Startseite erfolgen und lässt sich mit jedem CMS einfach einbauen.

```
<meta name="google-site-verification" content="YXFlxMmQ2j2i7A..." />
```

2.5.1 Optimale Indexierung für webEdition-Websites

Um die Indexierung von (neuen) Websites zu unterstützen, können sog. XML-Sitemaps[17] über die Google Webmaster Tools eingereicht werden. Dies können einfache Textdateien mit Links zu den einzelnen Seiten, aber auch

15 http://support.google.com/webmasters/bin/answer.py?hl=de&answer=35769

16 https://www.google.com/webmasters/tools/

17 https:// support.google.com/webmasters/bin/answer.py?hl=de&answer=156184

XML-Dateien mit zusätzlichen Meta-Informationen sein. Das nachfolgende Code-Beispiel zeigt, wie sich mit webEdition sehr einfach Listen über die Dokumente und Objekte erzeugen lassen, die dann als Sitemap eingereicht werden können.

```
<we:comment>Textdatei mit Linkliste ueber alle webEdition Dokumente \
ohne die Ausgbabe von index.php</we:comment>
<we:listview type="document" order="we_id" languages="de_DE" \
hidedirindex="true">
    <we:repeat>
        <we:field type="text" name="WE_PATH" to="global" nameto="\
docPath"/>
        <?php echo "http://www.webedition-buch.de".$GLOBALS['docPath\
'].""\n"; ?>
    </we:repeat>
</we:listview>

<we:comment>Textdatei mit Linkliste ueber webEdition Objekte der Klasse\
 "Rezension" (ID: 1) mit SEO-URLs</we:comment>
<we:listview type="object" classid="1" languages="de_DE" objectseourls\
="true" hidedirindex="true">
    <we:repeat>
        <we:field type="text" name="WE_PATH" to="global" nameto="\
objPath"/>
        <?php echo "http://www.webedition-buch.de".$GLOBALS['objPath\
'].""\n"; ?>
    </we:repeat>
</we:listview>
```

Bei der Verwendung von Kategorien (siehe Abschnitt 4.5.2) und Dokumententypen (siehe Abschnitt 4.5.1) werden die in der Auflistung enthaltenen Links gefiltert. Gleichzeitig lassen sich dadurch für unterschiedliche Kriterien wie Kategorien oder Dokumententypen verschiedene Sitemaps (z. B. Text oder XML) in den Webmaster Tools einreichen.

Bevor jedoch die ersten Sitemaps eingereicht werden, sollte eine Strategie für die URL-Struktur vorhanden sein. Dass es sich hierbei um ein komplexes Thema handelt, haben wir bereits im Abschnitt 2.4 über Multi-Domain-Projekte gezeigt. Obwohl es für den generellen Aufbau von internationalen und mehrsprachigen Websites einige Empfehlungen gibt, ist ein URL-Schema für jedes Projekt individuell zu entwickeln. Dieser Individualität wird auch webEdition gerecht, unabhängig davon, ob Inhalte als Dokumente oder Objekte erfasst werden. Basis für die Umsetzung von sog. „suchmaschinenfreundlichen URLs“ oder auch „sprechenden URLs“ mit webEdition sind die Einstellungen für SEO-Links, wie sie in Abbildung 2.6 zu sehen sind. Diese allgemeinen Einstellungen filtern z. B. ein `index.php` oder `index.html` aus dem Link heraus. Dieses Verhalten lässt sich für bestimmte webEdition Tags auch mit dem Attribut `hidedirindex="true"` erzwingen, wie wir es im obigen Code-Beispiel bereits genutzt haben.

Eine weitere erwähnenswerte Einstellung ist die Auswahl eines Fehler-Dokuments, das angezeigt wird, falls eine URL nicht aufgelöst werden kann. Das verbessert zum einen die Usability für den Nutzer und verhindert zum anderen eine 404-Fehlermeldung des Servers.

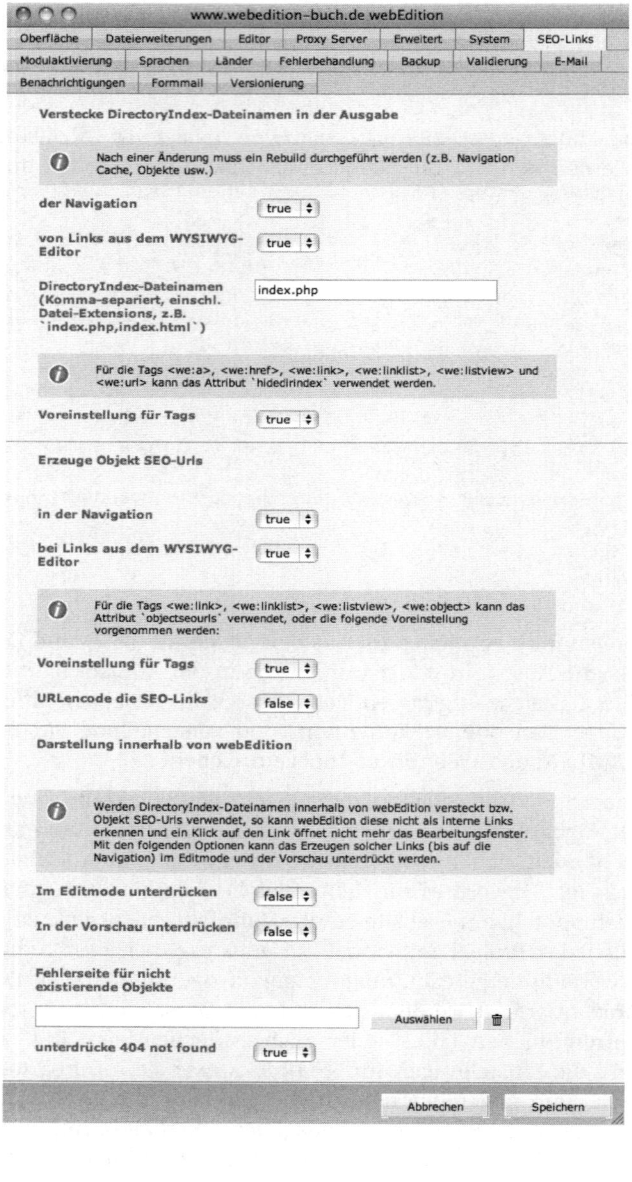

Abbildung 2.6: Einstellungen für SEO-Links

Dokumente in webEdition werden wie Dateien auf einem Computer in Verzeichnissen organisiert, die der Redakteur nach Belieben benennen kann. Dadurch können individuelle URL-Strukturen (z. B. `/de/unternehmen/anfahrt.php` oder `/de/unternehmen/anfahrt/index.php`) abgebildet werden. Gleichzeitig können beim Anlegen von webEdition-Dokumenten Verzeichnisse vorgegeben werden, in denen das Dokument zu speichern ist. Auch das Erstellen von dynamischen Verzeichnissen, wie z. B. das aktuelle Jahr, ist möglich. Das kann besonders bei Newsarchiven oder Veranstaltungen sinnvoll sein (z. B. `/de/unternehmen/news/2012/`). Jedoch ist bei webEdition-Dokumenten zu berücksichtigen, dass zwar Verzeichnisse vorgegeben werden können, der Name eines Dokuments jedoch immer vom Redakteur festgelegt wird.

Etwas anders verhält es sich bei webEdition-Objekten (siehe Abschnitt 5.3). Hier kann der Administrator/Entwickler nicht nur die URL-Struktur granular bestimmen, sondern auch die Objektnamen automatisch vom CMS erzeugen lassen. Für die automatische Objektnamenvergabe stehen unter anderem folgende Werte zur Verfügung:

- eindeutiger Name (String mit definierter Länge)
- Datumsangaben (z. B. Jahr, Tag, Stunden etc.)
- eine ID
- frei wählbarer Text

Im Unterschied zu webEdition-Dokumenten hat der Name bei webEdition-Objekten aktuell keinen Einfluss auf die URL-Struktur. Hierfür stehen dem Administrator/Entwickler neben den bereits genannten Werten für die Objektnamen noch weitere zur Verfügung:

- dem Objekt zugewiesenes Land
- dem Objekt zugewiesene Sprache
- Locale des Objektes
- bis zu drei frei wählbare Objektfelder (URL-Feld-1, URL-Feld-2 und URL-Feld-3)

Somit bietet webEdition verschiedene Möglichkeiten, URL-Strukturen mit unterschiedlichen Freiheitsgraden für Redakteure umzusetzen. Daneben ist auch das Erstellen und Verwalten von weiteren, für die Indexierung von Suchmaschinen wichtigen Dateien wie `robots.txt` und `.htaccess` möglich. Dazu bietet das CMS eigenständige Dokumententypen, die im Bearbeiten-Modus ein unformatiertes Texteingabefeld (siehe Abbildung 2.7) anbieten, um die Konfigurationen komfortabel zu bearbeiten.

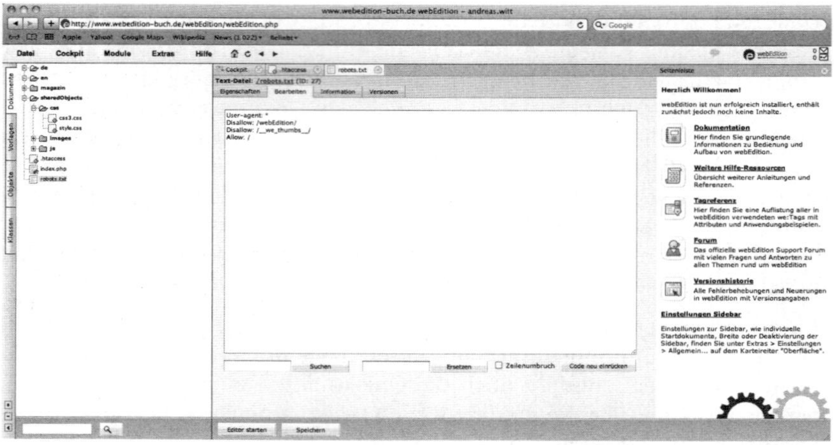

Abbildung 2.7: Verwalten von robots.txt und .htaccess in webEdition

Kehren wir zu mehrsprachigen Websites zurück, ist das relativ neue HTML-Attribut `hreflang` von Bedeutung. Mit diesem Attribut lassen sich die zu einer Seite existierenden Sprachversionen auszeichnen. Die Auszeichnung kann dabei auf Sprachebene

```
<link rel="alternate" hreflang="en" href="www.webedition-buch.de/en/ />
```

oder auf Sprach- und Gebietsebene

```
<link rel="alternate" hreflang="de-CH" href="ch.webedition-buch.de/de/"\
 />
```

erfolgen. Somit ist es den Suchmaschinen möglich, die für den Suchenden optimale Sprachversion anzubieten. Die Auflistung der vorhandenen Sprachversionen erfolgt auf Seitenebene und wird im <head>-Bereich jeder Seite eingefügt. Mit webEdition lässt sich dies sehr einfach anhand des nachfolgenden Code-Beispiels umsetzen. Dabei werden alle mit einem Dokument verlinkten Sprachversionen aufgelistet und entweder auf Sprachebene oder auf Sprach- und Gebietsebene ausgegeben. <we:ifFound> stellt sicher, dass keine Ausgabe erfolgt, wenn nur eine Sprachversion vorhanden ist.

```
<we:listview type="languagelink" order="Locale" pagelanguage="top" \
showself="false" objectseourls="true" hidedirindex="true">
    <we:repeat>
        <we:ifFound>
            <we:comment>Fuer die Verlinkung auf Sprachebene</we:comment\
>
            <link rel="alternate" hreflang="<we:field name="\
WE_TARGETLANGUAGE"/>" href="<we:field name="we_path"/>"/>
```

```
            <we:comment>Fuer die Verlinkung auf Sprach- und \
Gebietsebene</we:comment>
            <link rel="alternate" hreflang="<we:field name="\
WE_TARGETLOCALE"/>" href="<we:field name="we_path"/>"/>
        </we:ifFound>
    </we:repeat>
</we:listview>
```

Dadurch kann zudem das Problem von Duplicate Content vermieden werden. Gleichzeitig können identische Sprachversionen für verschiedene Gebiete (Länder) automatisiert an die regionalen Besonderheiten angepasst werden. So kann es für den Betreiber eines Online-Shops, der auch in Englisch angeboten wird, von Vorteil sein, die Preise für US-Amerikaner in US-Dollar und für Briten in britischen Pfund auszuzeichnen. Dieses Vorgehen lässt sich z. B. auch bei der Datumsformatierung anwenden, wie das nachfolgende Code-Beispiel zeigt.

```
<we:ifPageLanguage match="de_DE" doc="top">
    <we:comment>Deutsche Datumsformatierung Wochentag, Tag. Monat Jahr\
</we:comment>
    <we:date type="php" format="l, d. M Y" />
<we:else/>
    <we:ifPageLanguage match="en_GB" doc="top">
        <we:comment>Britische Datumsformatierung Tag Monat, Jahr</we:\
comment>
        <we:ifIsDomain gb.webediton-buch.de>
            <we:date type="php" format="d M, Y" />
        <we:ifIsDomain>

        <we:comment>US-amerikanische Datumsformatierung Monat, Tag Jahr\
</we:comment>
        <we:ifIsDomain us.webediton-buch.de>
            <we:date type="php" format="M, d Y" />
        <we:ifIsDomain>
    </we:ifPageLanguage>
</we:ifPageLanguage>
```

Die beiden gezeigten Beispiele lassen sich auch beliebig erweitern und miteinander kombinieren. Neben dem Attribut `hreflang` wäre in diesem Zusammenhang noch `rel="canonical"` zu erwähnen, mit dem sich für identische Inhalte unter verschiedenen URLs die bevorzugte Variante auszeichnen ließe. Gerade bei großen Websites und Online-Shops sind Produkt-Detailseiten aufgrund von Such- und Filterfunktionen unter verschiedenen URLs erreichbar. Durch den Einsatz von `rel="canonical"` ließe sich einer derzeitigen Besonderheit des webEdition Shop-Moduls begegnen, die dazu führt, dass Produkt-Detailseiten aus dem Warenkorb heraus über eine andere URL erreichbar sind als außerhalb des Warenkorbs. Dies ist dem Umstand geschuldet, dass das Shop-Modul aktuell keine SEO-URLs unterstützt.

2.5.2 Content-Optimierung

Content-Optimierung – oder besser gesagt, das Bestreben, dem Nutzer relevante Inhalte anzubieten – ist nicht erst mit Erscheinen von Googles Panda-Update von großer Bedeutung. Im Gegensatz zu manch anderen, auf Themes und Plugins basierenden Content Management Systemen bietet webEdition den Vorteil, dass es keine automatisierten Quellcode-Ausgaben erzeugt. Der Entwickler allein entscheidet darüber, wie der fertige Code einer Website aussieht, und kann somit die Qualität, Struktur und Usability zu 100 Prozent beeinflussen.

Im Bereich der Suchmaschinenoptimierung befasst sich die Content-Optimierung mit der optimalen Darstellung einer Website in den Suchergebnislisten von Suchmaschinen. In diesem Zusammenhang hat der Marketing-Guru Bryan Eisberg den Begriff *Conversion Trinity* geprägt. Dahinter verbirgt sich ein Vorgehensmodell zur optimalen Gestaltung des Seitentitels einer Webseite, die Bestandteil des sog. Google Snippet (Abbildung 2.8) ist.

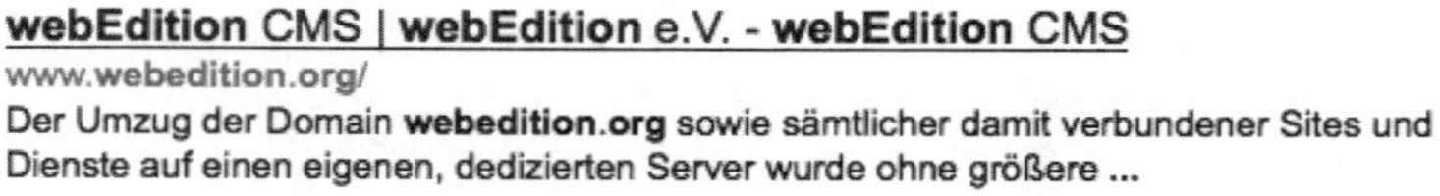

Abbildung 2.8: Google Snippet am Beispiel von webedition.org (nicht optimal)

Optimale Gestaltung umfasst dabei die drei Aspekte *Relevanz, Mehrwert* und *Handlungsanreiz,* d. h.: Gestalte den Titel so, dass er für den Suchenden die nötige Relevanz besitzt, die Website einen Mehrwert bietet und er eine Aktion ausführen soll.

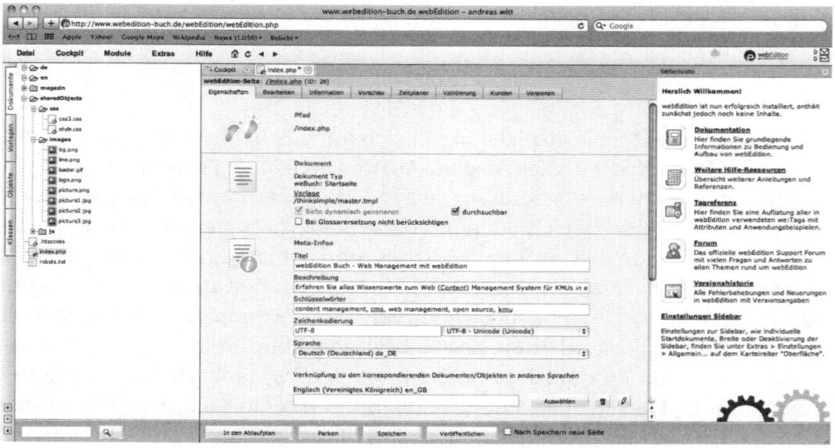

Abbildung 2.9: Dokumenten-Eigenschaften für Google Snippet

Neben dem Seitentitel gehört noch ein Beschreibungstext (*Description*) zum Google Snippet. Insgesamt stehen dem Website-Betreiber bzw. dem Redakteur 229 Zeichen (69 für den Titel und 160 für die Beschreibung) zur Verfügung, um den Suchenden davon zu überzeugen, dass er seine Website besuchen soll. Für seine Dokumente bietet webEdition die Dokumenten-Eigenschaften (siehe Abbildung 2.9), die die Angaben Titel, Beschreibung und Schlüsselwörter enthalten.

Der geschulte Redakteur kann die Felder **Titel** und **Beschreibung** nutzen, um einen optimalen Spannungsbogen nach dem *Conversion-Trinity*-Konzept aufzubauen, und der Entwickler kann auf die Dokumenten-Eigenschaften zugreifen und sie durch weitere Informationen anreichern. Gleichzeitig gibt es die Möglichkeit, die Werte für diese Felder mit Default-Werten im Voraus auszufüllen, was den Redakteur bei der Arbeit unterstützt.

```
<head>
    <we:charset defined="UTF-8,ISO-8859-1" xml="true"></we:charset>

    <we:comment>neben suffix sind auch noch prefix moeglich</we:comment↘
>
    <we:title suffix="Das webEdition Buch" delimiter=" | ">Hier steht ↘
der Default-Titel</we:title>

    <we:keywords xml="true">Hier stehen die Default-Keywords</we:↘
keywords>
    <we:description xml="true">Hier steht die Default-Beschreibung</we:↘
description>
    [...]
</head>
```

Bei webEdition-Objekten wird dasselbe Verhalten erzeugt, indem die benutzerdefinierten Felder als Titel, Beschreibung und Schlüsselwörter in den Feldeigenschaften der Klasse einmalig definiert werden.

3 Kapitel

Installation, Backup, Entwicklungsumgebungen

In diesem Kapitel widmen wir uns den administrativen Aufgaben bei der Arbeit mit webEdition. Wie jede andere Software benötigt auch ein Content Management System neben der Pflege der Inhalte ein gewisses Maß an Systempflege. Es beginnt bei der Installation, führt über Aktualisierungen des Systems und Datensicherungen der Inhalte bis hin zum Aufsetzen von Testsystemen, um umfangreiche Änderungen vor der Liveschaltung zu prüfen. WebEdition stellt auch für diese Aufgaben hilfreiche Werkzeuge bereit, um den Administrator zu unterstützen.

3.1 Installation

Der erste Kontakt mit einem CMS ist die Installation. Bereits bei diesem frühen Schritt kann ein CMS zeigen, was es kann. Während in den Anfängen der Content Management Systeme – und bei einigen noch heute – oftmals viele manuelle Schritte zur Installation nötig waren, hat webEdition von Beginn an auf eine möglichst intuitive und einfache Lösung gesetzt und diese bis heute mit dem *OnlineInstaller* beibehalten.

Die Systemvoraussetzungen[1] orientieren sich an den gängigen Standards aktueller Hosting-Pakete. Daher lässt sich webEdition bei einer großen Zahl von Web-Hostern installieren. Manche bieten sogar spezielle Pakete für webEdition inklusive Installationsservice. Für die eigentliche Installation stehen zwei Wege zur Verfügung:

- über den OnlineInstaller (Standard)
- die manuelle Installation (u. a. für Intranets geeignet)

Der wesentliche Unterschied zwischen beiden Optionen liegt darin, dass der OnlineInstaller bereits während der Installation die aktuellsten Daten vom Projektserver herunterlädt. Bei der manuellen Installation liegen alle Daten in einer Archivdatei vor, die nach dem Herunterladen zunächst entpackt wird; anschließend starten Sie die eigentliche Installation über ein Skript.

Der OnlineInstaller ist in den meisten Fällen die sinnvollste Installationsmethode, funktioniert jedoch nicht, wenn bei der Installation z. B. in Intranets kein Kontakt zum Projektserver möglich ist. Daher stellt der webEdition e.V. stets die aktuelle Version des CMS auch für eine manuelle Installation zur Verfügung. webEdition selbst benötigt während des Betriebs keinen Kontakt zum Internet und ist damit auch in geschlossenen Netzwerken zu betreiben.

Der OnlineInstaller ist eine einzelne, gepackte PHP-Datei. Nach dem Download[2] entpacken Sie die Datei und kopieren sie per FTP in das Root-Verzeichnis Ihrer Domain. Anschließend starten Sie den Installer über den Aufruf `http://<domain.tld>/OnlineInstaller.php` und folgen dem Assistenten (siehe Abbildung 3.1). Achten Sie bei einer lokalen Installation darauf, dass der Webserver installiert ist und läuft, dass er PHP-Skripte ausführen kann, dass er MySQL unterstützt und dass das Installationsprogramm Schreibrechte im Root-Verzeichnis des Webservers hat.

Der OnlineInstaller wird alle relevanten Daten wie die MySQL-Zugangsdaten, Benutzername und Passwort für den Administrator sowie die zu installierende Version abfragen und anschließend die Installation vornehmen. Dabei prüft das Skript bereits vor der Installation, ob wichtige Systemvoraussetzungen erfüllt sind, und weist Sie gegebenenfalls auf Probleme hin.

1 `http://www.webedition.org/de/webedition-cms/systemvoraussetzungen.php`
2 `http://www.webedition.org/de/webedition-cms/download.php`

Eine komplette webEdition-Installation inkl. aller Module dauert somit nur wenige Minuten.

Eine Besonderheit des OnlineInstallers ist, dass er eine Auswahl der zu installierenden webEdition-Version ermöglicht. So können Sie problemlos auch einige ältere Version sowie auch noch in der Entwicklung befindliche Betaversionen installieren. Selbst eine *Nightly Build*-Version steht zur Verfügung. Diese Version wird mehrmals am Tag aus dem aktuellen Entwicklungsstand erzeugt.

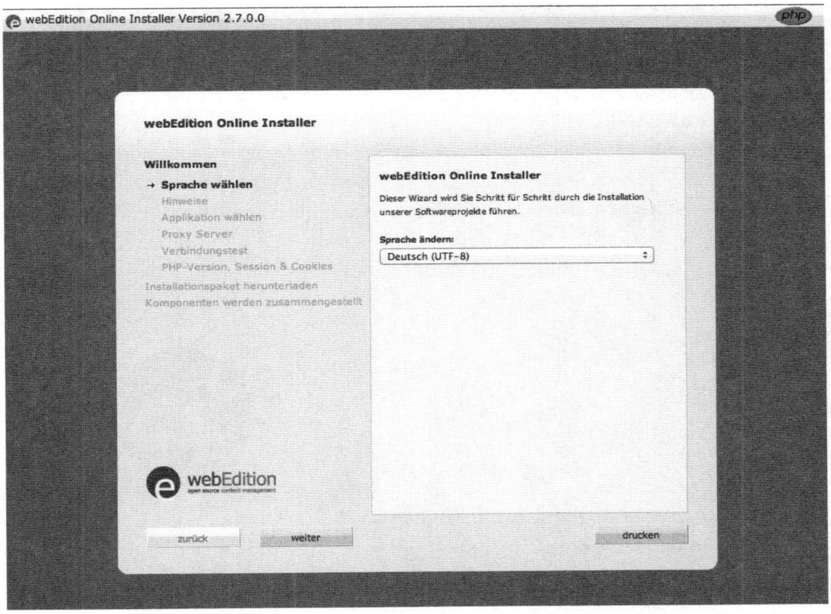

Abbildung 3.1: webEdition OnlineInstaller

3.2 LiveUpdate – webEdition aktuell halten

webEdition wird stetig weiterentwickelt. Neue Funktionen kommen hinzu, bestehende werden optimiert und eventuell vorhandene Fehler behoben. Das System stellt daher einen möglichst einfachen Weg zur Verfügung, um eine Installation zu aktualisieren. Die Aktualisierung erfolgt unter den folgenden Aspekten:

- Bei der Aktualisierung werden die bestehenden Inhalte übernommen.
- Die Aktualisierung kann im laufenden Betrieb stattfinden.

- Es gibt für den Fall der Fälle einen Weg zurück.
- Nach der Aktualisierung soll die Internetpräsenz wie zuvor funktionieren.

WebEdition bietet mit dem integrierten *LiveUpdate* (siehe Abbildung 3.2) eine sehr komfortable Möglichkeit, auf dem neuesten Stand zu bleiben.

Abbildung 3.2: LiveUpdate

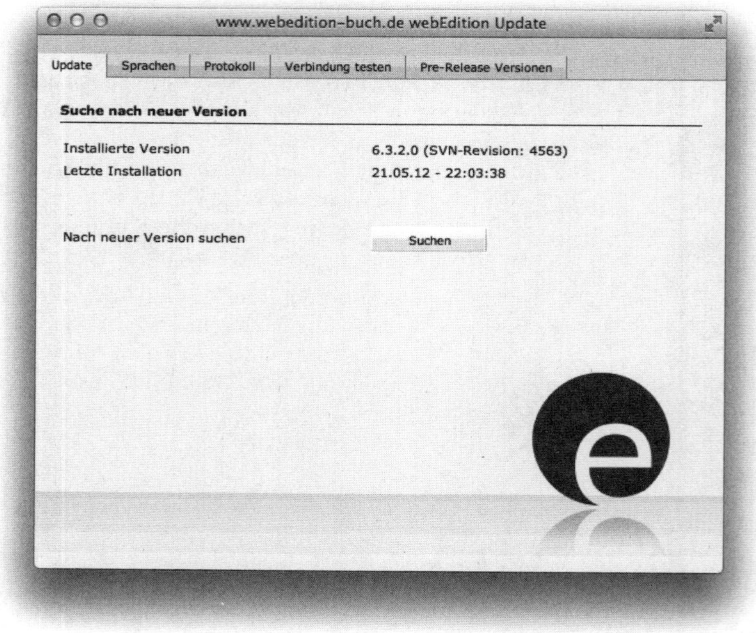

Die Aktualisierung kann direkt aus dem CMS heraus gestartet und durchgeführt werden. Nicht ganz offensichtlich, jedoch historisch so entstanden, verbirgt sich das LiveUpdate hinter dem Menüpunkt **Hilfe | Update**. Ähnlich dem OnlineInstaller wird vor der Aktualisierung geprüft, ob die Systemvoraussetzungen erfüllt sind. Falls nicht, ist ein Update nicht möglich. Bei unkritischen Voraussetzungen wird eine entsprechende Warnung ausgegeben. Der Benutzer kann dann selbst entscheiden, ob die Aktualisierung vorgenommen werden soll oder nicht. Ist die Aktualisierung gestartet, ermittelt das LiveUpdate alle nötigen Dateien und lädt diese vom webEdition-Server. Für das LiveUpdate wird zwingend eine Internetverbindung benötigt.

In Umgebungen wie Intranets, in denen dies nicht möglich ist, müssen Aktualisierungen daher ähnlich der Installation (siehe Abschnitt 3.1) manuell erfolgen. Der einfachste Weg dafür ist, eine Sicherung (Backup) zu erstellen, eine neues webEdition zu installieren und anschließend die Sicherung wieder einzuspielen. Mehr zum Thema Datensicherung und -wiederherstellung folgt im Abschnitt 3.3 ab Seite 52.

Ein wesentliches Anliegen von webEdition war es schon zu Beginn, Aktualisierungen möglichst ohne Anpassungen in den Vorlagen vornehmen zu können. Dieser Maxime ist das System auch heute noch verpflichtet. Sofern in den Vorlagen nur webEdition-eigene Befehle – die webEdition Tags – eingesetzt werden, sind nach der Aktualisierung einer Installation keine Anpassungen notwendig.

Da webEdition die Verwendung von PHP-Code und darin auch den Zugriff auf interne Funktionen erlaubt, ist im Einzelfall zu prüfen, ob Anpassungen an den Vorlagen vorgenommen werden müssen. Daher ist es gut, bei komplexen Installationen eine neue Version vorab zu testen. Zu diesem Zweck, aber auch um im Falle von Problemen durch ein Update wieder zurückgehen zu können, eignen sich die in webEdition integrierten Backup-Möglichkeiten hervorragend. Diese werden wir im Abschnitt 3.3 erläutern.

Auch das LiveUpdate bietet genau wie der OnlineInstaller über den Reiter **Pre-Release Versionen** die Möglichkeit, Betaversionen zu installieren und somit frühzeitig von behobenen Fehlern zu profitieren oder Vorabversionen zu testen. Sobald die Suche nach Pre-Release-Versionen aktiviert ist, wird das LiveUpdate bei der Suche nach neuen Versionen auch unveröffentlichte Beta-Versionen anbieten (siehe Abbildung 3.3).

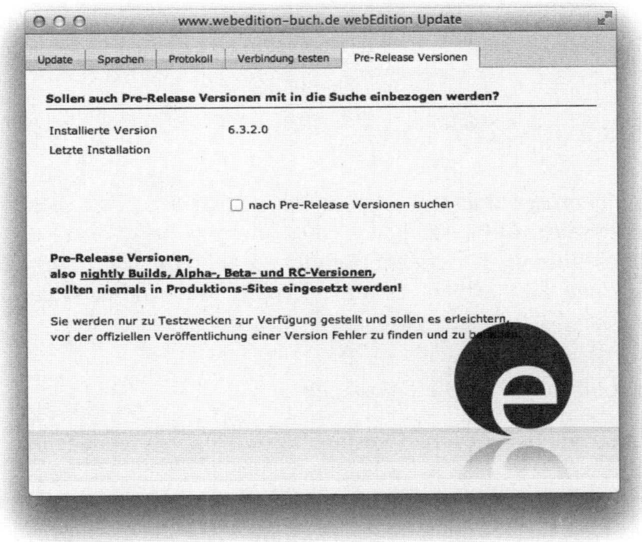

Abbildung 3.3: Pre-Release-Versionen aktivieren

Zusätzlich zu der kompletten Systemaktualisierung können über das Live-Update im Reiter **Sprache** auch weitere Systemsprachen installiert oder bestehende Sprachen deinstalliert werden (siehe Abbildung 3.4).

Abbildung 3.4: Sprachen installieren

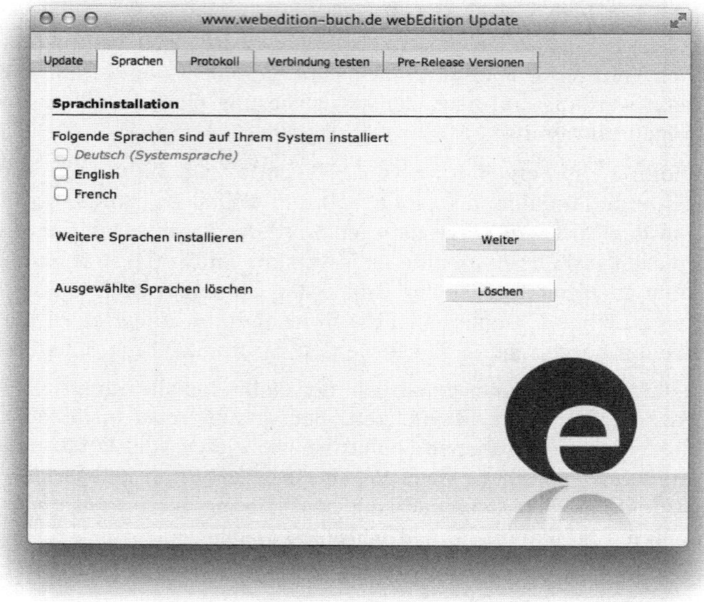

3.3 Backup-Strategien

Die Datensicherung (Backup) ist eine der wichtigsten administrativen Aufgaben rund um ein CMS. Ausfälle wird es immer geben, sei es aufgrund von technischen Problemen oder menschlichen Fehlern. Mit dem webEdition Backup können Sie sich vor Datenverlust für die beiden folgenden Fälle schützen:

1. Schutz durch (Komplett-)Ausfälle
2. Schutz bei versehentlich gespeicherten Änderungen/gelöschten Daten

Als Schutz vor versehentlich gespeicherten Änderungen hilft die in webEdition integrierte Versionierung, auf die wir in Abschnitt 4.5.9 eingehen werden. Für den Schutz vor Ausfällen wie Festplattenschäden bietet webEdition eine integrierte Backupfunktion. Ein webEdition Backup kann sämtliche veränderlichen Daten der Internetpräsenz wie Texte, Objekte, Kundendaten, Bestellungen im Shop-Modul oder auch Einstellungen enthalten. Sollte die webEdition-Installation einmal ausfallen, können die Daten mit dieser Sicherung wiederhergestellt werden. Bei einem webEdition Backup handelt es sich immer um eine Komplettsicherung, auch wenn nur einzelne Module oder Verzeichnisse gesichert werden. Ein inkrementelles Backup bietet webEdition nicht an.

Die Sicherung besteht aus einer XML-Datei. Die Daten werden in einem webEdition-eigenen Format gespeichert. Während der Entwicklung musste das Format der Backup-Dateien vereinzelt angepasst werden. Neue Funktionen, Module und Datenstrukturen kamen hinzu, und diese Daten müssen auch in der Sicherung erfasst werden. Dennoch ist es möglich, in neuen webEdition-Versionen Datensicherungen aus alten Systemen wiederherzustellen. Der umgekehrte Weg, Sicherungen aus neuen Versionen in alten Versionen einzuspielen, ist damit leider nicht zwischen allen Versionen möglich.

3.3.1 Backup erstellen

Für eine Sicherung rufen Sie das Menü **Datei | Backup | Backup erstellen** auf. Es öffnet sich der webEdition Backup Wizard (siehe Abbildung 3.5).

Wählen Sie einen Dateinamen für die Sicherung. webEdition schlägt Ihnen bereits einen sinnvollen Namen vor. Dieser besteht seit Version 6.3 aus dem Begriff `weBackup_`, gefolgt von der URL der Domain, an der Sie sich in webEdition angemeldet haben, gefolgt vom aktuellen Datum und der aktuellen Uhrzeit. Als Endung wird `.xml` genutzt.

Für eine Datensicherung von `webEdition-buch.de` lautet der Name damit z. B. `weBackup_www-webedition-buch-de_2012_07_24__14_10.xml`.

Anschließend legen Sie fest, ob die Datensicherung komprimiert werden soll. Da in der Sicherungsdatei alle Dokumente, also auch Bilder und PDF-Dateien enthalten sein können, kann die Datei sehr groß werden. Die Komprimierung ist damit eine sinnvolle Einstellung. Die Option **Backup-Datei schützen** legt fest, ob die Datensicherung als XML oder als PHP-Datei mit einem zusätzlichen Schutz gegen unerlaubtes Herunterladen gespeichert wird. Somit ist ein direktes Herunterladen der Backup-Datei – sofern der Pfad zur Datei bekannt ist – über den Webbrowser nicht mehr möglich. Dieser Schutz benötigt jedoch beim späteren Wiederherstellen der Datensicherung mehr Speicherplatz.

Seit webEdition 6.3 wird das Verzeichnis, in dem Datensicherungen auf dem Server abgelegt werden, durch eine `.htaccess`-Datei geschützt. Sofern Ihr Webserver den Zugangsschutz durch `.htaccess`-Dateien unterstützt, ist damit der Zugriff auf die Datensicherungen über den Webbrowser generell nicht mehr möglich. Daher brauchen Sie seit webEdition 6.3 den Dateischutz der Datensicherung nicht mehr unbedingt zu aktivieren.

Abbildung 3.5: Datensicherung erstellen – Schritt 1

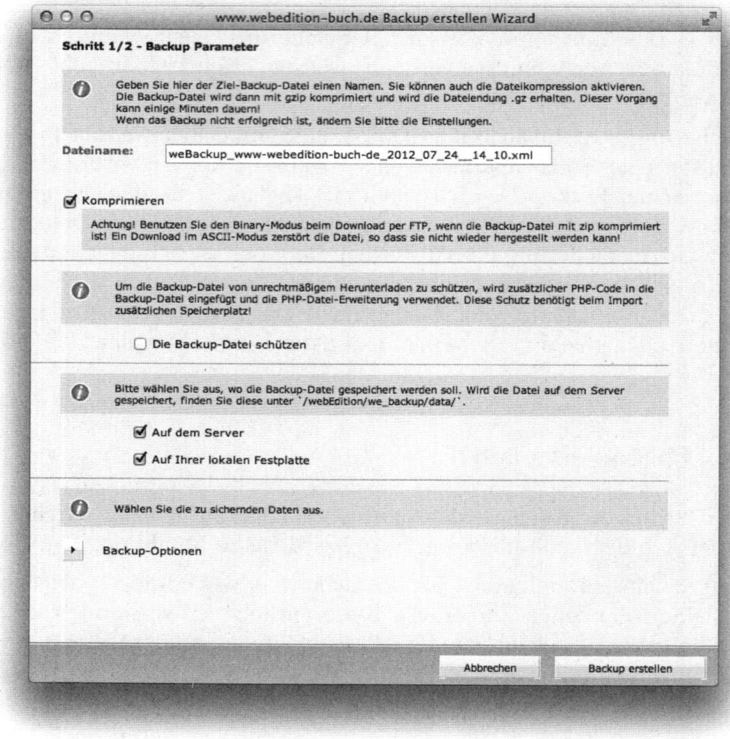

Im nächsten Schritt wählen Sie aus, welche Bereiche in der Sicherung enthalten sein sollen. Klappen Sie dazu die Backup-Optionen durch Klick auf den Pfeil auf (siehe Abbildung 3.6).

In der Standardeinstellung sind nahezu alle Bereiche aktiviert. Ausnahme sind **Versions-Binary-Dateien sichern**[3] und **webEdition-externe Dateien/Verzeichnisse sichern**.

[3] Auch Binärdateien wie PDF-Dokumente oder Bilder können versioniert werden. Mit dieser Option werden die verschiedenen Versionen der Dokumente ebenfalls gesichert. Dies kann je nach Einstellung der Versionierung sehr zeit- und speicherintensiv sein. Sofern Sie die verschiedenen Versionen ebenfalls mitsichern möchten, sollten Sie den Ordner `/webEdition/we/versions/`, in dem die Versionen der Dokumente gespeichert sind, manuell per FTP sichern.

In der Regel können Sie die Standardeinstellungen belassen. Bei sehr umfangreichen Websites oder auch bei Problemen mit der Datensicherung nehmen Sie die Binärdaten aus der Sicherung heraus. Diese können Sie manuell per FTP sichern. Erstellen Sie dazu eine Kopie des Verzeichnisses `/webEdition/site`.

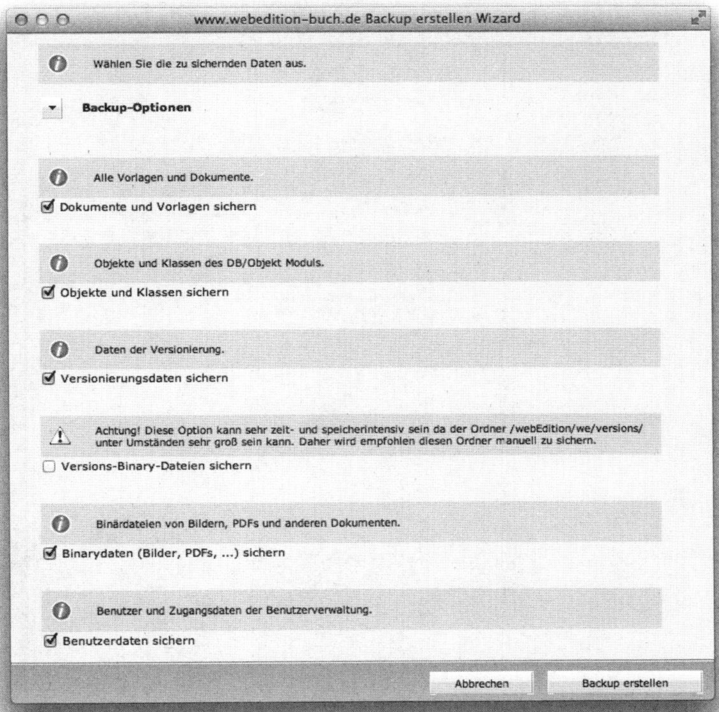

Abbildung 3.6: Backup-Optionen

Zuletzt wählen Sie, wo die Datensicherung gespeichert werden soll. Sie können die Datei sowohl auf dem Server als auch auf Ihrer lokalen Festplatte ablegen. Auf dem Server werden die Datensicherungen in dem Verzeichnis `/webEdition/we_backup/data/` gespeichert. Wenn Sie die Sicherung auf Ihrer lokalen Festplatte ablegen, wird Ihnen die Datei nach Abschluss der Datensicherung zum Download angeboten. Da Sie die Datensicherung vor einem technischen Defekt des Servers schützen soll, ist es empfehlenswert, die erstellte Datensicherung nicht nur auf dem Server zu speichern, sondern eine externe Speicherquelle zu wählen. Klicken Sie nun auf **Backup**

erstellen. WebEdition beginnt mit der Datensicherung und zeigt Ihnen den Fortschritt (siehe Abbildung 3.7) im unteren Bereich des Fensters an.

Abbildung 3.7: Backup-Fortschritt

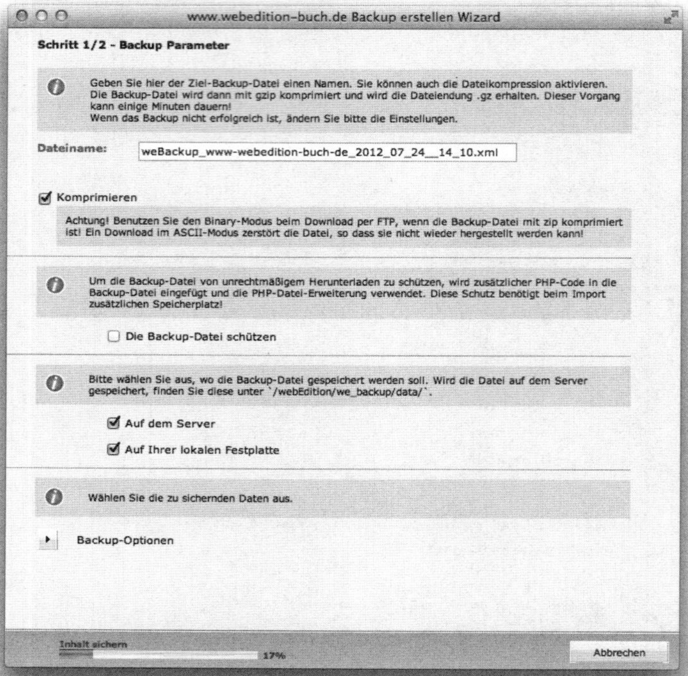

Nach Abschluss der Datensicherung meldet webEdition das Ergebnis des Backups. Wenn Sie die Ablage auf Ihrer lokalen Festplatte gewählt haben, können Sie die Sicherungsdatei nun durch Klick mit der rechten Maustaste auf **Datei herunterladen** speichern (siehe Abbildung 3.8).

Wächst die Backup-Datei durch eine Vielzahl an Bildern, PDF-Dokumenten und weiteren Binärdateien auf mehrere hundert Megabytes an, ist es sinnvoll, eine etwas andere Sicherungsstrategie zu nutzen. Erstellen Sie in dem Fall eine webEdition-Sicherung ohne die Binärdaten.

Auch wenn die Binärdateien nicht in der webEdition-Backup-Datei enthalten sind, speichert webEdition die Metainformationen aus der Datenbank. Dadurch lassen sich die Binärdateien in einem zweiten Schritt separat via FTP sichern, indem der Ordner `/webEdition/site` kopiert wird.

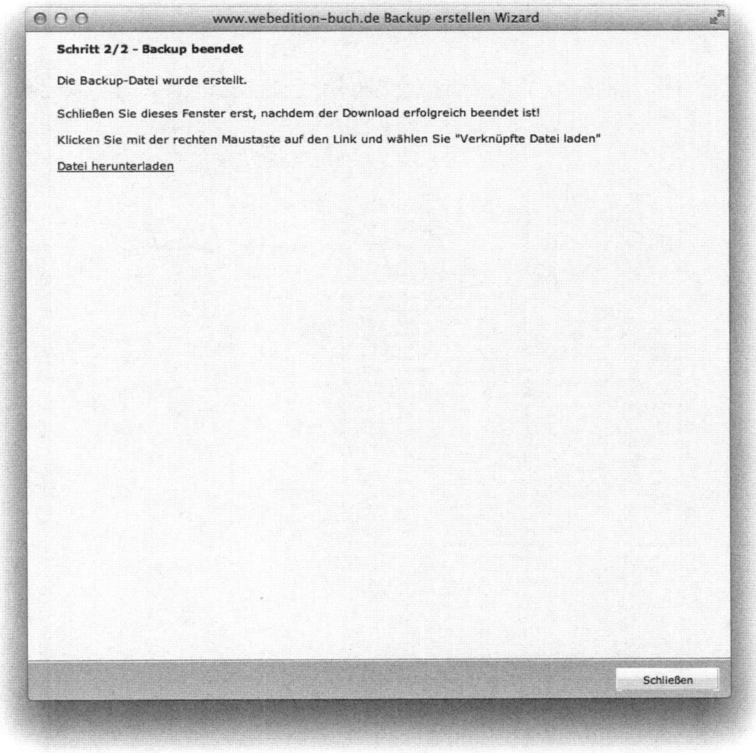

Abbildung 3.8: Datensicherung: Abschluss und Herunterladen

Bei einer Wiederherstellung in diesem Fall werden die Binärdaten folgerichtig zunächst als 0 kB große Dokumente wiederhergestellt. Im Anschluss an die Wiederherstellung können Sie den gesicherten `site`-Ordner per FTP wieder auf den Server kopieren und dabei die 0 kB großen Dateien überschreiben. Ein anschließender Rebuild über das Menü **Datei | Rebuild** aller Dokumente stellt die Binärdaten wieder her.

3.3.2 Backup-Protokoll

Beim Erstellen und Wiederherstellen eines webEdition Backups wird in der Standardeinstellung ein Protokoll (siehe Abbildung 3.9) erstellt. Das jeweils letzte Protokoll erreichen Sie über das Menü **Datei | Backup | Backup-Protokoll einsehen**. Im Protokoll sehen Sie recht genau, welche Elemente gesichert oder wiederhergestellt wurden. Sollte es mit dem Backup einmal Probleme geben, kann ein Blick in das Protokoll einen ersten Aufschluss geben, an welcher Stelle das Problem oder gar der Abbruch auftrat.

Abbildung 3.9: Backup-Protokoll

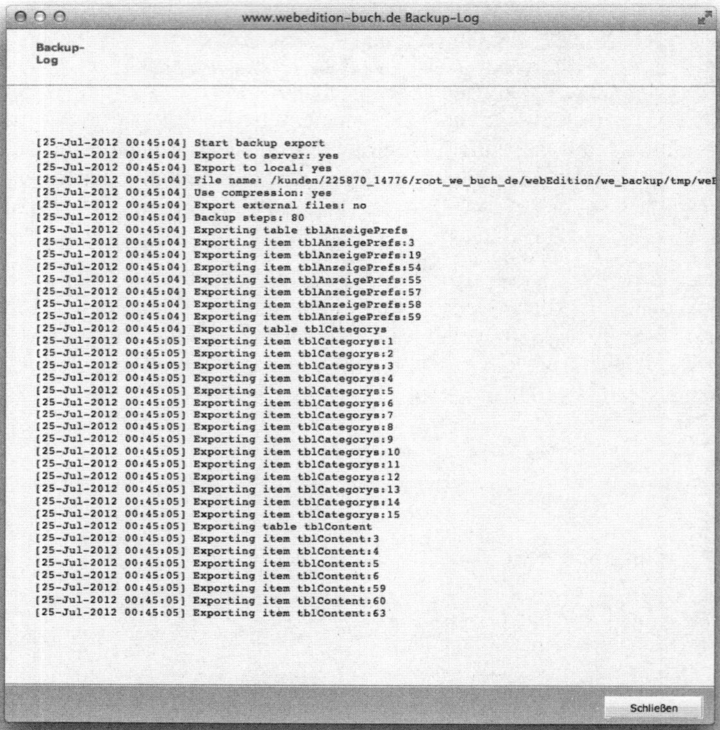

3.3.3 Backup wiederherstellen

Die beste Datensicherung nützt nichts, wenn es nicht gelingt, die Daten wiederherzustellen. Genau wie bei der Erstellung von Backups bietet web-Edition auch zur Wiederherstellung eine integrierte Funktion. Ein web-Edition Backup kann auf nahezu jeder beliebigen webEdition-Installation wiederherstellt werden. Voraussetzung ist nur, dass das Backup-Format von der jeweiligen Installation unterstützt wird. In der Regel unterstützen neuere webEdition-Versionen das Format der älteren Version. Mit dem Wiederherstellen einer Sicherung kann also ein Wechsel auf eine neuere Version verbunden werden.

Sie können auch problemlos ein Backup von einem Server auf einem anderen wiederherstellen. Solange Sie webEdition-Standardbefehle und -Tags in Ihrem Projekt nutzen, kümmert sich webEdition beim Wiederherstellen eines Backups darum, alle relevanten Pfade etc. anzupassen.

Wenn Sie ein Backup wiederherstellen, haben Sie die Möglichkeit, alle Elemente aus der Sicherungsdatei oder nur einzelne Bestandteile wiederherzustellen. Dies erlaubt Ihnen z. B., aus einem Komplett-Backup nur die Kundendaten oder ausschließlich Objekte und Klassen wiederherzustellen. Leider ist es bisher noch nicht möglich, nur einzelne Elemente, wie eine einzelne Klasse oder nur einzelne Kunden, zurückzuspielen. Für Dokumente und Objekte kann dafür jedoch die Versionierung genutzt werden.

Um ein Backup wiederherzustellen, gehen Sie wie folgt vor: Klicken Sie auf **Datei | Backup | Backup wiederherstellen**. Da bei der Wiederherstellung bestehende Daten überschrieben werden, haben Sie zunächst die Möglichkeit, vor der Wiederherstellung eine Sicherung des aktuellen Datenbestands zu starten (siehe Abbildung 3.10).

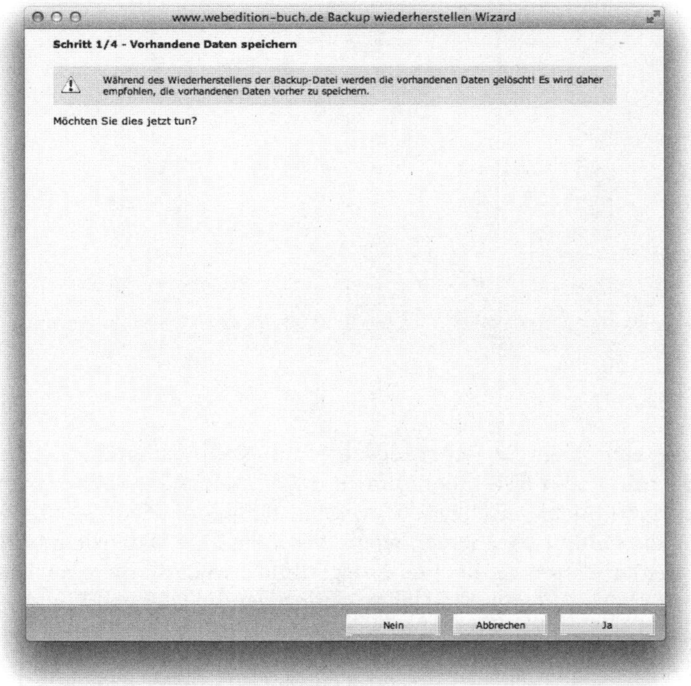

Abbildung 3.10: Backup wiederherstellen – Schritt 1: bestehende Daten sichern?

Nach Abschluss der Sicherung oder wenn Sie auf eine Sicherung verzichten, wählen Sie aus, ob sich die Sicherungsdatei auf dem Server oder der lokalen Festplatte befindet (siehe Abbildung 3.11), und klicken anschließend auf **Weiter**. Eine auf Ihrer lokalen Festplatte gespeicherte Datei müssen Sie zunächst hochladen. Beachten Sie dabei, dass je nach Konfiguration Ihres Servers die maximal erlaubte Dateigröße sowie auch die Zeit, die das Hochladen auf den Server maximal dauern darf, beschränkt sein kann.

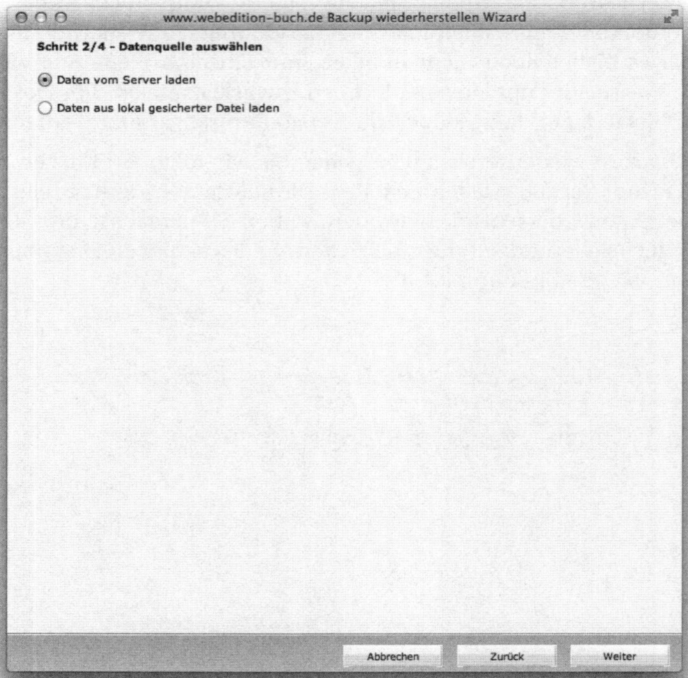

Abbildung 3.11: Backup-Quelle wählen

Sofern Sie eine zu große Sicherungsdatei nutzen möchten, laden Sie diese zunächst mit einem FTP-Programm in das Verzeichnis `/webEdition/we_backup/data` hoch. Anschließend wählen Sie beim Wiederherstellen des Backups die Option **vom Server laden**. Wenn Sie eine Datensicherung vom Server wiederherstellen möchten, zeigt Ihnen webEdition eine Liste der auf dem Server gespeicherten Datensicherungen an (siehe Abbildung 3.12). Gleichzeitig haben Sie bei diesem Schritt die Möglichkeit, alte Sicherungsdateien zu löschen.

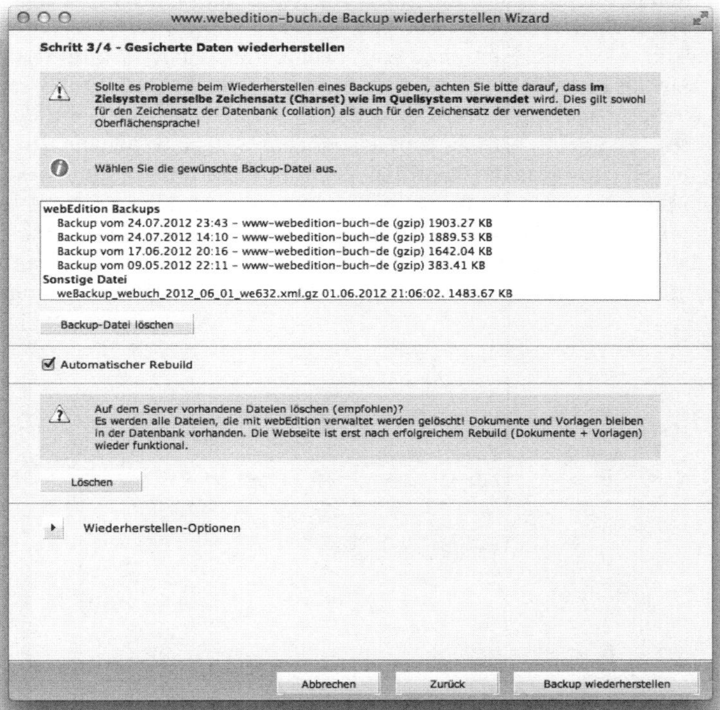

Abbildung 3.12: Backup vom Server

In beiden Fällen – dem Wiederherstellen vom Server oder aus einer lokalen Datei – wählen Sie nun in den Backup-Optionen, welche Elemente wiederhergestellt werden sollen. In der Standardeinstellung werden alle Elemente wiederhergestellt. Die möglichen Bereiche sind identisch mit jenen, die auch beim Erstellen eines Backups verfügbar sind.

Noch ein wichtiger Hinweis: Falls Sie Daten der Benutzerverwaltung wiederherstellen, achten Sie darauf, einen Benutzernamen und ein Passwort aus der Sicherung zu kennen. Sonst passiert es Ihnen leicht, dass Sie sich selbst aus dem System aussperren.

3.3.4 Backup-Einstellungen

Neben den bereits beschriebenen Backup-Optionen, die für jede Sicherung individuell festgelegt werden können, gibt es eine zentrale Einstellung für das Backup. Über das Menü **Extras | Einstellungen | Allgemein** und dort den Reiter **Backup** können Sie die Geschwindigkeit des Backup-Prozesses festlegen (siehe Abbildung 3.13). Der optimale Wert hängt stark von der Leistung Ihres Servers ab. Je mehr und je schnellerer Arbeitsspeicher zur Verfügung steht, desto schneller kann das Backup eingestellt werden. Bei dieser Einstellung sollten Sie berücksichtigen, dass der häufigste Grund für abgebrochene webEdition Backups eine falsche Geschwindigkeitseinstellung ist. Sollte es also passieren, dass eine Datensicherung abbricht, dann stellen Sie die Geschwindigkeit einfach um zwei oder drei Stufen langsamer ein.

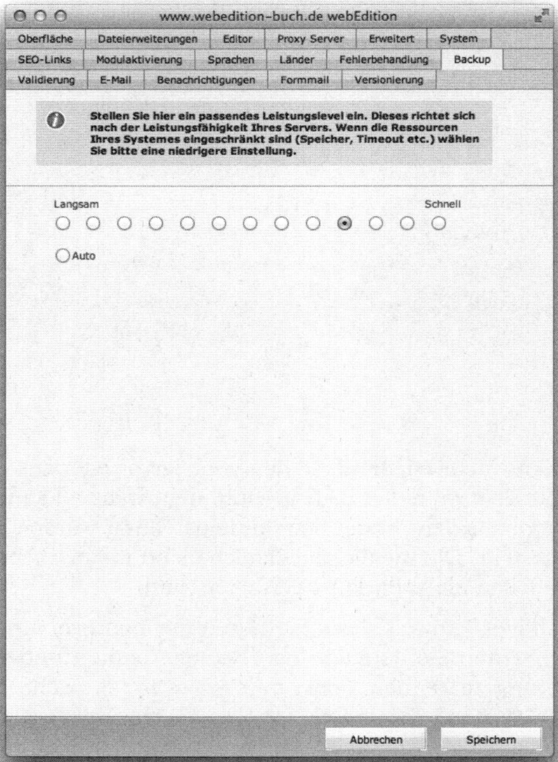

Abbildung 3.13: Backup-Einstellungen

3.4 Im- und Export

Neben einer Vollsicherung bietet webEdition auch die Möglichkeit, einzelne Elemente, wie Dokumente, Objekte oder Vorlagen, zu exportieren und in einer anderen webEdition-Installation zu importieren. Dies kann besonders beim Einsatz von separaten Entwicklungs- und Produktivsystemen hilfreich sein. Obwohl ein Export in verschiedene Zielformate erfolgen kann, ist für den Datenaustausch zwischen verschiedenen webEdition-Installationen das webEdition-eigene XML-Format die richtige Wahl. Dieses erlaubt in begrenztem Maße, Abhängigkeiten zu erfassen und in einer anderen Installation zu importieren. Für Im- und Exporte gibt es in webEdition ein eigenes Modul. Dieses stellen wir gesondert in Abschnitt 5.5 vor.

3.5 Live- und Entwicklungssysteme

Entwicklungssysteme sind bei der stetigen Weiterentwicklung von Web-Projekten unverzichtbar. Bei der Neuentwicklung einer Website ist dies auch einfach umsetzbar. Konzeption, Gestaltung, Programmierung, Inhalte werden einfach auf einer – meist passwortgeschützten – Entwicklungsinstallation erstellt. Wenn alle Arbeiten abgeschlossen sind, wird das gesamte Projekt eins zu eins auf das Livesystem übertragen. In webEdition kann dafür ganz einfach ein Komplett-Backup erstellt und im Livesystem wieder eingespielt werden.

Bei Änderungen an bestehenden Projekten ist dies jedoch je nach Komplexität des Projekts nicht so einfach. Schließlich wird ein CMS ja gerade dann eingesetzt, wenn die Website ein „lebendes Objekt" ist: Redakteure erstellen laufend neue Inhalte, neue Kunden registrieren sich, Kommentare oder andere Inhalte werden durch die Besucher erstellt und Bestellungen gehen im Shop ein.

Kurz: Der Weg, eine Komplettsicherung aus einer Entwicklungsumgebung zu übertragen, ist nicht möglich, da Inhalte verloren gehen könnten. Oft wird gerade an dieser Stelle dann auf eine Entwicklungsumgebung verzichtet. Änderungen werden am „lebenden Objekt" durchgeführt, und nicht selten kommt es dabei zu Fehlern. Um dies zu vermeiden und auch bei bestehenden Projekten Änderungen ausgiebig testen zu können, sollte stets eine Entwicklungsumgebung genutzt werden. webEdition bietet dafür mit dem Backup- sowie dem Im-/Export-Modul eine passende Lösung. In der Praxis hat sich folgendes Vorgehen als sinnvoll erwiesen:

1. Erstellen Sie eine Vollsicherung des Livesystems.
2. Spielen Sie die Vollsicherung im Entwicklungssystem ein.

3. Nehmen Sie die gewünschten Änderungen im Entwicklungssystem vor, notieren Sie sich dabei, welche Vorlagen, Klassen, Objekte und Dokumente Sie ändern.
4. Nach Abschluss der Änderungen erstellen Sie im Entwicklungssystem einen Export mit den geänderten Elementen.
5. Importieren Sie im Livesystem die exportierten Elemente und erstellen Sie ggf. vorher noch einmal ein Komplett-Backup – das kann nie schaden.

Sollten Sie nur bestehende Elemente geändert haben, führt dieses Vorgehen zum Erfolg. Wenn Sie auch neue Inhalte hinzufügen, besonders Bilder oder Dokumente, dann haben diese nach dem Import in das Livesystem ggf. vom Entwicklungssystem abweichende IDs. Dies tritt immer dann auf, wenn während der Entwicklung auch im Livesystem inhaltliche Änderungen vorgenommen wurden. Sollten Sie auf Dokumente oder Objekte in Vorlagen per ID zugreifen, dann müssen Sie diese im letzten Schritt anpassen. Bei der Arbeit mit einem Entwicklungssystem ist es wichtig, auch eventuell eingesetzte externe Dienste und Komponenten zu berücksichtigen.

Ein Beispiel: In einem Online-Shop werden neue Bestellungen per PayPal bezahlt, und direkt im Anschluss wird der Auftrag an ein Warenwirtschaftssystem weitergegeben. In der Entwicklungsumgebung soll ein PayPal-Testkonto genutzt und natürlich keine Bestellung an die Warenwirtschaft weitergeleitet werden. Auch ein eventuell eingerichtetes Statistiktool soll in der Entwicklungsumgebung keine Besucher zählen. Es ist also notwendig, je nach System unterschiedliche Einstellungen bzw. Vorlagen zu nutzen.

In dem skizzierten Beispiel erweisen sich die Tags `<we:ifIsDomain>`[4] und `<we:ifIsNotDomain>`[5] als sehr hilfreich. Beide Tags erlauben es, den aktuellen Domainnamen auszuwerten und davon abhängig Befehle auszuführen. Eine Entwicklungsumgebung unter

```
http://entwicklung.webedition-buch.de
```

und ein Livesystem unter

```
http://www.webedition-buch.de
```

unterscheiden Sie demnach wie folgt:

```
<we:ifIsDomain domain="entwicklung.webedition-buch.de" matchType="exact\
">
  <we:comment>Nur Einstellungen und Befehle für das Entwicklungssystem\
</we:comment>
```

4 http://webedition.org/de/webedition-cms/dokumentation/tag-referenz/ifisdomain

5 http://webedition.org/de/webedition-cms/dokumentation/tag-referenz/ifisnotdomain

```
  <we:comment>PayPal inaktiv</we:comment>
  <we:setVar to="global" nameto="bPayPal" value="0" />

  <we:comment>Übergabe an Warenwirtschaft inaktiv</we:comment>
  <we:setVar to="global" nameto="bWaWiExport" value="0" />

  <we:comment>Daten für Abfragen der Warenwirtschaft</we:comment>
  <we:setVar to="global" nameto="sAPIUsername" value="testkonto" />
  <we:setVar to="global" nameto="sAPIPasswort" value="passwort" />

<we:else />
  <we:comment>Nur Einstellungen und Befehle für das Livesystem</we:\
comment>

  <we:comment>PayPal aktiv</we:comment>
  <we:setVar to="global" nameto="bPayPal" value="1" />

  <we:comment>Übergabe an Warenwirtschaft aktiv</we:comment>
  <we:setVar to="global" nameto="bWaWiExport" value="1" />
  <we:comment>Daten für Abfragen der Warenwirtschaft</we:comment>
  <we:setVar to="global" nameto="sAPIUsername" value="konto"  />
  <we:setVar to="global" nameto="sAPIPasswort" value="passwort" />
</we:ifIsDomain>
```

Wir empfehlen, ein zentrales Konfigurationstemplate anzulegen. Darin setzen Sie je nach Domain globale Variablen und steuern dadurch das Verhalten der anderen Vorlagen. Die Konfigurationsvorlage inkludieren Sie als eine der ersten in das Mastertemplate bzw. in die Vorlagen, in denen die Unterscheidung notwendig ist.

Mit dem webEdition Tag `<we:ifVar>`[6] fragen Sie anschließend in den einzelnen Vorlagen den Status der gesetzten Variablen ab. Damit steht auch bei komplexen Projekten dem Einsatz einer Entwicklungsumgebung mit webEdition nichts mehr im Weg.

3.6 So nutzen Sie die webEdition Demo-Website

Für einen leichteren Einstieg bei der Anwendung von webEdition und zum Nachvollziehen von im Buch vorgestellten Code-Beispielen stellen wir unter

http://www.webedition-buch.de/de/buchinhalte/webedition-demo-site.php

kostenlos eine webEdition Demo-Website zur Verfügung.

6 http://webedition.org/de/webedition-cms/dokumentation/tag-referenz/ifvar

Um die Demo-Website nutzen zu können, müssen Sie zunächst webEdition installieren. Wir empfehlen Ihnen die Installation von webEdition 6.3.3 oder höher. Nach der Installation können Sie das zuvor heruntergeladene webEdition Backup über das Menü **Datei | Backup | Backup wiederherstellen** ins CMS einspielen. Nutzen Sie bereits eine vorhandene Installation, müssen Sie berücksichtigen, dass eventuell vorhandene Inhalte durch das Einspielen des Backups gelöscht werden. Nach dem Einspielen des Backups (mit automatischen Rebuild) können Sie sich mit dem Benutzer `admin` und dem Passwort `admin` anmelden.

Da wir Ihnen als Demo-Website das Backup eines Produktivsystems zur Verfügung stellen, mussten wir einige Einstellungen löschen, um versehentliche Bestellungen oder Kontaktanfragen zu vermeiden. Um den vollen Funktionsumfang der Demo zu nutzen, müssen Sie daher folgende Einstellungen vornehmen:

1. Rufen Sie das Menü **Extras | Einstellungen | Allgemein** auf und tragen Sie unter dem Reiter **Formmail** mindestens eine gültige E-Mail-Adresse ein. Diese wird für die Zustellung der Kontaktanfragen über das Kontaktformular benötigt.
2. Anpassungen am Konfigurations-Template: Öffnen Sie das Template `/sharedTemplates/global-configuration.tmpl` und ersetzen Sie dort für das Attribut `value` die fiktive E-Mail-Adresse durch diejenige(n), die Sie zuvor in den Formmail-Einstellungen angegeben haben.
3. Öffnen Sie über das Menü **Module | Shop Modul** die Shop-Administrationsoberfläche und dort die Paypal-Einstellungen über das Menü **Bearbeiten | Bezahldienst**. Hier tragen Sie im Abschnitt **Paypal** einen Paypal-Test-Account ein.
4. Möchten Sie den *econda Shop Monitor* testen, gehen Sie wie ab Seite 280 beschrieben vor.

Bitte beachten Sie, dass die zur Verfügung gestellte Demo-Website und die darin enthaltenen Inhalte nicht im Internet veröffentlicht werden dürfen, sondern nur für interne Entwicklungszwecke gedacht sind. Bei Fragen oder Problemen wenden Sie sich über das Kontakt-Formular unter `http://www.webedition-buch.de/de/kontakt/` direkt an uns.

Kapitel

4

Web (Content) Management

Nach den Systemkonzepten (Kapitel 2), der Installation und dem Betrieb von webEdition (Kapitel 3) stellen wir nun das Basissystem und das Backend vor. Dabei beschreiben wir das System einmal aus Sicht der Redaktion und einmal aus Sicht der Entwicklung.

Bei der Arbeit mit einem CMS – nicht nur bei webEdition – unterscheiden wir verschiedene Rollen (ein Set an Zugriffsberechtigung im CMS) und der damit verbundenen Aufgabenteilung:

- Redakteur
- Entwickler
- Administrator

Der *Redakteur* (oder Chefredakteur) ist für Erstellung und Pflege der Inhalte verantwortlich – Texte, Video-, Audio- und Bildmaterial. Der *Entwickler* ist für die Programmierung der Templates und somit für die Verknüpfung der Inhalte mit dem Layout der Website verantwortlich. Der *Administrator* ist für die Wartung, Pflege und den Betrieb des CMS zuständig. Dazu gehört auch die Verwaltung von Benutzern und die Vergabe von Zugangsberechtigungen mit der webEdition Benutzerverwaltung (siehe Abschnitt 5.2).

Abhängig von der Größe der Website(s) und des Unternehmens können diese verschiedenen Rollen durch einen oder beliebig viele Mitarbeiter sowie externe Dienstleister übernommen werden.

4.1 Das Backend – Arbeitsoberfläche für Redakteure

Mit Abbildung 4.1 stellen wir die wichtigsten Elemente des Backends vor.

Abbildung 4.1: Bezeichnung der Backend-Elemente

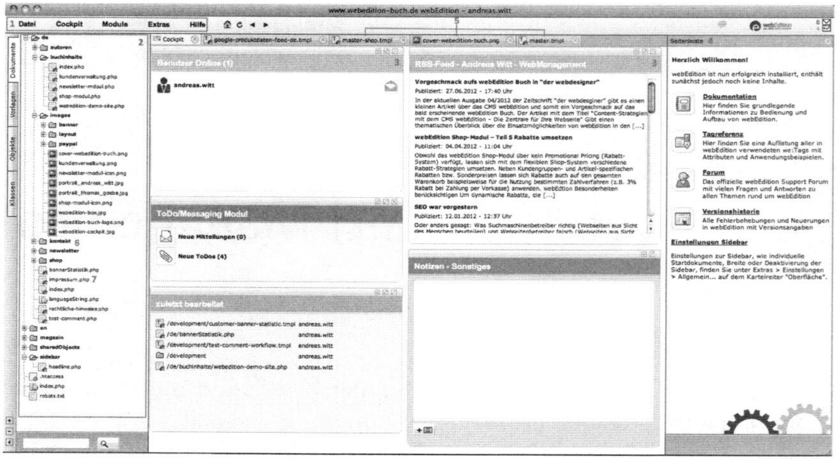

1. Menü
2. Explorer-Menü bzw. Baumansicht
3. Cockpit Widget
4. Sidebar bzw. Seitenleiste
5. Tabs bzw. Reiter
6. Verzeichnisse
7. Dokumente

Das Backend ist so aufgebaut, dass das Explorer-Menü (links) permanent sichtbar ist und einen schnellen Zugriff auf alle Dokumente ermöglicht, wie man es etwa aus dem Windows Datei-Explorer gewohnt ist. Neben Dokumenten können im Explorer-Menü Vorlagen oder Objekte angezeigt werden. Die jeweiligen Reiter **Vorlagen**, **Objekte** und **Klassen** ganz links werden nur dann angezeigt, wenn zum einen das Datenbank/Objekt-Modul aktiviert wurde und zum anderen der Benutzer die notwendigen Zugriffsrechte besitzt. Objekte und Vorlage sind ebenfalls in Verzeichnissen organisiert.

Im Hauptframe (mittig) erfolgt die Bearbeitung von Dokumenten, Vorlagen und Objekten. Die Abbildung 4.2 zeigt bspw. das Dokument `Impressum` der Website `www.webedition-buch.de`. Die Eingabemaske von Dokumenten basiert auf Vorlagen und kann frei gestaltet werden. Abhängig von der Komplexität einer Website kann es sinnvoll sein, die Eingabemaske nah am Design der Website zu erstellen, wie es in unserem Beispiel der Fall ist. Die *Sidebar* (rechts) enthält zusätzliche Informationen zum CMS oder spezielle Hinweise zum Bearbeiten von Dokumenten für Redakteure und kann bei Bedarf ausgeblendet bzw. über das Menü **Hilfe | Seitenleiste** sichtbar gemacht werden.

Jedes Dokument besitzt abhängig von den aktivierten Modulen und den Zugriffsberechtigungen des angemeldeten Redakteurs verschiedene Eigenschaften, die sich auf folgende Tabs verteilen:

Eigenschaften
: Hier sind die grundlegenden Dokumenteneigenschaften – wie Dateiname, Dateipfad, Dokumententyp, verwendete Vorlage, Titel, Bescheibung, Keywords, Zeichenkodierung und Sprache – zu finden. Neben der Sprachzuordnung werden hier auch die korrespondierenden Sprachversionen des Dokuments miteinander verknüpft. Daneben können dem Dokument die systemweit verfügbaren Kategorien oder Navigationspunkte aus dem Navigations-Tool zugewiesen werden.

Bearbeiten
: Hier findet die redaktionelle Bearbeitung des Dokuments statt. Handelt es sich um ein webEdition-Dokument, können Inhalte über den integrierten WYSIWYG-Editor erfasst werden. Bei Dokumenten vom Typ Bilder, PDFs etc. sind ein Upload-Dialog sowie Felder für zusätzliche Meta-Informationen zu finden.

Informationen
: Hier befinden sich zentrale Meta-Informationen, wie DokumentenID, Dateityp, Ersteller, Bearbeiter, Datum der Erstellung, Datum der letzen Bearbeitung und aktueller Workflow-Status, sofern sich das Dokument in einem Workflow befindet (siehe auch Abschnitt 5.11).

Vorschau

Hier kann sich der Redakteur die Seite so anzeigen lassen, wie sie nach der Veröffentlichung auf der Website zu sehen wäre.

Zeitplaner

Mit dem Zeitplaner bzw. Scheduler kann ein Dokument geplant und/oder wiederkehrend automatisiert bearbeitet werden. Welche Möglichkeiten mit dem Scheduler zur Verfügung stehen, erläutern wir im Abschnitt 5.9.

Validierung

Hier stehen dem Redakteur verschiedene Validierungsdienste zur Verfügung, um zu prüfen, ob die erstellten Inhalte immer noch der Spezifikation der Website entsprechen. Dadurch wird die Redaktion aktiv bei der Erstellung valider und HTML-konformer Inhalte unterstützt.

Kunden

Sofern die webEdition-Kundenverwaltung aktiviert ist, kann der Redakteur festlegen, ob das erstellte Dokument nur für bestimmte Kunden(-gruppen) erreichbar sein soll. Weitere Informationen dazu finden Sie im Abschnitt 5.6.2.

Versionen

Ist die interne Versionsverwaltung für webEdition-Dokumente aktiviert, kann der Redakteur die verschiedenen Versionen einsehen. Bei umfangreichen Textänderungen kann das Dokument als neue Version gespeichert werden. Somit lassen sich fehlende Textpassagen und Überarbeitungsversionen wiederherstellen.

Wir haben bereits mehrfach erwähnt, dass webEdition-Dokumente auf Vorlagen bzw. Templates basieren. Diese Templates enthalten das Design der Website und sind dafür zuständig, dass die redaktionell erstellten Inhalte korrekt auf der Website dargestellt werden. Gleichzeitig können in den Templates spezielle Tags dazu genutzt werden, die Eingabemaske für Redakteure zu gestalten. Dabei kann dies sehr nah am eigentlichen Design der Website erfolgen oder vollständig getrennt, da webEdition zwischen drei verschiedenen Modi unterscheidet:

1. Bearbeitungs-Modus (`<we:ifEditmode>`)
2. Vorschau-Modus (`<we:ifNotEditmode>`)
3. Website (`<we:ifNotWebEdition>`, nur auf der Website sichtbar)

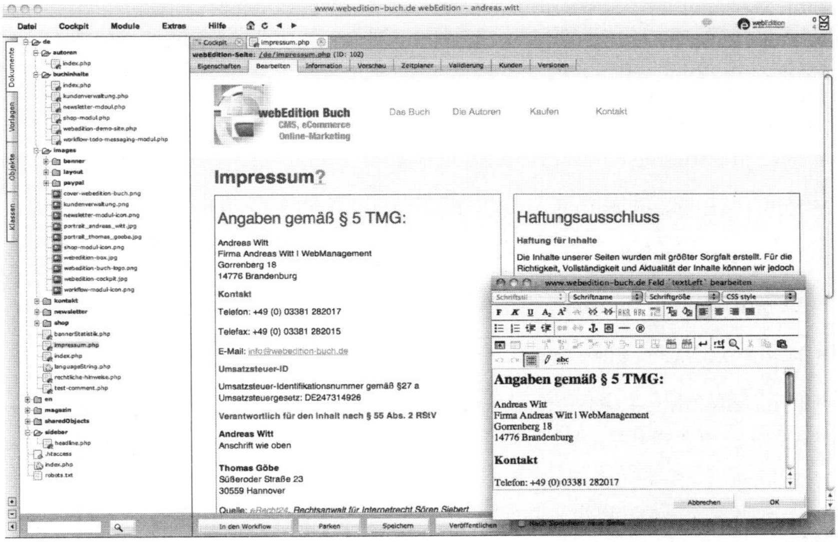

Abbildung 4.2: Dokumente in webEdition bearbeiten

Neben dem in Abbildung 4.2 dargestellten WYSIWYG-Editor, dessen Bearbeitungsfunktionen granular gesteuert werden können, bietet webEdition weitere Eingabemöglichkeiten:

- Einzeilige Texteingabefelder
- Mehrzeilige Texteingabefelder
- WYSIWYG-Editor
- Image-Selektor
- Datei-Selekor
- Objekt-Selektor (in Verbindung mit dem Datenbank/Objekt-Modul)
- Link-Selektor (für interne und externe Links)
- Datumsfelder
- Auswahllisten, Checkboxen, Radio-Buttons

- Blöcke (ein Set an Eingabefeldern, die in beliebiger Anzahl hinzugefügt und vom Redakteur frei sortiert werden können) etc.

Durch die Kombination aus den verschiedenen Eingabefeldern mit den auf Vorlagen basierenden Eingabemasken können Redakteure effizient bei der Erfassung von Inhalten unterstützt werden. Im Gegensatz zu anderen Content Management Systemen, bei denen die Datenstruktur fest vorgegeben ist oder sich die verschiedenen Eingabefelder ohne Formatierungsmöglichkeiten aneinanderreihen, können mit dem webEdition-Konzept folgende potenzielle Probleme vermieden werden:

- Die Eingabemasken sind zu komplex, da immer alle Felder sichtbar sind.
- Eingabemasken enthalten nur Datenbankfelder und sind zu abstrakt.
- Der Vorschau-Modus ist erst nach dem Speichern verfügbar.
- Es sind Felder sichtbar, die nie benötigt werden.
- Hilfestellungen direkt an den Eingabefeldern sind nicht vorhanden.
- Die Reihenfolge der Eingabefelder erscheint für den Redakteur nicht logisch und ist vom CMS vorgegeben.

4.2 Das Cockpit – alles auf einen Blick

Mit dem in Abbildung 4.1 dargestellten Cockpit erhält der Redakteur ein Dashboard, das er sich individuell mit Widgets bestücken kann. Diese bieten nach dem Login direkten Zugriff auf oft genutzte Funktionen oder neue Benachrichtigungen und ToDos. Derzeit bietet webEdition die folgenden Widgets:

- Schnellzugriff
- RSS Reader
- ToDo/Messaging
- Benutzer online
- zuletzt bearbeitet
- unveröffentlicht
- Meine Dokumente
- Notizfunktion

Über das Widget **Schnellzugriff** kann der Redakteur auf die Funktionen **Dokument öffnen**, **Neues Dokument**, **Neue Vorlage**, **Neues Verzeichnis**, **Neues Objekt** und **Neue Klassen** durch einen Klick zugreifen und sich somit den Menüaufruf **Datei | Neu | ...** sparen. Daneben gibt es die Shortcuts **Unveröffentlichte Dokumente**, **Unveröffentlichte Objekte**, bei denen es sich um gespeicherte Suchanfragen handelt, sowie **Einstellungen**, die einen schnellen Zugriff auf die globalen Systemeinstellungen ermöglichen.

Mit dem **RSS-Reader** abonnieren Sie RSS-Feeds. Nach der Installation steht automatisch bereits eines zur Verfügung und informiert über aktuelle Entwicklungen von webEdition.[1] Weitere RSS-Feeds sind natürlich möglich.

Das Widget **ToDo/Messaging** informiert über neu eingegangene Mitteilungen und ToDos und leitet den Redakteur beim Klick zur entsprechenden Nachricht oder Aufgabe. Zusätzlich wird ab Version 6.3.3 der Redakteur automatisch in einem JavaScript-Popup über neu eingegangene Mitteilungen und Aufgaben benachrichtigt.

Über das Widget **Benutzer online** erhält der eingeloggte Nutzer eine Auflistung aller weiteren eingeloggten Backend-User und weiß somit, wer außer ihm im Backend arbeitet.

Das Widget **zuletzt bearbeitet** zeigt in einer chronologischen Liste, welche Dokumente zuletzt bearbeitet wurden. Dabei lassen sich neben dem Dateipfad auch das Bearbeitungsdatum und der jeweilige Redakteur anzeigen. Die Liste ist nach Zeitraum, Typ (Dokument, Objekt, Vorlage, Klasse) und Bearbeiter (Redakteure) einzuschränken bzw. zu filtern.

Bei dem Widget **unveröffentlicht** handelt es sich um gespeicherte Suchanfragen über alle nicht veröffentlichten Dokumente und Objekte.

Eines der interessantesten Widgets ist **Meine Dokumente**. Dieses Widget kann der Redakteur beliebig oft und auch mit einer anderen Bezeichnung zum Cockpit hinzufügen und darüber Dokumente oder Objekte nach folgenden Optionen filtern (siehe Abbildung 4.3):

- dynamische oder statische Auswahl
- Dokument oder Objekt
- Verzeichnis
- Dokumententyp oder Klasse
- Kategorien

So entsteht für den Redakteur eine eigene Watchlist über bestimmte Dokument für den Schnellzugriff oder die Beobachtung. Arbeiten mehrere Redakteure in einem Arbeitsbereich (Verzeichnis), können durch das Widget

[1] `http://www.webedition.org/de/rss/webedition.xml`

(und in Kombination mit **zuletzt bearbeitet**) neu hinzugekommene Dokumente schneller identifiziert werden.

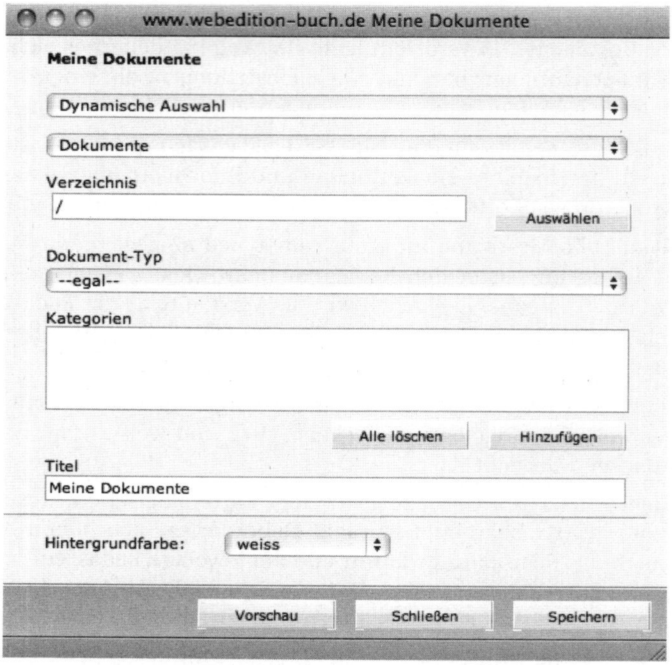

Abbildung 4.3: Einstellungen für das Cockpit Widget: Meine Dokumente

Das Widget **Notizen** erfasst Notizen und Aufgaben und kann diese mit einer Gültigkeit und Priorität versehen. Das Widget eignet sich zum einen für Redakteure, die nicht mit dem ToDo/Messaging-Modul arbeiten, oder als optimale Ergänzung zu diesem Modul (siehe Abschnitt 5.11).

Jeder Redakteur kann die Darstellung, Anzahl, Anordnung (Anzahl der Spalten) und farbliche Gestaltung der Widgets individuell anpassen. Die Position der Widgets ist per Drag&Drop veränderbar.

4.3 Der SEE-Mode – Frontend-Editing

Der *Super-Easy-Edit*-Mode, kurz SEE-Mode, ist eine Variante des Normalmodus und dient der schnellen und einfachen Bearbeitung von Dokumenten direkt auf der Website (Frontend). Häufig möchte ein Redakteur lediglich einzelne Texte verändern, ohne sich erst am Backend des CMS anzumelden und die entsprechende Seite über die interne Suche oder das Explorer-Menü (siehe Abbildung 4.1 auf Seite 68, Punkt 2) ausfindig zu machen – eben dazu dient das *Frontend Editing* des SEE-Mode.

4.3.1 SEE-Mode-Konfiguration

Der SEE-Mode ist integraler Bestandteil des CMS und steht ohne die Installation weiterer Komponenten zur Verfügung. Über einen Radio-Button wählen Sie direkt bei der Anmeldung am CMS aus, in welchem Modus Sie arbeiten möchten (siehe Abbildung 4.4).

Abbildung 4.4: Anmelden am SEE-Mode

Nach der ersten Anmeldung sehen Sie Ihr eingestelltes Startdokument oder -objekt. In der Standardeinstellung ist dies das Cockpit (siehe Abschnitt 4.2). Ändern Sie zunächst diese Einstellung über **Extras | Einstellungen | Allgemein** unter dem Reiter **Oberfläche**, indem Sie ein webEdition-Dokument, z. B. die Startseite der Website, als **Startseite** festlegen. Anschließend melden Sie sich erneut bei webEdition an und sehen Ihr Startdokument (siehe Abbildung 4.5).

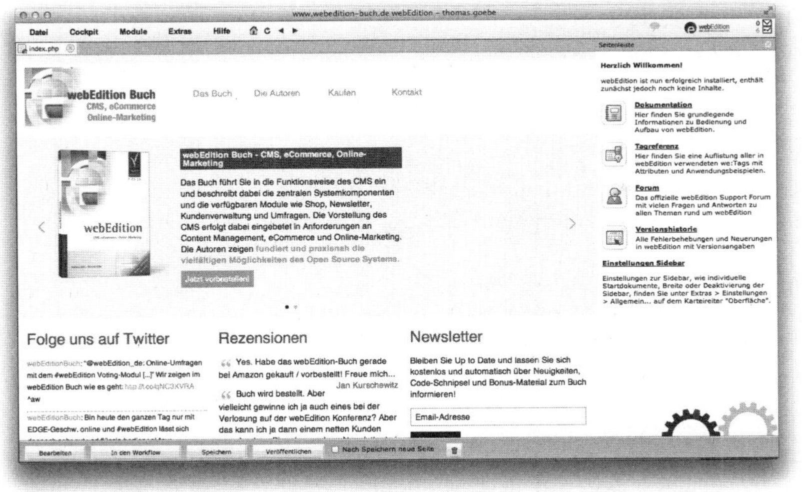

Abbildung 4.5: SEE-Mode-Startseite auf webedition-buch.de

Den SEE-Mode deaktivieren Sie in den Einstellungen über das Menü **Extras | Einstellungen | Allgemein** unter dem Reiter **Oberfläche**. Dadurch wird Ihnen bei der Anmeldung am CMS die Auswahl zwischen SEE-Mode und Normalmodus nicht mehr angezeigt. Zusätzlich kann in der Benutzerverwaltung (siehe Kapitel 5.2) für einen Benutzer die Nutzung des Normalmodus ausgeschaltet werden. Damit arbeitet dieser Benutzer unabhängig von der gewählten Option bei der Anmeldung nur im SEE-Mode.

4.3.2 Mit dem SEE-Mode arbeiten

Im SEE-Mode sehen Sie im Hauptbereich Ihr Webprojekt zunächst genauso wie die Besucher Ihrer Website. Ergänzt wird die Ansicht im oberen Bereich um die Menüleiste sowie eine Funktionsleiste am unteren Bildschirmrand. Sofern sie aktiv ist, erscheint auch die webEdition Sidebar (siehe Abschnitt 4.5.4). Im Gegensatz zum Normalmodus ist im SEE-Modus das Explorer-Menü (Dateibaum) nicht verfügbar. Das führt aber nicht zu Funktionseinbußen. Das Löschen mehrerer Dokumente ist z. B. weiterhin über das Menü **Datei | Löschen** in einem sich öffnenden Popup-Fenster möglich.

Anders als beim „normalen" Navigieren auf der Website über die Vor- und Zurück-Buttons des Browsers, nutzen Sie als Redakteur die Navigationsfunktionen in der webEdition-Menüleiste (siehe Abbildung 4.6). Dies ist notwendig, damit im SEE-Mode alle webEdition-eigenen Javascript-Funktionen korrekt ausgeführt werden und der SEE-Mode uneingeschränkt arbeitet. Über die Schaltfläche mit dem Haus gelangen Sie zu Ihrer SEE-Mode-Startseite, die zweite Schaltfläche lädt das aktuelle Dokument neu, die Vor- und Zurück-Schaltflächen blättern durch die Navigationshistorie.

Abbildung 4.6: SEE-Mode: Navigationsbereich

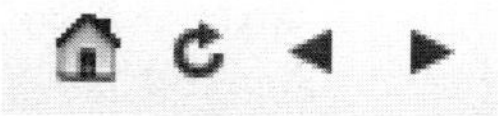

Die Funktionsleiste am unteren Rand des Browsers bietet, abhängig von den Modul- und Benutzereinstellungen, folgende Bearbeitungsmodi:

Bearbeiten
: wechselt in die Bearbeiten-Ansicht für das aktuelle Dokument

In den Workflow
: setzt das aktuelle Dokument in einen Workflow

Speichern
: speichert das aktuelle Dokument

Veröffentlichen
: veröffentlicht das aktuelle Dokument

Nach Speichern neue Seite
: erzeugt nach dem Speichern oder Veröffentlichen ein neues Dokument

Löschen (Mülleimer-Symbol)
löscht das aktuelle Dokument

Um ein Dokument zu bearbeiten, navigieren Sie dorthin und klicken in der Funktionsleiste auf **Bearbeiten**. Die Ansicht lädt kurz neu, und Sie sehen die aus dem Normalmodus bekannten Möglichkeiten zum Ändern der Inhalte. Zusätzlich ändern sich die Schaltflächen in der Funktionsleiste. Anstelle von **Bearbeiten** steht nun **Vorschau** zur Verfügung, und die Schaltflächen **Eigenschaften** sowie **Zeitplaner** werden angezeigt. Die Schaltfläche **Vorschau** wechselt zurück in die Besucheransicht des Dokuments, **Eigenschaften** zeigt Ihnen die Eigenschaften des Dokuments wie den Dateinamen, und **Zeitplaner** ruft die Möglichkeiten des Zeitplaners auf. Die einzelnen Optionen entsprechen weitestgehend den Reitern im Normalmodus. Der SEE-Mode stellt lediglich einen anderen, einfacheren Zugang her.

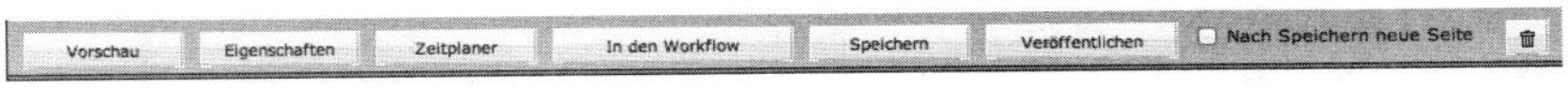

Abbildung 4.7: SEE-Mode: Funktionsleiste in der Bearbeiten-Ansicht

Sobald Sie alle Änderungen an dem Dokument abgeschlossen haben, klicken Sie auf **Speichern** oder **Veröffentlichen** und können direkt wieder in die Vorschau wechseln.

Im SEE-Mode erreichen Sie jedes Dokument, das über das Navigationstool oder andere Verweise verlinkt ist. Für andere Dokumente oder zum direkten Aufrufen eines Dokuments oder auch Objekts nutzen Sie das Menü **Datei | Öffnen**. Eine Besonderheit stellen inkludierte Dokumente dar. Wird in einer Vorlage durch `<we:include />` ein Dokument eingebunden, erscheint in der Bearbeiten-Ansicht im SEE-Mode ein kleines Bearbeiten-Symbol (siehe Abbildung 4.8). Sie benötigen also als Redakteur keine Kenntnisse von der Dateistruktur der Webseite, um im SEE-Mode auch eingebundene Dokumente zu bearbeiten.

Abbildung 4.8: SEE-Mode: eingebundene Datei bearbeiten

In webEdition-Vorlagen steht mit dem Tag `<we:ifSeeMode>`[2] eine Möglichkeit zur Verfügung, einzelne Inhalte nur anzeigen, wenn das Dokument

2 `http://www.webedition.org/de/webedition-cms/dokumentation/tag-referenz/ifSeeMode`

im SEE-Mode aufgerufen wird. Damit lassen sich z. B. spezielle Hinweise oder aber auch Eingabemöglichkeiten einbinden.

Zudem bietet webEdition mit dem Tag `<we:linkToSeeMode>`[3] die eher wenig bekannte Möglichkeit an, auch angemeldete Kunden aus der Kundenverwaltung den SEE-Mode nutzen zu lassen. Dazu muss der Kunde jedoch in der Benutzerverwaltung mit identischem Benutzername und Passwort eingetragen sein. Der Vorteil ist, dass sich bereits eingeloggte Kunden nicht erneut am CMS anmelden müssen, um die Bearbeitungsfunktionen des SEE-Mode nutzen zu können.

4.4 Das Navigations-Tool

Mit dem Navigations-Tool steht ein Werkzeug bereit, mit dem sich die gesamte Navigation unabhängig von der Verzeichnis- und Dateistruktur der Website abbilden lässt. Im Gegensatz zu anderen Content Management Systemen, bei denen sich die Navigation automatisch aus der Ordnerstruktur generiert, können mit dem Navigations-Tool individuellere und flexiblere Navigationsstrukturen umgesetzt werden.

Weiterer Vorteil ist, dass das Navigations-Tool von Redakteuren bedient und somit die Navigationsstruktur ohne Programmieraufwand angepasst werden kann. Bei nötigen Änderungen der Navigationsstruktur müssen bestehende Verzeichnis- und URL-Strukturen (die beispielsweise für die Suchmaschinenoptimierung von Bedeutung sind) nicht verändert werden.

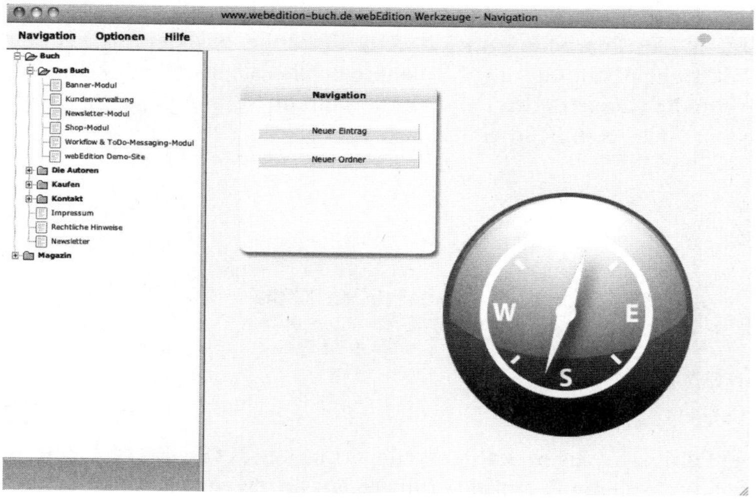

Abbildung 4.9: Das webEdition Navigations-Tool

3 `http://www.webedition.org/de/webedition-cms/dokumentation/tag-referenz/linktoseemode`

Das Navigations-Tool (siehe Abbildung 4.9) ist über das Menü **Extras | Navigation** erreichbar. Dort werden die einzelnen Menüpunkte in Analogie zu webEdition-Dokumenten und -Objekten in Verzeichnissen und Einträgen abgebildet. Die Verzeichnisstruktur und -tiefe kann dabei individuell und beliebig erstellt werden.

Es bietet sich an, mit einem Root-Verzeichnis (z. B. `Buch`) zu beginnen. Werden mit einer webEdition-Installation mehrere Websites umgesetzt, würde für jede Website somit ein eigenes Root-Verzeichnis angelegt, das als *Einstiegspunkt* dient.

Unabhängig davon, ob es sich bei dem Navigationspunkt um ein Verzeichnis oder einen Eintrag handelt, kann ein Navigationspunkt mit verschiedenen Attributen und Eigenschaften ausgestattet werden. Neben einem obligatorischen Namen kann dem Navigationspunkt auch eine Grafik zugewiesen werden, die statt des Namens ausgegeben wird. Die Grafik kann in der Ausrichtung, in ihren Dimensionen und abweichenden Alt-Texten beeinflusst werden.

Der durch den Navigationspunkt erzeugte Link kann durch den Redakteur mit zusätzlichen Werten für die Link-Eigenschaften

- Titel
- Anker
- Target
- Sprache für verlinkte Seite
- Access Key
- Tab-Index
- Beziehungen für rel und rev
- Öffnen in Popup-Fenster

manipuliert werden. Natürlich lassen sich diese Eigenschaften auch dynamisch im Template festlegen.

Hat der Redakteur einen Navigationspunkt vom Typ **Ordner** erstellt, kann dieser mit einem webEdition-Dokument, webEdition-Objekt oder einem externen Dokument verknüpft werden, das angezeigt werden soll, wenn der Navigationspunkt auf der Website gewählt wurde. Zusätzlich kann ein Navigationspunkt vom Typ **Ordner** dynamische Unterpunkte enthalten (siehe Abbildung 4.10). Dabei kann festgelegt werden, ob es sich um webEdition-Dokumente, -Objekte oder -Kategorien handelt. Im Fall von webEdition-Dokumenten kann eine Einschränkung nach Dokumenten-Typen (siehe

Abschnitt 4.5.1), Verzeichnis und Kategorien erfolgen. Sollen Objekte dynamisch aufgelistet werden, lassen sich diese nach Objekt-Klasse, Arbeitsbereich (siehe Abschnitt 5.3) und ebenfalls Verzeichnis und Kategorien filtern.

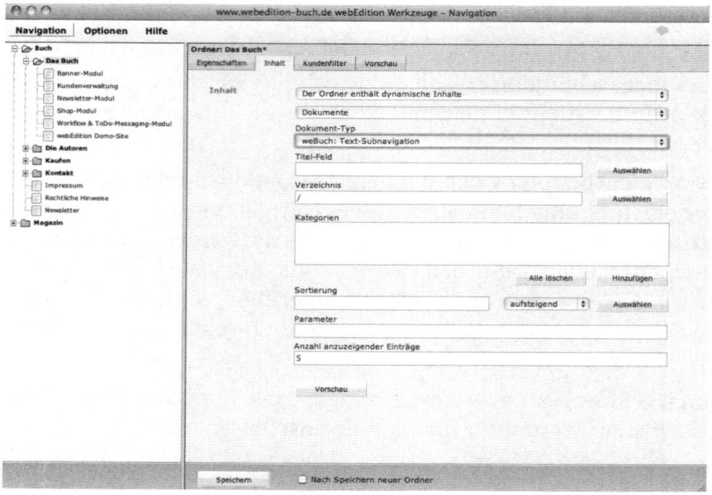

Neben dynamischen Navigationspunkten kann ein Navigations-Ordner weitere redaktionell erstellte *Ordner* und/oder *Einträge* enthalten. Navigations-Einträge müssen ebenfalls mit einer Zielseite verknüpft werden. Dabei kann zwischen einer **Statischen Auswahl** und einer **Dynamischen Auswahl** unterschieden werden (siehe Abbildung 4.11).

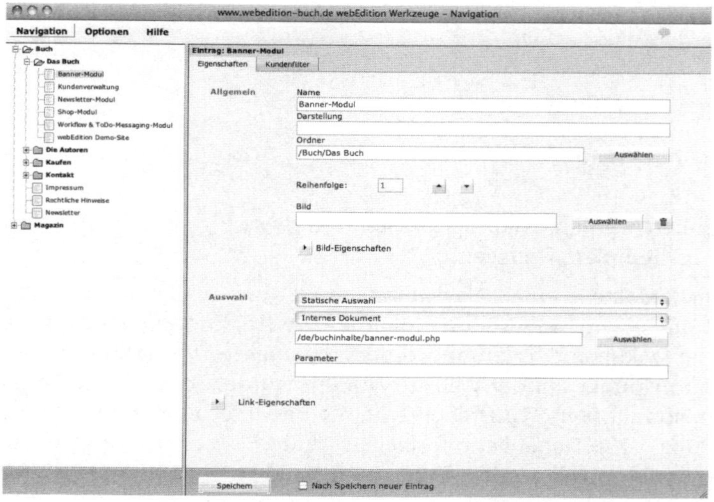

Abbildung 4.11: webEdition Navigations-Tool – Navigations-Eintrag

Bei der statischen Auswahl kann ein webEdition-Dokument, ein externes Dokument, ein webEdition-Objekt oder eine webEdition-Kategorie als Ziel ausgewählt werden. Bei der dynamischen Auswahl stehen die gleichen Auswahlmöglichkeiten wie bei den Ordnern zur Verfügung.

Ist der Navigationspunkt angelegt und mit einer Zielseite verknüpft, legen Sie fest, ob Kundenfilter (Zugangsbeschränkung für geschlossene Nutzergruppen) aktiviert werden sollen. Welche Möglichkeiten hier zur Verfügung stehen, erläutern wir in Abschnitt 5.6.2.

Darüber hinaus beeinflussen Sie die Navigation einer Website über das Menü **Optionen | Regeln für Highlighting**.

Über den in Abbildung 4.12 dargestellten Dialog erstellen Sie Navigationsregeln, um für bestimmte webEdition-Dokumente oder -Objekte einen Navigationspunkt als aktiviert anzuzeigen, ohne diesen direkt mit dem Dokument oder Objekt zu verknüpfen. Dies ist dann sinnvoll, wenn im Newsbereich einer Website sehr viele Meldungen erstellt werden und diese immer unter dem Navigationspunkt **News** erscheinen sollen. Ein weiteres Anwendungsszenario wären z. B. einzelne Schritte von Bestellprozessen, die nicht direkt über die Navigation erreichbar sind, jedoch zum Menüpunkt **Shop** gehören.

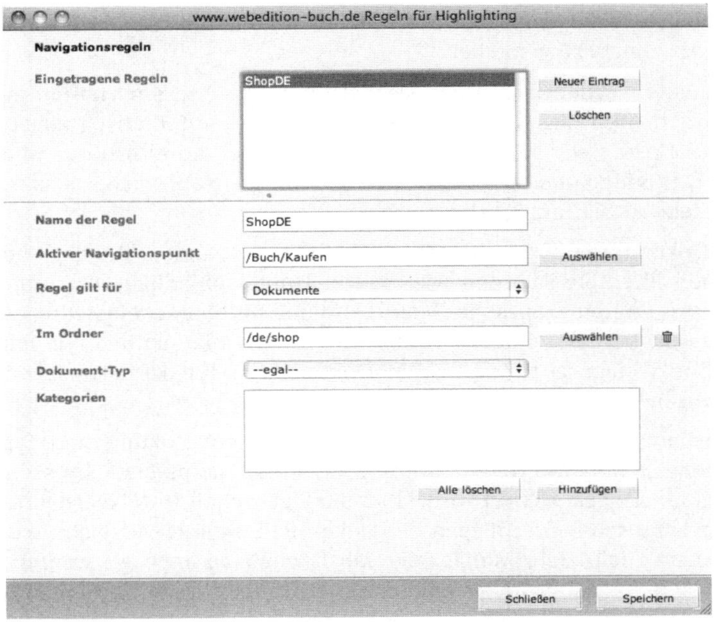

Abbildung 4.12: webEdition Navigations-Tool – Highlighting-Regeln

Mit den vorgestellten Optionen des Navigations-Tools lassen sich beliebige einfache wie komplexe dynamische Navigationsstrukturen abbilden.

Anwender schätzen das redaktionelle Bearbeiten der Navigation; Programmierern stehen für die Realisierung der Navigation in Templates spezielle Tags zur Verfügung.

4.5 Effizientes Arbeiten mit webEdition

Im Folgenden befassen wir uns mit Funktionen, Werkzeugen und Eigenschaften des Basissystems, die vor allem beim redaktionellen Arbeiten von Bedeutung sind. Dabei konzentrieren wir uns auf das flexible und effiziente Arbeiten. Gleichzeitig zeigen wir Entwicklern, wie sie Systemeigenschaften und Funktionen für die Programmierung nutzen.

4.5.1 Dokumenten-Typen

Wie bereits mehrfach erwähnt, werden einzelne Seiten einer Website über webEdition-Dokumente abgebildet. Sie basieren auf Vorlagen bzw. Templates, die zum einen die Layout- und Strukturinformationen und zum anderen die redaktionellen Eingabefelder zur Erfassung des Contents enthalten. Neben webEdition-Dokumenten können Inhalte auch über Objekte abgebildet werden, und zwar mit Hilfe des Datenbank/Objekt-Moduls, das wir in Abschnitt 5.3 vorstellen.

Dokumenten-Typen fassen ein Set von Dokumenteneigenschaften zusammen, die beim Anlegen eines Dokuments diesem automatisch zugeordnet werden. Dazu stellt der Programmierer und/oder Administrator über das Menü **Extras | Dokumenten-Typen** eine beliebige Anzahl solcher Sets zusammen (siehe Abbildung 4.13).

Jeder Dokumenten-Typ erhält einen eindeutigen Namen. Bei der Namensvergabe sollten Sie Faktoren wie eventuell unterschiedliche Dokumenten-Typen pro Frontend-Sprache, Multi-Domains und Spracheinstellungen der Redakteure berücksichtigen. Ferner ist jedem Dokumenten-Typ mindestens eine Vorlage zuzuweisen. Ein Dokumenten-Typ kann auch mehrere Vorlagen besitzen.

Neben dem **Namen** und den **Vorlagen** gilt es einem Dokumenten-Typ verschiedene **Standardwerte** zuzuweisen, etwa ein Hauptverzeichnis, in dem das Dokument gespeichert wird. Über die Eigenschaft **Unterverzeichnis** können automatisch beim Anlegen des Dokuments weitere Verzeichnisse nach dem Muster **Jahr**, **Jahr/Monat** oder **Jahr/Monat/Tag** angelegt werden. Dies eignet sich vor allem bei chronologischen Inhalten wie Newsmeldungen, Veranstaltungen etc.

Aus den bereits zugewiesenen Vorlagen wird die Standardvorlage ausgewählt und als Default dem Dokument zugeordnet. Wurden dem Dokumenten-Typ mehrere Vorlagen zugewiesen, ändert der Redakteur die Vorlage über das Feld **Vorlage** unter dem Reiter **Eigenschaften** des Dokuments. Über die Checkbox **Seite dynamisch generieren** legt er fest, ob es sich um eine statische oder dynamische Seite handelt. Dies hat wiederum Auswirkungen auf die Datei-Erweiterung (z. B. .php, .html, .xml etc.). Über den Dokumenten-Typ kann auch festgelegt werden, ob das Dokument über die webEdition-Suchfunktion (<we:search />) zu finden sein soll. Gleichzeitig lässt sich die Eigenschaft **durchsuchbar** bzw. als webEdition Tag-Attribut **searchable** für die Filterung bei Listen (<we:listview type="...">) nutzen.

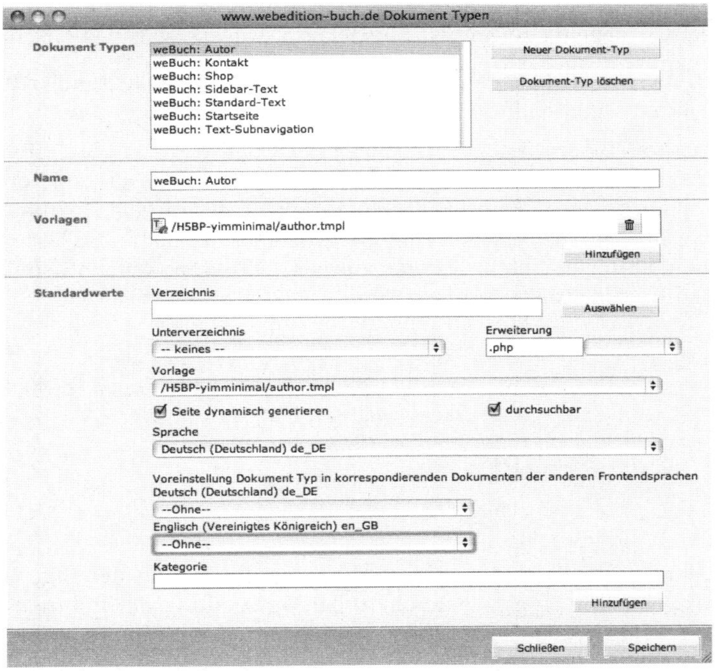

Abbildung 4.13: Anlegen von Dokumenten-Typen

Unabhängig davon, ob es sich um eine mehrsprachige Website handelt, ist jedem Dokumenten-Typ eine Sprache zugeordnet. Bei mehrsprachigen Sites lassen sich für jede weitere Sprache korrespondierende Dokumenten-Typen auswählen, sofern für jede Sprachversion eigene Dokumenten-Typen zum Einsatz kommen. Ob und wann dies sinnvoll ist, hängt unter anderem von den Anforderungen der jeweiligen Website, vom Redaktionsteam und zum Teil auch vom Entwickler ab.

Ein letzter Standardwert sind die **Kategorien**, die jedem Dokumenten-Typ in beliebiger Anzahl hinzugefügt werden.

Die angelegten Dokumenten-Typen stehen jedem Redakteur über das Menü **Datei | Neu | webEdition-Seite** als Auswahlliste zur Verfügung, so dass er bereits beim Anlegen festlegt, welchen Seitentyp er erstellen möchte. Vordefinierte Standardwerte reduzieren redaktionelle Fehler wie

- Speichern in falschen Verzeichnissen
- falsche Auswahl der Dokumentenvorlage
- vergessen, die Parameter *durchsuchbar* zu setzen
- Auswahl der richtigen Dateierweiterung
- Zuordnen von Standard-Kategorien

Gleichzeitig hat der Redakteur volle Kontrolle über die erstellten Dokumente und deren Eigenschaften.

Dokumenten-Typen bieten auch dem Entwickler Vorteile: Für Listen, wie Newsmeldungen, Veranstaltungen, Produkte, Referenzen etc., bietet webEdition das Tag `<we:listview>`, dem als Filterkriterium ein Dokumenten-Typ über den Parameter `doctype` übergeben werden kann. So lassen sich Datenbankabfragen bereits vor der Ausgabe einschränken und somit die Performance erhöhen.

```
<we:comment>Zeige alle Dokumente vom Typ "weBuch: Autor", die ↘
durchsuchbar sind, geordnet nach Onlinedatum</we:comment>
<we:listview type="document" name="autoren" doctype="weBuch: Autor" ↘
order="we_published" searchable="true">
    <we:repeat>
        <we:field name="Title"/>
    </we:repeat>
</we:listview>
```

Dokumenten-Typen lassen sich auch als Einschränkung der Ergebnisliste (`<we:listview type="search">`) bei Verwendung der internen webEdition-Suche nutzen. Dies kann automatisiert bereits im Template oder als Filterkriterium bei einer erweiterten Suche durch den Nutzer erfolgen.

Zusätzlich können weitere Ausgaben oder Funktionen in Templates über das webEdition Tag `<we:ifDoctype>` gesteuert werden. Dem Tag können kommasepariert verschiedene Dokumenten-Typen übergeben werden. Alles, was zwischen dem öffnenden und schließenden Tag steht, wird nur dann ausgegeben, wenn es sich um ein Dokument vom angegebenen Typ handelt.

```
<we:comment>Publikationen nur bei Autoren anzeigen</we:comment>
<we:ifDoctype doctypes="weBuch: Autor">
    <h2>Publikationen des Autors</h2>
    <we:listview type="document" name="publications" order="↘
we_published">
        <we:repeat>
            <we:field name="Title"/>
```

```
        </we:repeat>
    </we:listview>
</we:ifDoctype>
```

4.5.2 Kategorien

Zur Verschlagwortung und Kategorisierung von Dokumenten und Objekten bietet webEdition ein systemweites Klassifizierungssystem (Taxonomie). Kategorien werden als Verzeichnisse (Oberkategorien) und Einträge (Unterkategorien) angelegt und bilden so eine Art Baumstruktur. Verzeichnistiefe und Strukturierung der Kategorien sind beliebig. Es gilt zu beachten, dass jede Kategorie (ob als Verzeichnis oder Eintrag) genau eine Oberkategorie haben kann. Jedoch können jedem Dokument oder Objekt beliebig viele Kategorien zugewiesen werden.

Das Kategoriesystem von webEdition ist dem der Blogging-Software WordPress vergleichbar, die es ebenfalls ermöglicht, beliebige Kategorien und Unterkategorien anzulegen. Beide Systeme nutzen die Kategorien zur internen Verschlagwortung (Unterteilung) durch Redakteure (Experten).

Über **Extras | Kategorien** erreichen Sie den Dialog zum Anlegen von Kategorieverzeichnissen und Kategorieeinträgen (siehe Abbildung 4.14). Neben dem obligatorischen Kategorienamen kann zu jeder Kategorie ein Titel, der für die Ausgabe auf der Website vom Kategorienamen abweicht, und eine Beschreibung vergeben werden. Daneben lassen sich die erstellten Kategorien in bereits vorhandene Kategorieverzeichnisse speichern.

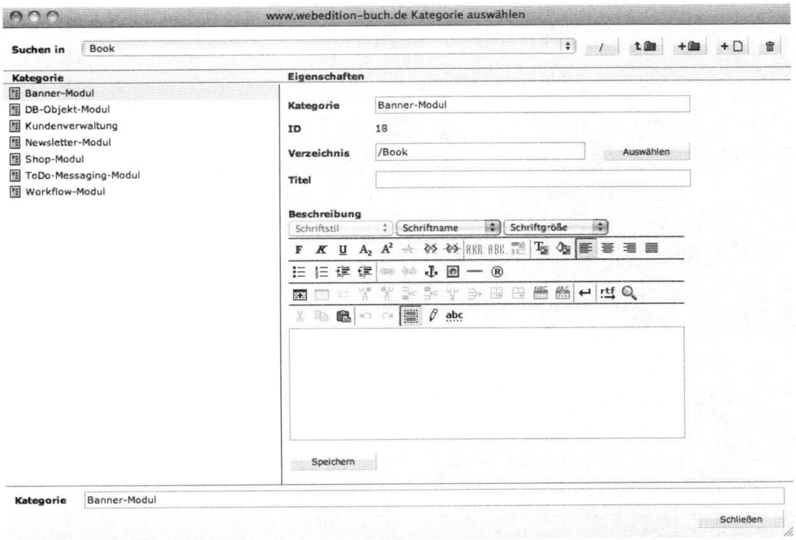

Abbildung 4.14: Kategorien erstellen

Die erstellten Kategorien können Sie jedem Dokument oder Objekt über den Reiter **Eigenschaften** zuweisen. Jedes Dokument oder Objekt darf beliebig viele Kategorien besitzen. Das Tag `<we:categorySelect>` bietet eine weitere Möglichkeit, Kategorien in webEdition-Dokumenten zu verwenden. Wird es in Vorlagen für webEdition-Dokumente eingesetzt, kann der Redakteur eine oder mehrere Kategorien auswählen, die dann für die Darstellung weiterer Inhalte als Filterkriterium dienen. Damit lässt sich beispielsweise eine Seite erzeugen, die alle Dokumente und/oder Objekte auflistet, die der Kategorie **Shop-Modul** angehören – siehe Code-Beispiel:

```
<we:comment>Publikationen nur bei Autoren anzeigen</we:comment>
<we:form id="self">
    <label for="kategorie">Kategorie:</label>
    <we:categorySelect name="category" id="kategorie" type="request" \
showpath="true" onchange="this.form.submit()"></we:categorySelect>
</we:form>
<we:setVar from="request" to="global" namefrom="category" nameto="\
category"/>
<we:listview type="document" name="articles" categories="\$category" \
order="we_filename" searchable="true">
    <we:repeat>
        <we:field name="Title" alt="we_path" hyperlink="true"/>
    </we:repeat>
</we:listview>
```

Die vielfältigen Anwendungsmöglichkeiten von Kategorien möchten wir Ihnen am Beispiel der Webseite `http://www.webedition.org` veranschaulichen. Die offizielle Webseite des webEdition e.V. und des CMS nutzt Kategorien, um die verschiedenen Bereiche (CMS, Verein/Partner und Allgemein/Sonstiges) gestalterisch (farblich) auszuzeichnen.

Abbildung 4.15: Newsmeldungen und Katgorien

Erstellt ein Redakteur z. B. eine neue Newsmeldung, weist er der Meldung über den Reiter **Eigenschaften** im Feld **Kategorien** dem Dokument oder Objekt eine von drei Farben zu. Die Newsmeldung erhält also zum einen die Kennzeichnung des Bereichs (z. B. webEdition) und zum anderen die farbliche Auszeichnung (z. B. blau). Das Ergebnis ist sehr gut anhand der Newsmeldungen auf der Startseite in der Abbildung 4.15 zu erkennen (im Druck leider nur s/w). Die Zuordnung von Farbkategorien ist nicht auf die Newsmeldungen beschränkt, sondern erfolgt auf der gesamten Website.

Ein weiteres Anwendungsfeld für webEdition-Kategorien nutzt die Website zur Verschlagwortung von Referenzen. Referenzen, d. h. mit webEdition erstellte Websites, werden von Agenturen, Anwendern und Dienstleistern über ein Online-Formular[4] eigenverantwortlich eingereicht und mit passenden Kategorien (z. B. E-Commerce, Gesundheit, Portale etc.) verbunden. Derzeit können Kategorien nicht über das Frontend (Website) angelegt werden; Besuchern einer Website stehen folglich nur bereits vorhandene Kategorien zur Auswahl.

Über diese Verschlagwortung findet der Besucher aus der Vielzahl an Projekten schnell die für ihn relevanten Referenzen. Die Kategorien werden gleichzeitig für die Navigation genutzt (siehe Abbildung 4.16)

Abbildung 4.16: Refernzen auf webedition.org

[4] http://www.webedition.org/de/referenzen/neue-referenz-eintragen.php

Neben den beiden vorgestellten Beispielen gibt es eine Vielzahl weiterer Anwendungsfelder. Nutzen Sie Kategorien z. B. zur Verknüpfung von Ansprechpartnern, Leistungsangeboten und Publikationen. Bei der Vorstellung eines Ansprechpartners ließen sich dessen Beratungsschwerpunkte verlinken und eventuell von ihm veröffentlichte Artikel zum Download anbieten.

Pflegen Sie beispielsweise FAQ auf Ihrer Webseite, sollten Sie diese ebenfalls mit Kategorien verschlagworten, um häufig gestellte Fragen direkt bei Beratungsschwerpunkten oder Leistungsangeboten anzuzeigen oder auch umgekehrt. Außerdem können Sie Kategorien für Linklisten der Art „weitere Artikel dieser Kategorie“ einsetzen.

Die Beispiele machen deutlich, wie Sie Kategorien analog zu Dokumenten-Typen als Filterkriterium und gleichzeitig als Verknüpfung zwischen Dokumenten oder Objekten nutzen. Im Vergleich zu Dokumenten-Typen lassen sich Kategorien unabhängiger und über Dokumenten-Typen hinweg einsetzen, was zu einer zusätzlichen Flexibilität des CMS führt.

4.5.3 Glossar

webEdition bietet ein als Modul konzipiertes Glossar, mit dem Sie Abkürzungen, Akronyme, aber auch Links auszeichnen. Auch für Textersetzungen lässt es sich nutzen. Die vielfältigen Anwendungsmöglichkeiten stellen wir ausführlich im Abschnitt 5.4 vor.

Die zentrale Verwaltung von Abkürzungen, Akronymen, Links und Textersetzungen reduziert den manuellen Pflegeaufwand für viele Aufgaben. Daneben stellt das Glossar ein unverzichtbares Werkzeug für die Erstellung und Pflege barrierefreier Websites dar. In Verbindung mit den integrierten Validierungsdiensten (siehe Abschnitt 4.5.8) können Sie Ihre Website kontinuierlich, zugänglich und service-orientiert direkt aus einem System heraus weiterentwickeln.

4.5.4 Sidebar – kontextabhängiges Hilfesystem

Die Seitenleiste bzw. Sidebar (siehe Abbildung 4.1 auf Seite 68, Punkt 4) ist ein oft unterschätztes, aber sehr mächtiges Werkzeug des CMS, um interne Hilfesysteme bzw. Inline-Dokumentationen für die Redaktion aufzubauen. Oft werden in Projekten redaktionelle Hilfestellungen direkt im Template über das webEdition Tag `<we:ifEditmode>` ausgesteuert und durch den Entwickler gepflegt. Dieses Vorgehen ist zwar für einige Projekte sinnvoll, jedoch ergeben sich daraus u. a.folgende Nachteile:

- Redaktionelle Hilfestellungen werden direkt im Template gespeichert.
- Mehrsprachige Hilfesysteme blähen das Template auf.
- Hilfestellungen sind immer sichtbar und können vom Redakteur nicht ausgeblendet werden.

Mit dem Einsatz der Sidebar lassen sich die genannten Probleme umgehen und zusätzlich weitere Möglichkeiten für ein multimediales Hilfesystem bzw. eine Inline-Dokumentation nutzen.

Sie konfigurieren die Seitenleiste über **Extras | Einstellungen | Allgemein** unter dem Reiter **Oberfläche** (siehe Abbildung 4.17).

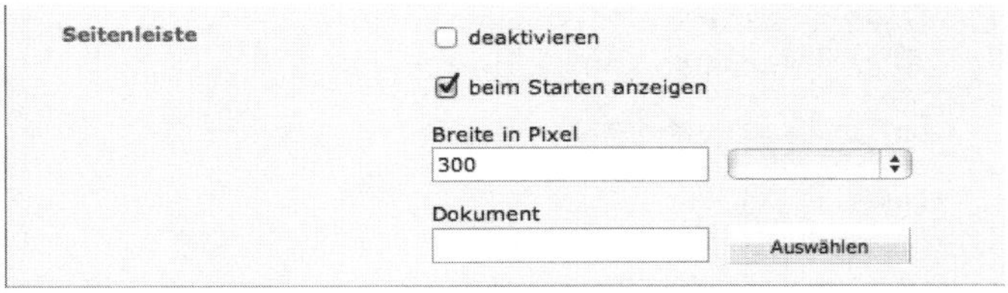

Abbildung 4.17: Seitenleiste konfigurieren

In der Standardeinstellung wird die Seitenleiste beim Start von webEdition mit einer Breite von 300 px rechts im Fenster geöffnet. Als Inhalt wird ein webEdition-internes Dokument angezeigt (siehe Abbildung 4.18). Dieses bietet Zugriff auf die Ressourcen im Web wie die webEdition Tag-Referenz oder das User-Forum.

Abbildung 4.18: webEdition-Standardseitenleite

Obwohl diese Informationen sehr nützlich sind, bietet die Sidebar ein weitaus größeres Potenzial. Denn mit der Sidebar können Sie ein eigenes, kontextabhängiges Hilfesystem aufbauen. Der Redakteur erhält im Bearbeiten-Modus von webEdition-Dokumenten über einen speziellen Hilfe-Link (z. B. ein Fragezeichen) Zugriff auf das Hilfesystem. Durch einen Klick auf den Hilfe-Link wird die Seitenleiste aktiviert und ein zu der aktuellen Seite passender Hilfetext bzw. die Redakteursdokumentation angezeigt. Für diese Art der Unterstützung benötigen Sie lediglich eine Vorlage sowie die webEdition Tags `<we:ifSidebar>`[5] und `<we:sidebar>`.[6]

Eine einfache Vorlage `sidebar-item.tmpl` für die Hilfetexte kann so aussehen:

```
<!DOCTYPE HTML PUBLIC "-//W3C//DTD HTML 4.01 Transitional//EN">
<html>
  <head>
        <we:title></we:title>
        <we:description/>
        <we:keywords/>
        <we:charset defined="UTF-8">UTF-8</we:charset>
  </head>
  <body style="background-color: #fff;">
        <we:ifEditmode>
          <we:comment>Im Bearbeiten-Modus werden Eingabefelder für \
Titel und Inhalt angezeigt.</we:comment>
          <h1><we:input name="headline" /></h1>
          <we:textarea name="content" wysiwyg="true" /><br />
          <we:else />
          <we:ifSidebar>
              <we:comment>Ausserhalb des Bearbeiten-Modus wird der \
Inhalt nur angezeigt, wenn das Dokument in der Seitenleiste aufgerufen \
wird. Dazu dient we:ifSidebar.</we:comment>
                <h1><we:input name="headline" /></h1>
                <we:textarea name="content" wysiwyg="true" />
          </we:ifSidebar>
        </we:ifEditmode>
  </body>
</html>
```

Um das Erstellen von Hilfetexten mit webEdition-Dokumenten zu vereinfachen und auch später weitere Möglichkeiten in der Seitenleiste zu nutzen, erstellen Sie nun einen Dokumenten-Typ (vgl. Abschnitt 4.5.1) für die Hilfetexte. Legen Sie darin ein eindeutiges Verzeichnis, z. B. `hilfetexte`, sowie die eben erstellte Vorlage als Standardvorlage fest. Die Dokumente sollten *dynamisch* gespeichert werden. Die Abbildung 4.19 zeigt die Konfiguration des Dokumenten-Typs `weBuch:Sidebar-Text` in der Demo-Webseite.

[5] `http://webedition.org/de/webedition-cms/dokumentation/tag-referenz/ifSidebar`

[6] `http://webedition.org/de/webedition-cms/dokumentation/tag-referenz/sidebar`

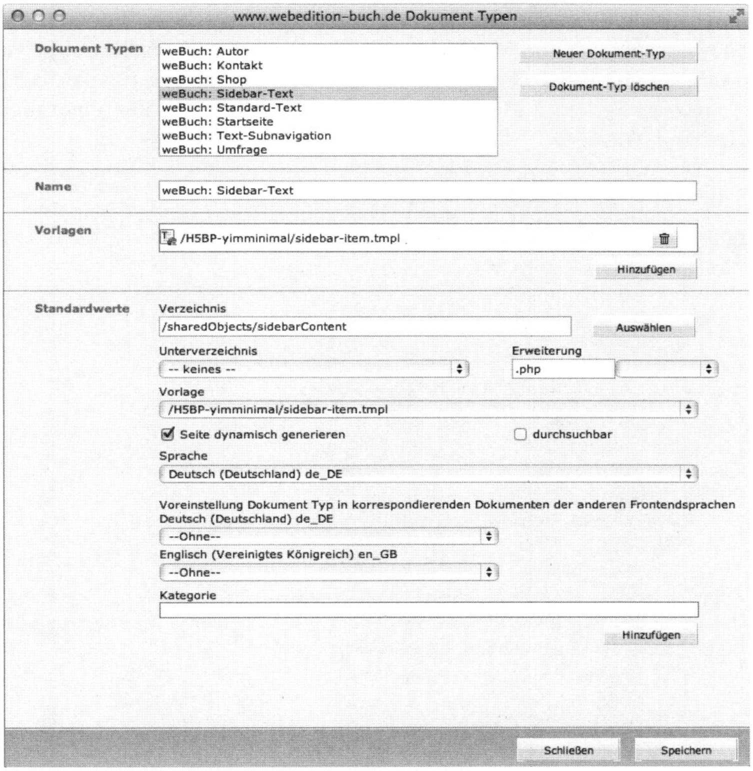

Abbildung 4.19: Konfiguration des Seitenleiste-Dokumenten-Typs

Legen Sie nun ein erstes Dokument auf Basis dieses Dokumenten-Typs an, z. B. den Hilfetext für die Startseite. Nun tragen Sie in die Vorlage der Seite, in der dieser Hilfetext genutzt werden soll, folgenden Code ein:

```
<we:ifEditmode>
  <we:sidebar id="$ID" width="350">Hilfestellung zur Bearbeitung dieser\
 Seite</we:sidebar>
</we:ifEditmode>
```

Ersetzen Sie dabei `$ID` durch die ID Ihres soeben erstellten Hilfedokuments. Der Redakteur sieht nun einen Link **Hilfestellung zur Bearbeitung dieser Seite**. Auf Klick öffnet sich der Hilfetext in der Seitenleiste. Ist die Seitenleiste bis dahin geschlossen, wird sie geöffnet. Statt der ID eines Dokuments können Sie mit `<we:sidebar>` über das Attribut `url` auch den Pfad zu dem Hilfedokument angeben. `width` bestimmt die Breite der Seitenleiste. Diese können Sie bei jedem Aufruf von `<we:sidebar>` festlegen. Geben Sie hier nichts an, gilt die Standardbreite aus den Einstellungen.

Der Link zu einzelnen Dokumenten in der Seitenleiste ist der erste Schritt zu einem integrierten Hilfesystem. Als zusätzliche Erweiterung lässt sich z. B. ein automatisches Inhaltsverzeichnis erstellen. Dazu nutzen wir das Tag `<we:listview>` und erzeugen einfach eine Liste über alle webEdition-Dokumente vom Typ `weBuch:Sidebar-Text`. Die Vorlage für das Inhaltsverzeichnis `sidebar-index.tmpl` ist eine Erweiterung der eigentlichen Seitenleisten-Vorlage:

```
<!DOCTYPE HTML PUBLIC "-//W3C//DTD HTML 4.01 Transitional//EN">
<html>
  <head>
        <we:title></we:title>
        <we:description/>
        <we:keywords/>
        <we:charset defined="UTF-8">UTF-8</we:charset>
  </head>
  <body style="background-color: #fff;">
        <we:ifEditmode>
          <we:comment>Im Bearbeiten-Modus werden Eingabefelder für ↘
Titel und Inhalt angezeigt.</we:comment>
          <h1><we:input name="headline" /></h1>
          <we:textarea name="content" wysiwyg="true" /><br />
          <we:else />
          <we:ifSidebar>
              <we:comment>Ausserhalb des Bearbeiten-Modus wird der ↘
Inhalt nur angezeigt, wenn das Dokument in der Seitenleiste aufgerufen ↘
wird. Dazu dient we:ifSidebar.</we:comment>
                <h1><we:input name="headline" /></h1>
                <we:textarea name="content" wysiwyg="true" />

                <we:comment>Eine Liste über alle Seitenleisten-↘
Dokumente, sortiert nach Überschrift.</we:comment>
                <we:listview type="document" name="seitenleiste-index" ↘
doctype="weBuch:Sidebar-Text" order="headline">
                  <we:ifFound>
                        <ul>
                          <we:repeat>
                                <li><we:field name="headline" hyperlink↘
="true" /></li>
                          </we:repeat>
                        </ul>
                  </we:ifFound>
                </we:listview>

          </we:ifSidebar>
        </we:ifEditmode>
  </body>
</html>
```

Legen Sie jetzt ein neues webEdition-Dokument auf Basis dieser Vorlage an, speichern es im gleichen Verzeichnis wie die einzelnen Hilfetexte und vergeben Sie als Dateinamen die Bezeichnung `index.php` oder `inhalt.php`. Als letzten Schritt fügen Sie in die Vorlage für die Hilfetexte noch einen Verweis zum Inhaltsverzeichnis ein. Dieser Teil der Vorlage sieht dann wie folgt aus:

```
<we:ifSidebar>
    <we:comment>Ausserhalb des Bearbeiten-Modus wird der Inhalt nur ↘
angezeigt, wenn das Dokument in der Seitenleiste aufgerufen wird. Dazu ↘
dient we:ifSidebar.</we:comment>
    <we:a id="$ID" hidedirindex="false">Inhaltsverzeichnis</we:a>
    <h1><we:input name="headline" /></h1>
    <we:textarea name="content" wysiwyg="true" />
</we:ifSidebar>
```

Ersetzen Sie `$ID` durch die webEdition-Dokumenten-ID des zuvor angelegten Inhaltsverzeichnisses. Ein solches Hilfesystem lässt sich projektspezifisch jederzeit erweitern. Sowohl die hier vorgestellten Vorlagen als auch die Darstellung können Sie natürlich selbst anpassen. Sie können z. B. CSS-Dateien für eine übersichtlichere Gestaltung einsetzen oder durch Hierarchien im Verzeichnissystem das Inhaltsverzeichnis in Gruppen einteilen. Dadurch, dass Sie für das Erstellen eines Hilfesystems bzw. einer Inline-Dokumentation webEdition-Dokumente und -Vorlagen nutzen, stehen Ihnen weitere Möglichkeiten wie das Einbinden von Grafiken, Videos, Blöcken etc. zur Verfügung. Beim konsequenten Einsatz der Sidebar lassen sich zukünftig projektspezifische Redaktionshandbücher direkt ins CMS integrieren und dort verwalten (inkl. Versionsverwaltung, Revision und Workflow). Das aufwendigere Erstellen von PDF-Handbüchern ist nicht mehr notwendig.

Um die Sidebar einzusetzen, müssen Sie derzeit mit webEdition-internen Dokumenten oder Objekten arbeiten, da aus Sicherheitsaspekten das Einbinden externer Dokumente nicht erlaubt ist. Möglichkeiten, auch externe Dokumente unter Berücksichtigung der Systemsicherheit in die Sidebar zu integrieren, werden aktuell unter den Entwicklern diskutiert. Sofern externe Datenquellen für die Sidebar nutzbar wären, ließen sich Inline-Dokumentationen für verschiedene Projekte generalisieren, mehrfach nutzen und ohne Zugriff auf eine spezifische webEdition-Installation zentralisiert erweitern.

4.5.5 Interne Suche

Ein wichtiges Werkzeug, das besonders bei umfangreichen Websites unerlässlich ist, ist die interne Suchfunktion. webEdition bietet über das Menü **Datei | Suche** Möglichkeiten, nach Dokumenten, Objekten, Vorlagen, Klassen und einzelnen Versionen der zuvor genannten Elemente zu suchen. webEdition liefert bereits einige definierte Suchanfragen, wie z. B. **Dynamische Dokumente**, **Statische Dokumente**, **Unveröffentlichte Dokumente** und

Unveröffentlichte Objekte. Die beiden letztgenannten Suchanfragen sind auch über das Menü **Datei | Unveröffentlichte Dokumente** bzw. **Datei | Unveröffentlichte Objekte** sowie über das Cockpit Widget **Schnellzugriff** (siehe Abschnitt 4.2) erreichbar.

Für die Suche nach Dokumenten kann der Redakteur einen Suchbegriff eingeben und festlegen, ob die Felder **Dateiname**, **Titel** und/oder der gesamte Inhalt eines Dokuments durchsucht werden soll. Weiterhin kann der Redakteur ein Verzeichnis auswählen, in dem die Suche ausgeführt werden soll. Neben dem schnellen Auffinden von Dokumenten können mit der Suche alle gefundenen Elemente in der Ergebnisliste über eine Massenoperation veröffentlicht werden.

Sind die Suchparameter für die Suche nach Dokumenten nicht ausreichend oder möchte der Redakteur nach Objekten oder Versionen von Dokumenten und Objekten suchen, kann er die **Erweiterte Suche** (siehe Abbildung 4.20) nutzen. Die Erweiterte Suche ermöglicht das Suchen in weiteren Feldern eines Dokumentes oder Objektes. Dabei kann z. B. nach der ID oder nach Dokumenten mit einer bestimmten Kategorie gesucht werden.

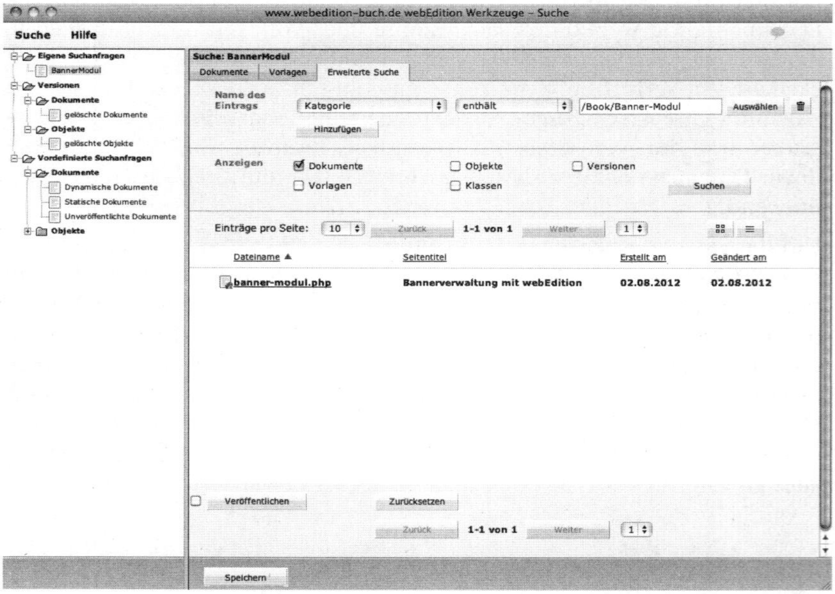

Abbildung 4.20:
Interne Suche

Für die erweiterte Suche stehen unter anderem folgende Suchmöglichkeiten zur Verfügung:

- Pfad des Eintrags
- Elterneintrag Dokumente/Objekte
- Typ des Inhalts
- Dokumententyp
- Kategorie
- ID des Eigentümers und Kunden
- Name des Eigentümers und Kunden
- Status
- verschiedene Daten
- etc.

Für einige der genannten Suchparameter kann die Suche mit Operatoren wie `gleich`, `kleiner gleich`, `größer` und `größer gleich` erfolgen. Zusätzlich lassen sich die Suchparameter miteinander Kombinieren, so dass sehr spezifische Suchen möglich sind.

Für Entwickler ist die Suche ebenfalls ein wichtiges Werkzeug, da die **Erweiterte Suche** das Suchen nach Vorlagen bzw. Templates und Klassen ermöglicht. Die Suche nach Vorlagen ist vergleichbar mit der Suche nach Dokumenten. Arbeitet sich z. B. ein Entwickler in fremden Code ein, kann er über alle Vorlagen nach bestimmten Variablen, Funktionen etc. suchen, was die Arbeit ungemein vereinfacht.

Unabhängig davon, ob die Suche nach Dokumenten, Vorlagen oder die Erweiterte Suche genutzt wird, lassen sich alle Suchanfragen als **Eigene Suchanfragen** speichern. Somit müssen häufige Suchanfragen nicht bei jeder Suche neu erstellt bzw. eingegeben werden und sind per Mausklick leicht erreichbar. Im Moment ist es jedoch leider nicht möglich, eigene gespeicherte Suchanfragen über das Cockpit Widget **Schnellzugriff** verfügbar zu machen. Hier muss der Redakteur entweder den Umweg über das Öffnen der Suche gehen oder das Widget **Meine Dokumente** nutzen, mit dem sich ähnliche Ergebnisse erzielen lassen.

4.5.6 Rechtschreibprüfung

Die integrierte Rechtschreibprüfung unterstützt den redaktionellen Arbeitsablauf. Eingegebene Texte können direkt in webEdition auf korrekte Rechtschreibung geprüft werden, so dass eine zusätzliche Prüfung in externen Programmen nicht mehr notwendig ist.

Wörterbücher verwalten

Bereits nach der Installation stehen Wörterbücher für Deutsch und Englisch zur Verfügung. Da die Rechtschreibprüfung den *Ispell Standard*[7] verwendet, lassen sich auf dessen Basis weitere Wörterbücher anderer Sprachen über **Extras | Einstellungen | Rechtschreibung** nachinstallieren. Dort können Sie einzelne Wörterbücher aktivieren oder deaktivieren sowie das Standard-Wörterbuch festlegen (siehe Abbildung 4.21). Es wird immer dann genutzt, wenn für einen Text keine Sprache erkannt wird.

Abbildung 4.21: Wörterbücher verwalten

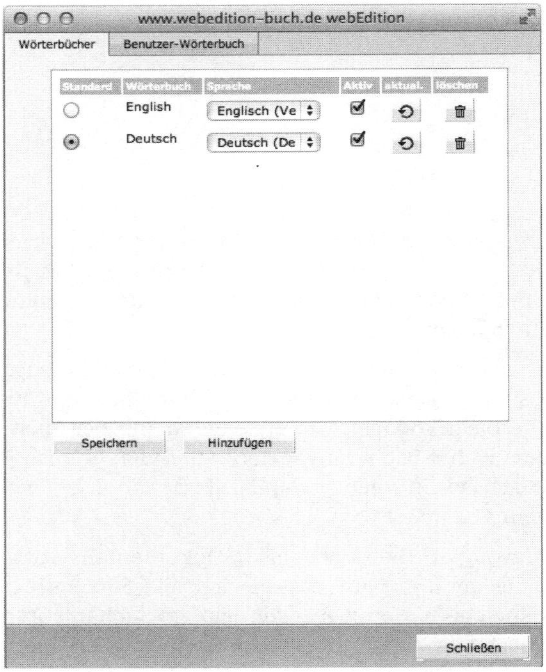

Um ein neues Wörterbuch hinzuzufügen, klicken Sie auf **Hinzufügen**. Geben Sie den Namen für das Wörterbuch ein. Anschließend wählen Sie über die **Auswählen**-Schaltflächen die Dateien mit der Wörter-Liste[8] sowie die phonetische Datei[9] für das neue Wörterbuch aus. Nach dem Einstellen der richtigen Kodierung klicken Sie auf **Erstellen**, und das Wörterbuch wird angelegt und ist nutzbar (siehe Abbildung 4.22).

[7] `http://ficus-www.cs.ucla.edu/geoff/ispell.html`

[8] Die Wörter-Liste enthält alle Wörter des Wörterbuchs und hat meist die Endung `.dic`.

[9] In der phonetischen Datei sind die Regeln des Wörterbuchs gespeichert. Die Dateiendung ist meist `.aff`.

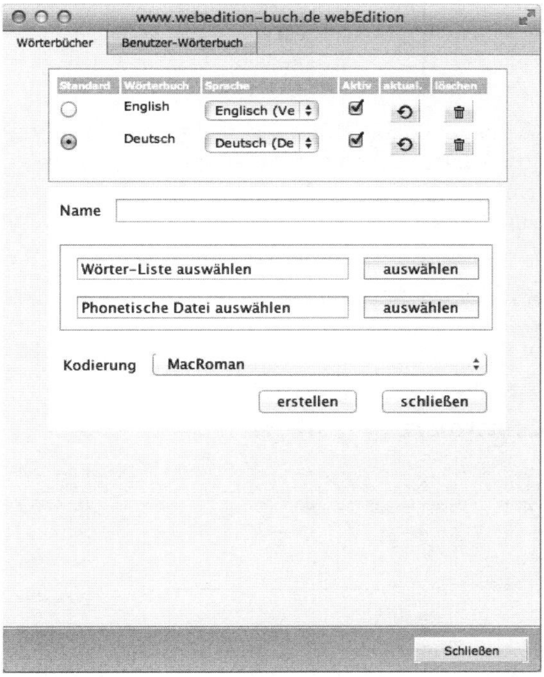

Abbildung 4.22: Neues Wörterbuch erstellen

Benutzerdefiniertes Wörterbuch

Neben den sprachabhängigen Wörterbüchern bietet die Rechtschreibprüfung ein benutzerdefiniertes Wörterbuch. Über den Reiter **Benutzer-Wörterbuch** (siehe Abbildung 4.21) in den Einstellungen der Rechtschreibprüfung gelangen Sie zu einem Eingabefeld, in dem Sie eigene Wörter aufnehmen. Diese stehen im Anschluss sprachunabhängig für alle Benutzer zur Verfügung. Nutzen Sie dieses Benutzerwörterbuch besonders für Fachausdrücke oder auch Eigen- oder Produktnamen. Die eingetragenen Wörter werden bei der Prüfung nicht als Fehler angezeigt.

Rechtschreibprüfung durchführen

Die Rechtschreibprüfung steht in den webEdition Tags `<we:textarea>` und `<we:input />` zur Verfügung, in denen das Attribut `spellcheck` auf `true` gesetzt wird. Anschließend wird in dem Tag eine Schaltfläche zur Rechtschreibprüfung angezeigt (siehe Abbildung 4.23).

Abbildung 4.23: Symbol für Rechtschreibprüfung

Ein Klick auf die Schaltfläche öffnet die Rechtschreibprüfung (siehe Abbildung 4.24). Diese basiert auf einem Java-Applet, so dass ggf. zunächst eine Sicherheitswarnung bestätigt werden muss. Anschließend werden die aktivierten Wörterbücher geladen und die Prüfung gestartet.

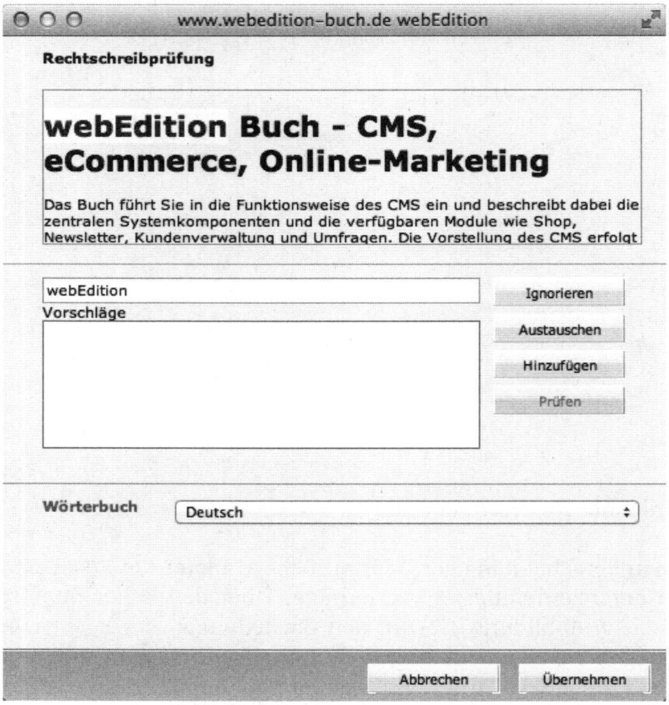

Abbildung 4.24: Rechtschreibprüfung durchführen

Die Prüfung findet alle Wörter, die nicht in den aktiven Wörterbüchern enthalten sind. Sofern Vorschläge für die richtige Schreibweise existieren, werden diese im Bereich **Vorschläge** angezeigt. Bei jedem Wort haben Sie die Optionen **Ignorieren**, **Austauschen** oder **Hinzufügen**.

Nach Abschluss steht zusätzlich die Schaltfläche **Prüfen** zur Verfügung, mit der die Prüfung erneut, unter Berücksichtigung eventuell neu hinzugefügter Wörter, durchgeführt werden kann.

4.5.7 Editor-Plugin – externe Werkzeuge integrieren

Wir haben bereits erwähnt, dass für webEdition-Dokumente und -Objekte verschiedene Eingabefelder und WYSIWYG-Editoren zur Inhaltserfassung zur Verfügung stehen. Neben auf Vorlagen basierenden Dokumenten werden in Content Management Systemen eine Reihe weiterer Dateien (sog. *Binärdateien*) wie Grafiken, PDF-, Word- und Excel-Dokumente etc. abgelegt und verwaltet. Oft werden diese Dokumente mit Desktop-Anwendungen wie Photoshop, Microsoft Office oder Open Office erstellt und anschließend über einen Upload-Dialog im CMS gespeichert. Müssen nun an den Dateien Änderungen vorgenommen werden, erfolgt die Bearbeitung wieder über die Desktop-Anwendung, die Datei wird dann erneut hochgeladen und die vorhandene Datei im CMS überschrieben.

Um den Workflow beim Bearbeiten von Binärdateien zu vereinfachen, bietet webEdition ein Editor-Plugin, über das externe Desktop-Anwendungen zur Bearbeitung integriert werden. Über die globalen Einstellungen **Extras | Einstellungen | Editor-Plugin** kann jeder Redakteur die für ihn notwendigen Anwendungen anlegen. Über den Button **Hinzufügen** öffnet sich ein Dialog zum Anlegen einer externen Anwendung (siehe Abbildung 4.25).

Neben einem Namen und den Pfad zur Anwendung kann der Redakteur angeben, für welchen Dateityp (Grafik, TXT, XML etc.) die Anwendung genutzt werden kann. In unserem Beispiel haben wir Microsoft Word für Word-Dokumente eingerichtet.

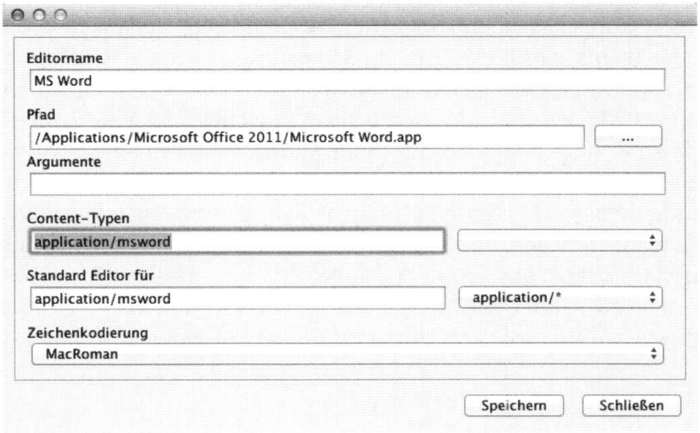

Abbildung 4.25: Editor-Plugin – Anwendung hinzufügen

Zum Öffnen einer externen Anwendung über das Editor-Plugin wählt der Redakteur zunächst die zu bearbeitende Datei aus. Unter dem Reiter **Bearbeiten** wird die externe Anwendung über den Button **Editor starten** gestartet. Der erste Start kann etwas Zeit in Anspruch nehmen, da zunächst die Java-Applikation des Editor-Plugins geladen werden muss. Anschließend erscheint eine Liste (siehe Abbildung 4.26) der verfügbaren Anwendungen für den aktuell ausgewählten Dateityp. Über einen Doppelklick auf die Anwendung wird die ausgewählte Datei in der Anwendung gestartet und kann bearbeitet werden.

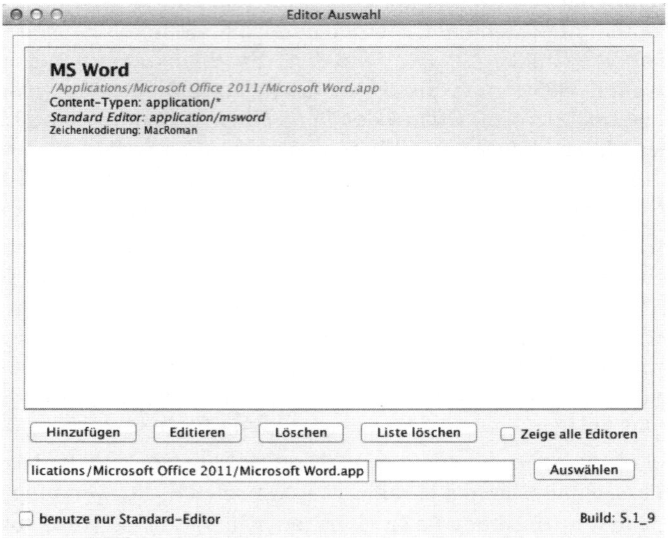

Abbildung 4.26: Editor-Plugin – Editor auswählen

Beim Arbeiten mit externen Anwendungen ist darauf zu achten, dass die Änderungen zunächst in der externen Anwendung (z. B. Mircosoft Word) gespeichert werden müssen, um im Hintergrund an das CMS übertragen werden zu können. Sind alle Änderungen an der Datei vorgenommen, muss die Datei im CMS separat über den Button **Speichern** gesichert werden. Dies hat den Vorteil, dass während der Bearbeitung in der externen Anwendung beim mehrmaligen Speichern nicht bei jedem Speichervorgang eine neue Version angelegt wird (vorausgesetzt, die Versionierung ist aktiviert), sondern erst wenn die Bearbeitung abgeschlossen ist und der Redakteur die Datei im CMS direkt speichert. Für den Bearbeitungskomfort ist dies leider von Nachteil. Daher wird in zukünftigen Versionen von webEdition das Editor-Plugin so überarbeitet, dass ein direktes Speichern möglich ist.

4.5.8 Validierungsdienste

Validierungsdienste ermöglichen es dem Redakteur zu prüfen, ob geänderte Dokumente weiterhin konform und zugänglich sind. In der Praxis kommt es oft vor, dass Projekte direkt nach der Fertigstellung der geforderten technischen Konformität (valider Quellcode) und der gewünschten Zugänglichkeit (Barrierefreiheit, Suchmaschinenoptimierung etc.) genügen, jedoch im laufenden Betrieb schnell Probleme auftauchen. Probleme können unter anderem durch Erweiterungsprogrammierungen, redaktionelles Hinzufügen von Quellcode (meist HTML), Fehler bei der Vergabe von Meta-Informationen (z. B. Alt-Attribute) usw. entstehen.

Die Bedeutung von validem Quellcode wird kontrovers diskutiert. Einige behaupten, dass valider Quellcode Auswirkungen auf das Ranking bei Suchmaschinen habe. Andere sind der Meinung, dass dem nicht so sei und der Aufwand, Quellcode valide zu gestalten, dem Nutzen bei weitem übersteige. Aus unserer Sicht empfiehlt es sich auch unabhängig von SEO-Aspekten, den Quellcode aus folgenden Gründen valide und somit konform und zugänglich zu entwickeln:

- Fehlerhafter Quellcode wird von Web-Browser unterschiedlich korrigiert, was zu verschiedenen Darstellungen führen kann.
- Valider Quellcode ist die Voraussetzung für eine optimale und barrierefreie Zugänglichkeit von Informationen.
- Technisch korrekter Quellcode wirkt sich positiv auf die Lade- bzw. Renderingzeiten der Website aus.
- Valider Quellcode unterstützt die korrekte semantische Auszeichnung von Informationen und somit die Zugänglichkeit der Informationen (Suchmaschinen-Spider, Screenreader etc.).
- Technisch einwandfreier Code lässt sich besser warten, anpassen und erweitern.
- Valider Quellcode ist zukunftssicherer.

Hier spiegeln sich auch die Entwicklungen und Anforderungen des Web Experience Managements (siehe Abschnitt 1.2), ein ganzheitliches Nutzererlebnis zu schaffen, wider. Dies gelingt nur, wenn die Website bedienbar und benutzerfreundlich und somit technisch fehlerfrei ist. Sogar der Usability-Experte Jakob Nielsen musste feststellen, „[...] dass schnelle Antwortzeiten das wichtigste Gestaltungskriterium für eine Webseite sind [...]".[10]

Somit ist eine regelmäßige Validitätsprüfung der Website unabdingbar, um dauerhaft eine bedienbare und benutzerfreundliche Website zu betreiben. webEdition integriert bereits mit der Installation den W3C (x)HTML Validator.[11] Über den Reiter **Validierung** kann der Redakteur entscheiden, ob die bearbeitete Seite via **URL-Übergabe** oder per **Datei-Upload** geprüft werden soll. Für beide Varianten wird der (x)HTML-Quellcode validiert und das Ergebnis direkt im CMS dargestellt (siehe Abbildung 4.27).

[10] Nielsen J. (2000): „Designing Web Usability", Markt+Technik Verlag, München, S.42.
[11] `http://validator.w3.org`

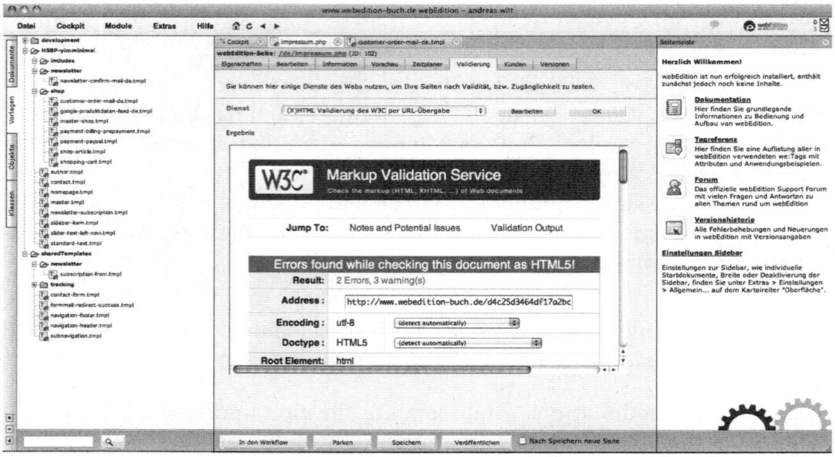

Abbildung 4.27: HTML-Validierung eines Dokuments in webEdition

Sie können über den **Bearbeiten**-Button weitere Validierungsdienste hinzufügen (siehe Abbildung 4.28). Als Beispiel haben wir den Dienst *Unicorn*[12] des W3C ausgewählt, der mehrere Validierungsdienste (HTML-, CSS-, Feed- und Mobil OK-Prüfung) vereint. Um den Validierungsdienst einzurichten, sind folgende Einstellungen vorzunehmen:

- Kategorie: `(X)HTML`
- Name des Dienstes: `Unicorn (allg. Prüfung)`
- Host: `validator.w3.org`
- Pfad: `/unicorn/check`
- Dateityp: `text/html`
- Datei-Endung: `.html,.css,.php,.xml`
- Methode: `get`
- Verschicken per: `URL-Übergabe`
- Variablenname: `ucn_uri`
- Zusatz-Parameter: `ucn_task=conformance`
- Aktiv: `true`

12 `http://validator.w3.org/unicorn/`

Um den Dienst auf das jeweilige Dokument anzuwenden, muss er nur aus der Auswahlliste ausgewählt und mit dem **OK**-Button gestartet werden. Je nach Dienst kann die Ausgabe im Fenster einen Moment dauern.

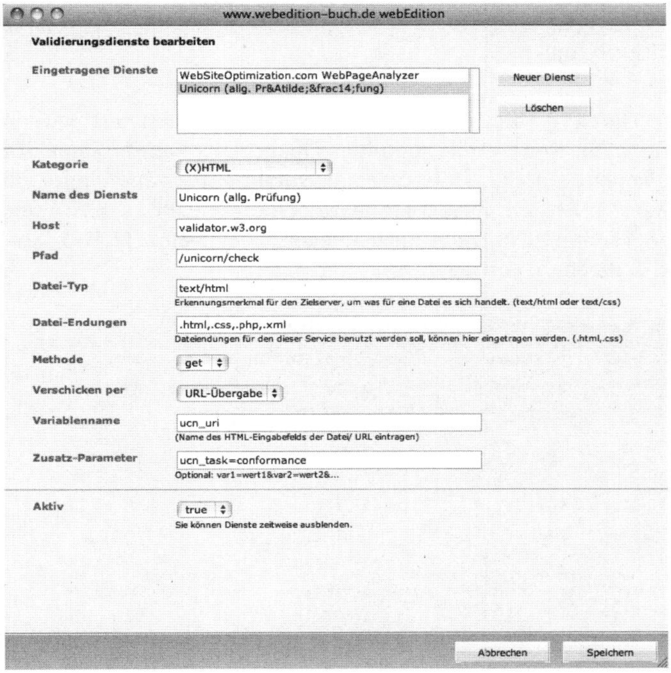

Abbildung 4.28: Validierungsdienste hinzufügen

Weitere interessante Validierungsdienste wären z. B. der WebPageAnalyzer[13] und der Google Sitemap Validator.[14], die Sie analog zum beschriebenen Vorgehen hinzufügen.

4.5.9 Versionierung

webEdition bietet eine integrierte Versionsverwaltung für folgende Dokumente:

- webEdition-Dokumente
- Grafiken
- HTML-, JavaScript-, CSS-, Text- und XML-Dateien

13 `www.websiteoptimization.com`
14 `http://www.validome.org`

- `.htaccess`-Dateien
- Flash- und Quicktime-Dateien
- sonstige Dateien (Office-Dokumente, PDFs etc.)
- webEdition-Objekte

Für jeden Dateityp kann die Versionierung separat aktiviert werden (siehe Abbildung 4.29). Neue Versionen eines Dokuments werden je nach Einstellung entweder bei jeder Änderung am Dokument (immer) oder nur beim Veröffentlichen erstellt. Zusätzlich lässt sich die Anzahl (z. B. 10) der vorzuhaltenden Versionen und der zurückliegende Zeitraum (z. B. 1 Jahr, 4 Monate oder 2 Wochen) festlegen.

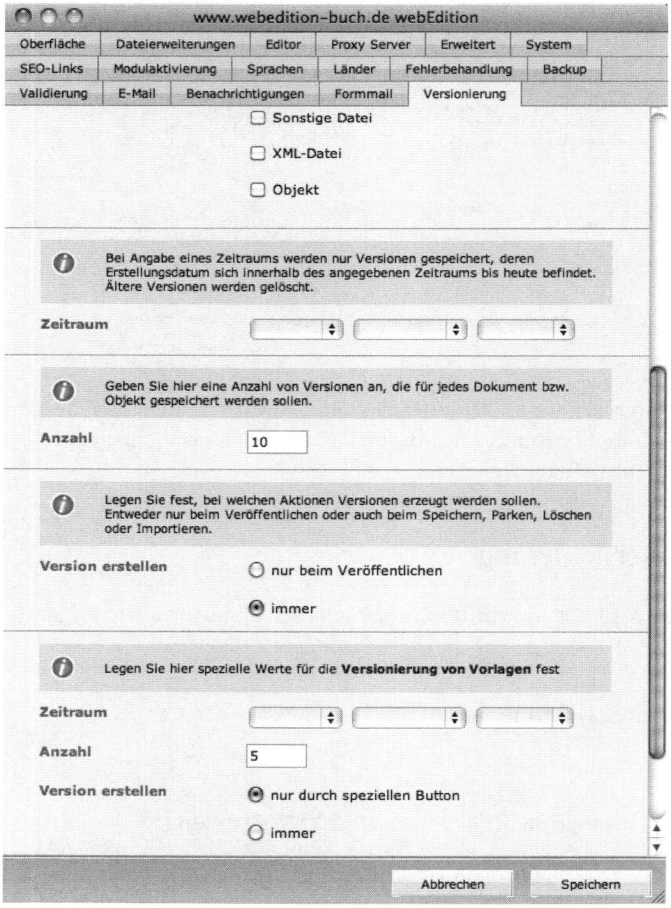

Abbildung 4.29: Einstellungen für die Versionierung von Dokumenten

Zu jeder Version wird der Zeitpunkt der Erstellung, der Bearbeiter, die Versionsnummer und die Änderungen erfasst. Alle verfügbaren Versionen sind über den Reiter **Versionen** eines Dokuments verfügbar (siehe Abbildung 4.30). Die verfügbaren Versionen können nach Bearbeiter, Erstellungsdatum, Status und Änderungen an den Dokumenteneigenschaften (z. B. Name, Pfad, Kategorien) gefiltert werden. Die gesamte Versionshistorie lässt sich auch ausdrucken.

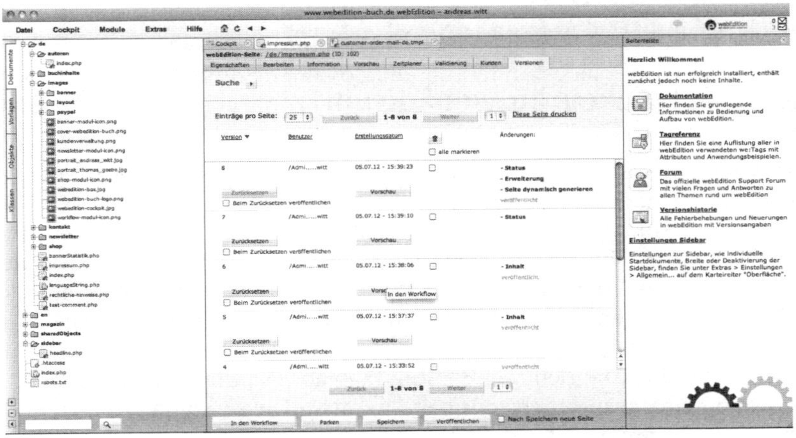

Abbildung 4.30: Auflistung aller Versionen eines webEdition-Dokuments

Um das Wiederherstellen von Versionen zu vereinfachen, lassen sich diese miteinander vergleichen und in einer Vorschau anzeigen (Abbildung 4.31).

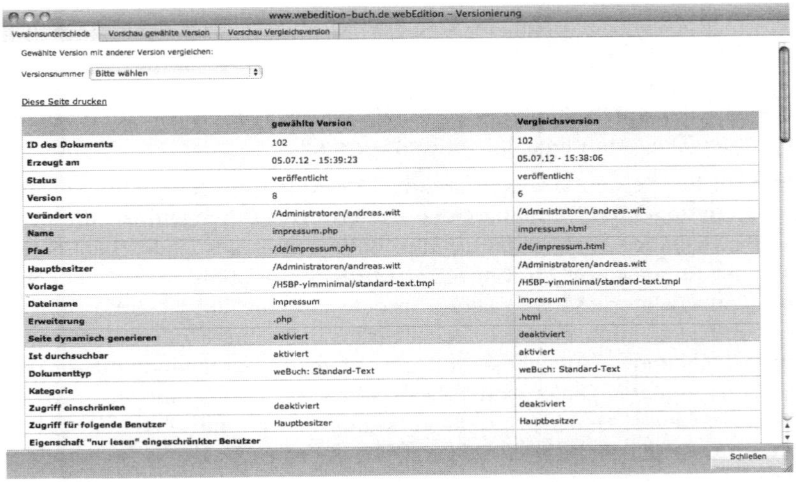

	gewählte Version	Vergleichsversion
ID des Dokuments	102	102
Erzeugt am	05.07.12 - 15:39:23	05.07.12 - 15:38:06
Status	veröffentlicht	veröffentlicht
Version	8	6
Verändert von	/Administratoren/andreas.witt	/Administratoren/andreas.witt
Name	impressum.php	impressum.html
Pfad	/de/impressum.php	/de/impressum.html
Hauptbesitzer	/Administratoren/andreas.witt	/Administratoren/andreas.witt
Vorlage	/H5BP-yimminimal/standard-text.tmpl	/H5BP-yimminimal/standard-text.tmpl
Dateiname	impressum	impressum
Erweiterung	.php	.html
Seite dynamisch generieren	aktiviert	deaktiviert
Ist durchsuchbar	aktiviert	aktiviert
Dokumenttyp	weBuch: Standard-Text	weBuch: Standard-Text
Kategorie		
Zugriff einschränken	deaktiviert	deaktiviert
Zugriff für folgende Benutzer	Hauptbesitzer	Hauptbesitzer
Eigenschaft "nur lesen" eingeschränkter Benutzer		

Abbildung 4.31: Versionen eines webEdition-Dokuments vergleichen

Beim Vergleich der Versionen werden die Felder, die sich unterscheiden, farblich hervorgehoben. Ist zusätzlich das Paket PEAR Text_Diff[15] auf dem Server installiert, werden auch Textänderungen markiert.

Eine weitere Möglichkeit, Versionen zu löschen oder wiederherzustellen, bietet webEdition über den *Versions-Assistent*, der über **Extras | Versions-Assistent** erreichbar ist. Damit lassen sich komfortabel alle Versionen ausgewählter Dokumente in einer Massenoperation löschen oder bestimmte Versionen wiederherstellen.

4.6 Entwickeln in webEdition

Im folgenden Abschnitt befassen wir uns mit den Grundlagen der Template-Entwicklung und den für Programmierer zur Verfügung stehenden Werkzeugen in webEdition. Anders als bei anderen Content Management Systemen muss ein Entwickler keine eigene Sprache (z. B. TypoScript) erlernen, um alle Funktionen von webEdition voll ausschöpfen zu können. Vielmehr nutzt der Entwickler bereits standardisierte Web-Technologien wie (x)HTML, JavaScript, XML, PHP etc. und reichert diese mit den auf der XML-Syntax basierenden webEdition Tags an. Dadurch lassen sich die in der Datenbank gespeicherten Inhalte mit dem Layout und dem Design der Website verknüpfen.

4.6.1 Template Engine

webEdition bietet den Nutzern und speziell den Entwicklern eine sehr flexible Template Engine, mit der sich jedes Layout bzw. Design uneingeschränkt umsetzen lässt. Der Quellcode, egal ob (x)HTML, XML, JavaScript, PHP etc., der durch die Template Engine ausgeliefert wird, kann zu 100% durch den Programmierer beeinflusst werden.

Mit dem Erscheinen von webEdition 6.3 wurden an der Template Engine bzw. dem Tag-Parser umfangreiche Änderungen durchgeführt, die deutliche Performance-Vorteile bieten und die Qualität des Codes bereits während der Entwicklung fördert. Dazu wurde ab webEdition 6.3 das Fehlerprotokoll erweitert, so dass Fehler in der Template-Entwicklung protokolliert und jetzt auch nachvollzogen werden können. Über das Menü **Extras | Einstellungen | Allgemein** und den Reiter **Fehlerbehandlung** lässt sich das Verhalten des Fehlerprotokolls bestimmen. Hier kann der Entwickler festlegen, welche Fehler protokolliert werden sollen und ob die Ausgabe im Fehlerprotokoll, per E-Mail oder auf der Website erfolgt (siehe Abbildung 4.32).

15 `http://pear.horde.org/`

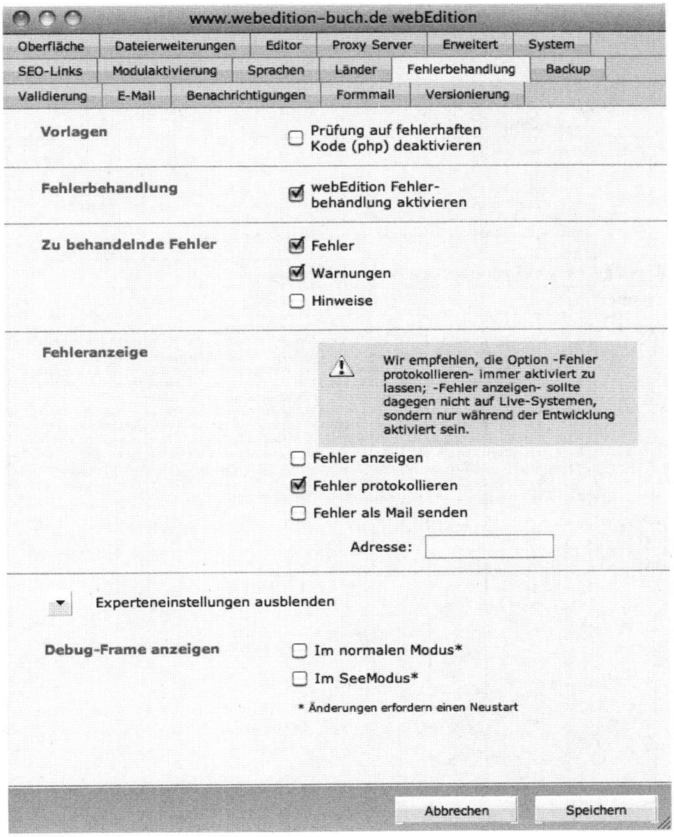

Abbildung 4.32: Einstellungen für die webEdition-interne Fehlerbehandlung

Der Einsatz des Fehlerprotokolls empfiehlt sich sowohl auf Entwicklungs- als auch Produktivsystemen, mit dem Unterschied, dass bei Produktivsystemen nur Fehler protokolliert werden sollten und hier das Fehlerprotokoll regelmäßig überprüft und geleert werden muss!

Ist die Protokollierung von Fehlern aktiviert, erhält der Entwickler beim Programmieren bereits beim Speichern von Templates eine Fehlermeldung, sofern im Template PHP- oder Syntax-Fehler in webEdition Tags vorhanden sind. Gleichzeitig werden alle Fehler im Fehlerprotokoll, das über das Menü **Hilfe | Fehler-Protokoll** erreichbar ist, erfasst. Der in Abbildung 4.33 dargestellte Eintrag zeigt z. B. einen Syntaxfehler im Tag `<we:img />`, der jedoch aufgrund der Abwärtskompatibilität zu älteren webEdition-Installationen keine Auswirkungen hat.

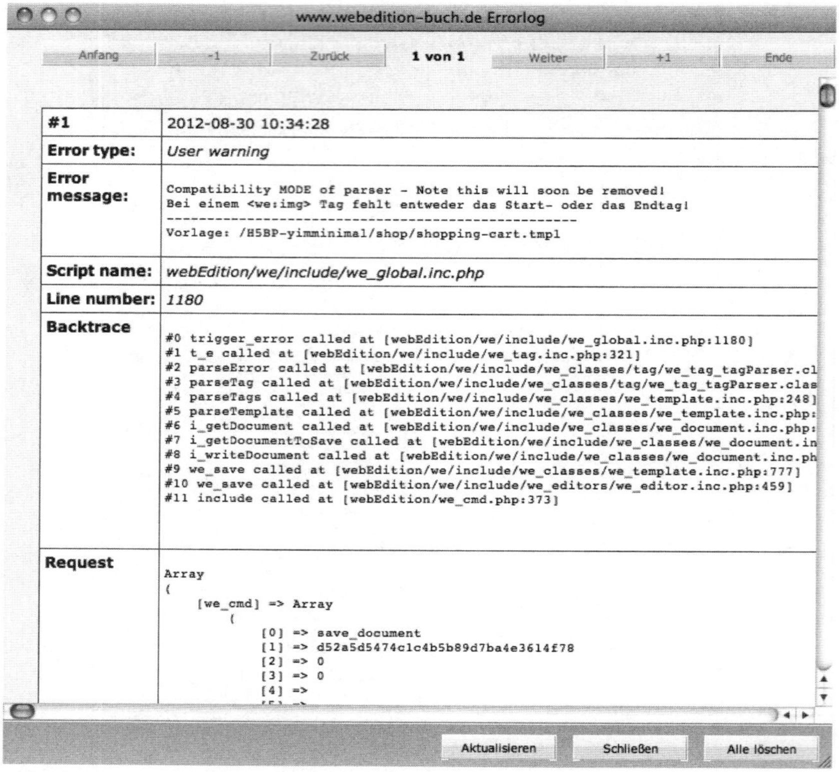

Abbildung 4.33: webEdition-Fehlerprotokoll

Für die Programmierung in webEdition stehen verschiedene interne Editoren zur Verfügung. Über das Menü **Extras | Einstellungen | Allgemein** kann der Entwickler im Reiter **Editor** auswählen (siehe Abbildung 4.34), ob der Template-Code in einem der folgenden Editoren bearbeitet werden soll.

- Unformatierte Textarea
- JavaScript Editor
- CodeMirror
- Java-Editor

Je nach ausgewähltem Editor stehen weitere Einstellungen für das Syntax-Highlighting, das Aktivieren von Zeilennummern, Code-Vervollständigung, Tooltipps auf webEdition Tags etc. zur Verfügung.

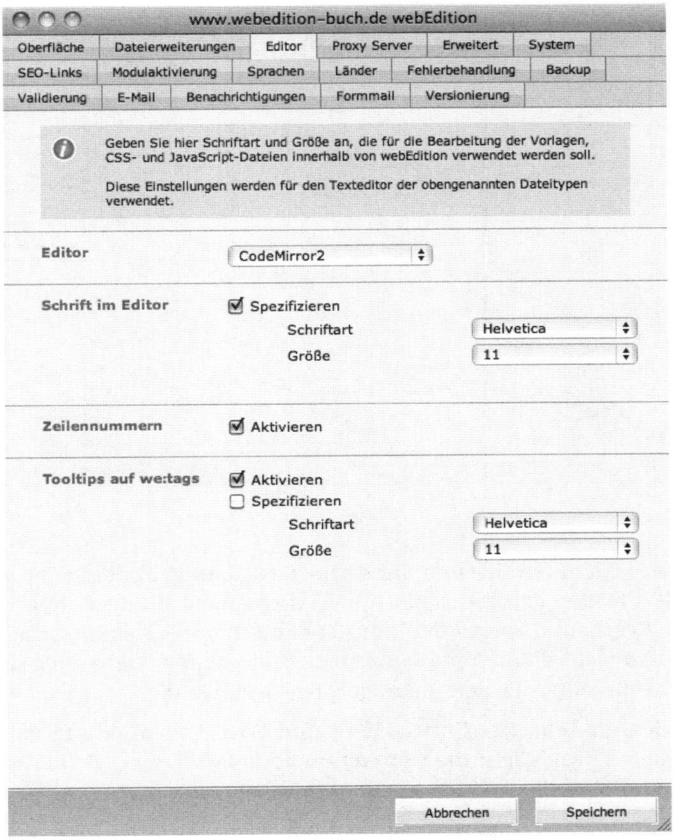

Abbildung 4.34: Einstellungen für Code-Editor

Unabhängig vom gewählten Editor stehen im Bearbeiten-Modus von Templates weitere Funktionen zur Verfügung (siehe Abbildung 4.35). Innerhalb des Templates kann der Programmierer eine Suchen-und-Ersetzen-Funktion nutzen, um Code-Bestandteile auszutauschen. Zudem hat er Zugriff auf den *Tag Wizard*, der alle verfügbaren webEdition Tags und deren Attribute auflistet. Für oft genutzte Code-Fragmente gibt es vorgefertigte Snippets, die die Entwicklung zusätzlich erleichtern. Für einen schnellen Zugriff auf die Dokumentation verlinkt der Tag Wizard nach dem Aufruf eines webEdition Tag direkt zum entsprechenden Dokumentationseintrag auf die webEdition Tag-Referenz.[16]

[16] `http://www.webedition.org/de/webedition-cms/dokumentation/tag-referenz/`

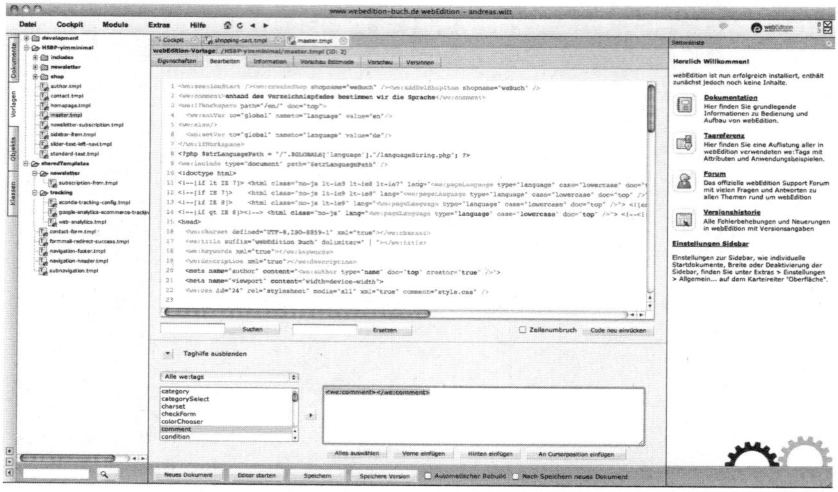

Abbildung 4.35: Template-Ansicht im webEdition Backend

Ein weitere Möglichkeit, Templates (in-)direkt in webEdition zu bearbeiten, stellt das bereits in Abschnitt 4.5.7 vorgestellte Editor-Plugin dar. Neben dem Bearbeiten von webEdition-Dokumenten können über das Editor-Plugin auch webEdition Templates bearbeitet werden. Dabei müssen beim Speichern dieselben Einschränkungen beachtet werden.

Zur effizienten Template-Entwicklung und Wiederverwendung von Code-Bestandteilen ermöglicht die webEdition Template Engine den Einsatz von Master- und Slave-Templates (siehe Abbildung 4.36).

Dabei kann jedem Template über den Reiter **Eigenschaften** eine sogenannte *Hauptvorlage* zugewiesen werden. Der Vorteil von Master- und Slave-Templates ist die Reduzierung von Code-Redundanzen und die dadurch bessere Wartbarkeit des Quellcodes.

In einem Master-Template wird meist das Grundgerüst des Layouts abgelegt. Im Falle einer HTML-Seite wäre es die Doctype-Definition, der Head- und Footer-Bereich sowie weitere Konfigurationsparameter für Mehrsprachigkeit etc. Das Slave- bzw. Content-Template enthält dann die Elemente für die eigentlichen Inhalte und somit die Eingabefelder für den Redakteur. Weil es oft verschiedene Dokumenten-Typen (siehe Abschnitt 4.5.1) gibt, ist es sinnvoll, pro Dokumenten-Typ ein eigenes Content-Template zu erstellen, jedoch immer die gleiche Master-Vorlage zu verwenden. Welche Code-Bestandteile aus dem Content-Template an welcher Position im Master-Template eingefügt werden, steuern die webEdition Tags `<we:master>` und `<we:content/>`. Dabei wird das Tag `<we:content/>` im Master-Template genutzt und `<we:master>` im Content-Template. Es ist auch möglich, dass ein Master-Template gleichzeitig ein Content-Template ist und umgekehrt.

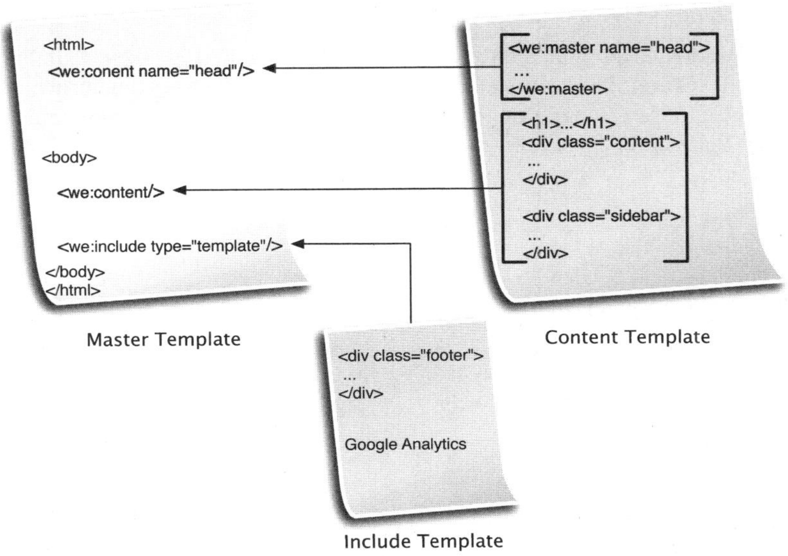

Abbildung 4.36: Master & Slave Template-Strukturen

Neben dem Master- & Slave-Ansatz können Templates in andere Templates inkludiert werden. Dies ist dann sinnvoll, wenn ein Template sehr komplex wird und die Aufteilung auf mehrere Teil-Templates die Pflege und Wartbarkeit verbessert. In der Praxis wird etwa die Erzeugung der Navigation in ein eigenes Template ausgelagert und per `<we:include type="template">` an die gewünschte Stelle im Master- oder Content-Template eingebunden. Weitere Anwendungsfälle sind statische Footer-Bereiche und die Integration von Web Analytics Code-Schnipseln.

4.6.2 webEdition Tags – Content und Layout miteinander verknüpfen

An zahlreichen Stellen wurde bereits von webEdition Tags gesprochen. webEdition Tags sind analog zu HTML- oder XML-Tags Anweisungen bzw. Funktionen in der XML-Syntax (z. B. `<we:title></we:title>`), über die die webEdition Template Engine das Rendering der Layout- und Inhaltsinformationen verarbeitet.

webEdition Tags (hinter denen sich PHP-Funktionen verbergen) vereinfachen die Entwicklung von komplexen Webseiten, da es für den Template-Entwickler nicht zwingend notwendig ist, PHP als Programmiersprache zu beherrschen. Vielmehr ist Know-how in CSS, HTML und JavaScript ausreichend, um mit webEdition Websites zu realisieren.

webEdition ist nicht das einzige System, das eigene Tags bzw. Platzhalter nutzt, um vereinfacht auf die in der Datenbank gespeicherten Informationen zuzugreifen und sie zu verarbeiten. Beispielsweise sehen die vergleichbaren Platzhalter des Enterprise Content Management Systems *SixCMS* wie folgt aus:

```
%CMS_DATA(field="title" prefix="Es folgt der Titel: " ifempty="Das ist \
der Standard-Titel")
```

Die gleiche Ausgabe mit webEdition Tags erhält man mit:

```
<we:comment>speziell fuer das Feld "Title" aus den Eigenschaften eines \
webEdition-Dokuments</comment>
<we:title prefix="Es folgt der Titel: ">Das ist der Standard-Titel</we:\
title>

<we:comment>oder generischer mit <we:var/></we:comment>
<we:ifVarNotEmpty match="Title" doc="self" property="true">
    Es folgt der Titel: <we:var type="property" name="Title" doc="self"\
 />
<we:else/>
    Das ist der Standard-Titel
</we:ifVarNotEmpty>
```

webEdition besitzt eine Vielzahl an Tags, die dem Entwickler eine Reihe von Entwicklungsaufwand ersparen. Wir können hier nicht alle im Detail vorstellen, möchten aber auf die aus unserer Sicht wichtigsten eingehen. Einen Überblick über alle webEdition Tags – aktuell fast 250 – finden Sie in der Tag-Referenz.[17]

`<we:block></we:block>`
: Mit diesen Tags werden dem Redakteur Blöcke aus einem Set an Eingabefeldern zur Verfügung gestellt, die er über ein Plus-Symbol in beliebiger Anzahl hinzufügen und untereinander frei sortieren kann. Oft werden solche Blöcke genutzt, um Überschrift, Text und Bild zusammenzufassen. Der Redakteur kann dann für jede Seite selbst festlegen, wie viele solcher Blöcke er für die Inhalte benötigt.

`<we:comment></we:comment>`
: Code dokumentieren

[17] http://www.webedition.org/de/webedition-cms/dokumentation/tag-referenz/

`<we:content />` und `<we:master></we:master>`

Diese beiden Tags haben wir Ihnen bereits im Abschnitt zuvor vorgestellt. Nutzt der Entwickler die Möglichkeiten der Master- und Slave-Templates, sind sie unersetzlich.

`<we:category />`

Werden bei einem webEdition-Projekt die in Abschnitt 4.5.2 vorgestellten Kategorien genutzt, können die vergebenen Kategorien mit diesem Tag ausgegeben bzw. als Filter weiterverwendet werden.

`<we:css />` und `<we:js />`

Diese beiden Tags binden CSS- bzw. JavaScript-Dateien ins Template ein und erzeugen dabei den korrekten HTML-Code.

`<we:ifClient></we:ifClient>`

Mit diesem Tag prüfen Sie, mit welchem Client (Browser) die Website aufgerufen wird. Dadurch lassen sich etwa verschiedene Stylesheets laden oder andere Browser-spezifische Eigenschaften nutzen.

`<we:ifEditmode></we:ifEditmode>`

Das Tag wird sehr oft für Vorlagen verwendet, die redaktionelle Inhalte erfassen. Es lässt sich steuern, was der Redakteur im Bearbeiten-Modus und was im Vorschau-Modus zu sehen bekommt. Im Bearbeiten-Modus können so Hilfetexte und Anweisungen ausgegeben werden, die in der Vorschau oder der Website nicht zu sehen sein sollen.

`<we:ifEmpty></we:ifEmpty>`

Mit diesem Tag kann der Entwickler überprüfen, ob ein Feld Inhalte enthält oder leer ist. Dadurch lässt sich die Ausgabe des auszuliefernden Quellcodes optimal steuern und z. B. leere HTML-Tags im Quellcode der Website vermeiden.

`<we:ifVar></we:ifVar>`, `<we:var />` und `<we:setVar />`

Diese webEdition Tags ermöglichen das Arbeiten mit Variablen. Dabei können Variablen initialisiert, überprüft und ausgegeben werden. Nutzt der Entwickler bei anderen webEdition Tags die Universal-Attribute `to` und `nameto`, mit denen statt einer Ausgabe auf der Website die Inhalte in eine Variable geschrieben werden, lassen sich Inhalte vor der Ausgabe zusätzlich manipulieren.

`<we:img />`

Bei diesem Tag wird im Bearbeiten-Modus ein Image-Selektor zum Auswählen und Hochladen von Grafiken für den Redakteur angeboten. Auf der Website lässt sich das ausgewählte Bild mit dem gleichen Tag ausgeben.

<we:input /> und <we:textarea></we:textarea>

Mit diesen Tags lassen sich verschiedene Eingabefelder für das redaktionelle Erfassen von Inhalten erzeugen. Gleichzeitig dienen sie zur Ausgabe der erfassten Inhalte auf der Website.

<we:listview></we:listview>

Dieses Tag ist eines der am häufigsten verwendeten. Mit ihm lassen sich Listen über alle möglichen Assets innerhalb von webEdition erstellen. Die webEdition Listview zeichnet sich vor allem durch die Vielzahl an Parametern aus, die eine Filterung der Liste bereits vor der Ausgabe ermöglichen. Aktuell ist uns kein webEdition-Projekt bekannt, bei dem dieses Tag nicht zum Einsatz kommt.

<we:navigation />

Dieses Tag gibt die im Navigations-Tool (siehe Abschnitt 4.4) erstellte Navigation aus.

Die Liste der hier vorgestellten Tags ließe sich beliebig erweitern – etwa um solche von Zusatzmodulen wie dem Shop, der Kundenverwaltung, dem Newsletter-Modul. Die aufgeführte Auswahl soll jedoch nur einen ersten Eindruck vermitteln, welche Tags häufig eingesetzt werden und was sie leisten.

Zu jedem webEdition Tag, das mit <we:if... beginnt, gibt es übrigens ein Negations-Pendant mit <we:ifNot.... Dadurch lassen sich Bedingungen sehr einfach auf ihre Nicht-Erfüllung überprüfen.

Jedes Tag besitzt Attribute, die das Verhalten oder auch die Ausgabe steuern. Um den Überblick zu behalten, stellt webEdition neben der schon angesprochenen Tag-Referenz eine Tag-Hilfe (siehe Abbildung 4.37) sowie den bereits erwähnten Tag Wizard bereit. Die Tag-Hilfe wird bei der Bearbeitung von Vorlagen über den Klick auf einen Pfeil unter dem Vorlageninhalt ein- und auch wieder ausgeblendet.

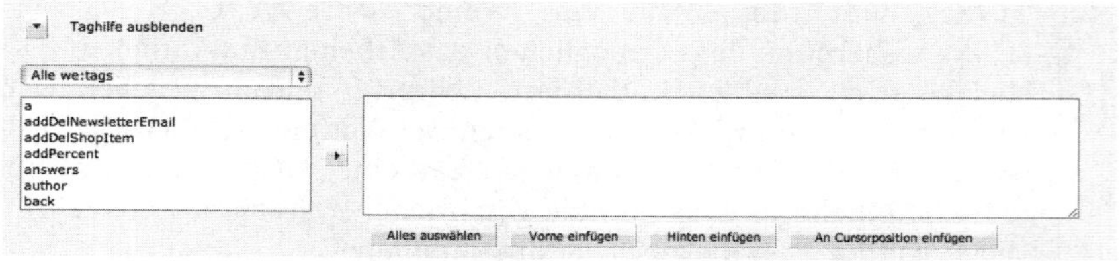

Abbildung 4.37: Tag-Hilfe

Die Tag-Hilfe stellt eine Liste mit allen webEdition Tags bereit. Durch einen Doppelklick auf eines der Tags öffnet sich der Tag Wizard (siehe Abbildung 4.38), der Ihnen neben einer kurzen Erklärung des Tags die möglichen Attribute anzeigt. Im Tag Wizard können Sie alle nötigen Einstellungen für den Tag vornehmen. Ein Klick auf **OK** erzeugt aus den Einstellungen den fertigen Code, den Sie anschließend in Ihre Vorlage übernehmen können.

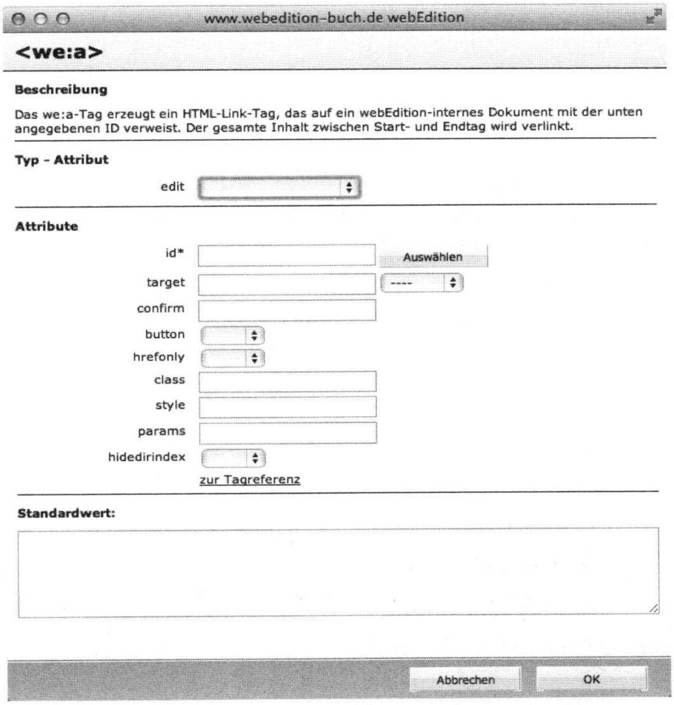

Abbildung 4.38: Tag Wizard

4.6.3 Versionierung

Ein wichtiges Werkzeug bei der Entwicklung von Code ist die Versionsverwaltung. Das in webEdition integrierte Versionssystem bietet die automatische und manuelle Versionierung von Templates. Die Einstellungen, Konfiguration und Funktionen der Versionsverwaltung haben wir bereits in Abschnitt 4.5.9 vorgestellt. Was aktuell bei der Template-Entwicklung in der Versionsverwaltung fehlt, ist die Möglichkeit, Kommentare zu Versionen hinzuzufügen. Templates lassen sich daher aktuell nur anhand des Bearbeiters und des Zeitstempels erkennen bzw. in der Detailansicht durch die Code-Unterschiede.

Dennoch ist die Versionsverwaltung ein unverzichtbares Werkzeug, vor allem wenn der Programmierer Anpassungen in einem ihm unbekannten System und fremdem Code durchführen soll.

4.6.4 Entwickler-Werkzeuge

Für Anwendungen und Funktionen auf einer Website, die sich nicht mehr mit webEdition Tags realisieren lassen oder die eine Anbindung an externe Systeme benötigen, kann der Zugriff auf die Datenbank und/oder auf das Dateisystem des Servers notwendig sein. Dafür müssen dem Entwickler die Zugangsdaten für die Datenbank vorliegen und Zugriff via Konsole oder einem Verwaltungstool wie phpMyAdmin auf die Datenbank und via FTP auf das Dateisystem möglich sein. Bei der Betreuung mehrerer Projekte fallen sehr schnell viele Zugänge, Passwörter und zusätzliche Applikationen an – vom Sicherheitsaspekt bei der Weitergabe von Passwörtern und Logins einmal abgesehen.

Für webEdition stehen aktuell die beiden einfachen, aber sehr effektiven Apps *we::phpMyAdmin* (MySQL Administrations-Tool) und *we::eXtplorer* (Dateiexplorer) zur Verfügung. Beide webEdition Apps können Sie kostenlos herunterladen und installieren.[18]

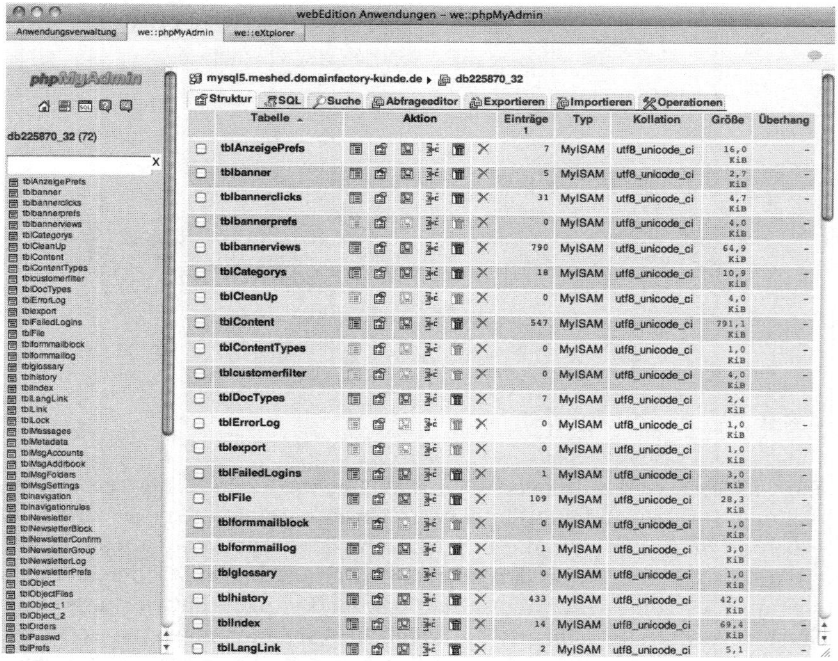

Abbildung 4.39: webEdition App – phpMyAdmin

Die Installation ist denkbar einfach, setzt jedoch einen FTP-Zugang voraus. Das zuvor heruntergeladene Archiv wird entpackt und anschließend in das

[18] `http://download.webedition.org/applications/backend/third-party/`

Verzeichnis `webEdition/apps/` kopiert. Nach einer erneuten Anmeldung steht die App dann unter **Extras | we::phpMyAdmin** (siehe Abbildung 4.39) bzw. **Extras | we::eXtplorer** (siehe Abbildung 4.40) zur Verfügung und öffnet bei einem Klick die jeweilige Anwendung in einem Fenster. Das Eingeben von Zugangsdaten entfällt, da diese automatisch aus der webEdition-Konfiguration entnommen werden.

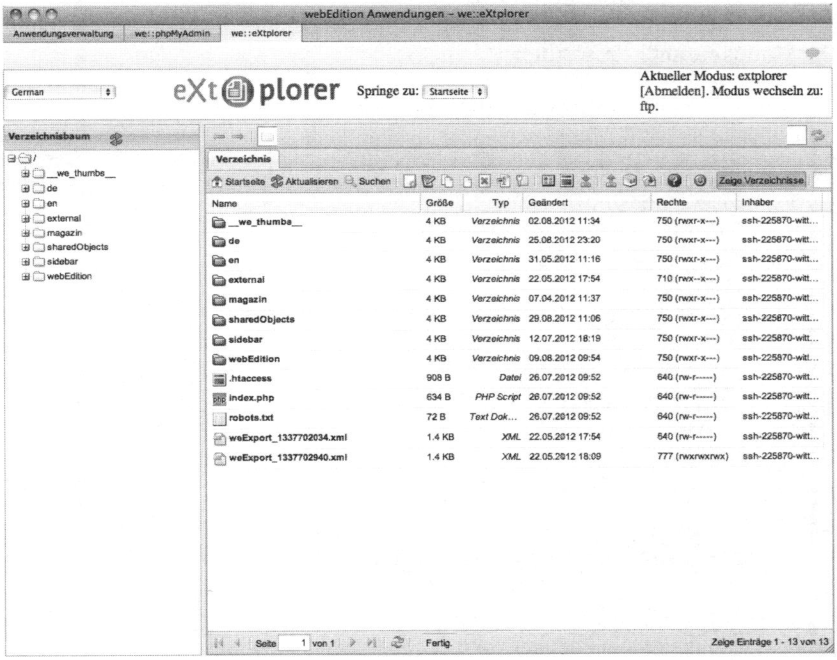

Abbildung 4.40: webEdition App – eXtplorer

Gleichzeitig sind die Apps in die webEdition-Benutzerverwaltung integriert und können daher für jeden Entwickler separat freigeschaltet werden (siehe Abschnitt 5.2.2).

Für Programmierer, die Adobe Dreamweaver für die Entwicklung nutzen, kann die webEdition Dreamweaver Extension (siehe Abbildung 4.41) von Interesse sein. Im Gegensatz zum Editor-Plugin unterstützt sie nicht nur die Bearbeitung von Templates, sondern bietet noch folgende Zusatzfunktionen:

- Integration sämtlicher we:Tag-Funktionalitäten von webEdition.
- Über den Tag-Editor ist es möglich, Attribute eines we:Tags zu setzen.

- Wird Dreamweaver über das Editor-Plugin gestartet, ist es zudem möglich, über ID-Selektoren remote Informationen vom installierten webEdition abzufragen und zu verwenden.
- Sämtliche we:Tags sind in die webEdition Toolbar integriert und können schnell eingebunden werden.
- In der webEdition Toolbar kann das aktuell bearbeitete Dokument mittels einer webEdition-Vorschau sowohl im Bearbeiten- als auch im Vorschau-Modus betrachtet werden.

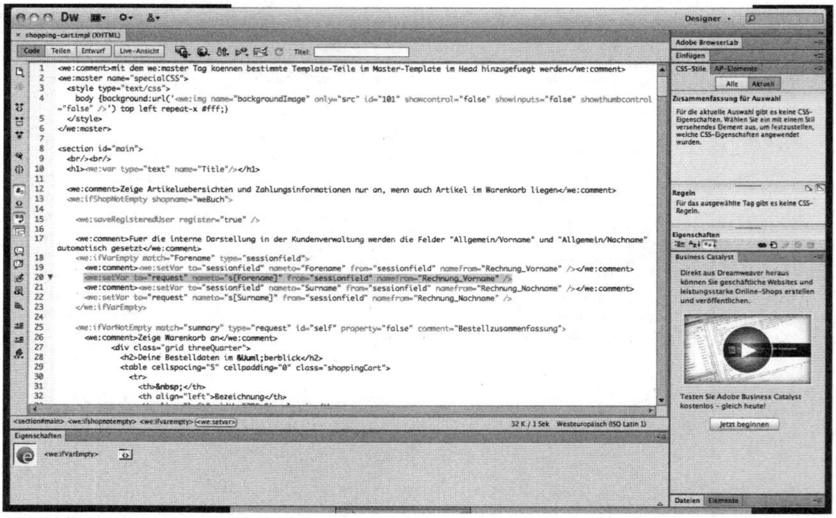

Abbildung 4.41: webEdition Dreamweaver Extension

Die Installation der Extension gestaltet sich sehr einfach. Laden Sie zunächst die Dreamweaver Extension herunter.[19] Anschließend erfolgt die Installation per Doppelklick. Um Adobe Dreamweaver als externen Editor zu nutzen, muss dieser wie in Abschnitt 4.5.7 beschrieben in den Einstellungen hinzugefügt werden. Als **Content-Typ** ist dann `text/weTmpl` anzugeben. Anschließend steht Adobe Dreamweaver im Bearbeiten-Modus eines Templates über den Button **Editor starten** als Auswahl zur Verfügung und kann via Doppelklick gestartet werden.

19 `http://www.webedition.org/de/webedition-cms/download.php`

Kapitel

5 Module

Im Kapitel 4 haben wir das webEdition-Basissystem vorgestellt und gezeigt, wie Sie mit webEdition die Anforderungen des Content Managements umsetzen, welche Möglichkeiten der Inhaltserfassung zur Verfügung stehen und wie das System Programmierer bei der Template-Entwicklung und Projektrealisierung unterstützt.

Bei der Umsetzung und Betreuung von (kommerziellen) Websites sollte die Vermarktung der angebotenen Produkte, Dienstleistungen und Inhalte integrativer Bestandteil des gesamten Konzepts sein. Um eCommerce- und Online-Marketing-Strategien optimal umzusetzen, sind in webEdition *Module* integriert, über die Sie einen Online-Shop, E-Mail-Marketing-Kampagnen, geschlossene Kundenbereiche, Online-Umfragen etc. realisieren.

In Abschnitt 1.3 haben wir darauf hingewiesen, dass Content Management Systeme zukünftig weitere Anforderungen zu erfüllen haben, die über das reine Content Management hinausgehen. Durch ein intelligentes Set an Modulen, die wir nachfolgend im Detail vorstellen, ist webEdition bereits heute für zukünftige Anforderungen des Web Managements gewappnet – wenngleich noch nicht vollumfänglich.

5.1 Banner

Mit dem Banner-Modul erstellen und verwalten Sie auf Grafiken basierende Banner. Obwohl dies innerhalb von webEdition geschieht, lassen sich die Banner auch auf externen Websites anzeigen. Die Funktionseigenschaften des Banner-Moduls sind:

- Banner aus Grafiken erzeugen
- Banner gewichten
- Banner auf Websites aussteuern (z. B. nach Anzahl Klicks, Zeitraum, Platzierung etc.)
- Banner auf internen und externen Websites anzeigen
- Banner gruppieren (in Verzeichnissen)
- Bannerstatistiken (Views, Clicks, Clickrate)
- Zugriff auf Statistiken für Kunden (setzt webEdition-Kundenverwaltung voraus)

Abbildung 5.1: Ansicht des Banner-Moduls

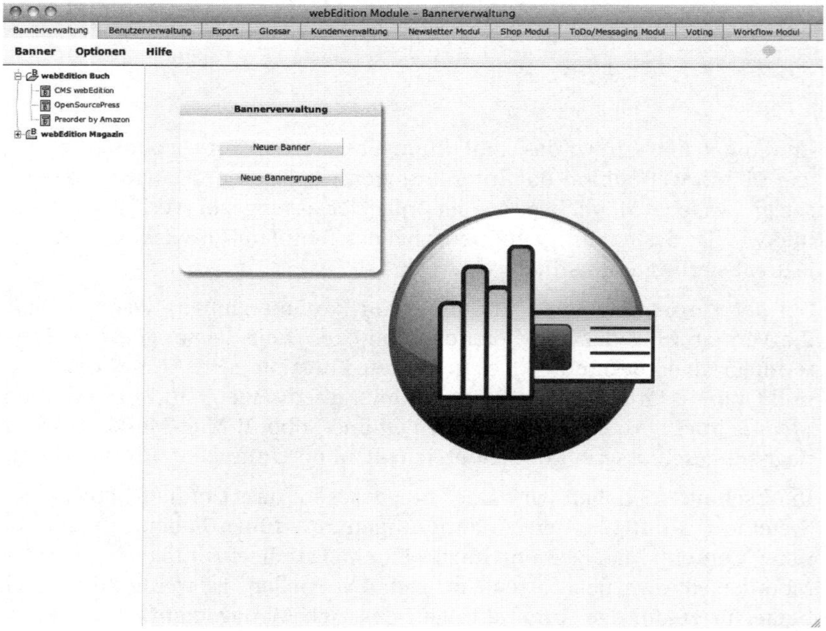

Das Banner-Modul eignet sich in erster Linie für die zufällige Anzeige grafischer Elemente auf der eigenen Website. Bewerben Sie bestimmte Produkte, Artikel oder Veranstaltungen – auch über mehrere Domains hinweg. Wenn Sie das Banner-Modul zur Vermarktung von Webplätzen einsetzen, sollten Sie den Einsatz im Vorfeld genau abwägen, weil viele Einschränkungen zu berücksichtigen sind:

- das Modul ist kein AdServer-Ersatz
- Bannerplätze können nur nach Klicks, Zeitraum oder Festpreis-Kontingent verkauft werden
- es sind derzeit nur grafische Banner möglich
- eine Aussteuerung der Banner nach Zielgruppen (z. B. Region, Client, Wochentage, Uhrzeit etc.) ist nicht möglich
- kein Kampagnen-Management
- keine Reportings nach Interessengruppen, Wochentagen etc.

5.1.1 Banner erstellen, verwalten und platzieren

Über das Banner-Modul werden alle Banner erstellt, verwaltet und die Statistiken dazu erfasst. Dazu erstellen Sie über das Menü **Banner | Neu | Banner** ein neues Banner. Wir empfehlen Ihnen, alle Banner in *Bannergruppen* zu organisieren. Bei Multi-Domain-Projekten bietet sich eine Unterteilung in Domains an (z. B. *webEdition Buch* und *webEdition Magazin*) an. Werden Banner auf verschiedenen Domains angezeigt, könnte die Bannergruppe *sharedDomains* heißen. Innerhalb einer Bannergruppe können Sie eine weitere Unterteilung etwa nach Kunden vornehmen.

Abbildung 5.2 zeigt die grundlegenden Bannereigenschaften, die Sie beim Anlegen erfassen. Neben dem **Namen** weisen Sie dem Banner die gewünschte Bannergruppe, sofern vorhanden, zu. Über den **Grafik-Pfad** wählen Sie dann die Bannergrafik aus und geben einen externen oder internen Link an. Für die Auslieferung tragen Sie dann eine Anzahl an Klicks (0 für unbegrenzt) ein, wählen Sie die Gewichtung aus und fügen Sie einen Zeitraum hinzu. Bei der Angabe des Zeitraums ist es auch möglich, nur das Start- oder Enddatum anzugeben. Sofern die webEdition-Kundenverwaltung aktiviert ist, können Sie jedem Banner ein oder mehreren Kunden zuordnen. Dadurch lassen sich z. B. in einem geschlossenen Kundenbereich Statistiken der Banner zur Verfügung stellen.

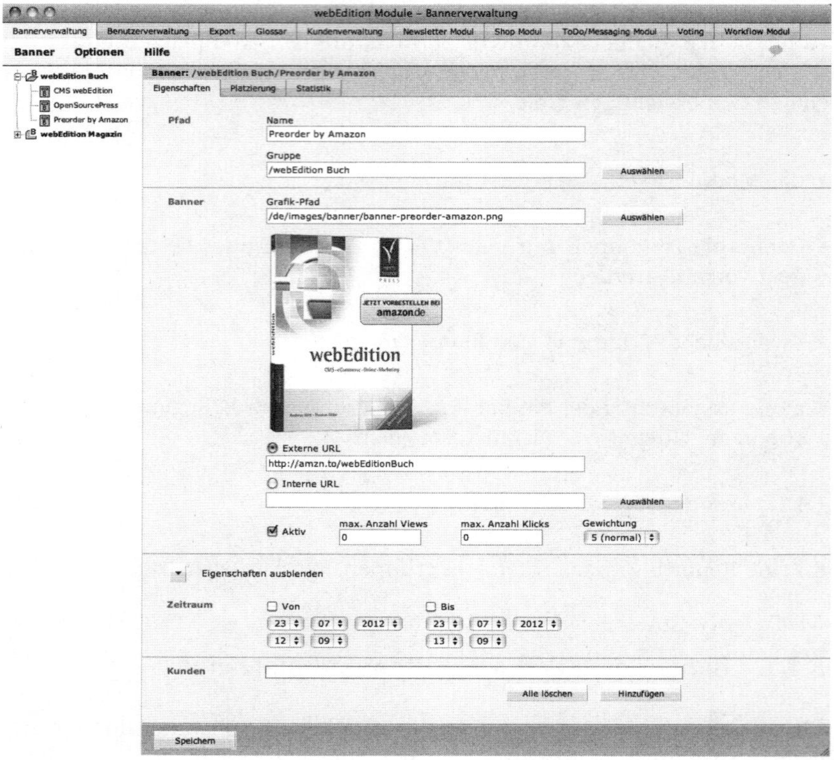

Abbildung 5.2: Eigenschaften eines Banners

Über den Reiter **Platzierung** (siehe Abbildung 5.3) legen Sie anschließend fest, wo auf der Website das Banner erscheint. Über **Bannername** lassen sich einer oder mehrere der verfügbaren Bannerplätze auswählen. Dazu muss in den webEdition Vorlagen das Tag `<we:banner name="weBuchShopArticle220" type="js" />` benutzt werden. Der im Attribut `name` angegebene Name erscheint dann bei der Auswahl **Bannername** im Banner-Modul.

Bei der Bezeichnung der Bannerplätze kann es sinnvoll sein, die Maße mit aufzunehmen, da diese im Banner-Modul nicht angezeigt werden. Aktuell erfolgt auch keine Vorauswahl von Bannerplätzen passend zur Bannergrafik. Ist eine Bannergrafik zu groß, wird sie auf die Größe des Bannerplatzes gestaucht, im umgekehrten Fall wird sie gestreckt.

Über das Feld **Seiten** wählen Sie gezielt webEdition-Dokumente aus, auf denen das Banner angezeigt werden soll. Bei der Auswahl von **Verzeichnissen**, wird das Banner bei allen webEdition-Dokumenten innerhalb bzw. unterhalb der ausgewählten Verzeichnisse eingeblendet. Die Platzierung steuern Sie zusätzlich über Kategorien und Dokumenten-Typen. Wählen Sie mehrere Parameter aus, werden diese kombiniert angewendet.

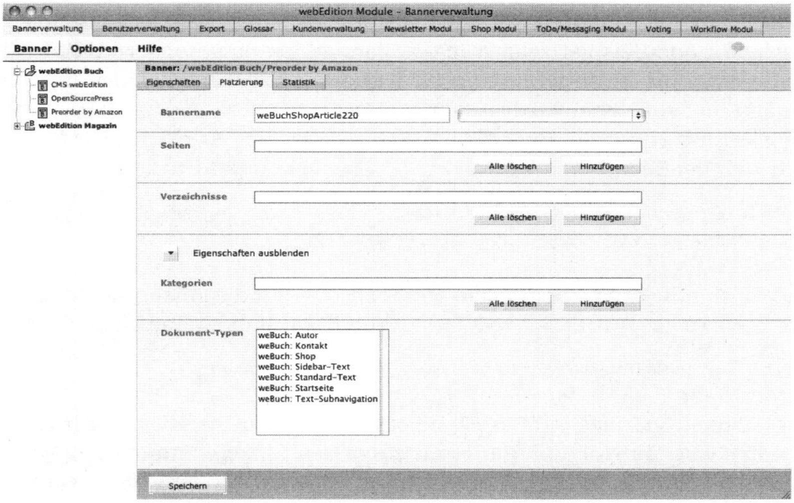

Abbildung 5.3: Banner auf der Website platzieren

Nach dem ersten Speichern des Banners steht auch der Reiter **Statistik** zur Verfügung (siehe Abbildung 5.4), unter dem Sie alle Einblendungen, Klicks und die daraus resultierende Klickrate pro Seite finden.

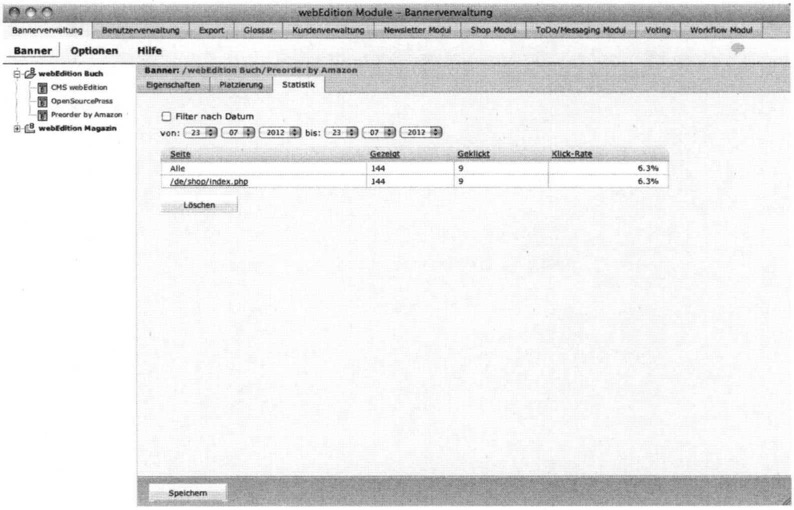

Abbildung 5.4: Bannerstatistiken im webEdition Banner-Modul

Sobald Sie das erste Banner erstellt haben, können Sie es über das Menü **Optionen | Standard-Banner** als Default definieren. Das Default-Banner wird angezeigt, sobald eine Auslieferung anderer Banner nicht möglich ist.

Unabhängig von einem Default-Banner lassen sich erstellte Banner mit dem bereits erwähnten Tag auf den eigenen Websites ausliefern. Das nachfolgende Code-Beispiel zeigt, wie das Banner-Tag eingesetzt wird. Wichtig sind hierbei die Attribute `name`, `width` und `height`. Unabhängig vom ausgewählten `type` versucht das Banner-Tag beim internen Einsatz die optimale Auslieferungsmethode zu ermitteln. Über das Attribut `link=false` lässt sich bei Bedarf eine Verlinkung des Banners unterdrücken.

```
<we:banner name="weBuchShopArticle220" width="220" height="250" type="\
js" target="_blank" link="true" xml="true" />
```

Der Vollständigkeit halber wollen wir noch kurz auf die beiden Werte `pixel` und `cookie` des Attributs `type` beim webEdition Banner-Tag eingehen. Mit

```
<we:banner name="viewTracking" type="pixel" xml="true" />
```

lässt sich ein 1x1 Pixel großes Gif erzeugen, mit dem sich Seitenaufrufe als sehr einfache Statistikfunktion ermitteln lassen. Unsere Empfehlung ist der Einsatz einer vollständigen Web Analytics Software, da der Pixeleinsatz mit dem Banner-Modul zu einer schnell wachsenden Datenbank und somit zu Performance-Verlusten führt, wobei sich der Mehrwert in Grenzen hält.

Um Banner auch auf externen Websites anzuzeigen, öffnen Sie das Menü **Optionen | Erzeuge Bannercode**. Es erscheint der in Abbildung 5.5 gezeigte Dialog.

Abbildung 5.5: Bannercode für externe Websites erzeugen

Bannertyp
`js` oder `iframe`

Bannername
der Name des Bannerplatzes, der angezeigt werden soll

URL der Seite
URL der Seite, auf der der Bannercode integriert werden soll

Linkziel
legt fest, in welchem Fenster (`_blank`, `_self` etc.) sich der Link öffnet

Breite und Höhe
Größenangaben

Banner-Pfade
hier kann im Vorfeld die Bannerauswahl auf bestimmte Bannergruppen eingeschränkt werden

Die anderen Attribute müssen Sie bei einer Standardnutzung nicht anpassen. Bei der in Abbildung 5.5 gezeigten Konfiguration werden nun alle Banner, die dem Bannerplatz `weBuchShopArticle220` zugeordnet sind, auf der Website `http://www.webedition.org` angezeigt.

5.1.2 Bannerstatistiken für Kunden

Sofern die webEdition-Kundenverwaltung aktiviert ist, lassen sich Banner aus dem Banner-Modul mit einem oder mehreren Kunden verknüpfen. Dazu wählen Sie bei den **Eigenschaften** im Bereich **Kunden** die gewünschten Kunden aus.

Anschließend können Sie über einen geschlossenen Kundenbereich die Statistiken pro Banner für die zugewiesenen Kunden zur Verfügung stellen. Das nachfolgende Code-Beispiel zeigt, wie die Auflistung der Bannerstatistiken erfolgt.

```
<section id="main">
        <h1><we:var type="text" name="Title"/></h1>
    <we:comment>Template fuer geschlossenen Kundenbereich zur Anzeige \
aller einem Kunden zugewiesenen Bannerstatistiken</we:comment>
    <we:ifRegisteredUser comment="nur Kunden haben Zugriff">
        <we:form id="self" method="get">
            <label for="filter" style="float:left;">Filtern nach Datum:\
 </label>
            <we:ifVarNotEmpty match="filter" type="global">
                <input type="checkbox" name="filter" value="true" \
checked="checked" id="filter"/>
            <we:else/>
```

```
                <input type="checkbox" name="filter" value="true" id="\
filter"/>
            </we:ifVarNotEmpty><br style="clear:left;"/>
            <label for="from">Von: </label><we:dateSelect name="from" \
class="select" id="from"/>
            <label for="to">Bis: </label><we:dateSelect name="to" class\
="select" id="to"/>
            <label for="banner">Banner: </label><we:bannerSelect \
customer="true" name="bannerPath" showpath="true" firstentry="Bitte \
wählen Sie ein Banner..." class="select" id="banner"/>
            <input type="submit" value="Absenden">
        </we:form>
        <we:comment>Statistiken werden nur angezeigt, wenn ein Banner \
ausgewaehlt wurde</we:comment>
        <we:ifVarNotEmpty match="bannerPath" type="request">
            <we:setVar to="global" nameto="bannerPath" from="request" \
namefrom="bannerPath" />
            <we:setVar to="global" nameto="filter" from="request" \
namefrom="filter"/>
            <we:processDateSelect name="from" comment=ausgewaehltes \
Datum automatisch in UNIX Timestamp umwandeln" />
            <we:processDateSelect name="to" endofday="true" comment=\
ausgewaehltes Datum automatisch in UNIX Timestamp umwandeln" />
            <we:listview type="banner" customer="true" path="\\
$bannerPath" rows="10" order="views desc" usefilter="\$filter" \
filterdatestart="\$from" filterdateend="\$to">
                <we:ifFound>
                    <table cellpadding="0" cellspacing="0" border="0" \
width="400">
                        <tr>
                            <th align="left">Pfad (Seiten)</th>
                            <th align="left">Views</th>
                            <th align="left">Clicks</th>
                            <th align="left">Clickrate</th>
                        </tr>
                        <tr>
                            <td>Gesamt</td>
                            <td><we:bannerSum type="views"/></td>
                            <td><we:bannerSum type="clicks"/></td>
                            <td><we:bannerSum type="rate"/> %</td>
                        </tr>
                        <we:repeat>
                            <tr>
                                <td><we:field name="path"/></td>
                                <td><we:field name="views"/></td>
                                <td><we:field name="clicks"/></td>
                                <td><we:field name="rate"/> %</td>
                            </tr>
                        </we:repeat>
                        <tr>
                            <td><we:ifBack><we:back>Zur&uuml;ck</we:\
back></we:ifBack></td>
```

```
                            <td> </td>
                            <td> </td>
                            <td><we:ifNext><we:next>Weiter</we:next></\
we:ifNext></td>
                        </tr>
                    </table>
                </we:ifFound>
            </we:listview>
        </we:ifVarNotEmpty>
    <we:else/>
        <we:form id="self">
                <label for="Username">Benutzername: </label><we:\
sessionField type="textinput" name="Username" id="Username"/><br/>
                <label for="Passwd">Passwort: </label><we:sessionField \
name="Password" type="password" id="Passwd"/><br/>
            <input type="submit" value="Einloggen">
        </we:form>
    </we:ifRegisteredUser>
</section>
```

Im Ergebnis (siehe Abbildung 5.6) erhalten wir eine Seite mit einem Formular, über das der eingeloggte Kunde die Statistiken nach Datum und nach Banner einschränken kann. Ist der Kunde nicht eingeloggt, wird ein Login-Formular angezeigt. Hierbei handelt es sich nur um ein simples Beispiel, das sich nach Belieben erweitern lässt. Es wäre z. B. möglich, auch Gesamtstatistiken über alle dem Kunden zugewiesenen Banner anzuzeigen oder eine Art Dashboard anzubieten, das einzelne Kurzstatistiken getrennt nach Views und Clicks visualisiert.

Abbildung 5.6: Bannerstatistiken im geschlossenen Kundenbereich

5.2 Benutzerverwaltung

Mit der *Benutzerverwaltung* bietet webEdition ein ausgereiftes Werkzeug, um Benutzer und Benutzergruppen anzulegen und granular Berechtigungen für die Arbeit mit dem CMS festzulegen. In Verbindung mit den Modulen *Workflow* und *ToDo/Messaging* (siehe Abschnitt 5.11) spielt die Benutzerverwaltung ihre Stärken aus und steuert umfangreiche Arbeitsabläufe.

Abbildung 5.7: Einstiegsansicht der webEdition Benutzerverwaltung

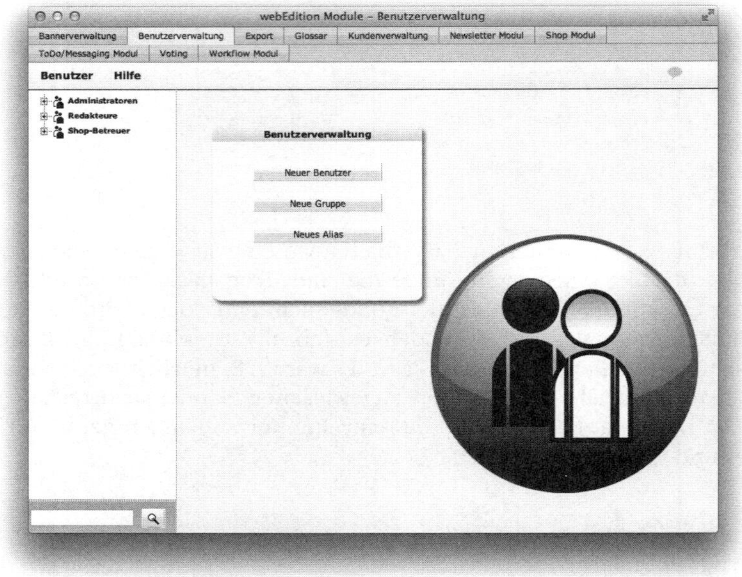

Für jeden Benutzer können Stammdaten, Berechtigungen, Arbeitsbereiche und Einstellungen festgelegt werden.

5.2.1 Stammdaten des Benutzers

Die verpflichtend einzugebenden Daten für jeden Benutzer sind ein Benutzername und ein Passwort. Mit diesen Daten meldet sich der Benutzer bei webEdition an und kann je nach Berechtigungen Inhalte erstellen oder ändern und Module bedienen.

In dem Reiter **Stammdaten** geben Sie optional Angaben wie Name, Vorname oder auch eine Anschrift und eine E-Mail-Adresse an. Wenn ausgefüllt, sind diese Informationen in webEdition nutzbar.

Eine E-Mail-Adresse ist beispielsweise in Zusammenhang mit den später beschriebenen Modulen *Workflow* und *ToDo/Messaging* sinnvoll, damit der Benutzer z. B. bei zugewiesenen Aufgaben eine Nachricht per E-Mail erhält.

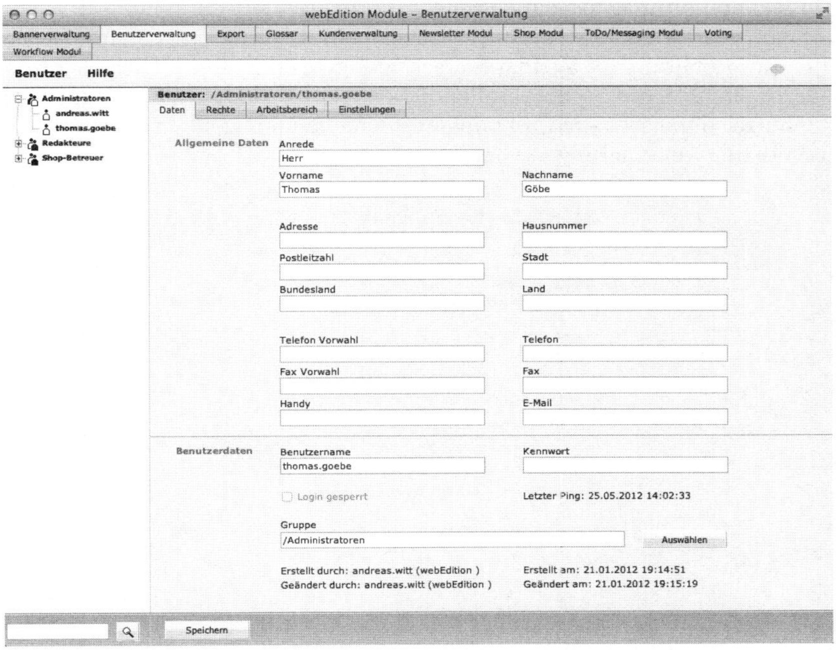

Abbildung 5.8: Stammdaten eines Benutzers eingeben

Die Benutzerverwaltung ist eines der wenigen Module, die in webEdition nicht deaktiviert werden können. Sie ist eine Voraussetzung für den Betrieb des CMS. Erstellt oder ändert ein Benutzer ein Dokument, Objekt oder auch eine CSS-Datei, wird dies im Inhaltselement vermerkt. Jedes Inhaltselement besitzt daher die Eigenschaften **erstellt von**, **zuletzt geändert von** sowie die entsprechenden Datumsangaben.

Damit ist es möglich, innerhalb von webEdition den Autor eines beliebigen Inhaltselements zu ermitteln. Darüber hinaus bietet die Benutzerverwaltung die Möglichkeit, diese Information auch in den Dokumenten und Objekten selbst auszugeben. Dazu dient das Tag `we:author`. Sie haben die Wahl, den Benutzernamen, Vor- und Nachname oder die Initialen des Benutzers auszugeben. Zudem entscheiden Sie in dem Tag durch ein Attribut, ob der Ersteller oder der Benutzer der letzten Änderung angezeigt wird.

```
<we:comment>Den Ersteller (creator=true) der aktuellen Seite (doc=top) \
mit vollem Namen (type=name) ausgeben.</we:comment>
<we:author type="name" doc="top" creator="true" />
```

5.2.2 Berechtigungen – wer darf was?

Die Berechtigungen sind das Herzstück der Benutzerverwaltung. Die im gleichnamigen Reiter eingestellten Werte regeln, was genau ein Benutzer in webEdition machen darf. Es gibt eine Vielzahl an Einstellungsmöglichkeiten. Als kleine Orientierung werden neue Benutzer mit Standardrechten ausgestattet. Die Standardberechtigungen enthalten jedoch nicht das Recht, Informationen zu veröffentlichen. Somit kann ein neu angelegter Benutzer ohne explizite Änderung der Berechtigung keine auf der Webseite sichtbaren Veränderungen vornehmen.

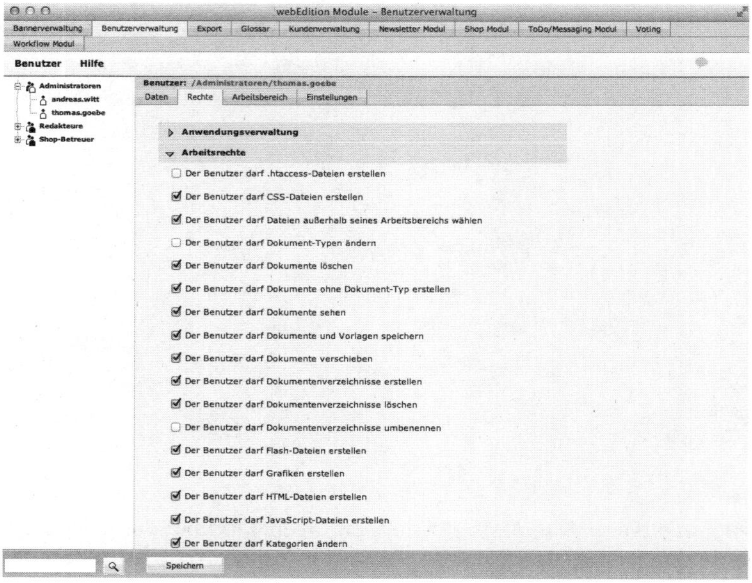

Abbildung 5.9: Übersicht über Benutzerberechtigungen

Jedes Recht, das Sie einem Benutzer erteilen können, ist unter dem Reiter **Rechte** aufgeführt und mit einem selbsterklärenden Titel versehen. Markieren Sie ein Recht, um es dem Benutzer zu geben, entfernen Sie die Markierung, um das Recht wieder zu entziehen. Die einzelnen Rechte sind gruppiert, z. B. nach Modulen oder Systemfunktionen wie dem Zeitplaner oder dem Rebuild. Unabhängig davon lassen sich mit der Benutzerverwaltung folgende (Grund-)Rechte pro Benutzer vergeben:

- Sehen (bestimmte Daten, z. B. Felder aus der Kundenverwaltung wie Passwörter)
- Erstellen
- Bearbeiten

- Löschen
- Zuweisen (z. B. Dokumente/Objekte zu einem Kunden aus der Kundenverwaltung)
- Auswählen (Dokumente/Objekte außerhalb des Arbeitsbereiches)
- Nutzen (z. B. webEdition Apps)

Daneben gibt es noch einige „Spezialrechte" wie *importieren, exportieren, versenden* etc., die nur für einzelne Module gelten.

Abbildung 5.10 zeigt als Beispiel den Bereich **Kontrollrechte**, in dem u. a. festgelegt wird, ob der Benutzer Inhalte veröffentlichen darf.

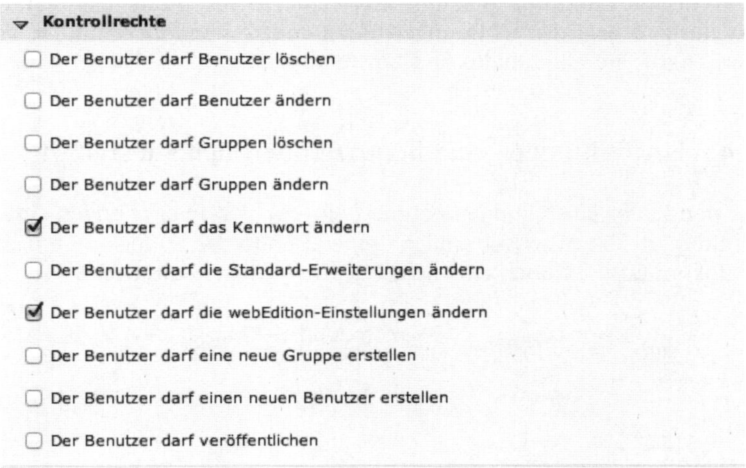

Abbildung 5.10: Benutzerberechtigung Bereich Kontrollrechte

Wichtiges Merkmal der Benutzerverwaltung ist die Erweiterbarkeit durch webEdition Apps (siehe Abschnitt 6.3). Eine webEdition App kann eigene Berechtigungen erstellen und in der Benutzerverwaltung einblenden. Somit stehen alle Einstellungen für Zugriffsrechte an einer zentralen Stelle zur Verfügung.

Abbildung 5.11: Benutzerberechtigungen einer we:App am Beispiel we::phpMyAdmin

5.2.3 Arbeitsbereiche

In der Benutzerverwaltung geben Sie optional pro Benutzer einen oder mehrere Arbeitsbereiche an. Das sind sind im Wesentlichen Dokument- oder Objektverzeichnisse. Ein Redakteur, der nur die in Objekten abgelegten News bearbeiten soll, benötigt zwar Zugriff auf Objekte und Dokumente, jedoch nur auf die News-Objekte und auch nur auf das Verzeichnis, in dem News-Bilder und ggf. Downloads abgelegt werden. Dies stellen Sie in den Arbeitsbereichen ein, und der Benutzer kann somit neue Objekte und Bilder nur in den definierten Verzeichnissen erstellen.

Über das optionale Recht **Der Benutzer darf Dateien außerhalb seines Arbeitsbereichs wählen** im Bereich **Arbeitsrechte** erlauben Sie zusätzlich, auf Dokumente und Objekte in anderen Bereichen zu verlinken oder diese einzubinden. Bearbeiten kann der Benutzer diese Elemente dann jedoch nicht.

Wenn Sie einen Benutzer zum Administrator machen und ihm somit alle aktuell und zukünftig verfügbaren Rechte zuweisen möchten, dann markieren Sie die Checkbox **Administratorrechte**. Damit werden alle anderen Einstellungen bzgl. Berechtigungen des Benutzers ignoriert und er erhält vollen Zugriff auf alle Inhalte und Einstellungen.

5.2.4 Einstellungen – die Benutzeroberfläche gestalten

Über den Reiter **Einstellungen** nehmen Sie – aktuell in sehr engen Grenzen – Einfluss auf die Arbeitsoberfläche eines Benutzers. So legen Sie u. a. ein Startdokument oder auch eine Schriftart im Vorlageneditor fest.

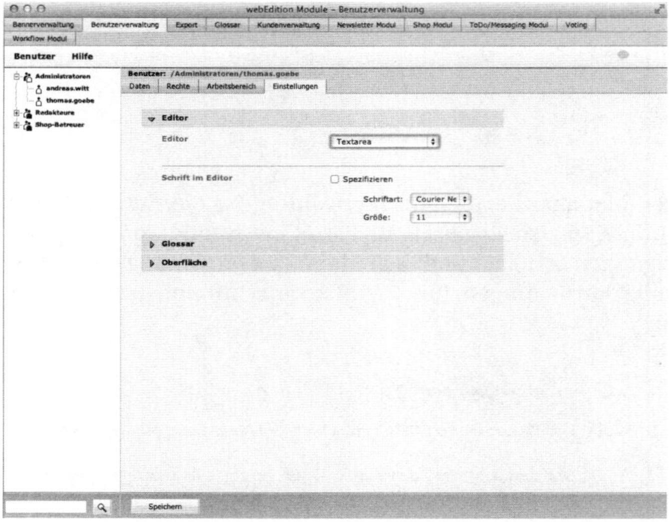

Abbildung 5.12: Einstellungen eines Benutzers

Gerade bei Projekten mit vielen Elementen ist die Einstellung **Anzahl der Elemente im Baummenü** interessant. Darüber legen Sie fest, wie viele Einträge in Baummenüs max. gleichzeitig angezeigt werden sollen. Haben Sie z. B. mehrere tausend Objekte einer einzelnen Klasse – dies kann besonders bei umfangreichen Shop-Lösungen schnell vorkommen –, würde die Anzeige aller dieser Objekte im Baummenü sehr lange dauern. Bei einer reduzierten Anzahl zeigt das Baummenü zunächst nur diese Anzahl an Einträgen, die weiteren sind durch eine Blätterfunktion erreichbar.

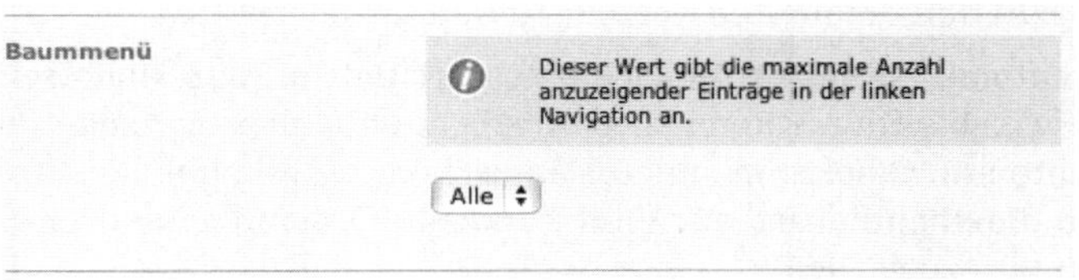

Abbildung 5.13: Begrenzen der Elemente in Baummenüs

5.2.5 Benutzergruppen

Jeder Benutzer kann einer Benutzergruppe zugeordnet werden, die ebenfalls über bestimmte Berechtigungen und Einstellungen verfügt. In den Stammdaten gibt es jedoch nur einen Namen, keine Benutzernamen oder Passwort. Über eine Gruppe kann man sich also nicht am System anmelden.

Gruppen dienen dazu, mehreren Benutzern die gleichen Berechtigungen zuzuweisen, z. B. „Administratoren", „Redakteure" o. Ä. Damit ein Benutzer nun die Berechtigungen der zugeordneten Gruppe übernimmt, setzen Sie die Einstellung **Übernehme Rechte von Elterngruppe** auf **ja**.

Obwohl die Benutzerverwaltung bereits sehr ausgereift ist, gibt es Möglichkeiten der Verbesserung. So ist ein Umstieg des bisherigen gruppen- und benutzerbasierten Systems auf ein echtes Rollenkozept einen genauen Blick wert und wird auch intensiv in der webEdition Community diskutiert. Während aktuell „nur" die Möglichkeit existiert, einem Benutzer entweder die Rechte einer Gruppe oder aber individuelle Rechte zuzuweisen, böte ein Rollensystem die Möglichkeit, einem Benutzer mehrere Rollen und damit verschiedene Sets an Berechtigungen zusätzlich zu den individuellen Berechtigungen zuzuweisen. Bekannt ist dieses Verhalten aus vielen aktuellen Betriebssystemen, in denen es Berechtigungen auf Rollenebene, Benutzerebene und zusätzlich noch auf Dokumentenebene gibt.

Solch eine Rollensystem bedarf natürlich einer vorbereitenden Konzeption und klarer Regeln, wie sich die einzelnen definierten Berechtigungen kombinieren. Die Berechtigungen der Rollen und des Benutzers würden sich in dem Fall ergänzen, so dass zum Beispiel ein Benutzer über die Rolle

Redakteur das Recht zum Veröffentlichen bekommt, ihm in den direkten Berechtigungen des Benutzers dieses Recht aber wieder entzogen werden könnte.

Die Erweiterung und Überarbeitung der Benutzerverwaltung ist geplant. Einen akuellen Planungsstand gibt die webEdition Roadmap.[1]

5.3 Datenbank-/Objekt-Modul

Das Datenbank-/Objekt-Modul ist eines der mächtigsten und flexibelsten Module in webEdition. Damit ist es möglich, ohne umfangreiche Programmierkenntnisse nahezu beliebige Datenstrukturen abzubilden, diese auszugeben, miteinander und auch mit Kunden und Benutzern zu verknüpfen, zu filtern und zu sortieren.

Dementsprechend vielfältig sind auch die Einsatzgebiete. Sei es eine Termindatenbank, Gutscheine für Shop-Systeme, systemweite Kommentare, eine umfangreiche Produktbasis oder auch Seminaranmeldungen von Teilnehmern – das DB-/Objekt-Modul macht es möglich.

Objekte enthalten keinerlei Layoutinformationen, sie stellen eine reine Datensammlung dar und benötigen zur Darstellung immer ein Dokument oder eine Vorlage. Das Modul dient also dazu, Informationen *objektorientiert* und *vollkommen getrennt vom Layout* abzuspeichern. Dies erlaubt es, ein und denselben Inhalt an verschiedenen Stellen Ihres Webprojekts mit unterschiedlicher Darstellung – in unterschiedlichen Kontexten – auszugeben. Die zentrale Datenhaltung des Moduls vermeidet Redundanzen und erleichtert die Pflege umfangreicher Inhalte enorm.

Die Nutzung des Datenbank-/Objekt-Moduls bietet sich immer dann an, wenn Sie viele Informationen mit gleicher Struktur speichern und in unterschiedlicher Zusammenstellung ausgeben und filtern lassen möchten. Der Name sorgt allerdings oft für Verwirrung. Wenn es ein Datenbank-/Objekt-Modul gibt, heißt dies, dass alle anderen Daten nicht in der Datenbank gespeichert werden? Keineswegs, bis auf Binärdaten und je nach Konfiguration auch Newsletter-Empfänger speichert webEdition sämtliche Informationen in der Datenbank.

Das Besondere am Datenbank-/Objekt-Modul ist, dass Sie selbst einen Großteil der Struktur der Daten in der Datenbank festlegen und dabei alle Vorteile einer sauberen Datenbank-Tabellenstrukur nutzen. Es steht sogar die Möglichkeit der Definition eigener SQL-Bedingungen zur Filterung und Ausgabe der Objekte zur Verfügung.

Das Modul ist ein fester Bestandteil des CMS und besteht aus zwei wesentlichen Komponenten: den Klassen und den Objekten. Klassen sind die

[1] `http://webedition.org/de/webedition-cms/roadmap.php`

Definitionen für Objekte, während Objekte Datensätze in einer Datenbanktabelle darstellen.

Jede Klasse, die Sie in webEdition anlegen, wird in einer eigenen Datenbanktabelle abgebildet. In dieser speichert webEdition die angelegten Objekte. Eine zusätzliche Datenbanktabelle sorgt für systemweit eindeutige Objekt-IDs und unterstützt das System bei der Filterung von Objekten.

Die von Ihnen angelegten Klassen und Objekte speichern Sie genau wie Vorlagen und Dokumente in einer hierarchischen Struktur. Auf diese Struktur haben Sie über das Explorer-Menü Zugriff. Nutzen Sie die vertikalen Reiter **Klassen** und **Objekte** des webEdition-Hauptfensters, um die jeweilige Übersicht der Klassen oder Objekte aufzurufen.

Im Folgenden widmen wir uns zunächst den wesentlichen Elementen und Konzepten des Moduls. Zum Abschluss erstellen wir das Grundgerüst eines Veranstaltungskalenders, um so den Einsatz der einzelnen Elemente im Detail zu zeigen.

5.3.1 Klassen – die Vorlagen des Datenbank-/Objekt-Moduls

Eine Objektklasse, in webEdition kurz „Klasse“ genannt, kann vereinfacht als Vorlage von Objekten beschrieben werden. Sie stellt die Definition der Struktur der Objekte dar. Entscheiden Sie in der Klasse, welche Datenfelder in den auf dieser Klasse basierenden Objekten zur Verfügung stehen und somit sowohl vom Redakteur als auch bei Importvorgängen gefüllt werden können oder sogar müssen.

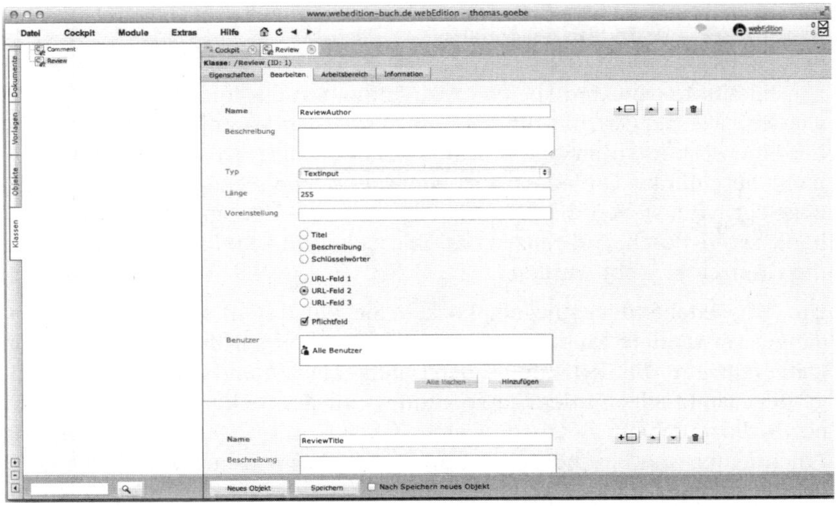

Abbildung 5.14: Bearbeiten einer Klasse

Die Bearbeitung von Klassen nehmen Sie unter vier Reitern vor:

Eigenschaften
: Hier geben Sie grundlegende Eigenschaften wie den Namen der Klasse, den Zeichensatz oder Einstellungen für SEO-URLs (siehe Abschnitt 5.3.5 ab Seite 153) an. Ein wenig vergleichbar mit den Dokumenten-Typen bei Dokumenten (siehe Abschnitt 4.5.1), legen Sie hier auch Vorgaben für neue Objekte der Klasse fest. Stellen Sie bspw. einen automatischen Namen für neue Objekte ein. Diese Einstellung greift sowohl bei Objekten, die durch den Redakteur angelegt werden, als auch bei der Anlage über das Frontend (siehe Seite 164).

Bearbeiten
: Hier legen Sie die einzelnen Datenfelder der Klasse fest. Die Datenfelder bestimmen, welche Informationen in einem Objekt eingegeben werden können.

Arbeitsbereich
: Definieren Sie Vorgaben für Arbeitsbereiche für neue Objekte der Klasse. Mit Arbeitsbereichen legen Sie fest, wo und mit welchem Layout die Objekte der Klasse angezeigt werden können. Ausführliche Informationen über Arbeitsbereiche finden Sie im Abschnitt 5.3.3 ab Seite 148.

Informationen
: Der Reiter zeigt Meta-Informationen über die Klasse. Hier sehen Sie u. a., wann die Klasse erstellt oder zuletzt geändert wurde.

Datenfelder – Definition der Inhalte

Um Inhalte in Objekten speichern zu können, muss in der Klasse definiert werden, welcher Art die Inhalte sind. Für jedes Datenfeld geben Sie daher einen Datentyp an. Die Anzahl an Datenfeldern ist seitens webEdition nicht beschränkt. Da jedoch für jede Klasse eine eigene (MySQL-)Tabelle angelegt wird, stellen die Möglichkeiten und die Konfiguration des Datenbankservers durchaus Grenzen dar. Uns ist jedoch kein Fall bekannt, in dem die Grenzen erreicht wurden.

Um ein Datenfeld anzulegen, klicken Sie auf das in webEdition durchgängig verwendete Plus-Symbol. Nutzen Sie die Pfeil-Buttons über einem Datenfeld, um die Reihenfolge der Datenfelder zu ändern. Die Reihenfolge der Datenfelder in der Klasse stimmt mit der Reihenfolge überein, die ein Redakteur beim Bearbeiten eines Objekts sieht. Daher ist es sinnvoll, Pflichtfelder und besonders relevante Felder recht weit oben anzuordnen. Darüber hinaus sollten Sie inhaltlich zusammengehörende Felder auch zusammen anordnen. Denken Sie immer daran, wie ein Redakteur das Objekt bearbeiten wird. Allein durch eine sinnvolle Reihenfolge der Felder sorgen Sie bereits für eine effiziente Bearbeitung.

Die möglichen Datentypen orientieren sich an den Eingabemöglichkeiten. Im Einzelnen sind folgende Datentypen möglich:

Textinput
: Einzeiliges Textfeld mit einer maximalen Länge von 255 Zeichen.

Textfeld
: Mehrzeiliges Textfeld, es kann optional mit WYSIWYG-Eingabemöglichkeiten ausgestattet werden.

Datum
: Datumsfeld mit getrennter Angabe von Tag, Monat, Jahr, Stunde und Minute.

Grafik
: Eingabemöglichkeit für eine Grafik, die Möglichkeiten ähneln dem `<we:img>`-Tag.

Checkbox
: Ein Ja/Nein-Feld, im Objekt wird eine einfache Checkbox angezeigt.

Ganzzahl (integer)
: Eine positive oder negative ganze Zahl.

Gleitkommazahl (float)
: Eine positive oder negative Gleitkommazahl.

Auswahl
: Ein Select-Feld zur Auswahl einer Option aus in der Klasse definierten Möglichkeiten.

Link
: Ein Link, bei dem der Redakteur neben der eigentlichen URL in einem Dialog detailliert Einstellungen vornehmen kann.

Href
: Angabe einer URL sowohl extern als auch webEdition-intern. Stellt für webEdition-interne URLs einen Auswahldialog zur Verfügung.

Binary Dokument
: Ein Binärdokument wie z. B. eine PDF-Datei, dieses wird anders als Binärdaten in Dokumenten direkt in der Datenbank gespeichert.

Film: Flash
: Flash-Dokument

Quicktime
: Quicktime-Dokument

Land
: Auswahl eines Landes aus den in den webEdition-Einstellungen aktivierten Ländern.

Sprache
: Auswahl einer Sprache aus den in den webEdition-Einstellungen aktivierten Sprachen.

Objekt
: Verknüpfung mit einem anderen Objekt. Geben Sie eine Klasse an, aus welcher der Redakteur im Objekt ein zu verknüpfendes Objekt auswählen kann. Dieser Datentyp stellt einen Sonderfall dar. Er bekommt einen mit der gewählten Klasse verknüpften automatischen Namen. Somit kann eine Klasse nur einmal mit einer anderen verknüpft werden. Allerdings bietet der Datentyp auch einen besonderen Vorteil: Die Datenfelder des verknüpften Objekts stehen bei der Ausgabe des Hauptobjekts direkt zur Verfügung.

Multi Objekt
: Verknüpfung mit mehreren anderen Objekten.

Mehrwertsteuerfeld
: Spezielles Feld des Shopmoduls zur Auswahl eines Mehrwertsteuersatzes.

Die einzelnen Datentypen haben verschiedene Optionen. Sobald Sie ein Feld hinzufügen und den Datentyp einstellen, sehen Sie die Konfigurationsmöglichkeiten. Die Optionen regeln im Wesentlichen die Anzeige der Bearbeitungsmaske, die der Redakteur beim Bearbeiten eines Objekts dieser Klasse sieht.

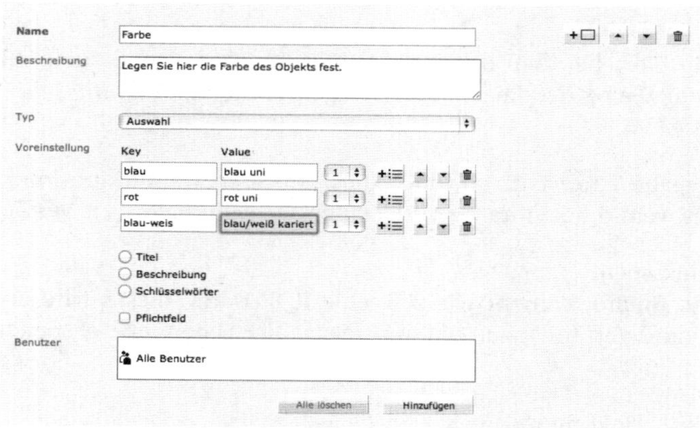

Abbildung 5.15: Datentyp „Auswahl" konfigurieren

Abbildung 5.15 zeigt exemplarisch die Optionen für ein Feld des Datentyps **Auswahl**. Dieser Datentyp erfordert die Angabe von durch den Redakteur auswählbaren Optionen in Form von Schlüssel-Wert-Paaren. Den Schlüssel speichert webEdition in der Datenbanktabelle, während der Wert in der Eingabeansicht des Objekts angezeigt wird. Bei der Ausgabe von Objekten haben Sie jeweils die Wahl, ob der Schlüssel oder der Wert angezeigt werden soll. Als Standard wird der Wert ausgegeben.

Bei der Bearbeitung von Objekten der Klasse sieht der Redakteur bei dem Datentyp **Auswahl** ein entsprechendes Auswahlfeld mit den vordefinierten Optionen. Abbildung 5.16 zeigt die Eingabeansicht.

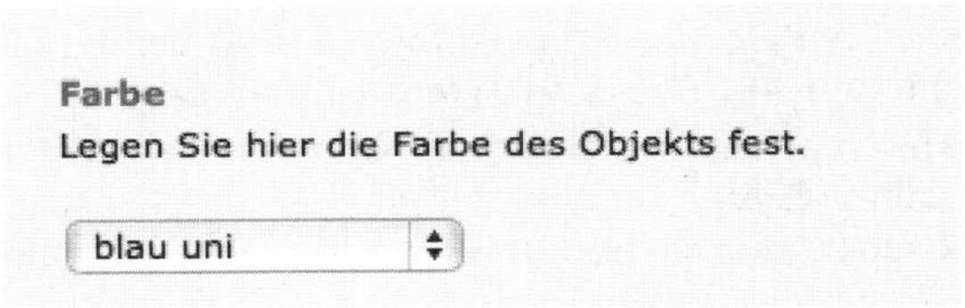

Abbildung 5.16: Datentyp „Auswahl" in der Eingabeansicht eines Objekts

Erstellen Sie also mit dem Datenbank-/Objekt-Modul Ihre eigene, an die Erfordernisse Ihres Projektes angepasste Datenstruktur und verknüpfen Sie über die Datenfelder **Objekt** und **Multi Objekt** sogar Objekte verschiedener Klassen miteinander – bauen Sie eine relationale Datenbankstruktur auf.

Alle Datentypen bieten ein Feld zur Angabe einer Beschreibung. Diese wird dem Redakteur bei der Bearbeitung von Objekten dieser Klasse als Hinweistext angezeigt. Nutzen Sie hier aussagekräftige Beschreibungen, um das Bearbeiten von Objekten zu erleichtern. Darüber hinaus stellen fast alle Datentypen folgende Optionen bereit:

Name

Geben Sie, außer beim Datentyp `Objekt`, einen in der Klasse eindeutigen Namen für das Feld an. Über diesen Namen wird der Inhalt später mit entsprechenden we-Tags ausgegeben. Bei der Namensvergabe sind analog den Dateinamen nur alphanumerische Zeichen sowie einzelne Sonderzeichen wie der Unterstrich erlaubt. Innerhalb dieser Zeichen können Sie den Namen frei vergeben. Wir empfehlen, in jeder Klasse einen eigenen Namespace zu definieren, also z. B. den Namen der Klasse vor jeden Feldnamen zu schreiben. Dies erleichtert zum einen die Übersicht in umfangreichen Vorlagen, zum anderen jedoch – und das ist der wichtigere Grund – vermeidet es bei miteinander verknüpften Objekten Kollisionen von identischen Feldnamen.

Titel

Setzen Sie die Option, damit der Inhalt dieses Feldes als Title-Attribut in der Detailseite oder auch bei Suchen genutzt wird.

Beschreibung
Setzen Sie die Option, um den Inhalt dieses Feldes als Description für das Objekt dieser Klasse festzulegen.

Schlüsselwörter
Setzen Sie die Option, wird der Inhalt dieses Feldes als Keywords-Attribut in der Detailseite des Objekts oder auch bei Suchen genutzt.

URL-Feld 1-3
Diese Einstellung wird für Suchmaschinen-optimierte URLs genutzt. Mehr dazu ab Seite 153.

Pflichtfeld
Markieren Sie diese Checkbox, damit das Feld bei der Eingabe im Objekt ein Pflichtfeld ist. Der Redakteur kann in dem Fall das Objekt nur speichern, wenn er in dem Datenfeld etwas angegeben hat. Beachten Sie dabei, dass es Datentypen gibt, die per se nicht leer sind. Ein Feld des Typs Ganzzahl wird z. B. in der aktuellen webEdition-Version immer als ausgefüllt angesehen.

Im Bereich **Benutzer** legen Sie schließlich für jedes Feld fest, wer es sehen und somit bearbeiten darf. Damit ist es u. a. möglich, einzelne Objektfelder, die ggf. durch automatisierte Prozesse per PHP bearbeitet werden, für Redakteure auszublenden. Geben Sie hier keinen Benutzer an, ist das Feld für alle sichtbar. Andernfalls erlauben Sie das Feld für einzelne Benutzer oder auch für ganze Benutzergruppen.

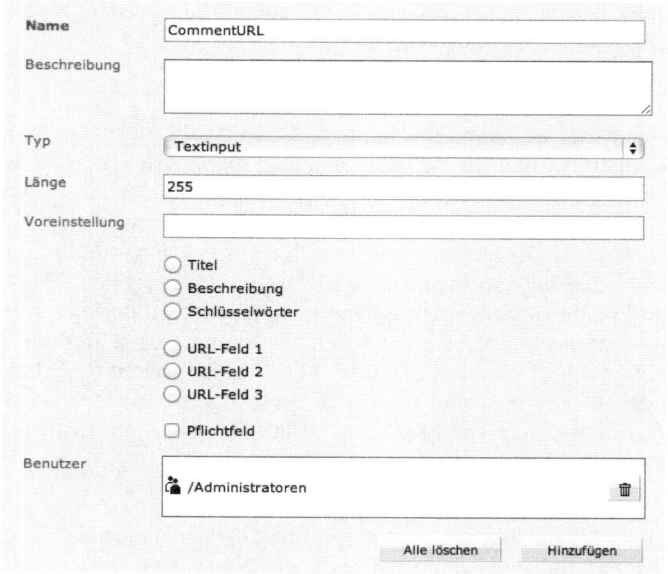

Abbildung 5.17: Dieses Datenfeld ist nur für Administratoren sichtbar

Die Definition von Datenfeldern lässt sich jederzeit in der Klasse verändern – auch wenn bereits Objekte auf Basis der Klasse angelegt sind. Das Hinzufügen von Feldern ist dabei unkritisch. Löschen oder Ändern des Typs hingegen erfordern etwas mehr Aufmerksamkeit. Sobald Sie ein Datenfeld löschen und anschließend die Klasse speichern, wird auch die Spalte in der entsprechenden Datenbanktabelle der Klasse gelöscht. Alle bereits in Objekten der Klasse eingegebenen Inhalte in diesem Datenfeld sind damit verloren.

Beim Ändern eines Datentyps versucht webEdition, die bestehenden Daten zu übernehmen. Dies funktioniert aktuell jedoch nicht für alle Wechselkombinationen und mitunter mit ungewünschten Ergebnissen. Ändern Sie bspw. einen Datentyp **Datum** auf den Typ **Textinput**, wird das webEdition-intern als UNIX-Timestamp gespeicherte Datum übernommen – allerdings einfach als Zahl. In dem Textinput-Feld steht also nach der Änderung ein Timestamp, und beim Bearbeiten von Objekten sieht der Redakteur statt der Auswahlfelder für Tag, Monat, Datum etc. ein Eingabefeld mit dieser Zahl. Felder des Typs **Link** oder auch **Multi Objekt** speichert webEdition aktuell in Form von serialisierten Arrays. Eine Typumwandlung ist in dem Fall nahezu unmöglich.

Vermeiden Sie daher nach Möglichkeit das nachträgliche Ändern eines Datentyps. Da es sich bei den Objekten letztlich um MySQL-Tabellen handelt, gehen Sie, falls es doch einmal sein muss, lieber einen anderen Weg. Erstellen Sie ein neues Datenfeld mit dem gewünschten Typ und nutzen Sie PHP oder Werkzeuge wie die webEdition App *we:PHPMyAdmin* (siehe Seite 116), um die Daten von einem Feld in das andere zu konvertieren.

5.3.2 Objekte

Objekte nehmen die eigentlichen Daten des Datenbank-/Objekt-Moduls auf. Wie erläutert, legt webEdition für jede Objektklasse eine eigene Datenbanktabelle an. Jedes Objekt ist daher folgerichtig ein Datensatz – also eine Zeile – in dieser Tabelle.

Zur Bearbeitung von Objekten stellt webEdition ein – von der Arbeit mit Dokumenten – gewohntes Interface bereit. Klicken Sie auf den vertikalen Reiter **Objekte**, um in die Übersicht der Objekte zu gelangen (siehe Abbildung 5.18). Links sehen Sie das Explorer-Menü. Darin ist für jede angelegte Klasse genau ein Ordner mit dem Namen der Klasse zu sehen. In diesen Ordnern werden die Objekte der Klassen abgelegt. Diese Vorgabe ist die einzige Einschränkung bei der hierarchischen Strukturierung von Objekten. Alle Unterordner lassen sich frei durch den Redakteur festlegen und müssen sich dabei lediglich an die generellen Ordner-Regeln von webEdition halten – alphanumerische Zeichen, Unterstrich und Bindestrich sind erlaubt.

Die angelegte Struktur der Objekte hat zunächst einmal keine Auswirkung auf die Ausgabe oder Darstellung. Sie dient nur der Strukturierung für Redakteure, um Objekte zu ordnen. webEdition stellt jedoch für Objektverzeichnisse auch Möglichkeiten bereit, in die öffentliche URL der Objekte dieses Verzeichnisses einzugreifen. Dazu später mehr.

Abbildung 5.18: Explorer-Menü für Objekte

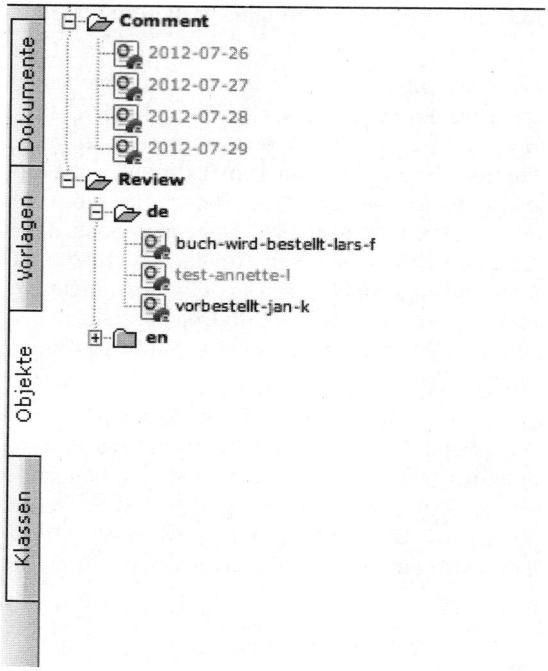

Das Explorer-Menü kennt systemweit – also auch in diesem Modul – vier Zustände:

- Ordner – wird fett in schwarzer Schrift dargestellt
- veröffentlichtes Objekt – wird in schwarzer Schrift dargestellt
- geparktes, also unveröffentlichtes Objekt – wird in roter Schrift dargestellt
- veröffentlichtes Objekt mit nicht veröffentlichten Änderungen – wird in blauer Schrift dargestellt

Durch Klick auf das nebenstehende Pluszeichen klappen Sie einen Ordner auf. Klicken Sie ein bestehendes Objekt an, um dieses im Hauptframe zu öffnen.

Um ein neues Objekt anzulegen, nutzen sie **Datei | Neu | Objekt | Name der Klasse**.

Die Bearbeitung von Objekten findet unter den folgenden Reitern statt:

Eigenschaften
: Legen Sie hier inhaltsunabhängige Eigenschaften des Objekts fest. Vergeben Sie bspw. einen Namen für das Objekt oder wählen Sie das Verzeichnis aus, in dem das Objekt gespeichert wird. Dieser Reiter dient auch dem Einstellen der Sprache des Objekts sowie der Verknüpfung mit einem passenden Objekt der gleichen Klasse in einer anderen Sprache. Bei Bedarf legen Sie in den Eigenschaften den Besitzer eines Objekts fest und schränken den Zugriff analog zu den Klassen auf einzelne Benutzer oder Gruppen ein.

Bearbeiten
: Hier gibt der Redakteur die eigentlichen Inhalte des Objekts an. webEdition stellt die in der Klasse definierten Datenfelder (Abschnitt 5.14) gemäß dem eingestellten Datentyp dar. Abbildung 5.19 zeigt den **Bearbeiten**-Reiter eines Kommentar-Objekts.

Arbeitsbereich
: In diesem Reiter verknüpfen Sie das Objekt mit Dokumentenverzeichnissen und mit Vorlagen für eine Detailansicht. Die Arbeitsbereiche stellen wir im Detail ab Seite 148 vor.

Informationen
: Zeigt Meta-Informationen über das Objekt an, wie das Datum der letzen Veröffentlichung.

Vorschau
: Hier sieht der Redakteur eine Vorschau der eingegebenen Daten. Da Objekte keine Layout-Informationen enthalten, besteht die Vorschau zunächst nur aus einer einfachen Liste der eingegebenen Daten. Sobald jedoch ein Arbeitsbereich zugewiesen ist, erstellt webEdition die Vorschau auf Basis der im **Arbeitsbereich** definierten Detailvorlage.

Zeitplaner
: Unter diesem Reiter erstellen Sie zeitgesteuerte Aktionen. Legen Sie bspw. fest, dass Ihr Objekt in einer Woche veröffentlicht werden soll. Mehr zum Zeitplaner finden Sie im Abschnitt 5.9 auf Seite 286.

Kunden
: Beim Reiter **Kunden** schränken Sie den Zugriff auf das Objekt ein. Legen Sie fest, ob alle Besucher Ihrer Internetpräsenz oder nur angemeldete Kunden das Objekt sehen dürfen. Diese Kundenfilter erlauben verschiedene Einstellungen, bspw. den Zugriff nur für Kunden

mit bestimmten Kriterien oder sogar nur für einzelne Kunden. Zusätzlich bietet der Reiter die Möglichkeit, das Objekt einem einzelnen Kunden zuzuordnen. Dies ist besonders in Verbindung mit den Möglichkeiten, Objekte via Frontend durch Kunden anlegen und bearbeiten zu lassen (Abschnitt 5.3.8), relevant. Einem Kunden zugeordnete Objekte zeigt die Kundenverwaltung darüber hinaus in der Ansicht eines Kunden an. Mehr dazu finden Sie bei der Vorstellung der Kundenverwaltung im Abschnitt 5.6.2 auf Seite 192.

Versionen

Dieser letzte Reiter zeigt bei für Objekte aktivierter Versionierung (siehe Abschnitt 4.5.9) alle gespeicherten Versionen des Objekts und erlaubt das Zurücksetzen auf eine vorherige Version.

Je nach aktivierten Modulen oder auch den Benutzerberechtigungen stehen einzelne der Reiter ggf. nicht zur Verfügung.

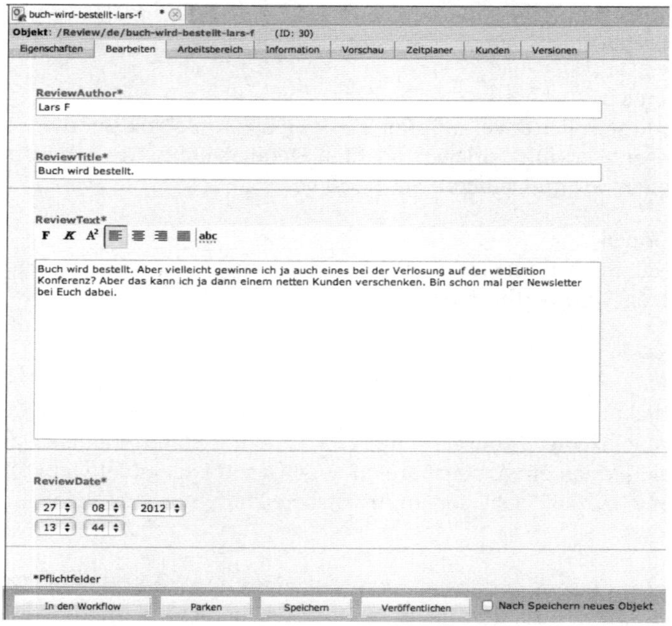

Abbildung 5.19: Reiter „Bearbeiten" eines Objekts

Objekt-Verzeichnisse effektiv nutzen

Die Objektverzeichnisse – im Explorer-Menü fett dargestellt – haben mehr zu bieten, als nur Strukturen vorzugeben. Während ein Klick auf das Plus-

Symbol das Verzeichnis lediglich aufklappt, bringt ein Klick auf den Verzeichnisnamen selbst eine Fülle weiterer Optionen zum Vorschein.

Dem durchgängigen webEdition-Konzept folgend, hat ein Objektverzeichnis im Backend mehrere Reiter in denen Sie viele Einstellungen gleich für alle Objekte des Verzeichnisses gleichzeitig vornehmen.

- **Eigenschaften**
- **Arbeitsbereich**
- **Information**
- **Felder**
- **Kunden**

Unter dem Reiter **Eigenschaften** geben Sie die Voreinstellung des Dokuments zur Darstellung der Objekte an (siehe Abschnitt 5.3.4). Außerdem geben Sie hier analog zu einzelnen Objekten eine Sprache sowie ggf. einen Besitzer und Zugriffseinschränkungen an. Diese Einstellungen können Sie jeweils über eine einzelne Schaltfläche auf alle Objekte des Verzeichnisses übertragen.

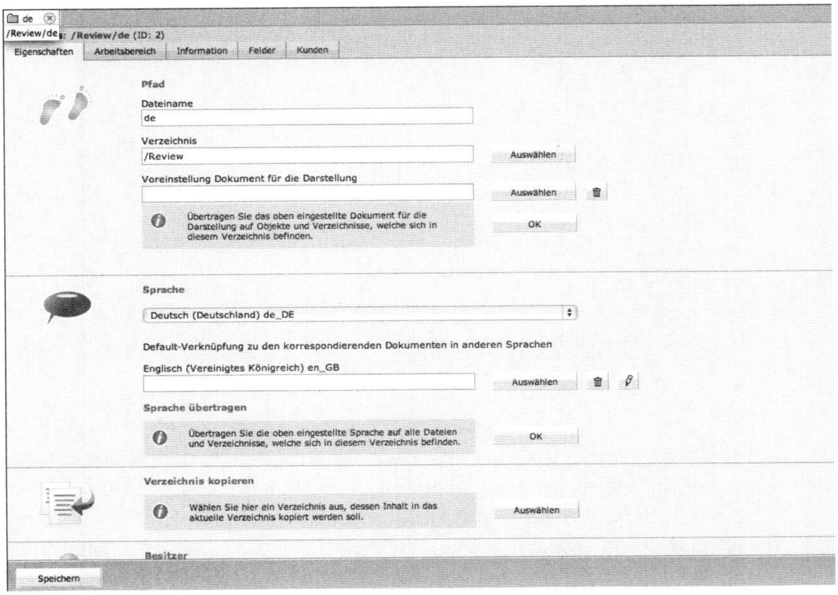

Abbildung 5.20: Eigenschaften eines Objektverzeichnisses

Eine besonders bei mehrsprachigen Internetpräsenzen interessante Option ist das Kopieren ganzer Objektverzeichnisse. Wenn Sie die Inhalte eines kompletten Verzeichnisses kopieren möchten, öffnen Sie das Zielverzeichnis und klicken dort auf **Auswählen** im Abschnitt **Verzeichnis kopieren**. Wählen Sie anschließend das Quellverzeichnis aus und starten Sie den Kopiervorgang. webEdition legt daraufhin Kopien aus dem Quellordner im Zielordner an.

Im Reiter **Arbeitsbereiche** zeigt Ihnen webEdition eine Übersicht mit allen Objekten des gewählten Verzeichnisses in Kombination mit den darin eingestellten Arbeitsbereichen und anderen Meta-Informationen. Eine Filtermöglichkeit nach einzelnen Objektfeldern oder auch einzelnen Arbeitsbereichen im oberen Bereich des Reiters unterstützt Sie dabei, Gruppen von Objekten zu finden. Markieren Sie mehrere Objekte und nutzen Sie anschließend die Schaltflächen im unteren Bereich, um die Eigenschaften mehrerer Objekte gleichzeitig zu modifizieren.

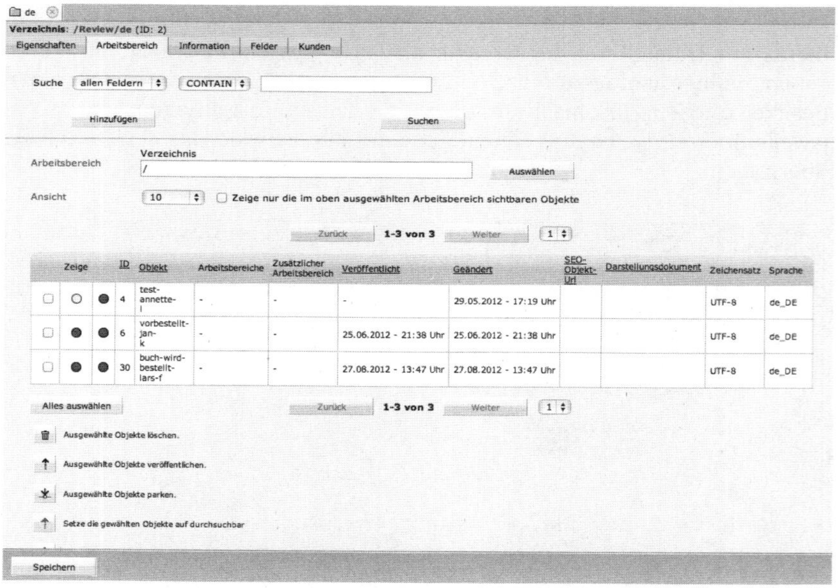

Abbildung 5.21: Reiter „Arbeitsbereiche" eines Objektverzeichnisses

Der Reiter **Felder** ist vergleichbar mit dem Reiter **Arbeitsbereiche**. Im Unterschied zu Letzterem sehen Sie hier jedoch eine Übersicht mit den Inhalten aller in einer Tabelle darstellbaren Datenfelder der Objekte. Verschaffen Sie sich so schnell einen Überblick über die einzelnen Objekte, und nutzen Sie die Filtermöglichkeit im oberen Bereich, um gezielt Objekte zu finden.

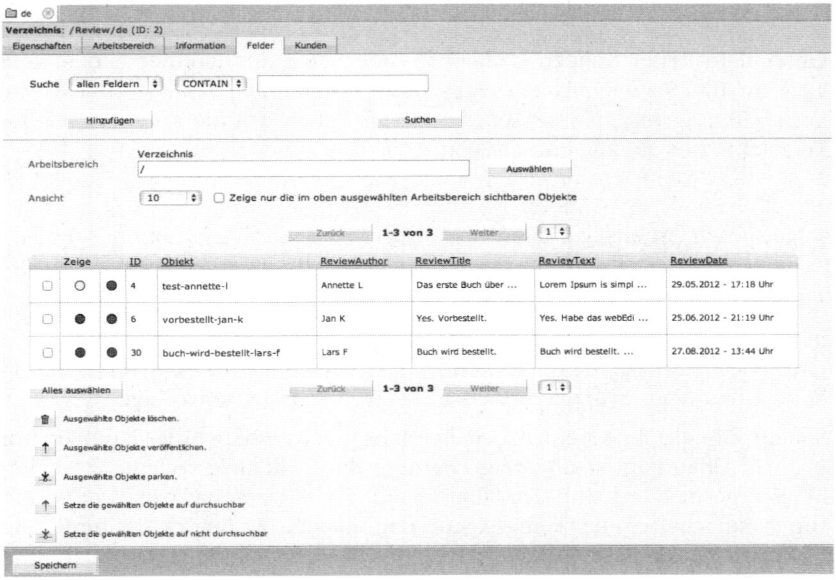

Abbildung 5.22: Reiter „Felder" eines Objektverzeichnisses

Beide Reiter – **Arbeitsbereiche** und **Felder** – stellen folgende Befehle für markierte Objekte zur Verfügung:

- Ausgewählte Objekte löschen
- Ausgewählte Objekte veröffentlichen
- Ausgewählte Objekte parken
- Setze die gewählten Objekte auf durchsuchbar
- Setze die gewählten Objekte auf nicht durchsuchbar
- Kopiere den in der Klasse definierten Zeichensatz in die ausgewählten Objekte
- Kopiere die in der Klasse definierten Arbeitsbereiche in die ausgewählten Objekte
- Kopiere die in der Klasse definierte Voreinstellung für das Anzeige-Dokument in die ausgewählten Objekte

Darüber hinaus zeigt Ihnen webEdition zwei Spalten mit grauen oder blauen Kreisen pro Objekt an. In der ersten Spalte sehen Sie, ob das Objekt in dem gewählten Arbeitsbereich sichtbar ist. Die zweite Spalte zeigt Ihnen an, ob das Objekt durchsuchbar ist. Der blaue Kreis steht dabei für ja, der graue für nein.

Unter dem Reiter **Kunden** schließlich stellen Sie Kundenfilter (siehe Seite 193) für das Verzeichnis ein. Falls dieser Filter auch für alle Objekte im Verzeichnis gelten soll, nutzen Sie diesen Reiter, um die Kundenfilter des Verzeichnisses auf alle enthaltenen Objekte zu übertragen.

5.3.3 Arbeitsbereiche

Arbeitsbereichen kommt bei der Arbeit mit Objekten eine besondere Bedeutung zu. Die Arbeitsbereiche regeln, wo und letztlich auch in welchem Layout Objekte angezeigt werden. Ein Arbeitsbereich ist die Verknüpfung eines Dokumentenverzeichnisses mit einer Dokumentenvorlage.

Sobald einem Objekt ein Arbeitsbereich zugewiesen wurde, kann es nur noch in Dokumenten angezeigt werden, die in dem festgelegten Arbeitsbereich gespeichert sind. Da Objekte nur in der Datenbank existieren und somit zunächst einmal keine eigene URL haben, benötigen Sie immer ein Dokument, das diese Objekte darstellt. Dieses Dokument kann z. B. über `<we:listview>` eine Liste mit Objekten erstellen und ausgeben.

Was aber, wenn ein einzelnes Objekt angezeigt werden soll? In dem Fall wird dem Objekt eine Vorlage als Detailseitenvorlage zugewiesen. Und genau hier kommen ebenfalls die Arbeitsbereiche zum Tragen. Sie können unterschiedliche Vorlagen für die Darstellung in verschiedenen Arbeitsbereichen definieren.

Ein Beispiel sind News-Artikel. Diese sollen sowohl in einem Bereich **Aktuelles** als auch in einem Bereich **Archiv** mit jeweils abweichender Darstellung angezeigt werden. Dazu legen Sie für die Objekte zwei Detailseitenvorlagen an und definieren die Arbeitsbereiche **News** und **Archiv**. Bei beiden legen Sie die entsprechende Vorlage zur Ansicht der Detailseite fest. Je nachdem, in welchem Arbeitsbereich das Objekt nun aufgerufen wird, wird eine andere Vorlage genutzt.

Abbildung 5.23: Arbeitsbereiche in einer Klasse voreinstellen

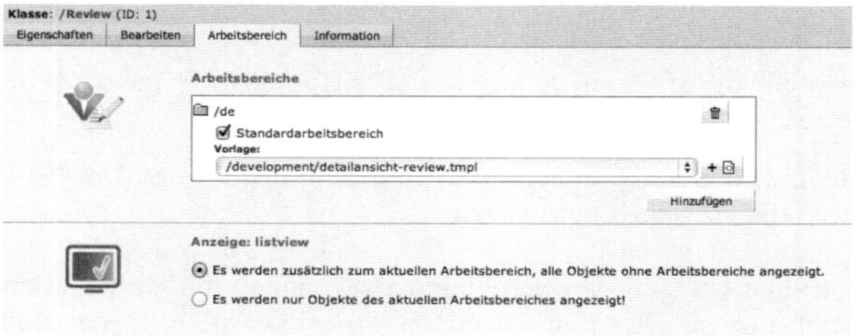

Arbeitsbereiche stellen Sie sowohl in Klassen als auch in Objekten selbst ein. In einer Klasse definieren Sie Vorgaben für neue Objekte. Stellen Sie in der Klasse im Reiter **Arbeitsbereich** die gewünschte Kombination aus Arbeitsbereich und Detailseitenvorlage ein. Jedes neue Objekt einer Klasse übernimmt diese Einstellung automatisch.

In Objekten stellt webEdition im Reiter **Arbeitsbereich** eine Auswahl der in der Klasse definierten Arbeitsbereiche bereit. Entfernen Sie an dieser Stelle bei einzelnen Objekten ggf. Arbeitsbereiche, in denen das spezielle Objekt nicht verfügbar sein soll. Darüber hinaus ordnen Sie in diesem Reiter dem Objekt weitere Arbeitsbereiche innerhalb der in der Klasse definierten Arbeitsbereiche – also Unterverzeichnisse – zu; oder, in Form von zusätzlichen Arbeitsbereichen, sogar komplett von den Voreinstellungen abweichende Arbeitsbereiche.

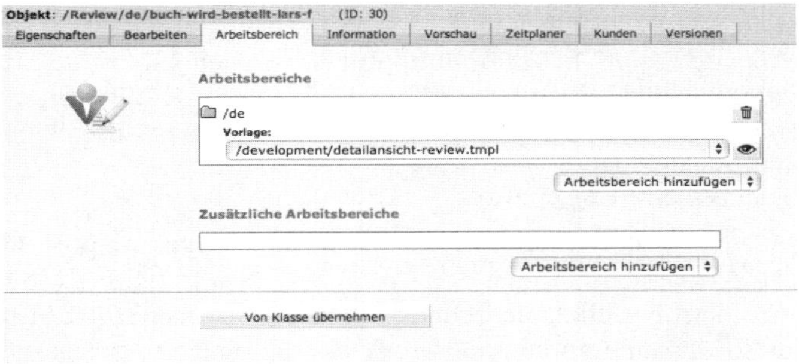

Abbildung 5.24: Arbeitsbereiche in einem Objekt einstellen

Da Sie für jedes Objekt individuell Arbeitsbereiche einstellen können, überträgt webEdition Änderungen an Arbeitsbereichen in einer Klasse nicht automatisch auf alle Objekte. Haben Sie in einer Klasse nachträglich die Definition von Arbeitsbereichen geändert, nutzen Sie die Schaltfläche **von Klasse übernehmen** im Reiter **Arbeitsbereich** des Objekts, um die Voreinstellung aus der Klasse auf das Objekt zu übertragen. Um die Arbeitsbereiche für mehrere Objekte gleichzeitig zu übernehmen, nutzen Sie die Funktion der Objektverzeichnisse.

5.3.4 Objekte ausgeben

Nachdem Sie Klassen und Objekte angelegt haben, sollen die Objekte natürlich auch in Ihrem Projekt angezeigt werden. Es gibt drei Wege, um dem Besucher Ihrer Internetpräsenz Objekte zugänglich zu machen:

Liste

Mittels des Tags `<we:listview>` erzeugen Sie eine Liste von Objekten. In dieser Liste können Sie alle Felder des Objekts sowie eingebundener Objekte ausgeben. `<we:listview>` stellt dabei Sortiermöglichkeiten wie auch einfache und in Kombination mit den Conditions (siehe Abschnitt 5.3.6) komplexe Filtermöglichkeiten bereit.

eingebundenes Objekt

Mittels des Tags `<we:object>` binden Sie ein einzelnes Objekt in ein Dokument ein. Optional bieten Sie dem Redakteur die Möglichkeit, das Objekt im Bearbeiten-Modus selbst auszuwählen. Objekte, die über `<we:object>` eingebunden werden, stellen dabei eine Unterart der Listviews dar. Deshalb greifen Sie innerhalb des `<we:object>` genau wie auch in der Listview auf alle Inhalte des Objekts mittels `<we:field>` zu. Zusätzlich können Sie `<we:object>` auch nutzen, um eine Detailseite zu erzeugen. Dieses Vorgehen empfehlen wir jedoch nicht mehr.

Detailseite

Die Objektdetailseite zeigt ein einzelnes Objekt auf Basis einer Detailseitenvorlage an. In Verbindung mit Arbeitsbereichen und SEO-URLs erzeugen Sie dadurch bei Bedarf verschiedene Detailseiten eines einzelnen Objekts und stellen so die Inhalte jeweils in unterschiedlichen Layouts dar.

Beginnen wir mit der Listview. Eine Listview des Typs `object` listet alle Objekte einer Klasse auf, die in dem Arbeitsbereich, in dem sich das aufrufende Dokument befindet, sichtbar sind. Dabei stellt `<we:listview>` Parameter zur Sortierung und auch Filterung der Objekte bereit. Die möglichen Parameter finden Sie in der webEdition Tag-Referenz oder auch im Tag-Wizard (siehe Abschnitt 4.6.2). Beachten Sie, dass eine Listview zunächst einmal nur Objekte anzeigt, die auf **durchsuchbar** gestellt sind – in deren **Eigenschaften**-Reiter also die Checkbox **durchsuchbar** aktiviert ist. Möchten Sie auch nicht durchsuchbare Objekte anzeigen, nutzen Sie den Parameter `searchable="false"` in der Listview.

Das folgende Listing zeigt eine einfache Ausgabe aller Rezensionsobjekte aus `www.webedition-buch.de`. Die Listview des Typs `object` erwartet zwingend den Parameter `classid`. Geben Sie darüber die ID der Klasse an, deren Objekte Sie anzeigen möchten. Es ist nicht möglich, Objekte mehrere Klassen gemeinsam in einer Listview des Typs `object` auszugeben. Die Klasse für die Rezensionen hat die ID 1, die Objekte sollen zufällig sortiert (`order="random()"`) werden, und es sollen nur Objekte mit der im Dokument eingestellten Sprache (`languages="top"`) ausgegeben werden.

```
<we:comment>Eine Liste aller Rezensionsobjekte (Klassen ID 1) in ↘
zufälliger Reihenfolge (order="random()") ermitteln</we:comment>
<we:listview type="object" name="review" order="random()" classid="1" ↘
languages="top" >
  <we:repeat>
    <we:comment>Text und Autor der Rezension ausgeben</we:comment>
    <blockquote>
```

```
    <we:field type="text" name="ReviewText" max="300"/><br/>
    <we:field type="text" name="ReviewAuthor" max="300"/>
  </blockquote>
 </we:repeat>
</we:listview>
```

In einer Schleife (`<we:repeat>`) durchläuft weEdition anschließend alle gefundenen Objekte und gibt diese entsprechend der notierten Anweisungen aus. Das Tag `<we:field>` nimmt dabei die eigentliche Ausgabe vor. Innerhalb des `<we:repeat>`-Bereichs können Sie beliebigen HTML-, PHP-Code oder nur einfachen Text nutzen. Selbst die Ausgabe von XML-Dokumenten über eine Listview ist kein Problem.

Neben der Ausgabe der in der Klasse definierten Inhalte erzeugt eine Listview pro Objekt immer auch das Feld `we_path`. Dieses enthält die URL zu der Detailseite des Objekts. Sofern Sie noch keine Einstellungen bzgl. SEO-URLs und Zielseiten vorgenommen haben, besteht `we_path` aus der URL des aufgerufenen Dokuments, woran der Parameter `we_objectID` mit der ObjektID als Wert angehängt wird. So eine URL sieht demnach z. B. so aus:

```
http://www.webedition-buch.de/de/example.php?we_objectID=1
```

Ein Aufruf dieser URL öffnet eine Detailseite des Objekts. Das Feld `we_path` steht ebenfalls in dem Tag `<we:field>` zur Verfügung. Nutzen Sie also `<we:field name="we_path" />`, um diesen Pfad auszugeben. Zusätzlich bietet `<we:field>` das Attribut `hyperlink`. Setzen Sie dieses auf `true`, um die Ausgabe von `<we:field>` automatisch mit der Detailseite des Objekts zu verlinken.

Innerhalb der Schleife stehen Ihnen mit den Tags `<we:ifPosition>` oder auch `<we:ifField>` Helfer zur Ausgabe zur Verfügung. Das erste prüft, in welchem Durchlauf – also bei welchem Datensatz – sich die Schleife befindet, das zweite erlaubt die Prüfung des Inhalts einzelner Felder.

Mittels `<we:field>` können Sie alle einfachen Datentypen ausgeben. Die Felder eines eingebundenen Objekts stehen Ihnen dabei über den Namen des Feldes ebenso zur Verfügung. Eine Besonderheit stellen Felder des Typs `multiobject` dar. Dahinter verbirgt sich ja eine Liste mit Objekten. Konsequenterweise geben Sie diese ebenfalls mit einer Listview aus. Nutzen Sie dazu eine Listview `type="multiobject"`. In dieser greifen entsprechend die gleichen Regeln und Möglichkeiten der äußeren Listview.

Die zweite Möglichkeit, Objekte auszugeben, ist das Tag `<we:object>`. Es erlaubt entweder die Angabe einer festen Objekt-ID in der Vorlage oder alternativ die Auswahl eines Objekts durch den Redakteur. Das Tag stellt eine vereinfachte Variante der Listview dar. Nutzen Sie daher alle Möglichkeiten aus der `<we:repeat>`-Schleife einer Listview auch hier.

```
<we:comment>Ein Objekt der Klasse 1 durch den Redakteur auswählen \
lassen und anzeigen</we:comment>
```

```
<we:object name="Rezension" classid="1">
  <we:comment>Text und Autor der Rezension ausgeben</we:comment>
  <blockquote>
    <we:field type="text" name="ReviewText" max="300"/><br/>
    <we:field type="text" name="ReviewAuthor" max="300"/>
  </blockquote>
</we:object>
```

Die dritte Möglichkeit, Objekte auszugeben, ist eine Detailseite. Diese stellt ein einzelnes Objekt dar, ohne dass es vorher wie bei `<we:object>` durch den Redakteur ausgewählt worden ist. Über Detailansichten wird jedem Objekt mindestens eine URL zugeordnet, über die das Objekt direkt von außen erreichbar ist. Beim Aufruf dieser Adresse verknüpft webEdition die Inhalte des Objekts mit einer in dem aktuellen Arbeitsbereich definierten Vorlage.

Letztlich ist die Detailansicht mit einem webEdition-Dokument vergleichbar. Auch dieses basiert immer auf einer Vorlage und hat eine eindeutige URL. Im Unterschied dazu kann ein Objekt jedoch für mehrere Arbeitsbereiche unterschiedliche Vorlagen und auch unterschiedliche URLs haben.

In der Vorlage der Detailansicht stehen Ihnen alle bekannten webEdition Tags zur Verfügung. Die einzelnen Inhalte des Objekts geben Sie im Unterschied zu Listviews mit dem Tag `<we:var>` aus. Dies sorgt oft für Verwirrung, da ja auch in der Detailansicht eines Objekts von Datenfeldern gesprochen wird und somit der Einsatz von `<we:field>` naheliegend ist. Das Tag `<we:field>` wird allerdings ausschließlich für Listen jeder Art genutzt, also in `<we:listview>` oder auch `<we:object>`.

Eine Vorlage für eine Detailansicht einer Rezension aus `www.webEdition-buch.de` kann bspw. folgenden Inhalt haben:

```
<html>
<head>
  <we:comment>Der Titel sowie Beschreibung und Schlüsselwörter werden ↘
aus den in der Klasse entsprechend definierten Objekt-Feldern gezogen</↘
we:comment>
  <we:title />
  <we:description />
  <we:keywords />
</head>
<body>
  <we:comment>Autor und Text werden mittels we:var ausgegeben</we:↘
comment>
  <h1><we:var name="ReviewAuthor" /></h1>
  <we:var name="ReviewText" />
</body>
</html>
```

Auch in der Detailansicht stehen mit `<we:ifVar>` Prüfmöglichkeiten zur Verfügung.

5.3.5 Suchmaschinenfreundliche URLs

Search Engine Optimized URLs (SEO-URLs) sind für die Auffindbarkeit in Suchmaschinen besonders optimierte URLs für die Detailansicht von Objekten. Während webEdition in der Standardeinstellung die URL einer Detailansicht eines Objekts durch Anhängen des Parameters `we_objectID=ID` (ID entspricht der eindeutigen ObjektID) erzeugt, sorgen SEO-URLs für sprechende URL-Namen mit Elementen aus den Objektinhalten.

Schauen wir uns als Beispiel die URL der Detailseite einer Rezension aus der webEdition-Buch-Webseite an. Ohne SEO-URL lautet die URL für die Detailseite der Rezension mit der ID 6:

```
http://www.webedition-buch.de/de/index.php?we_objectID=6
```

Durch Einsatz der SEO-URLs ist die gleiche Detailseite unter der folgenden URL erreichbar:

```
http://www.webedition-buch.de/de/rezensionen/2012/jan-k.html
```

Dabei ist zu beachten, dass es physikalisch auf dem Webserver weder die Datei `jan-k.html` noch das Verzeichnis `/de/rezensionen` und dessen Unterverzeichnisse gibt. Der Abschnitt `rezensionen/2012/jan-k.html` der URL wird als SEO-URL demnach dynamisch generiert; beim Aufruf dieser URL ermittelt webEdition das dazugehörige Objekt und zeigt es an.

SEO-URLs konfigurieren

Um SEO-URLs nutzen zu können, sind folgende Schritte nötig:

1. Konfigurieren Sie die SEO-URLs in den webEdition-Einstellungen.
2. Legen Sie eine `.htaccess`-Datei an, um die dynamischen URLs abzufangen.
3. Stellen Sie pro Klasse den Aufbau der SEO-URLs ein.

Den ersten und den zweiten Schritt nehmen Sie nur einmal für die gesamte webEdition-Installation vor. Öffnen Sie die SEO-URL-Konfiguration über **Extras | Einstellungen | Allgemein | Reiter SEO-Links**. Der Reiter ist in vier Bereiche aufgeteilt:

Verstecke DirectoryIndex-Dateinamen in der Ausgabe

Legen Sie in diesem Abschnitt fest, ob DirectoryIndex-Dateinamen – also z. B. `index.php` – generell in webEdition ausgeblendet werden sollen. Damit wird in einem Link zu einer Datei mit einem der eingetragenen Index-Namen dieser ausgeblendet. Aus

```
http://www.webedition-buch.de/de/example/index.php
```

wird entsprechend

```
http://www.webedition-buch.de/de/example/
```

Legen Sie generell eine Einstellung fest. In einzelnen Listviews und anderen Tags erlaubt es der Parameter `hidedirindex`, die allgemeine Einstellung zu überschreiben. Erlaubt sind die Werte `true` und `false`. Die Standard- und auch empfohlene Einstellung ist, alle Einstellungen in diesem Bereich auf `true` zu setzen.

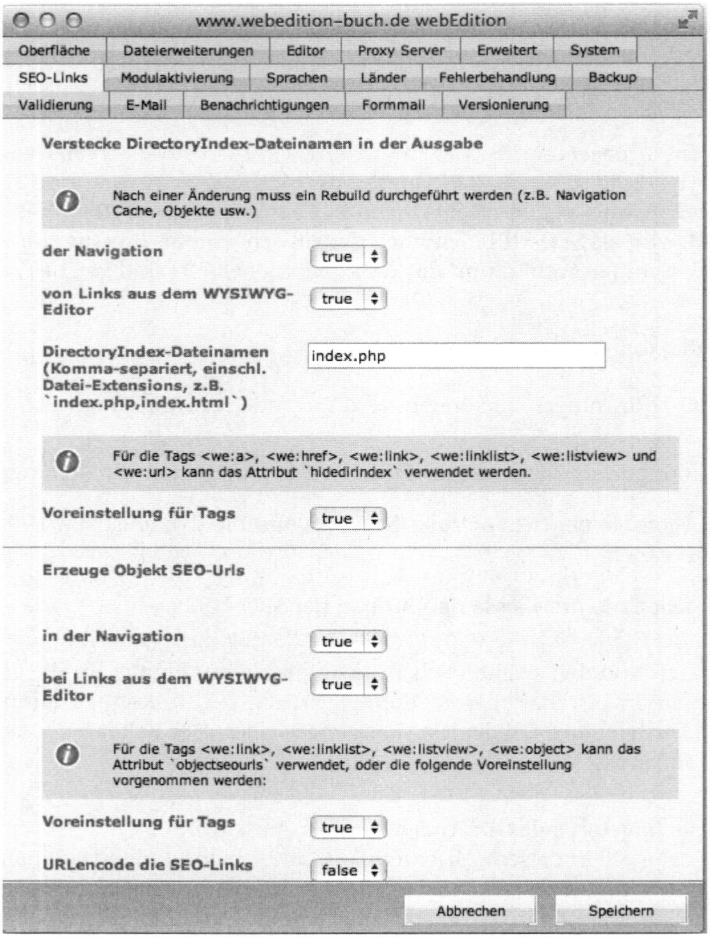

Abbildung 5.25: SEO-URLs in den webEdition-Einstellungen konfigurieren

Erzeuge Objekt SEO-Urls

In diesem Abschnitt legen Sie fest, ob bei Links zu Objekten die SEO-URL genutzt werden soll. Bei Bedarf überschreiben Sie diese allgemeine Einstellung in Listviews und anderen Tags über den Parameter `objectseourls`. Mit der Einstellung **URLencode die SEO-Links** legen Sie generell fest, ob die ermittelten SEO-URLs vor der Ausgabe an den Browser mit der PHP-Funktion `urlencode` kodiert werden.

Darstellung innerhalb von webEdition

Sofern Sie DirectoryIndex-Dateinamen verstecken bzw. SEO-URL verwenden, kann webEdition sie im Bearbeiten-Modus oder der Vorschau nicht mehr als interne Links erkennen. In diesem Abschnitt legen Sie daher fest, ob die Optionen auch innerhalb webEdition genutzt werden sollen.

Fehlerseite für nicht existierende Objekte

In diesem Abschnitt schließlich legen Sie ein Dokument fest, das aufgerufen wird, wenn eine URL zu einem nicht oder nicht mehr existierenden Objekt aufgerufen wird. Dies ist eine klassische 404-Fehlerseite. In der Standardeinstellung sendet webEdition auch den Fehlercode 404 an den Browser. Dies können Sie optional ausstellen, indem Sie **unterdrücke 404 not found** auf false stellen.

Im zweiten Schritt legen Sie – ebenfalls für die gesamte Installation – einmalig eine `.htaccess`-Datei an. Da die SEO-URLs physikalisch nicht auf dem Server existieren, liefert der Webserver beim Aufruf einer solchen URL durch den Browser normalerweise einen 404-Fehler[2] mit einer auf dem Server eingestellten Fehlerseite aus. Die `.htaccess`-Datei dient nun dazu, diese Ausgabe abzufangen und die URL an webEdition weiterzuleiten, so dass webEdition ein Objekt zu der URL ermitteln und ausgeben kann.

Erstellen Sie also über **Datei | Neu | Sonstige | .htaccess-Datei** eine neue Datei `.htaccess` und speichern Sie diese im Root-Verzeichnis. Leider gibt es je nach Webhoster unterschiedliche Anforderungen an den Inhalt der `.htaccess`-Datei. In der Praxis funktionieren die folgenden Anweisungen recht gut. Geben Sie diese also im Reiter **Bearbeiten** der `.htaccess`-Datei ein.

```
RewriteEngine On
RewriteCond %{REQUEST_FILENAME} !-f
RewriteCond %{REQUEST_FILENAME} !-d
RewriteRule ^(.*)$ /webEdition/redirectSEOurls.php [L]
ErrorDocument 404 /webEdition/redirectSEOurls.php
```

Falls die SEO-URLs dadurch nicht aufrufbar sind, nutzen Sie als Test entweder nur die letzte Zeile oder nehmen nur die letzte Zeile heraus. Damit

[2] Der Fehlercode 404 steht für „Dokument nicht gefunden“.

haben Sie allgemein eingestellt, dass webEdition SEO-URLs generieren soll, und sorgen dafür, dass der Aufruf einer solchen URL an webEdition weitergeleitet wird.

Legen Sie als letzten Schritt pro Klasse fest, wie sich die erzeugten SEO-URLs zusammensetzen sollen. Die Stärke der webEdition SEO-URLs ist, dass Sie die Inhalte eines Objekts selbst in der URL verwenden können.

Öffnen Sie eine Klasse und dort den Reiter **Eigenschaften**. Im Bereich **Voreinstellung** sehen Sie ein einzelnes Auswahlfeld für die SEO-URL. Mit dieser Auswahl legen Sie das erste Segment Ihrer URL fest. Sobald etwas ausgewählt ist, erscheint ein weiteres Auswahlfeld für das zweite Segment etc. Bauen Sie damit ein Schema für SEO-URLs dieser Klasse auf. Abbildung 5.26 zeigt exemplarisch den Aufbau der SEO-URL einer Rezension.

In der Klasse ist das Feld **ReviewAuthor** als **URL-Feld 1** und das Feld **ReviewDate** ebenfalls als **URL-Feld** eingestellt. Jede Rezension bekommt dadurch eine URL mit dem Aufbau

```
rezensionen/<Jahr aus ReviewDate>/<ReviewAutor>.html
```

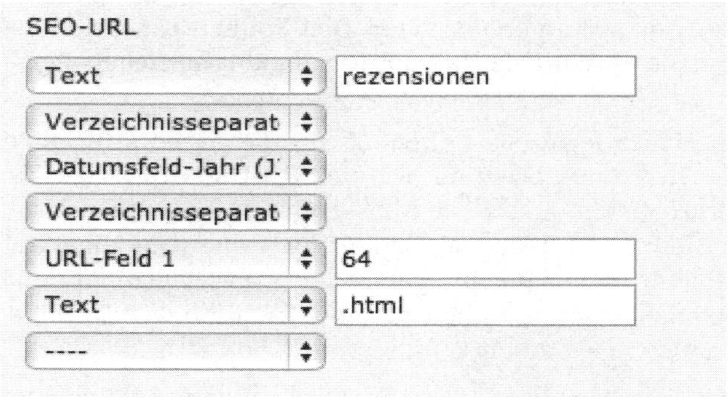

Abbildung 5.26: Definition des SEO-URL-Schemas einer Klasse

Aktuell stehen die folgenden Möglichkeiten zum Aufbau des SEO-URL-Schemas einer Klasse zur Verfügung:

Land, Sprache, Locale
: Diese drei Optionen nutzen die im Objekt eingestellte Sprache und geben den entsprechenden Wert aus.

Erstellungsdatum
: Das Datum der Erstellung des Objekts in verschiedenen Formaten. Möglich sind Erstellungs-Tag, Erstellungs-Monat (01-12 oder 1-12), Erstellungs-Jahr, Erstellungs-Stunden.

Modifikationsdatum
: Das Datum der letzten Modifikation des Objekts in verschiedenen

Formaten. Möglich sind Modifikations-Tag, Modifikations-Monat (01-12 oder 1-12), Modifikations-Jahr, Modifikations-Stunden.

Datumsfeld
Sofern in der Klasse ein Datenfeld des Typs Datum vorhanden ist und Sie bei einem dieser Felder die Option **URL-Feld** gesetzt haben, repräsentieren die Optionen Datumsfeld-Tag, Datumsfeld-Monat (01-12 oder 1-12), Datumsfeld-Jahr, Datumsfeld-Stunden das im Objekt ausgewählte Datum in verschiedenen Formaten.

ID
Die eindeutige Objekt-ID des Objekts.

Elternordner
Das Elternverzeichnis, in dem sich das Objekt befindet.

Verzeichnisseparator
Der Trennstrich / zwischen Verzeichnissen.

Pfad
Der komplette Pfad des Objekts in der webEdition-internen Verzeichnishierarchie. Dieser kann mit dem Hauptverzeichnis – das entspricht dem Klassennamen – oder ohne genutzt werden. Möglich sind die Optionen **Pfad mit Klasse** bzw. **Pfad ohne Klasse**.

URL-Feld
Legen Sie bis zu drei Datenfelder in der Bearbeiten-Ansicht der Klasse als URL-Feld fest. Die Option **URL-Feld 1-3** im URL-Schema der Klasse wird durch webEdition in der SEO-URL des Objekts durch den Inhalt ersetzt. Geben Sie bei der Nutzung von **URL-Feld 1-3** in einem SEO-URL-Schema eine maximale Textlänge an.

eindeutiger Name
Eine eindeutige, durch webEdition erstellte Zahl.

Text
Ein frei definierbarer Text. Dieser ist in den SEO-URLs aller Objekte dieser Klasse identisch.

webEdition stellt also flexible Möglichkeiten für die Konfiguration von SEO-URLs bereit. Achten Sie jedoch bei der Definition des Schemas darauf, dass später keine doppelten SEO-URLs entstehen. Verwenden Sie bspw. als einziges Element im Schema das Erstellungsdatum des Objekts, darf es keine zwei Objekte geben, die am selben Tag erstellt wurden. Eine SEO-URL muss immer eindeutig sein. Beim Speichern eines Objekts mit einer doppelten SEO-URL gibt webEdition daher eine Warnung aus und bricht den Speichervorgang ab.

Darüber hinaus ist besonders bei der Nutzung von Objektinhalten in den URLs zu beachten, dass sich bei Änderungen an den Inhalten auch die URL ändert.

Die Stärke des Datenbank-/Objekt-Moduls liegt darin, Objekte in verschiedenen Arbeitsbereichen – also in unterschiedlichen Verzeichnissen – anzuzeigen. Dies hat auch Auswirkungen auf SEO-URLs.

Zwar ist die eigentliche SEO-URL in jedem Arbeitsbereich gleich, jedoch wird diese URL stets an den Pfad eines sogenannten Trigger-Dokuments angehängt. Betrachten wir erneut das Beispiel der Rezensionen aus `webEdition-Buch`, so lautet die SEO-URL der Detailseite einer Rezension

```
rezensionen/<Jahr aus ReviewDatum>/<ReviewAutor>.html
```

Wird das Objekt nun in dem Arbeitsbereich `/de/` mit dem Trigger-Dokument `/de/index.php` angezeigt, lautet die vollständige URL demnach

```
http://www.webedition-buch.de/de/index/rezensionen/<Jahr aus \
ReviewDatum>/<ReviewAutor>.html
```

Bei einer Anzeige im Arbeitsbereich `/de/archiv/` mit dem Trigger-Dokument `/de/archiv/index.php` lautet die vollständige URL dementsprechend

```
http://www.webedition-buch.de/de/archiv/index/rezensionen/<Jahr aus \
ReviewDatum>/<ReviewAutor>.html
```

Die SEO-URL wird also an den Pfad des Trigger-Dokuments ohne Dateiendung angehängt.

Hier kommt nun auch die in Abschnitt 5.3.5 beschriebene Einstellung **verstecke DirectoryIndex-Dateinamen** zum Tragen. Haben Sie eingestellt, dass die DirectoryIndex-Dateinamen versteckt werden sollen, dann entfernt webEdition im Fall der obigen Beispiele das `index` aus der URL. Die SEO-URLs lauten in dem Falle also

```
http://www.webedition-buch.de/de/rezensionen/<Jahr aus ReviewDatum>/<\
ReviewAutor>.html
```

bzw.

```
http://www.webedition-buch.de/de/archiv/rezensionen/<Jahr aus \
ReviewDatum>/<ReviewAutor>.html
```

Der unnötige Name der Index-Dateien ist entfernt.

Sie können jedes beliebige webEditon-Dokument als Trigger für die Objektdarstellung nutzen. Es muss lediglich in einem der Arbeitsbereiche des Objekts liegen. Damit legen Sie auf einfache Weise für Suchmaschinen optimierte URLs fest. Haben Sie z. B. anstelle eines Verzeichnisses `archiv` eine Datei `archiv.php` und nutzen diese als Trigger-Dokument für die Detailansicht Ihrer Objekte, hängt webEdition die SEO-URL an `/archiv/`.

Das Trigger-Dokument legen Sie an verschiedenen Stellen fest.

- in der Klasse – legen Sie im Reiter **Eigenschaften** der Klasse ein Dokument fest
- in einem Objektordner – legen Sie im Reiter **Eigenschaften** eines Objektordners ein Dokument fest
- in einem Objekt – legen Sie im Reiter **Eigenschaften** eines Objekts ein Dokument fest
- im aufrufenden we-Tag – durch den Parameter `triggerid`

Welches Trigger-Dokument genutzt wird, ermittelt webEdition anhand einer festgelegten Reihenfolge, die Abbildung 5.27 zeigt. Die Suche nach dem Trigger-Dokument beginnt also bei der spezifischsten Einstellung – der Angabe einer `triggerid` im we-Tag – und wird entprechend allgemeiner bis hin zu der Suche nach dynamischen Dokumenten im Umkreis des aufrufenden Dokuments und in letzter Konsequenz des Root-Ordners.

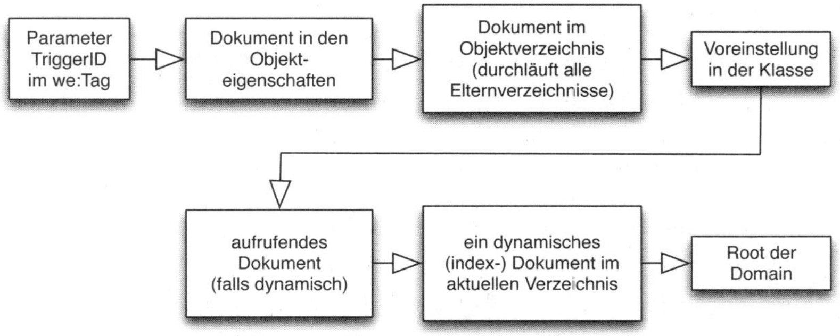

Abbildung 5.27: Reihenfolge bei der Ermittlung des Ankerdokuments einer SEO-URL

Die SEO-URLs sind damit sehr flexibel. Dennoch gibt es noch Optimierungspotenzial. Zum einen stehen aktuell aus dem Pfad des Objekts in der Hierarchie des Objektmoduls nur der gesamte Pfad oder der Elternordner zur Nutzung zur Verfügung. Wünschenswert wäre auch, den Namen des Objekts nutzen und mehrere Ebenen an Elternordnern angeben zu können.

Darüber hinaus können unterschiedliche Definitionen pro Sprache die Flexibilität deutlich erweitern. Diese Einschränkungen sind jedoch nicht gravierend, so dass die flexiblen SEO-URLs ein Highlight des CMS darstellen.

5.3.6 Conditions – Objektlisten filtern

Für jede Objektklasse legt webEdition eine eigene Datenbanktabelle an. Jeder Datentyp der Klasse wird darin einer eindeutigen Spalte zugeordnet. Dies ermöglicht die Nutzung effizienter und komplexer Filter zur Ausgabe – Conditions genannt. Eine Condition legt letztlich den `Where`-Abschnitt einer SQL-Abfrage fest.

webEdition stellt mit den we-Tags `<we:condition>`, `<we:conditionAdd>`, `<we:conditionAnd>` sowie `<we:conditionOr>` Werkzeuge bereit, um diese Filter komfortabel anzulegen.

Ein Beispiel: Auf `www.webedition-buch.de` nutzen wir Objekte für Rezensionen. Das Feld `ReviewAuthor` enthält den Namen des Autors der Rezension. Eine Liste über alle Rezensionsojekte lässt sich leicht über eine Listview erstellen (siehe auch Seite 150). Wenn wir jedoch nur die Rezensionen anzeigen möchten, deren Autor mit dem Buchstaben *L* beginnt, benötigen wir eine Condition.

Diese wird wie folgt angelegt:

```
<we:comment>Einen Filter für die Liste von Rezensionsobjekten anlegen</\
we:comment>
<we:condition name="Filter">
  <we:conditionAdd field="ReviewAuthor" value="L%" compare="like" />
</we:condition>
```

Als Ergebnis wird eine globale Variable mit folgendem Inhalt angelegt:

```
((ReviewAuthor like "L%") )
```

Die Condition-Tags werden also in eine gültige SQL-Where-Bedingung umgewandelt. Diese können Sie nun in der Listview als Filter angeben. Nutzen Sie dazu den Parameter `condition` des Tags `<we:listview>`. Der Aufruf der Listview verändert sich damit wie folgt:

```
<we:listview type="object" name="review" condition="$Filter" order="\
random()" classid="1" languages="top" hidedirindex="true">
```

Die Angabe von `condition="$Filter"` verbindet die angelegte Condition mit der Listview, als Ergebnis werden nur noch die Rezensionen angezeigt, bei denen der Autorenname mit einem L beginnt.

Da Conditions im Grundsatz eine globale Variable sind, können Sie diese natürlich auch selbst per PHP erzeugen. Sie sind daher nicht auf die webEdition Condition Tags angewiesen. Allerdings empfehlen wir, so oft wie möglich die webEdition Tags zu nutzen. Denn mit diesen sind Sie weitgehend unabhängig von eventuell nötigen Änderungen am Datenbankzugriff. webEdition kann die Tags immer an Ihre aktuelle Umgebung angepasst übersetzen. Bei per PHP geschriebenen Conditions müssen Sie sich selbst darum kümmern.

Sie können in der Condition nahezu alle in der Klasse definierten Datenfelder nutzen. Einen Sonderfall stellen Felder des Typs Multiobjekt dar. Aktuell speichert webEdition die Inhalte von Multiobjektfeldern als serialisiertes Array in der Datenbank ab. Dies ist denkbar ungeeignet für Filter jeglicher Art. Daher gibt es mit webEdition-Bordmitteln bisher keine Möglichkeit, sauber nach Inhalten von Multiobjekten zu filtern. Wenn Sie es dennoch einmal brauchen, finden Sie im webEdition-Forum Lösungen dazu, die jedoch je nach webEdition-Version leicht modifiziert werden müssen.

5.3.7 Arbeitsablauf am Beispiel einer Veranstaltungsdatenbank

Bei der Arbeit mit dem Datenbank-/Objekt-Modul hat sich folgender Arbeitsablauf als sinnvoll erwiesen. Natürlich können Sie – auch dies ist eine wesentliche Stärke des Moduls – auch anders vorgehen, wir empfehlen jedoch die folgende Reihenfolge:

1. Vorlage anlegen – legen Sie im ersten Schritt eine oder mehrere Dokumentenvorlagen für die Anzeige der Detailinformationen von Objekten an. Die Vorlagen können noch leer sein.
2. Klasse erstellen – erstellen Sie die Klasse mit der Definition Ihrer Objekte.
3. Arbeitsbereiche und Vorlagen festlegen – definieren Sie in der Klasse mögliche (Standard-)Arbeitsbereiche. Dies erleichtert später die Zuweisung von Arbeitsbereichen zu Objekten.
4. SEO-URLs – falls Sie suchmaschinenoptimierte URLs für Ihre Objekte dieser Klasse nutzen möchten, definieren Sie bereits jetzt in der Klasse den Aufbau.
5. Vorlagen abschließen – erstellen Sie Vorlagen für die Auflistung der Objekte und stellen Sie die Detailseitenvorlage(n) fertig.
6. Objekte – legen Sie Ihre Objekte an.

Sofern Sie Datenfelder des Typs **Objekt** oder **Multiobjekt** nutzen, erstellen Sie nach dem obigen Vorgehen zunächst die Klasse, die eingebunden werden soll, anschließend erst die Klasse mit den Objekt-/Multiobjekt-Feldern. Durch dieses Vorgehen können Sie effektiv die Klassen definieren und müssen in den einzelnen Schritten nicht unterbrechen.

Nehmen wir als Beispiel eine Veranstaltungsdatenbank. Es sollen Veranstaltungen als Objekte erfasst werden. Ein webEdition-Dokument soll alle Veranstaltungen nach Datum sortiert anzeigen. Darüber hinaus gibt es eine Detailansicht.

Schritt 1: Vorlagen und Verzeichnisse erstellen

Erstellen Sie zunächst die Vorlagen `veranstaltungen/detail.tmpl` sowie `veranstaltungen/liste.tmpl`. Lassen Sie den Inhalt für den Moment noch leer, wir werden die Vorlagen später füllen. Legen Sie außerdem ein Dokumentenverzeichnis `veranstaltungen` an. Darin erstellen Sie ein dynamisch gespeichertes Dokument `veranstaltungen/index.php` auf Basis der Vorlage `veranstaltungen/liste.tmpl`.

Schritt 2: Klasse erstellen

Legen Sie nun eine Klasse mit dem Namen **Veranstaltungen** an und erzeugen Sie im Reiter **Bearbeiten** die folgenden Datenfelder:

Veranstaltung_Titel
: Dies ist der Titel der Veranstaltung. Feldtyp: Texteingabe. Markieren Sie die Checkboxen bzw. Radiobuttons für **URL-Feld1**, **Titel** sowie **Pflichtfeld**.

Veranstaltung_Datum
: Dies ist das Datum der Veranstaltung. Feldtyp: Datum. Markieren Sie hier **URL-Feld** und **Creation Date**.

Veranstaltung_Ort
: Ort der Veranstaltung. Feldtyp: Texteingabe.

Veranstaltung_Beschreibung
: Eine Beschreibung der Veranstaltung. Feldtyp: Textfeld. Aktivieren Sie in den Attributen **wysiwyg**.

Schritt 3: Arbeitsbereiche definieren

Öffnen Sie den Reiter **Arbeitsbereich** der Klasse und legen Sie einen Arbeitsbereich an. Als Verzeichnis wählen Sie `veranstaltungen` und als Vorlage die zuvor erstellte `veranstaltungen/detail.tmpl`.

Schritt 4: SEO-URLs definieren

Konfigurieren Sie nun die allgemeinen Einstellungen der SEO-URLs, wie in Kapitel 5.3.5 beschrieben. Anschließend stellen Sie in der Klasse für den Aufbau der SEO-URLs folgende Segmente ein:

- Datum-Jahr
- Verzeichnisseparator

- Datum-Monat (01-12)
- Verzeichnisseparator
- URL-Feld1 (Länge: 64)
- Text (.html)

Außerdem legen Sie als Voreinstellung für die Objektdarstellung das zuvor erstellte Index-Dokument `veranstaltungen/index.php` fest.

Speichern Sie die Klasse und notieren Sie sich die Klassen-ID.

Schritt 5: Vorlagen abschließen

Nun erstellen Sie den eigentlichen Inhalt der Vorlagen. In der Vorlage `veranstaltungen/liste.tmpl` tragen Sie folgenden Inhalt ein:

```
<!DOCTYPE HTML>
<html dir="ltr" lang="<we:pageLanguage type="language" doc="top" />">
<head>
  <we:title></we:title>
  <we:description></we:description>
  <we:keywords></we:keywords>
  <we:charset defined="UTF-8">UTF-8</we:charset>
</head>
<body>
  <we:comment>Eine Liste aller Veranstaltungen nach Datum sortiert \
ausgeben.</we:comment>
  <we:listview name="veranstaltungen" classid="$ID" order="\
Veranstaltung_Datum" desc="true" rows="10">
    <we:ifFound>
      <ul>
      <we:repeat>
        <li>
          <we:field type="date" name="Veranstaltung_Datum" format="d.m.\
Y" />:<we:field type="text" name="Veranstaltung_Titel" hyperlink="true"\
 /><br />
          <we:field type="text" name="Veranstaltung_Beschreibung" max\
="300" />
        </li>
      </we:repeat>
      </ul>
      <we:ifBack> <we:back>neuere Einträge</we:back> </we:ifBack>
      <we:ifNext> <we:next>ältere Einträge</we:next> </we:ifNext>
    <we:else />
      <p>Aktuell sind keine Veranstaltungen vorhanden</p>
    </we:ifFound>
  </we:listview>
</body>
</html>
```

Ersetzen Sie $ID durch die ID Ihrer Klasse.

Durch die Angabe von rows="10" sorgen Sie dafür, dass nur zehn Termine pro Seite ausgegeben werden. Die Abschnitte innerhalb von <we:ifBack> und <we:ifNext> erzeugen eine einfache Blättern-Funktion.

Die Detailvorlage bekommt folgenden Inhalt:

```
<!DOCTYPE HTML>
<html dir="ltr" lang="<we:pageLanguage type="language" doc="top" />">
<head>
  <we:title></we:title>
  <we:description></we:description>
  <we:keywords></we:keywords>
  <we:charset defined="UTF-8">UTF-8</we:charset>
</head>
<body>
  <h1><we:var name="Veranstaltung_Titel" /></h1>
  <p><strong><we:var name="Veranstaltung_Datum" type="date" format="d.m\
.Y" />, <we:var name="Veranstaltung_Ort" /></strong></p>
  <we:var name="Veranstaltung_Beschreibung" />
</body>
</html>
```

Schritt 6: Objekte anlegen

Im letzten Schritt legen Sie nun die ersten Objekte Ihrer Veranstaltungsdatenbank an. Achten Sie darauf, die Objekte als durchsuchbar zu kennzeichnen, und rufen Sie das Dokument veranstaltungen/index.php auf Ihrem Server per Webbrowser auf. Sie sehen eine Liste mit den eingetragenen Terminen und können per Klick auf den Titel zur Detailansicht springen.

Mit diesen wenigen Schritten haben Sie den Grundstein für eine Veranstaltungsdatenbank gelegt. Für den realen Einsatz sind sicherlich noch Erweiterungen wie z. B. die Trennung des Datums in ein Start- und Enddatum oder auch ein Archiv sinnvoll. Solche Erweiterungen nehmen Sie jedoch leicht in den Datenfeldern oder den Arbeitsbereichen vor.

5.3.8 Objekte via Frontend anlegen – User Generated Content

Gerade im Zusammenhang mit Objekten bietet es sich an, Inhalte vom Besucher Ihrer Internetpräsenz generieren zu lassen. Dies ist z. B. bei Kommentarfunktionen, News-Artikeln oder auch Gästebüchern interessant.

Im Beispiel der Veranstaltungsdatenbank sollen Besucher bspw. Termine vorschlagen können. Dazu bietet webEdition ein Set an speziellen Tags an, mit denen sehr einfach User Generated Content verarbeitet werden kann. Die Funktionen sind dabei sowohl für Objekte als auch für Dokumente nutzbar.

Im Wesentlichen legen Sie für User Generated Content eine Vorlage mit einem Formular an. Darin nutzen Sie das Tag `<we:userInput>`,[3] um dem Besucher Eingabefelder für die verschiedenen Datenfelder im Objekt oder auch Dokument anzuzeigen.

Die Zielseite des Formulars enthält das Tag `<we:write>`.[4] Dieser erstellt das Objekt oder Dokument in webEdition und löst je nach Parameter weitere Aktionen aus.

Eine einfache Vorlage für das beschriebene Beispiel der Veranstaltungsdatenbank sieht wie folgt aus:

```
<!DOCTYPE HTML>
<html dir="ltr" lang="<we:pageLanguage type="language" doc="top" />">
<head>
  <we:title></we:title>
  <we:description></we:description>
  <we:keywords></we:keywords>
  <we:charset defined="UTF-8">UTF-8</we:charset>
</head>
<body>
  <we:comment>Objekt anlegen, falls Daten per Formular gesendet wurden\
</we:comment>
  <we:write type="object" formname="Termin" publish="false" classid="\
$ID" mail="mail@example.tld" protected="false" />

  <we:comment>Erfolgshinweis ausgeben, wenn das Objekt angelegt wurde</\
we:comment>
  <we:ifWritten type="object">
    <p>Vielen Dank. Ihr Termin wurde eingetragen und wird nun geprüft\
.</p>
  </we:ifWritten>

  <we:comment>Formular zum Eintragen des Objekts anzeigen</we:comment>
  <we:form type="object" id="self" name="Termin" nameid="Termin" method\
="post" classid="$ID">
    Titel: <we:userInput type="textinput" name="Veranstaltung_Titel" \
/><br/>
    Datum: <we:userInput type="date" name="Veranstaltung_Datum" /><br/>
    Ort: <we:userInput type="textinput" name="Veranstaltung_Ort" /><br\
/>
    Text: <we:userInput type="textarea" name="\
Veranstaltung_Beschreibung" editable="true"  wysiwyg="false"/><br/>
    <input type="submit" value="Absenden" />
  </we:form>
</body>
</html>
```

[3] http://www.webedition.org/de/webedition-cms/dokumentation/tag-referenz/userInput

[4] http://www.webedition.org/de/webedition-cms/dokumentation/tag-referenz/write

Ersetzen Sie `$ID` jeweils durch die ID der Veranstaltungsklasse.

Das Formular stellt dem Besucher die nötigen Felder bereit und wird an sich selbst geschickt. Sofern Daten ausgefüllt wurden, versucht webEdition mittels `<we:write>` ein neues Objekt anzulegen und die gesendeten Inhalte einzutragen. Ist dies erfolgreich – kontrolliert durch `<we:ifWritten>` –, bekommt der Besucher einen entsprechenden Hinweis.

Durch `publish="false"` legt webEdition das Objekt nur an, veröffentlicht es aber nicht. Gleichzeitig sorgt `mail="mail@example.tld"` dafür, dass eine E-Mail mit dem Hinweis auf das neue Objekt an die angegebene Mail-Adresse gesendet wird. In der Regel ist dies ein Redakteur, der den Inhalt prüft und ggf. veröffentlicht.

An dieser Stelle ist auch eine Verknüpfung mit dem Workflow-Modul (siehe Kapitel 5.11 auf Seite 298) möglich. Nutzen Sie dazu die Parameter `workflowname` und `workflowuserid`, um eine Aufgabe für den Benutzer zu erstellen.

Durch das Tag `<we:userinput>` stehen nahezu alle Datentypen für die Eingabe durch den Besucher zur Verfügung. Eine Ausnahme bilden die Datentypen Objekt und Multiobjekt. Diese müssen aktuell noch bei Bedarf über eigene (PHP-)Lösungen umgesetzt werden.

Im Zusammenspiel mit der webEdition-Kundenverwaltung ist der Parameter `protected` des `<we:write>`-Tags interessant. Ist dieser auf `true` gesetzt, verknüpft webEdition das neue Objekt oder Dokument mit dem gerade angemeldeten Kunden.

Durch eine Listview können Sie dem Kunden nun eine Übersicht seiner Objekte und Dokumente anzeigen und sogar eine Bearbeitungsfunktion realisieren. Nutzen Sie dazu z. B. in der Objektdetailansicht den Tag `<we:a>` mit dem Parameter `edit="object"`[5] und verlinken Sie auf ein Dokument mit der oben angegebenen Vorlage.

Für den konkreten Einsatz muss das obige Beispiel noch erweitert werden. So ist unter anderem die Prüfung auf Pflichtfelder mittels `<we:checkform>` oder auch der Einsatz eines Spamschutzes mittels `<we:captcha>` sinnvoll. Für die Grundfunktion ist jedoch nichts weiter nötig. Damit setzen Sie Funktionen für User Generated Content in webEdition sehr einfach um und nutzen dabei die gute Verzahnung der einzelnen Module.

5.4 Glossar

Mit dem webEdition Glossar (siehe Abbildung 5.28) lassen sich Abkürzungen, Akronyme und Links korrekt auszeichnen. Das Modul erlaubt es, sys-

[5] `http://www.webedition.org/de/webedition-cms/dokumentation/tag-referenz/a-edit-object`

temweit Begriffe zu definieren, die bei der Ausgabe von Dokumenten und Objekten je nach Typ ersetzt bzw. korrekt ausgezeichnet werden. Die richtige Auszeichnung von Abkürzungen und Akronymen ist besonders für barrierefreie Internetauftritte relevant. Daneben lassen sich mit dem Glossar auch individuelle Textersetzungen zentral definieren und verwalten.

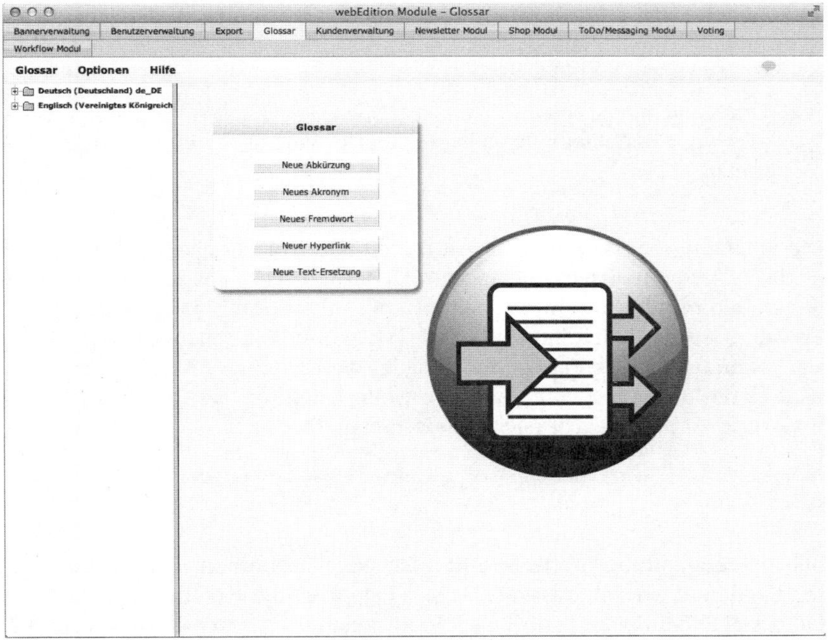

Abbildung 5.28: Glossar Hauptbildschirm

5.4.1 Abkürzungen und Akronyme

Bei der Verwaltung von Abkürzungen u. ä. unterscheidet das webEdition Glossar folgende Typen:

Abkürzung
wie „z.B." oder „Dr." werden mit dem HTML-Tag `<abbr>` ersetzt.

Akronym
also Abkürzungen, die wiederum ein (Kunst-)Wort ergeben, werden durch das Glossar-Modul mit dem HTML-Tag `<acronym>` ersetzt.

Fremdwort
: Wörter aus einer anderen als der aktuellen Dokumentensprache werden durch das Glossar-Modul gekennzeichnet, und zwar über ein HTML-Tag `<span>` mit den Attributen `lang` und `xml:lang`.

Hyperlink
: werden bei der Ausgabe mit einem Verweis (Link) zu dem im Modul angegebenen Ziel versehen.

Text-Ersetzung
: Ein vom Redakteur festgelegter Begriff wird durch einen anderen ersetzt.

Die Ersetzungen und Ergänzungen finden kurz vor der eigentlichen Ausgabe des Dokuments bzw. Objekts statt. Daher werden nicht nur die Ausgaben der webEdition Tags, sondern der gesamte Inhalt durch das Modul geprüft. Verwenden Sie z. B. häufig das Kürzel CMS, können Sie es im Glossar-Modul als Abkürzung angeben. Bei der Ausgabe von Dokumenten und Objekten wird es um das HTML-Tag <abbr> erweitert, und der Besucher erhält eine Erklärung zu dem Begriff (siehe Code-Beispiel).

```
<abbr title="Content Management System" lang="de" xml:lang="de">CMS</\
abbr>
```

Bei der Verwendung des webEdition Glossars zusammen mit HTML5 müssen Sie darauf achten, dass das HTML-Tag <acronym> nicht mehr Bestandteil der HTML5-Spezifikation ist. Die Auszeichnung von Akronymen erfolgt in HTML5 ebenfalls mit dem HTML-Tag <abbr>.[6] Daher sollten Redakteure, sofern HTML5 zum Einsatz kommt, auch Akronyme als **Abkürzung** hinterlegen.

Das Glossar-Modul öffnen Sie über **Module | Glossar**. Einträge können für alle in webEdition aktivierten Sprachen[7] im Reiter **Sprachen** hinterlegt werden. Die Einträge werden in einer flachen Hierarchie nach Sprache und anschließend Typ sortiert und gespeichert. Nutzen Sie das Explorermenü an der linken Seite, um die einzelnen Sprachen und Bereiche zu öffnen.

Um einen neuen Eintrag anzulegen, nutzen Sie entweder eine der Schaltflächen im Hauptbereich oder aber das Menü **Glossar | Neu**. Je nach Typ des neuen Eintrags stehen Ihnen unterschiedliche Eingabefelder zur Verfügung. Abbildung 5.29 zeigt als Beispiel einen neuen Eintrag des Typs **Abkürzung**. Allen Einträgen gemeinsam ist die Angabe des Ordners (die Sprache, für die der Begriff definiert ist) und des Eintragstyps.

6 `http://www.w3.org/TR/html-markup/abbr.html`
7 Siehe Menü **Extras | Einstellungen | Allgemein**.

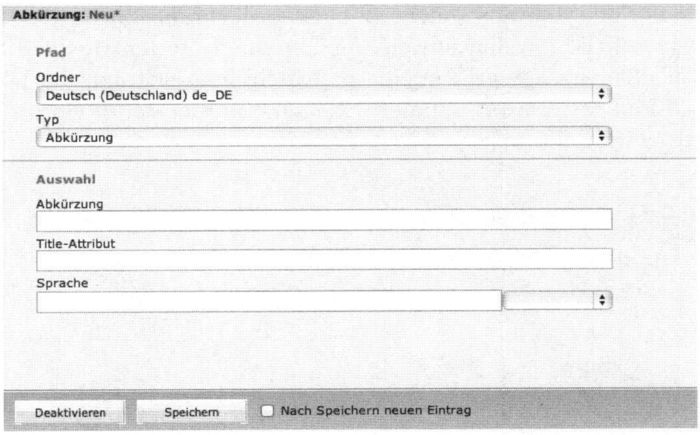

Abbildung 5.29: Neuer Glossar-Eintrag

Bei einer Abkürzung geben Sie diese selbst sowie im Feld **Title-Attribut** den angezeigten Erklärungstext (vollständiges Ursprungswort) an. Optional können Sie die Sprache der Abkürzung selbst angeben. Verwenden Sie z. B. einen englischen Begriff auf einer deutschen Seite, stellen Sie `en` als Sprache ein und legen den Begriff dennoch im Ordner **Deutsch** ab. Bei der Auszeichnung wird durch das Attribut `lang` bzw. `xml:lang` die eingestellte Sprache mit übergeben.

Sofern Sie einen bereits definierten Eintrag im Glossar kurzzeitig nicht mehr benötigen, nutzen Sie die Schaltfläche **Deaktivieren** in der Funktionsleiste unter dem Eintrag. Dies ist vergleichbar mit dem Parken von Dokumenten und Objekten. In der Exploreransicht sind deaktivierte Einträge daher analog zu der Ansicht von Dokumenten oder Objekten rot dargestellt.

Neben der systemweiten Definition von Auszeichnungen haben Redakteure die Möglichkeit, Akronyme oder Abkürzungen direkt in Textfeldern auszuzeichnen. Dazu stehen, sofern nicht in der Vorlage deaktiviert, in allen `<we:textarea>`-Bereichen zwei Symbole zur Auszeichnung als Akronym oder Abkürzung zur Verfügung (siehe Abbildung 5.30).

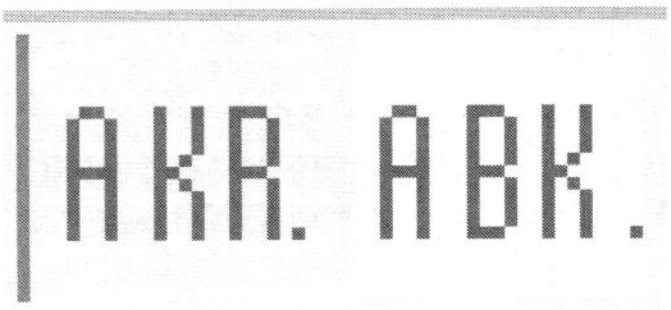

Abbildung 5.30: Symbol für Auszeichnung als Akronym (AKR.) oder Abkürzung (ABK.)

Markieren Sie den auszuzeichnenden Begriff und klicken Sie die Schaltfläche für Akronym oder Abkürzung an. Geben Sie analog zu der Definition im Glossar-Modul selbst den gewünschten Titel sowie optional die Sprache an (siehe Abbildung 5.31). Falls Sie die neue Definition direkt ins systemweite Glossar übernehmen möchten, klicken Sie auf **Ins Glossar**. Andernfalls klicken Sie auf **OK**, um den Eintrag ausschließlich in dem Textfeld zu speichern. Falls Sie einen Begriff in einem Textfeld auszeichnen, der bereits im Glossar-Modul systemweit definiert ist, so hat immer der direkt im Textfeld definierte Eintrag Vorrang.

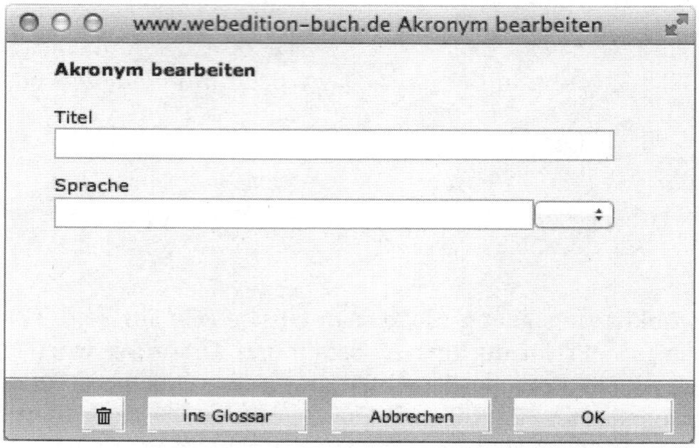

Abbildung 5.31: Akronym direkt in Textfeld definieren

5.4.2 Text-Ersetzungen und Hyperlinks

Ein besonders interessanter Anwendungsfall des Glossar-Moduls sind Text-Ersetzungen. Darüber ist es möglich, Platzhalter für wichtige und häufig benutzte Inhalte zu nutzen. In Dokumenten und Objekten können Sie bzw. der Redakteur nun statt z. B. Ihrer eigentlichen Hotline-Nummer den Platzhalter `%HOTLINE%` nutzen. Anschließend definieren Sie diesen Platzhalter im webEdition Glossar als **Text-Ersetzung**, und für den **Ersatztext** geben Sie Ihre Hotline- bzw. Service-Nummer ein. Ändert sich die Telefonnummer, brauchen Sie diese nur im Glossar-Modul zu ändern, und alle Seiten sind automatisch aktualisiert.

Ein weiterer Anwendungsfall von Text-Ersetzungen ist das Überschreiben von nicht zulässigen, rechtswidrigen und/oder anstößigen Wörtern bei von Nutzern erzeugten Inhalten (*User-Generated Content*). Können bspw. Nutzer Kommentare oder Beiträge auf Ihrer Webseite veröffentlichen, ließe sich mit Text-Ersetzungen sicherstellen, dass „problematische" Begriffe überschrieben bzw. mit Symbolen unkenntlich gemacht werden.

Möchten Sie neben Abkürzungen und Akronymen weitere Begriffe mit einer Beschreibung und einem Link für weitergehende Informationen auszeichnen, nutzen Sie dazu die Definition von **Hyperlinks** im Glossar-Modul.

Wählen Sie bei dem Begriff aus einem der folgenden Linkziele aus:

- webEdition-Dokument (internes Dokument)
- webEdition-Objekt
- webEdition-Kategorie
- Externe Website (externes Dokument)

Daneben stehen für jeden Link-Typ erweiterte Linkeigenschaften (siehe Abbildung 5.32) zur Verfügung. Dadurch lässt sich unter anderem bestimmen, ob der Link in einem neuen Fenster oder in einem definierten Popup geöffnet wird. Legen Sie hier auch Attribute wie Sprache, Beziehung, Access-Keys etc. für den Link fest.

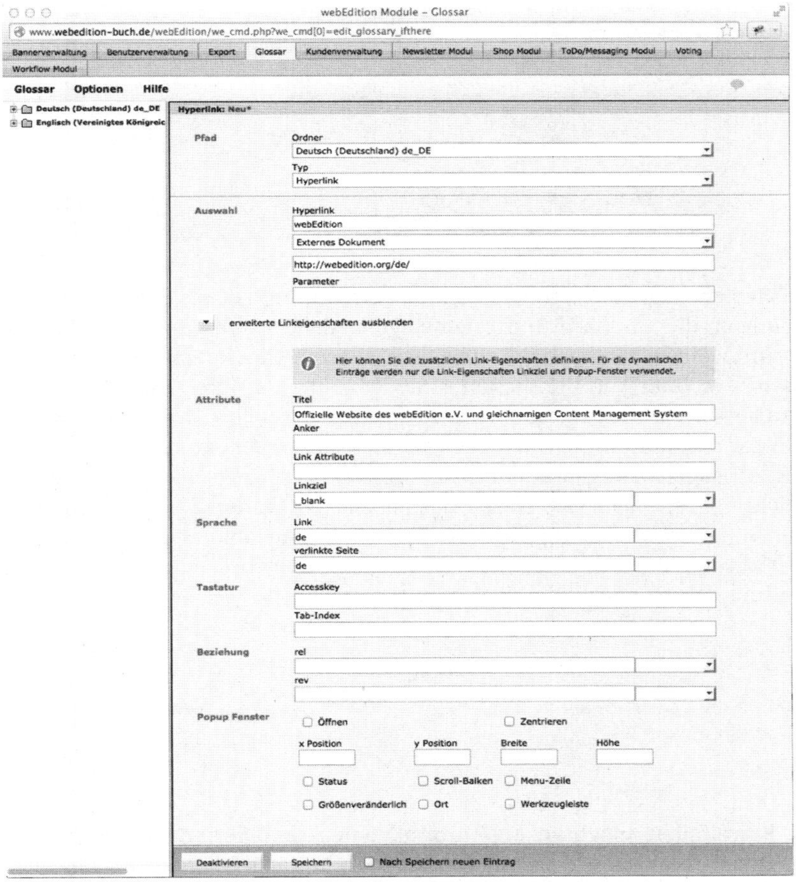

Abbildung 5.32: Erweiterte Linkeigenschaften im webEdition Glossar

5.4.3 Konfiguration des Glossars

Die Konfiguration des Moduls ist denkbar einfach: Es kann zentral aktiviert oder deaktiviert werden. Über das Menü **Optionen | Einstellungen** des Glossar-Moduls erreichen Sie den entsprechenden Dialog (siehe Abbildung 5.33).

Abbildung 5.33: Glossar: Konfiguration

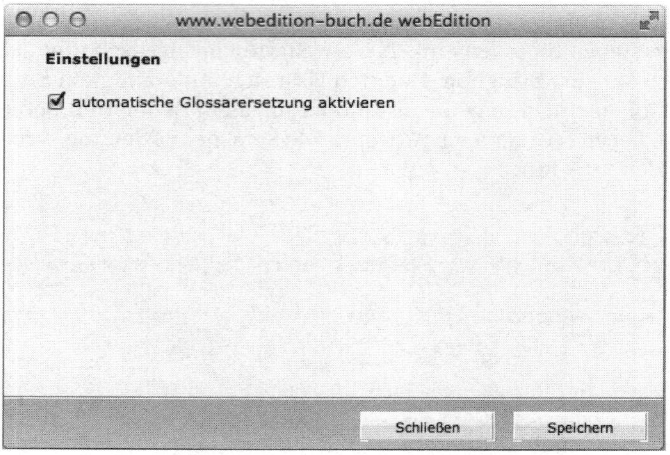

Zusätzlich können Sie in der Benutzerverwaltung (siehe Abschnitt 5.2) pro Benutzer die Glossarprüfung erzwingen (siehe Abbildung 5.34). Dadurch nimmt webEdition auch bei einer deaktivierten Glossarersetzung nach dem Speichern oder Veröffentlichen eines Dokuments durch den Benutzer eine Glossarprüfung vor. Dabei wird in dem aktuellen Dokument nach im Glossar definierten Begriffen gesucht. Der Benutzer bekommt anschließend eine Übersicht der gefundenen Einträge und kann entscheiden, ob die Auszeichnung erfolgen soll. Durch das Setzen der Option **Aktion erzwingen** in der Benutzerverwaltung kann die Auszeichnung benutzerbasiert erzwungen werden. Bei dieser Glossarprüfung startet gleichzeitig die Rechtschreibprüfung (siehe Abschnitt 4.5.6).

Abbildung 5.34: Glossarprüfung erzwingen

In Einzelfällen möchten Sie trotz allgemein aktivierter Glossarersetzung einzelne Dokumente von der Glossarprüfung ausschließen. In diesen Dokumenten werden dann keine Auszeichnungen oder Ersetzungen vorgenommen. Setzen Sie dazu die Checkbox **Bei der Glossarersetzung nicht berücksichtigen** direkt im Reiter **Eigenschaften** des Dokuments (siehe Abbildung 5.35).

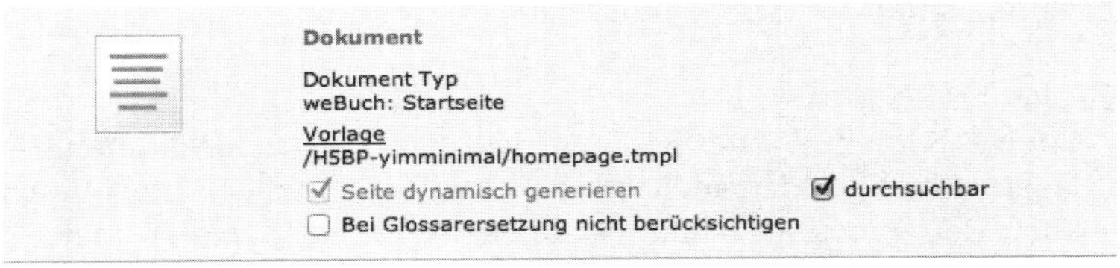

Abbildung 5.35: Dokument von der Glossarprüfung ausschließen

5.5 Im- und Export

Im Abschnitt 1.1 haben wir bereits erwähnt, dass Im- und Export-Schnittstellen von wachsender Bedeutung für den Datenaustausch zwischen verschiedenen Systemen sind. Bei nahezu jedem Webprojekt gibt es die Anforderung, Daten in das CMS zu im- oder exportieren.

Die einfachste Form des Imports ist das Hochladen einer neuen Grafik. Je komplexer und größer das Projekt ist, desto umfangreicher sind auch die Anforderungen an die Importfunktion. Denken Sie nur daran, mehrere PDF-Dokumente und Grafiken oder auch ganze Kundenlisten oder Produktinformationen aus externen Systemen in das CMS zu übertragen. Sie werden für jede Funktion, die diese Prozesse automatisiert und unterstützt, dankbar sein.

Auch der Export von Daten aus dem CMS ist essentiell. Möchten Sie die Einträge Ihres Gästebuchs, die Kundendaten Ihres Shops oder Ihre News-Einträge an weitere Systeme zur Verarbeitung exportieren, können Sie dies kaum manuell erledigen. Zusätzlich sind Sie bei der Arbeit mit mehreren webEdition-Installationen, z. B. bei der Nutzung einer getrennten Entwicklungsumgebung (siehe Kapitel 3.5 auf Seite 63), auf eine Im- und Exportfunktion angewiesen.

Kurz: Ein funktionierender Im- und Export ist Voraussetzung für die Datenübertragung zwischen unterschiedlichen Anwendungen und Systemen.

WebEdition bietet daher bereits seit den ersten Versionen mehrere Möglichkeiten, Daten zu exportieren und auch (wieder) zu importieren. Während einzelne webEdition-Module wie die Kundenverwaltung auch eigene Importmöglichkeiten (siehe Abschnitt 5.6.1) bereitstellen, sind die allgemeineren Funktionen zum Im- und Export tief im System verankert.

Zwei umfangreiche Assistenten sorgen für den reibungslosen Datenaustausch. Darüber hinaus steht mit dem eigentlichen Export-Modul eine Oberfläche für die Verwaltung von Exporten zur Verfügung.

5.5.1 Datenformate

Sowohl der Import als auch der Export verstehen den Umgang mit verschiedenen Datenformaten. Die Formate unterscheiden sich insbesondere in der Komplexität der erfassbaren Datenstrukturen:

webEdition XML-Format
: Ein webEdition-eigenes XML-Format, mit dem sich Dokumente, Vorlagen, Objekte oder auch Klassen inkl. eventueller Kategorien und auch Beziehungen zueinander speichern lassen. Das Format eignet sich immer dann, wenn Sie komplexe Daten, etwa bei der Nutzung einer Entwicklungsumgebung (vgl. Kapitel 3.5), von einer webEdition-Installation in eine andere überführen möchten.

Generisches XML-Format
: Ein flaches XML-Datenformat, in dem einfache Inhaltsstrukturen abgebildet werden. Das Format kann auch in anderen Anwendungen gut verarbeitet werden.

CSV-Format
: Einfache Struktur als kommaseparierte Werte. CSV-Exporte können u. a. in Tabellenkalkulationen wie OpenOffice Calc verarbeitet werden, bieten jedoch keine Möglichkeiten, Relationen zu exportieren. Das CSV-Format steht nur für den Export von Objekten zur Verfügung.

Der Import-Assistent bietet zusätzlich zu den zuvor genannten Formaten die Möglichkeit, einzelne oder mehrere Dateien wie PDF, Bilder oder auch HTML-Dokumente zu importieren.

5.5.2 Daten exportieren

Obwohl sich die einzelnen Möglichkeiten beim Export je nach Datenformat unterscheiden, lassen sie sich auf folgende vier Schritte zusammenfassen:

1. Datenformat wählen
2. Elementauswahl bestimmen
3. Optionen (Dateiname, Speicherort, formatspezifische Variablen) festlegen
4. Export durchführen

Am Beispiel eines CSV- und webEdition XML-Exports möchten wir zeigen, wie Sie mithilfe des Export-Assistenten (siehe Abbildung 5.36) einen Datenexport durchführen.

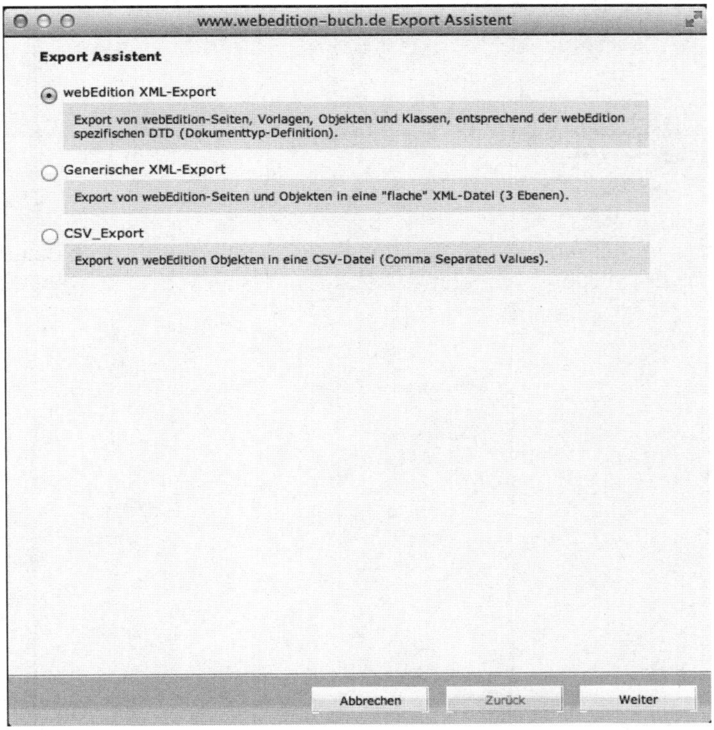

Abbildung 5.36: Export-Assistent

CSV-Export

Der Export in CSV-Dateien steht ausschließlich für Objekte zur Verfügung, da nur dort die Daten in einer für CSV-Dateien eindeutigen Struktur vorliegen. Öffnen Sie den Export-Assistenten über **Datei | Import/Export | Export** und wählen Sie im ersten Schritt **CSV-Export**.

Entscheiden Sie nun, ob Sie die zu exportierenden Objekte automatisch, d. h. alle Objekte einer Klasse, ggf. nach einer Kategorie eingeschränkt, oder manuell, also jedes Objekt einzeln, auswählen möchten. Bei der automatischen Auswahl legen Sie im nächsten Schritt die Klasse sowie als Einschränkung die Kategorien, denen die zu exportierenden Objekte angehören müssen, fest. Bei der manuellen Auswahl wählen Sie die zu exportierenden Objekte durch Anklicken der Checkbox vor dem Objekt aus.

Im Schritt 3 (siehe Abbildung 5.37) legen Sie das Ziel sowie einzelne Eigenschaften des Exports fest. Entscheiden Sie, ob die zu exportierenden Daten auf dem Server oder auf Ihrer lokalen Festplatte gespeichert und ob Feldnamen in die erste Zeile geschrieben werden sollen. Ein letzter Klick auf **Weiter** startet den Export.

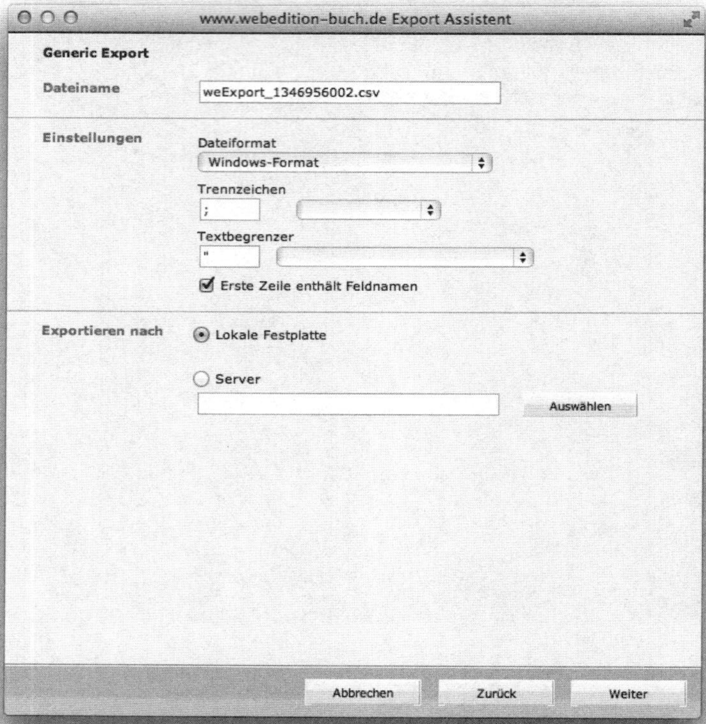

Abbildung 5.37: Optionen für CSV-Export

Das Ergebnis ist eine CSV-Datei mit allen in dieses Format exportierbaren Inhalten der gewählten Objekte. Objektfelder des Typs **Grafik**, **href** oder auch **Objekt** können leider nicht im CSV-Format exportiert werden. Hierfür nutzen Sie den XML-Export.

Datumsfelder exportiert webEdition als Unix-Timestamp. Das folgende Listing zeigt exemplarisch den Export einzelner Rezensionen aus webedition-buch.de:

```
"ReviewAuthor";"ReviewTitle";"ReviewText";"ReviewDate";
"Jan K.";"Yes. Vorbestellt.";"Yes. Habe das webEdition-Buch gerade bei ↘
Amazon gekauft / vorbestellt! Freue mich...";"1340651940";
```

```
"Lars F.";"Buch wird bestellt.";"Buch wird bestellt. Aber vielleicht \
gewinne ich ja auch eines bei der Verlosung auf der webEdition \
Konferenz? Aber das kann ich ja dann einem netten Kunden verschenken. \
Bin schon mal per Newsletter bei Euch dabei.<br />";"1346067840";
```

Der CSV-Export und der generische XML-Export sind im Ablauf nahezu identisch. Daher hier zum Vergleich der Rezensionen-Export im generischen XML-Format:

```
<?xml version="1.0" encoding="UTF-8"?>
<webEdition>
  <Review>
    <ReviewAuthor><![CDATA[Jan K.]]></ReviewAuthor>
    <ReviewTitle><![CDATA[Yes. Vorbestellt.]]></ReviewTitle>
    <ReviewText><![CDATA[Yes. Habe das webEdition-Buch gerade bei \
Amazon gekauft / vorbestellt! Freue mich...]]></ReviewText>
    <ReviewDate>1340651940</ReviewDate>
  </Review>
  <Review>
    <ReviewAuthor><![CDATA[Lars F.]]></ReviewAuthor>
    <ReviewTitle><![CDATA[Buch wird bestellt.]]></ReviewTitle>
    <ReviewText><![CDATA[Buch wird bestellt. Aber vielleicht gewinne \
ich ja auch eines bei der Verlosung auf der webEdition Konferenz? Aber \
das kann ich ja dann einem netten Kunden verschenken. Bin schon mal per\
 Newsletter bei Euch dabei.<br />]]></ReviewText>
    <ReviewDate>1346067840</ReviewDate>
  </Review>
</webEdition>
```

webEdition XML-Export

Für Exporte im webEdition XML-Format können die einzelnen zu exportierenden Elemente sehr flexibel zusammengestellt werden. Dies und die Tatsache, dass webEdition XML-Formate häufig mehrfach in identischen oder ähnlichen Zusammenstellungen genutzt werden, hat schon früh dazu geführt, dass diese Art des Exports mit einer Moduloberfläche ausgestattet wurde. Über diese speichern Sie die Exportdefinitionen und haben somit später die Möglichkeit, den Export erneut mit aktuellen Inhalten zu starten. Die nötigen Schritte bei einem webEdition XML-Export unterscheiden sich dabei nicht von dem CSV- oder generischen XML-Export. Lediglich die Möglichkeiten der Feinjustierung sind deutlich größer.

Das Export-Modul (siehe Abbildung 5.38) erreichen Sie ebenfalls über den Export-Assistenten oder durch den direkten Aufruf **Module | Export**.

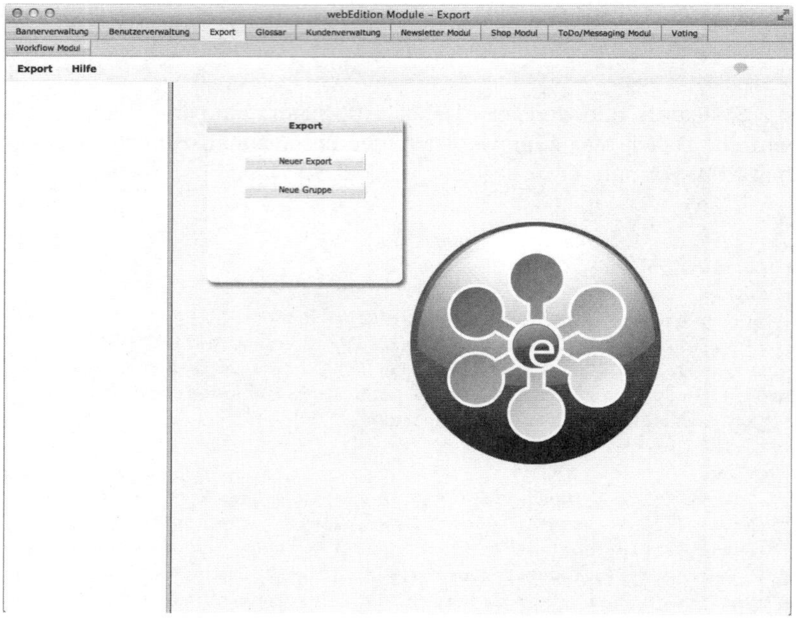

Abbildung 5.38: Hauptfenster des Export-Moduls

webEdition XML-Exporte lassen sich in Gruppen organisieren. Dies ist analog zu Dokumenten und Objekten letztlich eine Verzeichnisstruktur, die Ihnen bei der inhaltlichen Zusammenfassung und Organisation Ihrer Exporte hilft. Legen Sie einen neuen Export über **Export | Neu** an. Im Reiter **Eigenschaften** (siehe Abbildung 5.39) legen Sie nun die Optionen in den folgenden Bereichen fest:

Eigenschaften
: Vergeben Sie einen Namen für den Export, unter dem er innerhalb webEdition gespeichert, also im Explorer-Menü angezeigt wird. Die Gruppe dient analog zu Verzeichnissen Ihrer Organisation.

Exportieren nach
: Wählen Sie den Dateinamen, mit dem die exportierten Daten gespeichert werden, und wählen Sie, ob die webEdition XML-Datei auf der lokalen Festplatte oder auf dem Server gespeichert werden soll.

Auswahl
: Wählen Sie die zu exportierenden Elemente. Exportieren Sie entweder automatisch alle Dokumente oder Objekte mit angegebenen Eigenschaften oder wählen Sie manuell einzelne Objekte, Dokumente, Vorlagen oder Klassen aus.

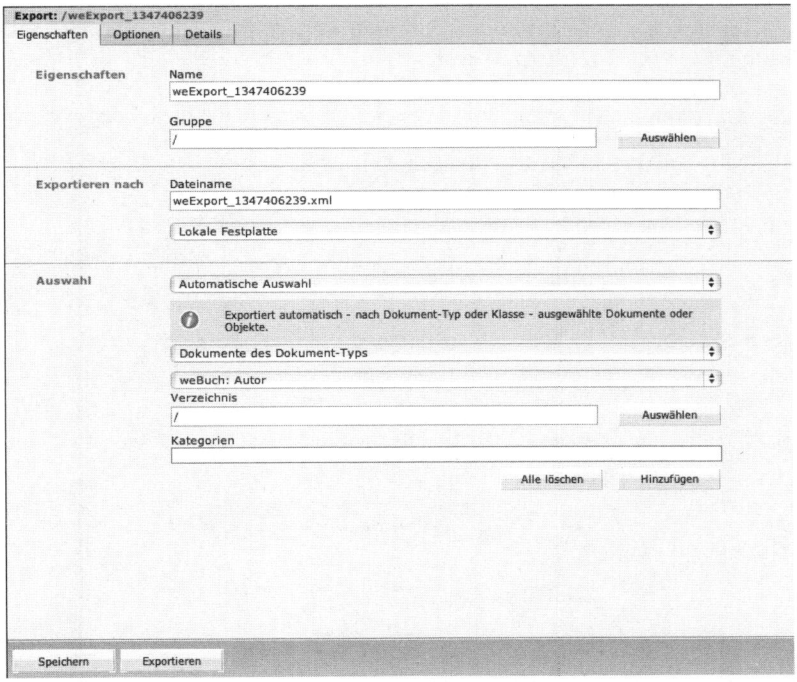

Abbildung 5.39: Grundlegende Eigenschaften eines Exports

Sofern Sie sich für die manuelle Auswahl (siehe Abbildung 5.40) der zu exportierenden Elemente entscheiden, beachten Sie bitte, dass wirklich alle markierten Elemente exportiert werden.

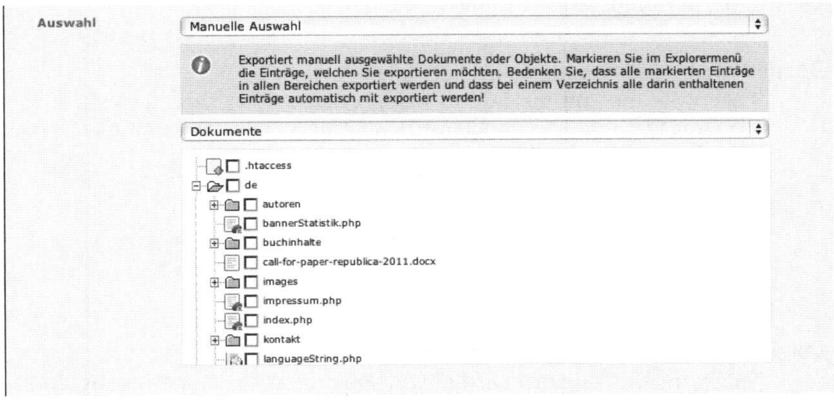

Abbildung 5.40: Manuelle Auswahl von Elementen

Das heißt, wenn Sie in der manuellen Auswahl Objekte und gleichzeitig Dokumente markieren, enthält Ihr Export später die Objekte und Dokumente.

Als Nächstes legen Sie im Reiter **Optionen** weitere Einstellungen (siehe Abbildung 5.41) für Ihren Export fest.

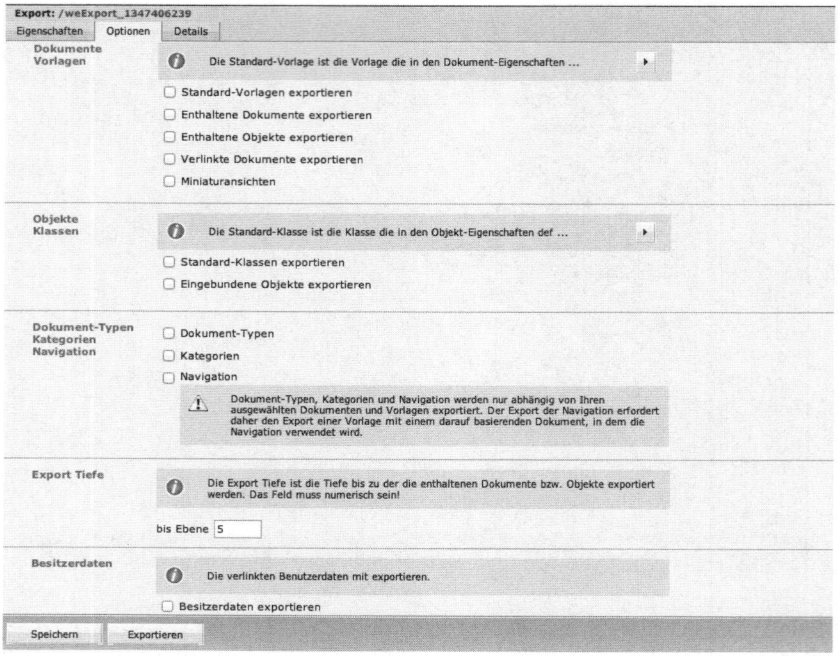

Abbildung 5.41: Optionen eines Exports

Diese sind in die folgenden Bereiche eingeteilt:

Dokumente und Vorlagen
Legen Sie fest, ob die in den Eigenschaften von Dokumenten eingetragene Vorlage oder eingebundene Dokumente bzw. Objekte ebenfalls exportiert werden sollen.

Objekte und Klassen
Legen Sie fest, ob die in den Eigenschaften von Objekten eingetragene Klasse oder eingebundene Objekte ebenfalls exportiert werden sollen.

Dokument-Typen, Kategorien, Navigation
Sollen in den Eigenschaften von Dokumenten eingetragene Dokument-Typen, in den Dokumenten bzw. Objekten zugewiesene Kategorien oder Einträge im Navigationstool exportiert werden?

Export-Tiefe

Legen Sie fest, bis zu welchem Grad eingebundene oder verlinkte Elemente exportiert werden sollen. Bei **Ebene 1** enthält der spätere Export lediglich direkt eingebundene Elemente. Bei **Ebene 2** sind auch in den verlinkten Elementen verlinkte und eingebundene Elemente im Export enthalten usw.

Besitzdaten

Legen Sie fest, ob der Export die in den Elementen eingetragenen Besitzer enthalten soll.

Nachdem Sie alle Einstellungen vorgenommen haben, speichern Sie Ihren Export. Ein nicht gespeicherter Export kann nicht durchgeführt werden. Anschließend starten Sie den Export mit **Exportieren**. Je nach Menge der zu exportierenden Elemente kann der Vorgang einige Minuten dauern. Sie sehen jedoch den aktuellen Fortschritt sowie die tatsächlich exportierten Elemente in einem Statusbereich (siehe Abbildung 5.42) im Reiter **Details**.

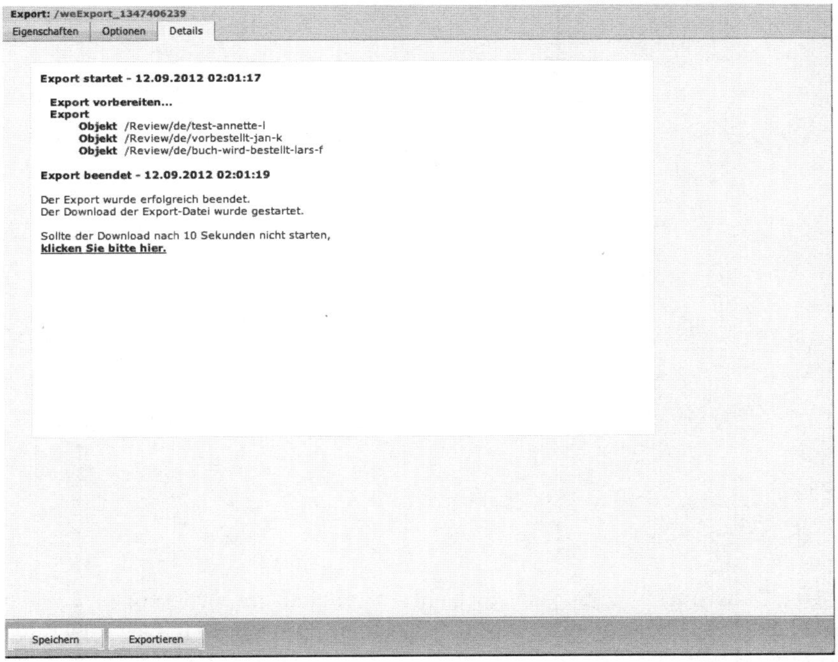

Abbildung 5.42: Statusanzeige eines abgeschlossenen Exports

Nach Abschluss des Exports wird die webEdition XML-Datei je nach Einstellung auf dem Server gespeichert oder der Download gestartet.

5.5.3 Daten importieren

Für den Import von Inhalten steht ebenfalls ein Assistent (siehe Abbildung 5.43) zur Verfügung. Je nach Datenformat, das Sie importieren möchten, haben Sie unterschiedliche Optionen zur Anpassung des Imports.

Abbildung 5.43: Import-Assistent

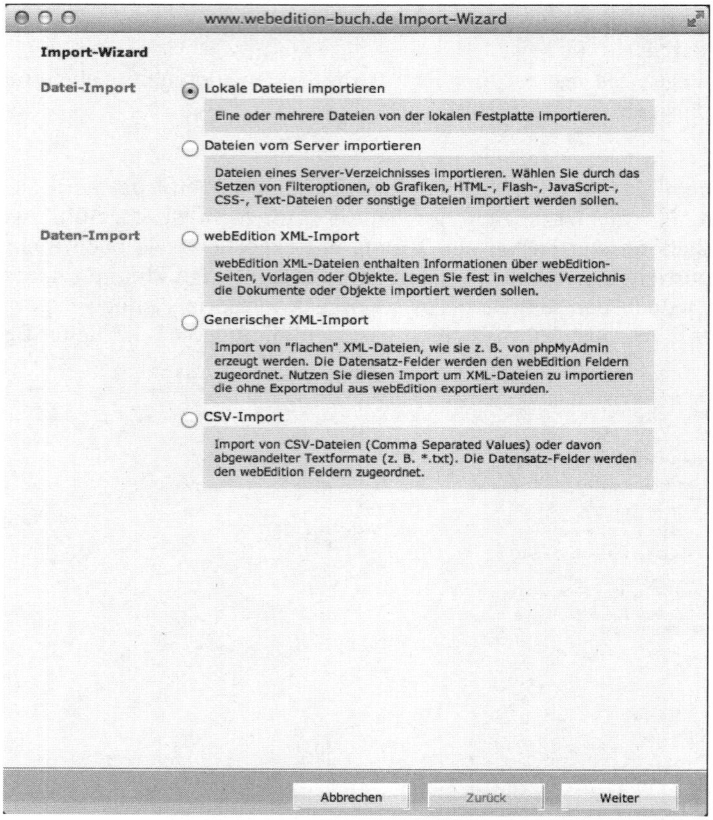

Datei-Import

Der Datei-Import kann eine Vielzahl an Inhalten importieren, u. a. Bilder, JavaScript-, CSS-Dateien, in webEdition als **sonstige Dateien** bezeichnete Dateien wie PDF, Office-Dokumente etc. und auch HTML-Dateien. Diese Art des Imports eignet sich immer dann, wenn Sie mehrere Dateien auf einmal in das CMS importieren möchten. Bereits im ersten Schritt des Import-Assistenten müssen Sie entscheiden, aus welcher Quelle die Daten importiert werden.

Lokale Dateien importieren
Wählen Sie einzeln Dateien auf Ihrem Computer aus, die alle in das gleiche Verzeichnis importiert werden.

Dateien vom Server importieren
Bei dieser Quelle legen Sie ein Verzeichnis auf Ihrem Server fest, in das Sie zuvor z. B. per FTP Daten kopiert haben. Der Datei-Import vom Server ist in der Lage, das angegebene Verzeichnis inkl. aller Unterverzeichnisse unter Beibehaltung der Verzeichnisstruktur zu importieren.

Der Datei-Import von lokalen Dateien ist selbsterklärend. Beim Import vom Server hingegen gibt es verschiedene Optionen. Daher möchte wir diesen etwas näher betrachten. Abbildung 5.44 zeigt den zweiten Schritt des Import-Assistenten für den Datei-Import vom Server.

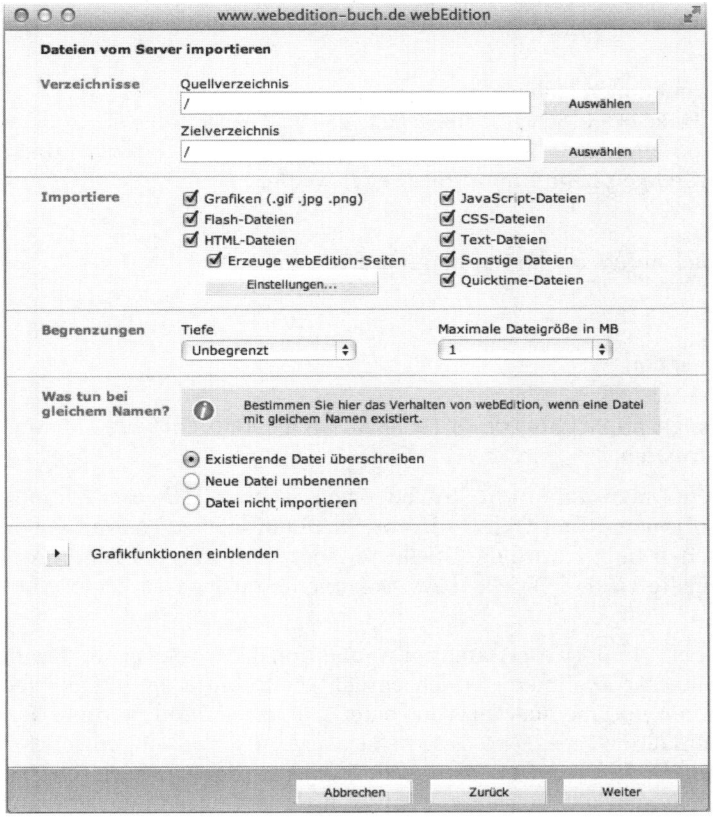

Abbildung 5.44: Import-Optionen beim Datei-Import vom Server

Verzeichnisse
Wählen Sie das Quellverzeichnis auf dem Server sowie das webEdition-Zielverzeichnis aus.

Importiere
Wählen Sie über die Checkboxen, welche Inhaltsarten importiert werden sollen. Sofern Sie HTML-Dateien importieren, entscheiden Sie, ob daraus webEdition-Dokumente erzeugt werden sollen. Falls ja, legen Sie über **Einstellungen** die dafür passenden Einstellungen fest.

Begrenzungen
Legen Sie fest, bis zu welcher (Unter-)Verzeichnistiefe und Dateigröße importiert wird.

Was tun bei gleichem Namen
Entscheiden Sie, wie mit Dateien umgegangen werden soll, die bereits mit demselben Namen in webEdition existieren.

Grafikfunktionen einblenden
Über diese Schaltfläche legen Sie für den Import von Grafiken fest, ob, und wenn ja, welche Miniaturansichten angewendet und ob die Grafiken beim Import bearbeitet werden.

Ein Klick auf **Weiter** startet den Import.

Daten-Import

Der Daten-Import importiert Daten aus den bereits auf Seite 174 vorgestellten Formaten.

Mit dem Daten-Import im CSV- oder generischen XML-Format importieren Sie Dokumente und Objekte in Ihre webEdition Installation. Vor dem eigentlichen Import wird die Quelldatei analysiert. Anschließend ordnen Sie die Inhalte zu den Objekt- bzw. Dokumentenfeldern zu (siehe Abbildung 5.45).

Auch beim Import von Daten im webEdition XML-Format werden die Daten zunächst analysiert, jedoch entfällt die Zuordnung zu Objekten, Dokumenten und die Auswahl von Feldern, da diese Informationen bereits in der webEdition XML-Datei gespeichert sind. Abschließend entscheiden Sie, welche Inhalte (nur Dokumente, nur Objekte, nur Kategorien, nur Dokumenten-Typen oder alles) aus dem Export durch webEdition übernommen werden.

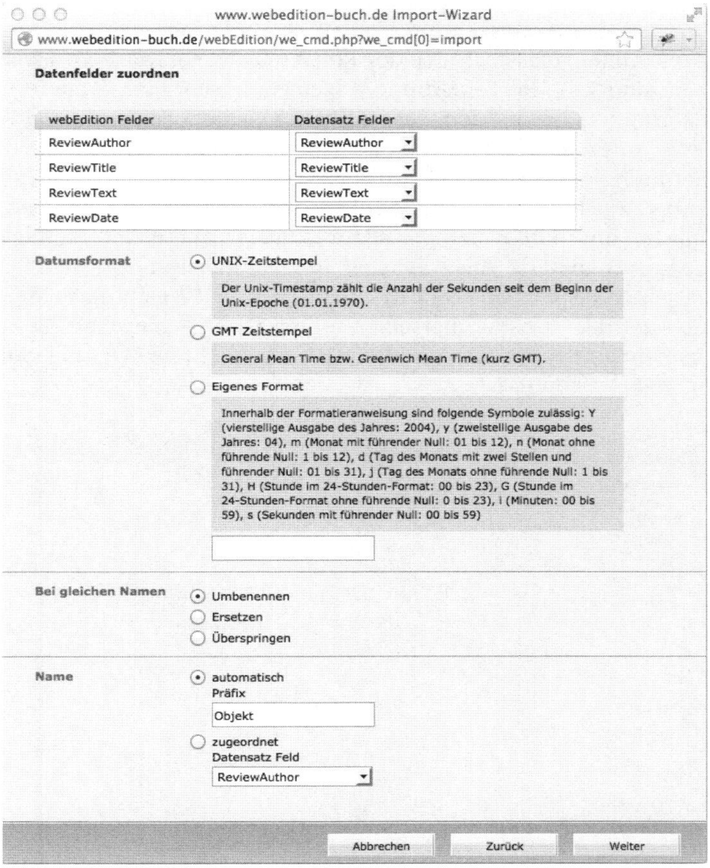

Abbildung 5.45: Zuweisung von Datenfeldern beim CSV-Import

5.6 Kundenverwaltung

Die webEdition-Kundenverwaltung ermöglicht die Registrierung und Administration von Daten Ihrer Website-Besucher, die wir nachfolgend als „Kunden“ bezeichnen. Dadurch lassen sich z. B. geschlossene Kundenbereiche, Online-Shops, Communities und Portale realisieren.

Die Kundenverwaltung ist so flexibel, dass für die Verwaltung von Profilinformationen frei definierbare Felder angelegt werden können. Neben den frei definierbaren Feldern gibt die Kundenverwaltung lediglich einige wenige Felder vor, die vom System geschützt sind und sich nicht ändern lassen.

Dazu gehören der **Kundenname** (Username), **Passwort**, **Vorname** und **Nachname**.

Felder in der Kundenverwaltung werden in Feldgruppen – dem sog. *Bereich* – zusammengefasst. Die Felder **Kundenname**, **Passwort**, **Vorname** und **Nachname** sind z. B. der Feldgruppe **Allgemein** zugeordnet. Weitere Felder und Feldgruppen lassen sich über einen einfachen Dialog (siehe Abbildung 5.46) anlegen, bearbeiten und löschen. Neben der Feldbezeichnung und Zuordnung zu einem Bereich (Feldgruppe) unterscheidet die Kundenverwaltung zwischen verschiedenen Feldtypen. Neben den Feldtypen **Text**, **Auswahllisten** und **Datum** sind vor allem **language** und **country** interessant, die jeweils ISO-kodierte Auswahllisten (für Länder und Sprachen) erzeugen, die je nach Sprachauswahl des Kunden bzw. Website-Besuchers automatisch auf der Website übersetzt werden. Diese Eigenschaft ist besonders für mehrsprachige und international ausgerichtete Websites von Bedeutung (vgl. Abschnitt 2.3).

Abbildung 5.46: Felder und Feldgruppen in der Kundenverwaltung administrieren

Die Zuordnung von Feldern zu Feldgruppen hat Auswirkungen auf die Darstellung in der Kundenverwaltung. Jede Feldgruppe wird als eigener Tab bzw. Reiter dargestellt (siehe Abbildung 5.47). Neben dem Tab **Allgemein**, der eine Sonderstellung einnimmt, erzeugt die Kundenverwaltung automatisch vier weitere Tabs:

Alle

fasst alle Felder, gruppiert nach der Feldgruppe, zusammen, ausgenommen **Bestellungen des Kunden**, **Objekte des Kunden** und **Dokumente des Kunden**.

Bestellungen des Kunden
alle Bestellungen eines Kunden aus dem webEdition Shop-Modul (vgl. Abschnitt 5.8). Der Reiter wird nur angezeigt, wenn das Shop-Modul unter **Extras | Einstellungen | Allgemein | Modulaktivierung** aktiviert ist.

Objekte des Kunden
Unter diesem Reiter erfolgt eine Auflistung aller webEdition-Objekte, die dem Kunden zugeordnet sind. Dies ist dann sinnvoll, wenn Inhalte nur für einen bestimmten Kunden zugänglich gemacht werden sollen oder ein angemeldeter Nutzer über die Webseite Inhalte (z. B. einen Kommentar) erstellt. Wie auch bei **Bestellungen des Kunden** wird dieser Tab nur angezeigt, wenn in den Einstellungen das Datenbank/Objekt-Modul aktiviert ist.

Dokumente des Kunden
Bei diesem Tab verhält es sich analog zum Reiter **Objekte des Kunden**. Da jedoch Dokumente zum Basissystem gehören, ist dieser Tab immer sichtbar und lässt sich nicht ausblenden.

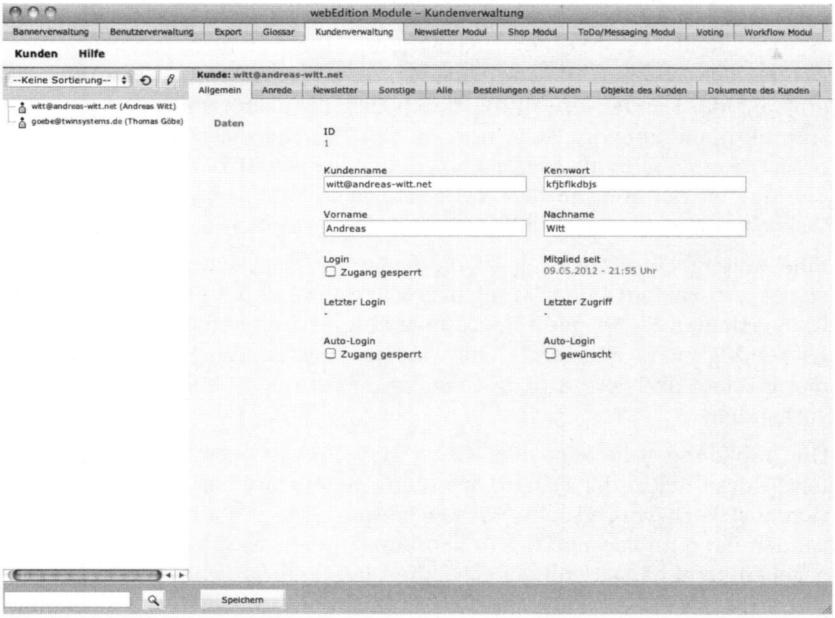

Abbildung 5.47: Ansicht eines Kundendatensatzes in der Kundenverwaltung

Eine weitere Besonderheit, die Entwickler beachten müssen, gilt den Feldgruppen **Allgemein** und **Sonstige**. Bei zusätzlich angelegten Feldern in der Kundenverwaltung werden die Felder über das webEdition Tag

```
<we:sessionField type="" name="" />
```

angesprochen. Für das Attribut `name` wird das gewünschte Feld nach dem Muster `$Feldgruppe_$Feldname`, z. B.

```
<we:sessionField type="textinput" name="Anrede_Anrede" />
```

angegeben. Bei den Feldgruppen **Allgemein** und **Sonstige** wird der Zusatz `$Feldgruppe` weggelassen und nur der Feldname genutzt, z. B.

```
<we:sessionField type="textinput" name="Kundengruppe" />
```

wobei das Feld **Kundengruppe** der Feldgruppe (Bereich) **Sonstige** zugeordnet ist.

Beim Einsatz der webEdition-Kundenverwaltung müssen zwei konzeptionelle Einschränkungen dann berücksichtigt werden, wenn Sie mehrsprachige Websites oder Multi-Domain-Projekte realisieren möchten.

1. keine Mandantenfähigkeit
2. keine Übersetzung der Feldnamen von zusätzlich hinzugefügten Feldern im Backend

Werden mit einer webEdition-Installation mehrere Domains verwaltet, lässt sich für alle Domains die Kundenverwaltung nutzen. Jedoch kann der Zugriff auf die Kundenverwaltung durch den Redakteur nicht auf eine bestimmte Kundenmenge (z. B. nur Kunden der Website `www.webedition-buch.de` eingeschränkt werden. D. h., der Redakteur hat auch Zugriff auf die Kunden der Website `www.webedition-magazin.de`, sofern Sie beide Webseiten mit einer webEdition-Installation verwalten.

Eine weitere Einschränkung ist die fehlende Übersetzung von zusätzlich angelegten Feldern in der Kundenverwaltung. Aktuell werden nur die vom CMS erstellten Felder und Feldgruppen automatisch anhand der gewählten Backend-Sprache übersetzt. Eine Übersetzungsfunktion für benutzerdefinierte Felder und Feldgruppen ist aufgrund der Datenstruktur derzeit nicht vorhanden.

Die Abbildung 5.48 zeigt den Dialog zum Anlegen des benutzerdefinierten Feldes **Titel** in der Feldgruppe (Bereich) **Anrede**. Für jedes Feld lassen sich zusätzlich vorgegebene Werte festlegen. Die hier angegebenen Werte werden dann im Backend der webEdition-Kundenverwaltung genauso ausgegeben, unabhängig von der gewählten Backend-Sprache.

Aufgrund dieser Einschränkung ist es sinnvoll, bereits zu Beginn eines Projektes festzulegen, wie Felder bezeichnet werden sollen. Dies kommt dann zum Tragen, wenn mehrsprachige und/oder internationale Websites mit verschiedenen Redakteuren für verschiedene Sprachversionen betreut werden. Eine mögliche Vorgehensweise ist die Bezeichnung aller Felder und Feldgruppen in englischer Sprache.

Abbildung 5.48: Benutzerdefinierte Felder in der Kundenverwaltung hinzufügen

Anders verhält es sich mit der Darstellung auf der Website. Hier haben die Bezeichnungen von Feldern und Feldgruppen keine Auswirkungen. Um das Feld **Titel** auf der Website beispielsweise in einem Newsletter-Anmeldeformular auszugeben, nutzen wir den webEdition-Tag `<we:subscribe type="title" />`. Mithilfe des Tags lässt sich eine Auswahlliste erzeugen, die je nach Sprache der Website unterschiedliche Werte enthält.

```
<we:comment>je nach Sprachversion der Website (Deutsch oder Englisch) ↘
unterschiedliche Werte für Titel</we:comment>

<we:ifPageLanguage match="de_DE" doc="top">
    <we:comment>deutsche Sprachversion</we:comment>
    <we:subscribe type="title" value="Bitte wählen ..." values="Dr.,↘
Prof.,Prof. Dr." />
<we:else/>
    <we:comment>englische Sprachversion</we:comment>
    <we:subscribe type="title" value="Choose ..." values="Dr.,Prof." />
</we:ifPageLanguage>
```

5.6.1 Kundendaten im- und exportieren

Für umfangreiche Kundendatenbanken sowie für den Transfer von Kundendaten zwischen verschiedenen Systemen bietet die webEdition-Kundenverwaltung Im- und Exportmöglichkeiten in den Formaten CSV und XML. Beim Export wählen Sie die zu exportierenden Kundendaten manuell aus oder filtern sie automatisch anhand von Kriterien (siehe Abbildung 5.49). Dabei enthält der Export immer alle Datenfelder der Kundenverwaltung.

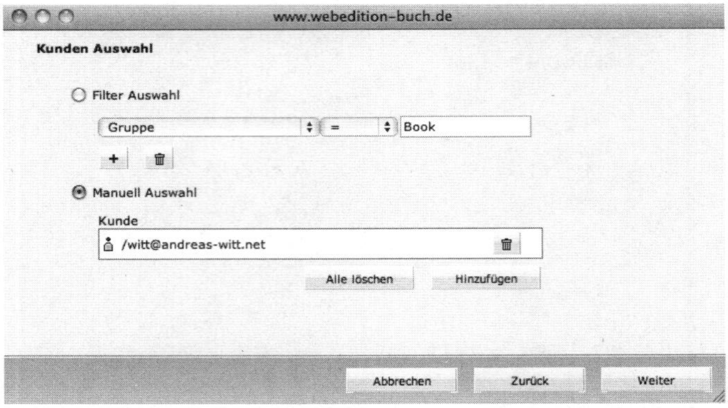

Abbildung 5.49: Manueller oder automatischer Export von Kundendaten

Ein Export lässt sich jedoch mit webEdtion Templates auch automatisieren. Dabei besteht die Möglichkeit die Ausgabe der Datenfelder zu beeinflussen. Das nachfolgende Code-Beispiel zeigt, wie Sie mit einem webEdition Template ein XML-Export aller Kundendatensätze, der nur Vor- und Nachnamen enthält, erstellen.

```
<we:comment>Exportieren ausgewählter Kundendatenfelder in eine XML-\
Datei</we:comment>
<?php
$XMLressource = xmlwriter_open_uri  ("/tmp/we_customer_export.xml");
xmlwriter_set_indent_string  ( $XMLressource, " "  );
xmlwriter_start_document  ($XMLressource, "1.0", "UTF-8", "yes")."\n\r\
";
    xmlwriter_set_indent( $XMLressource, TRUE  );
    xmlwriter_write_raw( $XMLressource , '<webEdition>'  )."\n\r";
    xmlwriter_set_indent( $XMLressource, TRUE  );
?>

<we:comment>Erstellen einer XML-Datei, die nur Vor- und Nachnamen \
enthält, sortiert nach der Kunden-ID</we:comment>
<we:listview type="customer" name="customerExport" order="we_id">
    <we:repeat>
        <we:field type="text" name="Forename" to="global" nameto="\
customerForename">
        <we:field type="text" name="Surname" to="global" nameto="\
customerSurname">
        <?php
        xmlwriter_start_element  ( $XMLressource, "we:object")."\n\r";
            xmlwriter_set_indent  ( $XMLressource, TRUE  );
            xmlwriter_write_element  ( $XMLressource, "Forename" , "<![\
CDATA[".$GLOBALS['customerForename']."]]>" )."\n\r";
            xmlwriter_write_element  ( $XMLressource, "Surname" , "<![\
CDATA[".$GLOBALS['customerSurname']."]]>" )."\n\r";
```

```
        xmlwriter_set_indent   ( $XMLressource, TRUE  );
        xmlwriter_end_element   ( $XMLressource );
        xmlwriter_write_comment( $XMLressource , ' webackup '  );
        xmlwriter_set_indent   ( $XMLressource, TRUE  );
        ?>
    </we:repeat>
</we:listview>
<?php
    xmlwriter_write_raw( $XMLressource , '</webEdition>'  )."\n\r";
    xmlwriter_end_document($XMLressource)."\n\r";
?>
```

Verknüpfen Sie das Template mit einem webEdition-Dokument, beispielsweise `weCustomerExport.php`, lässt sich unter Einsatz eines Cronjobs ein regelmäßiger Export erstellen.

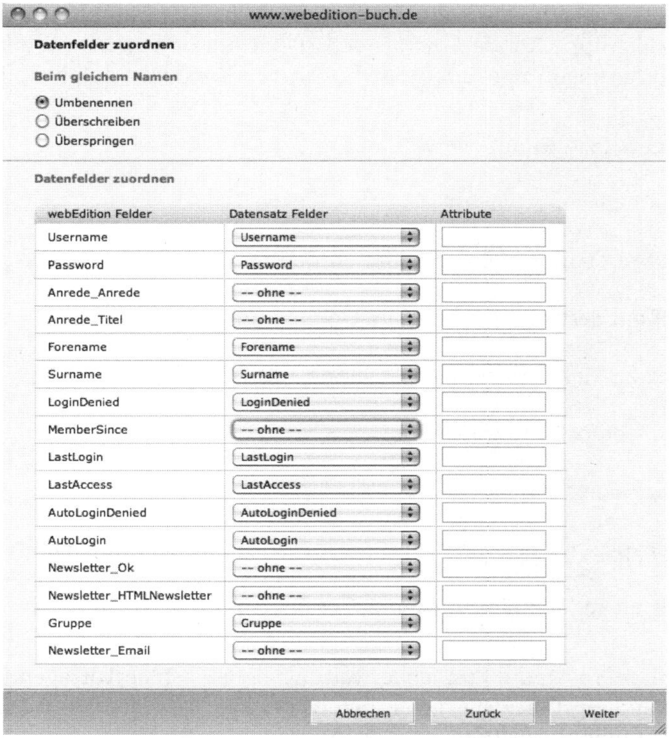

Abbildung 5.50: XML-Import von Kundendaten

Für den Import von Kundendaten stehen Ihnen ebenfalls die beiden Dateiformate XML und CSV zur Verfügung. Vor dem Import wird die Quelldatei durch webEdition analysiert, und das Importverhalten kann für den Fall **Bei gleichem Namen** auf **Umbenennen**, **Überschreiben** oder **Überspringen** eingestellt werden. Anschließend nehmen Sie die Zuordnung der Datenfelder aus der Quelldatei zu den Datenfeldern der webEdition-Kundenverwaltung (siehe Abbildung 5.50) vor. Dabei legen Sie auch fest, welche Felder nicht zu importieren sind, um ein Überschreiben von Daten zu vermeiden.

5.6.2 Extranet – geschützte Kundenbereiche

Definitorisch ist das Extranet die Teilmenge eines Intranets, das für eine geschlossene Benutzergruppe über das Internet zugänglich ist. Dabei erhält die Benutzergruppe (meist eingeschränkten) Zugriff auf Medien und Funktionen des Intranets mit dem Ziel, Kommunikation und Prozesse zwischen den Beteiligten zu optimieren. Somit setzt ein Extranet die Existenz eines Intranets voraus.

In der Praxis werden mit dem Begriff Extranet jedoch oft Kundenportale und geschützte oder geschlossene Kundenbereiche verknüpft, die speziell für die Zielgruppe Kunden bzw. Geschäftspartner entwickelt werden. Häufige Anforderungen und/oder Funktionen von Kundenportalen sind:

- Benutzer- bzw. Kundenverwaltung
- Authentifizierung (Login)
- Verwaltung von Profilinformationen durch den Kunden/Partner
- Zugriff auf Service- und Support-Dokumente
- Zugang zu Ticket-Systemen für Support-Anfragen
- Interne Veranstaltungskalender
- Personalisierte Inhalte
- Kundenspezifische Dokumente (Vertragsunterlagen, Vorlagen etc.)
- Preislisten für Händler und/oder Geschäftspartner etc.

Das webEdition-Modul Kundenverwaltung eignet sich hervorragend für solche Anwendungsfälle. Wir haben bereits gezeigt, dass sich die Datenstruktur der Kundenverwaltung an die individuellen Bedürfnisse eines jeden Projektes anpassen lässt. Zusätzlich können die mit webEdition erstellten und verwalteten Verzeichnisse, Dokumente (webEdition-Dokumente und Grafiken) und Objekte mit der Kundenverwaltung verknüpft werden. Diese Verknüpfung erfolgt über den Tab **Kunden**, wo gleichzeitig auch die Zugriffsberechtigungen gesteuert werden.

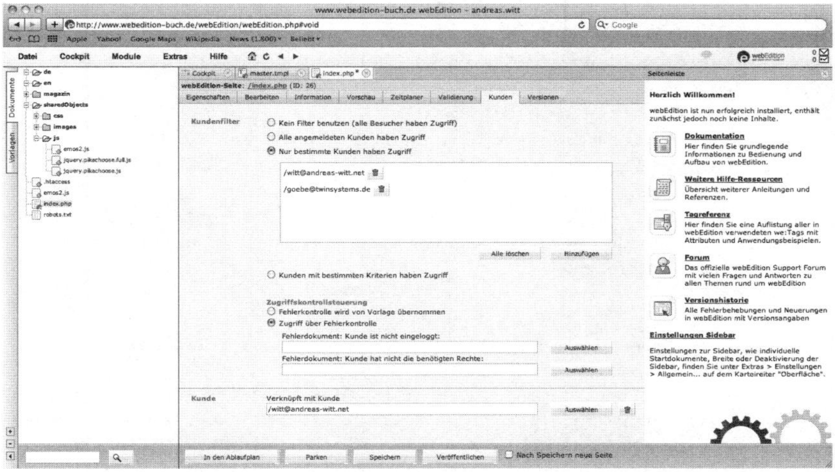

Abbildung 5.51: Zugriffsberechtigungen von Dokumenten für die Kundenverwaltung

Wie die Abbildung 5.51 zeigt, unterscheidet das CMS webEdition zwischen **Kundenfilter** und **Kunden**. Der Bereich **Kunden** ermöglicht die Verknüpfung mit genau einem Kunden aus der Kundenverwaltung und stellt somit eine Beziehung zwischen Verzeichnis, Dokument oder Objekt und dem Kunden her. Durch diese Verknüpfung erfolgt die Anzeige aller Dokumente unter dem Reiter **Dokumente des Kunden** in der webEdition-Kundenverwaltung. Gleichzeitig wird dadurch das Bearbeiten von Dokumenten bzw. Objekten für den angemeldeten Kunden über die Webseite ermöglicht. Somit lassen sich z. B. Referenzen von Partnern in einem geschlossenen Mitgliederbereich selbst verwalten, wie es auf `http://www.webedition.org` der Fall ist.

Die Verknüpfung von Verzeichnissen, Dokumenten und Objekten mit einem Kunden erfolgt redaktionell im webEdition Backend oder beim Anlegen durch den eingeloggten Kunden über die Website. Dazu setzen Sie in Vorlagen das webEdition Tag `<we:write type="document" protected="true" />` wie folgt ein:

```
<we:comment>Dieses Formular wird nur eingeloggten Kunden angezeigt und \
ermöglicht das Anlegen von Referenzen</we:comment>
<we:ifRegisteredUser>
    <we:comment>Alles innerhalb von <we:ifVar> wird erst ausgeführt, \
wenn das Formular einmal gesendet wurde</we:comment>
    <we:ifVar name="isNotFirst" match="true" type="request" operator="\
equal">
        <we:comment>Das Attribut protected="true" erzeugt die \
Verknüpfung zwischen dem Dokument und dem eingeloggten Kunden</we:\
```

```
comment>
        <we:write type="document" formname="userReference" publish="\
true" doctype="Referenz" protected="true" />

        <we:comment>Überprüft, ob das Dokument gespeichert werden \
konnte</we:comment>
        <we:ifWritten type="document">
            <p class="success">Die Referenz wurde erfolgreich \
eingetragen und kann im Mitgliederbereich bearbeitet werden.</p>
        <we:else/>
            <p class="error">Beim Eintragen der Referenz ist ein Fehler\
 aufgetreten. Bitte versuchen Sie es erneut.</p>
        </we:ifWritten>
    </we:ifVar>

    <we:form type="document" doctype="Referenz" id="self" name="\
userReference" nameid="reference" method="post">
        <we:userInput type="hidden" name="isNotFirst" property="true"/>
        <label for="referenceTitle">Titel: </label><we:userInput type="\
textinput" name="Title" property="true" nameid="referenceTitle" />
        <label for="referenceURL">URL: </label><we:userInput type="\
textinput" name="URL" property="false" nameid="referenceURL" />
        <label for="referenceDescription">Beschreibung: </label><we:\
userInput type="textarea" name="Description" property="false" nameid="\
referenceDescription" />
        <label for="referenceScreenshot">Screenshot: </label><we:\
userInput type="img" name="Screenshot" parentid="1" quality="8" \
keepratio="true" checkboxtext="Löschen"/>
        <input type="button" value="Absenden"/>
    </we:form>
</we:ifRegisteredUser>
```

Das Beispiel lässt sich beliebig erweitern und auf andere Anwendungsfälle übertragen. Setzen Sie etwa Community-Funktionen wie Kommentare auf Ihren Webseiten ein, lassen sich auch diese mit dem Kunden verknüpfen. Ermitteln Sie dadurch z. B., wie viele Kommentare ein User (Kunde) erstellt oder welcher User die meisten Kommentare geschrieben hat.

Abhängig vom Status eines Users (Kunden) ließe sich auch steuern, ob der eingereichte Kommentar gleich veröffentlicht oder zunächst moderiert wird. In Kombination mit dem webEdition Workflow-Modul, das wir im Abschnitt 5.11 vorstellen, können Sie über die Website eingereichte und nicht veröffentlichte Dokumente und Objekte automatisch einem redaktionellen Workflow zur Freigabeprüfung übergeben.

```
<we:setVar to="global" nameto="publishNow" value="false" />

<we:comment>Die ID des angemeldeten Users ermitteln</we:comment>
<we:sessionField type="print" name="ID" to="global" nameto="customerID"\
 />

<we:comment>Prüfen, ob der User bereits Kommentare eingereicht hat und \
```

```
diese veröffentlicht wurden</we:comment>
<we:listview type="object" name="userComments" rows="1" order="\
we_published" desc="true" classid="7" customers="\$customerID">
    <we:ifFound>
        <we:setVar to="global" nameto="publishNow" value="true" />
    </we:ifFound>
</we:listview>

<we:ifVar name="publishNow" match="true" type="global" operator="equal\
">
    <we:write type="object" formname="userComment" publish="true" \
classid="7" protected="true" />
<we:else/>
    <we:comment>User hat noch keine veröffentlichten Kommentare und \
muss moderiert werden</we:comment>
    <we:write type="object" formname="userComment" publish="false" \
classid="7" protected="true" workflowname="Kommentar prüfen" \
workflowuserid="1" />
</we:ifVar>
```

Das Code-Beispiel zeigt, wie sich z. B. für eine Kommentarfunktion auf der Webseite die Kundenverwaltung und das Workflow-Modul nutzen lassen, um (teil-)automatisiert Kommentare zu verarbeiten. Bei einem angemeldeten Nutzer, der z. B. bereits veröffentlichte Kommentare besitzt, werden weitere Kommentare sofort veröffentlicht. Andernfalls erfolgt eine redaktionelle Prüfung des Kommentars mittels Workflow-Modul und dem Workflow **Kommentar prüfen**. Den eingereichten Kommentar weist webEdition automatisch dem Redakteur mit der ID 1 (`workflowuserid="1"`) aus der Benutzerverwaltung zu (siehe Abschnitt 5.2).

Bisher haben wir uns nur mit der Verknüpfung von Verzeichnissen, Dokumente und Objekten mit der Kundenverwaltung beschäftigt. Diese Verknüpfung hat jedoch keinen Einfluss auf den Zugriff, d. h. alle mit einem Kunden verknüpften Assets sind uneingeschränkt auf der Website verfügbar. Für geschützte Kundenbereiche muss sich jedoch auch der Zugriff auf Assets konfigurieren lassen. Dazu ist der in Abbildung 5.51 bereits benannte Bereich **Kundenfilter** zuständig, über den sich sechs verschiedene Einstellungen vornehmen lassen.

Keine Filter benutzen

Bei dieser Standardeinstellung haben alle Besucher der Website Zugriff auf das jeweilige Asset.

Alle angemeldeten Kunden haben Zugriff

Nur Besucher, die in der Kundenverwaltung angelegt und aktuell auf der Website eingeloggt sind, haben Zugriff auf das Verzeichnis, Dokument oder Objekt. Diese Einstellung wird zusätzlich in Kombination mit der Zugriffskontrollsteuerung (Punkt 5 und 6) genutzt.

Nur bestimmte Kunden haben Zugriff

Hier werden diejenigen Kunden aus der Kundenverwaltung ausgewählt, die Zugriff auf das Asset erhalten sollen. Diese Einstellung wird zusätzlich in Kombination mit der Zugriffskontrollsteuerung (Punkt 5 und 6) genutzt.

Kunden mit bestimmten Kriterien haben Zugriff

Diese Einstellung ermöglicht die umfangreichsten Konfigurationen. Um Zugriff auf das jeweilige Verzeichnis, Dokument oder Objekt zu erhalten, muss der angemeldete Besucher bestimmte Kriterien erfüllen, die sich aus einer Kombination verschiedener Felder der Kundenverwaltung und definierter Werte ergeben. So kann z. B. das Feld **Kundengruppe** genutzt werden, um nur einer bestimmten Kundengruppe Zugriff zu geben. Es lassen sich alle Felder der Kundenverwaltung nutzen und mit den Booleschen Operatoren `UND` und `ODER` verknüpfen. Zusätzlich verfügt diese Einstellung über eine schwarze und weiße Liste, die unabhängig von den festgelegten Kriterien den Zugriff für ausgewählte Kunden steuert.

Fehlerkontrolle wird über Vorlage übernommen

Bei dieser Standardeinstellung wird davon ausgegangen, dass die Fehlerbehandlung direkt im Template erfolgt, d. h. im Template wird gesteuert, was passiert, wenn etwa der Besucher nicht eingeloggt ist (z. B. mittels `<we:ifRegisteredUser>`) oder nicht die notwendigen Rechte für den Zugriff (mittels des Parameters `permission` des `<we:ifRegisteredUser>`) besitzt.

Zugriff über Fehlerkontrolle

Ist diese Einstellung aktiviert, wird für die Fehlerfälle *Kunde ist nicht eingeloggt* und *Kunde hat nicht die benötigten Rechte* das webEdition-Dokument angezeigt, das hier zugewiesen wurde.

Neben dem Zugriffsschutz von Dokumenten und Objekten lassen sich die genannten Kundenfilter in ähnlicher Form auch im Navigations-Tool anwenden. Wie bereits in Abschnitt 4.4 beschrieben, lassen sich mit dem flexiblen webEdition Navigations-Tool alle möglichen Navigations-Konzepte realisieren – dazu gehören natürlich auch geschützte Navigationsbereiche.

Dazu bietet das Navigations-Tool unter dem Reiter **Kundenfilter** Einstellungen, die den Einstellungen bei Dokumenten und Objekten ähneln (siehe Abbildung 5.52). Zusätzlich gibt es im Navigations-Tool weitere Konfigurationsmöglichkeiten:

Filtereinstellungen des Dokuments bzw. Objekts verwenden

Bei dieser Standardeinstellung werden die beim Dokument bzw. Objekt gesetzten Filter berücksichtigt. Somit lassen sich die Kundenfilter zentral steuern und zuweisen.

Nur nicht angemeldete Nutzer haben Zugriff

Diese Einstellung ist besonders interessant, um bestimmte Seiten wie z. B. **Registrierung** ausschließlich nicht angemeldeten Besuchern anzuzeigen. Dadurch lassen sich unnötige Informationen wie Verweise zu Login-Seiten für angemeldete Kunden ausblenden.

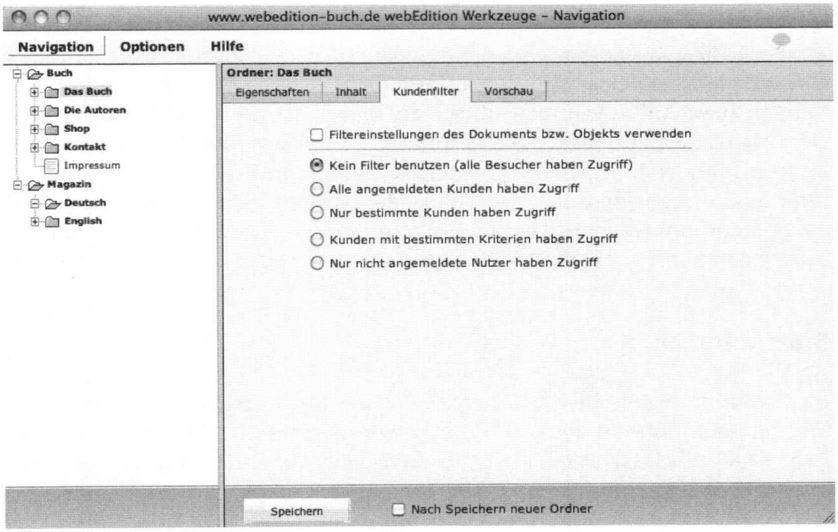

Abbildung 5.52: Kundenfilter im webEdition Navigations-Tool

Anhand dieser Einstellungen wird deutlich, dass sich mit webEdition in Kombination mit der Kundenverwaltung flexible Zugriffsrechte redaktionell vergeben und dadurch alle denkbaren Funktionen innerhalb eines Kundenportals realisieren lassen. Ein weiterer Vorteil der Kundenverwaltung – wie auch aller anderen Module – ist die perfekte Integration ins gesamte System. Die Kundenverwaltung hat z. B. auch Zugriff auf das Banner-Modul (siehe Abschnitt 5.1). Dadurch ist es möglich, Banner innerhalb einer Website einem Kunden zuzuweisen und ihm (in einem geschützten Bereich) Zugriff auf die Statistiken des Banners zu geben. Auch das Voting-Modul (siehe Abschnitt 5.10), mit dem sich Umfragen realisieren lassen, ermöglicht eine Verknüpfung zur Kundenverwaltung. Dadurch ist es möglich, bestimmte Umfragen nur für eine geschlossene Kundengruppe anzubieten. Somit lässt sich personalisiertes Kundenfeedback ermitteln.

Die Einsatzmöglichkeiten und Anwendungsszenarien für das CMS webEdition in Verbindung mit der Kundenverwaltung sind in der Praxis vielfältig. Die Kombination kann z. B. für den Karrierebereich genutzt werden, um automatisch Bewerbungen zu erfassen und Workflow-basiert zu verarbeiten. Es lassen sich auch komplette Stellenportale umsetzen.

Für umfangreiche Pressebereiche auf einer Website erweist sich der Einsatz der Kundenverwaltung ebenfalls als sinnvoll, wenn Sie verschiedenen Pressevertretern Zugriff auf Pressemappen gewähren möchten und die Pressevertreter die Einstellungen für themenbasierte Newsletter selbst vornehmen oder sich individualisierte RSS-Feeds zusammenstellen können. Umfangreiche Händlerbereiche mit Zugriff auf Support-Dokumente, Preislisten, Lizenzinformationen etc. sind ebenso möglich wie die Abbildung gesamter web-basierter Businessmodelle wie z. B. individualisierte Postkarten.

Obwohl sich mit der webEdition-Kundenverwaltung sehr komplexe Anwendungen bzw. Anforderungen umsetzen lassen, ist die Entwicklung mittels weniger webEdition Tags sehr komfortabel. Ein besonders für Redakteure interessanter Tag ist `<we:registerSwitch />`, mit dem sich im Bearbeiten-Modus des webEdition Backends die Ansicht eines eingeloggten und eines nicht eingeloggten Users simulieren lässt. Das kann besonders beim Einpflegen von Fehler- und Hilfetexten sinnvoll sein.

5.6.3 Intranet

Im Abschnitt 3.1 haben wir bereits darauf hingewiesen, dass sich webEdition auch ohne bestehende Internetverbindung installieren und nutzen lässt. Dadurch lassen sich auch Intranets, die nur innerhalb eines Fimennetzwerkes erreichbar sein sollen, umsetzen. Dabei wird die Kundenverwaltung für die Administration der Mitarbeiter genutzt. Funktionen und Anforderungen lassen sich dann analog zum Extranet realisieren.

Soll eine webEdition-Installation sowohl für die Pflege der Webseite und eines geschlossenen Kundenbereiches als auch für ein Intranet genutzt werden, müssen Kunden und Mitarbeiter in der Kundenverwaltung administriert werden. Eine Unterscheidung der Benutzergruppen kann z. B. anhand von Kundengruppen erfolgen. Dies hat jedoch folgende Nachteile:

- Redakteure mit Zugriff auf die Kundenverwaltung können auch die Daten von Mitarbeitern einsehen.
- Bei einer falschen Gruppenzuweisung haben auch Kunden Zugriff auf das Intranet.
- Das Intranet ist über das Internet erreichbar und so potenziell weiteren Gefahren ausgesetzt.

Zwar verwaltet das CMS webEdition Redakteure bzw. Backend-User in der separaten Benutzerverwaltung (siehe Abschnitt 5.2), jedoch können sich die Benutzer aus der Benutzerverwaltung nicht über das Frontend (Website) authentifizieren. Zwar ist für zukünftige Versionen des CMS geplant, die Benutzerverwaltung um eine Authentifizierungsmöglichkeit über das Frontend zu erweitern, aktuell müssen Sie aber o.g. Einschränkungen bei der Realisierung von Intranet-Projekten berücksichtigen.

Bei Intranet-Projekten gibt es oft die Anforderung, dass die Benutzerdaten aus einem bereits bestehenden Drittsystem (z. B. LDAP oder Active Directory) zu beziehen sind. Dies ist aufgrund der zentralen und eindeutigen Datenhaltung nachvollziehbar. Leider bietet webEdition aktuell keinen LDAP-Connector, der eine direkte Anbindung ermöglichen könnte. Eine Alternative ist die Importfunktion der webEdition-Kundenverwaltung. Bei einem regelmäßigen Import wird sichergestellt, dass nur bestimmte Daten wie z. B. Username und Passwort aus dem Drittsystem übertragen werden und andere, nur in webEdition erfasste Profildaten erhalten bleiben.

5.6.4 Weitere Einsatzbereiche

Neben der Realisierung von Extra- oder Intranet-Projekten können mit der Kundenverwaltung noch weitere Anforderungen bzw. Aufgaben umgesetzt werden. Ist der Einsatz des webEdition Shop-Moduls geplant, bilden das Shop-Modul und die Kundenverwaltung eine untrennbare Einheit zur Umsetzung eines Online-Shops. Dabei übernimmt die Kundenverwaltung die Speicherung der Kundendaten wie Liefer-, Adress- und Logindaten und das Shop-Modul die Speicherung der einzelnen Bestellungen. Wie Sie Online-Shops mit webEdition realisieren, zeigen wir im Abschnitt 5.8.

Eine weitere Anwendungsmöglichkeit der Kundenverwaltung ist das Erfassen von Abonnenten für das E-Mail-Marketing mit dem Newsletter-Modul. Interessierte Besucher werden bei der Anmeldung zum Newsletter oder anderen Mailings direkt in der Kundenverwaltung gespeichert. Dadurch können sich interessante Synergieeffekte ergeben, wenn Sie die Kundenverwaltung gleichzeitig für geschlossene Kundenbereiche einsetzen. Wie Sie Abonnenten in Verbindung mit dem Newsletter-Modul in der Kundenverwaltung erfassen, erläutern wir Ihnen im folgenden Abschnitt 5.7.

5.7 Newsletter

Mit dem Newsletter-Modul bietet webEdition ein Instrument für E-Mail-Marketing-Kampagnen. Im Unterschied zu anderen professionellen E-Mail-Marketing-Suiten wie z. B. ELAINE, eCircle, MailingWork etc. fehlen dem webEdition Newsletter-Modul aktuell einige wichtige Funktionen:

- Bounce-Management
- Statistik- und Reporting-Funktionen

- automatisierten Mailings (Trigger-Mails, Life-Cycle-Mails etc.)
- Testings (A/B-Tests, multivariante Tests etc.)

Trotz der genannten Einschränkungen lassen sich verschiedene strategische und taktische Maßnahmen im E-Mail-Marketing realisieren. Um dies zu veranschaulichen, beschreiben wir die Möglichkeiten des Moduls vor dem Hintergrund einer Liste typischer Anforderungen[8]:

Datensynchronisation
: Als Modul bietet das Newsletter-System eine perfekte Integration zum Basissystem. Dabei werden auch XML- und CSV-Im- und Exporte ermöglicht.

Newsletter-Erstellung
: Newsletter-Erstellung kann Template-basiert direkt im CMS-Basissystem erfolgen. Inhalte können automatisch und/oder redaktionell erfasst werden. Extern erstellte Newsletter können ebenfalls versandt werden.

Personalisierung
: Inhalte im Newsletter können unterschiedlichen Empfängerlisten und dem Geschlecht zugeordnet werden.

Empfängerverwaltung
: Newsletter-Empfänger können vor dem Versand nach unterschiedlichen Profildaten (sofern die Empfänger mit der webEdition-Kundenverwaltung erfasst werden) gefiltert werden.

Automatisierte E-Mails
: Transaktions-Mails können mit dem webEdition Shop-Modul versandt werden, Trigger-Mails nur eingeschränkt.

Usability
: Der Redakteur arbeitet weiterhin in webEdition und muss sich in kein neues System einarbeiten.

Zustellbarkeit
: Es gibt einige manuelle Zustellbarkeitstests, wie z. B. Domain-Check und Test-Versand.

Bounce-Management
: Manuelle Black List möglich, Bounce-Management nicht vorhanden.

Testing
: Nein

[8] Vgl. Creutzmann, M. (2012): „Schritt für Schritt zum richtigen Anbieter". In: yeebase media GmbH (Hrsg.): t3n – Open.Web.Business., Ausgabe 26, Hannover, S. 82–87

Tracking
Nein, nur extern z. B. über Google Analytics möglich.

Rollen und Rechte
Zugriffsrechte und Workflow-basierte Erstellung werden über das webEdition CMS bereits realisiert.

Service unter Internationalität
Über das webEdition Partner-Netzwerk erhältlich.

Initialkosten
Keine Installationskosten, keine Vertragskosten, Kosten für Newsletter-Templates sind zu berücksichtigen.

Variable Kosten
Keine Kosten für Empfänger und Mailversand.

Im Anschluss werden wir nun zeigen, wie sich die genannten Funktionen realisieren lassen und welche verschiedenen Möglichkeiten der Empfängerverwaltung, Versandmöglichkeiten und der Nutzung externer Versandsysteme das webEdition Newsletter-Modul bietet.

5.7.1 Empfänger- und Verteilerlisten aufbauen

Eine strategische Maßnahme ist der Aufbau eines eigenen E-Mail-Verteilers, in dem qualifizierte Adressen selbst erfasst werden. Dazu bietet das Modul die Möglichkeiten, potenzielle Empfänger via Confirm oder Double Opt-In-Verfahren entweder in CSV-Dateien oder in der webEdition-Kundenverwaltung zu speichern. Bei der Erfassung eines Newsletter-Abonnenten können Sie Daten wie:

- Anrede (Herr, Frau)
- Titel (Dr., Prof. Dr.)
- Vorname
- Nachname
- E-Mail-Adresse
- Wahl zwischen Text- und HTML-E-Mail
- Themengebiet/Mailing-Liste

erfassen. Kommt die CSV-Variante bei der Erfassung der Newsletter-Abonnenten zum Einsatz, können Sie Themengebiete (z. B. Sport, Politik, SEO etc.) berücksichtigen, indem Sie im Anmeldeformular das webEdition Tag `<we:subscribe type="listSelect` oder `listCheckbox" />` einsetzen.

```
<we:addDelNewsletterEmail type="csv" path="/newsletter/sport.txt,/\
newsletter/politik.txt,/newsletter/seo.txt" doubleoptin="true" mailid\
="100" subject="Neuer Newsletter-Eintrag" from="newsletter@webedition-\
buch.de"/>

<we:form id="self" method="post">
    <label for="email">E-Mail-Adresse (Pflichtfeld):</label>
    <we:subscribe type="E-Mail" id="email"/>
    <label for="salutation">Anrede:</label>
    <we:subscribe type="salutation" values="Herr,Frau" value="" id="\
salutation"/>
    <label for="title">Titel:</label>
    <we:subscribe type="title" values="Dr.,Prof.,Prof. Dr." value="" id\
="title"/>
    <label for="forename">Vorname:</label>
    <we:subscribe size="40" type="firstname" id="forename"/>
    <label for="surname">Nachname:</label>
    <we:subscribe size="40" type="lastname" id="surname"/>
    <label for="mailingList">Mailinglisten:</label>
    <we:subscribe type="listSelect" values="Sport,Politik,SEO" value="\
Sport" id="mailingList"/>
    <br/><br/>
    <input type="submit" name="Submit" value="Absenden" />
</we:form>
```

Themengebiete inklusive der Abonnentendaten speichert das CMS in separaten CSV-Dateien (siehe Code-Beispiel). Bei dem genannten Beispiel kann der Abonnent aufgrund der Auswahlliste nur ein Themengebiet auswählen. Der Typ `listCheckbox` ermöglicht das Eintragen in alle angebotenen Themengebiete. Zu beachten ist hierbei, dass die Reihenfolge der Themengebiete mit der Reihenfolge der angegebenen CSV-Dateien des Attributes `Path` des webEdition Tags `<we:addDelNewsletterEmail type="csv" />` übereinstimmt.

Möchten Sie Themengebiete auch in Kombination mit der Kundenverwaltung erfassen, sind die Attribute `mailingList` und/oder `fieldGroup` des Tags `<we:addDelNewsletterEmail type="customer" />` anzuwenden. Unsere Empfehlung ist, die Attribute `mailingList` und `fieldGroup` zusammen zu verwenden. Dazu legen Sie in der Kundenverwaltung pro Themengebiet eigene Felder bspw. vom Typ `Select` mit den Werten `,ja` an. Als Standard wird bei jeder webEdition-Installation die Mailing-Liste `Ok` mit der dazugehörigen Feldgruppe `Newsletter` erzeugt.

```
<we:addDelNewsletterEmail type="customer" fieldGroup="Newsletter" \
mailingList="Sport,Politik,SEO" doubleoptin="true" mailid="100" subject\
="Neuer Newsletter-Eintrag" from="newsletter@webedition-buch.de"/>

<we:form id="self" method="post">
    <label for="email">E-Mail-Adresse (Pflichtfeld):</label>
    <we:subscribe type="email" id="email"/>
    <label for="salutation">Anrede:</label>
```

```
    <we:subscribe type="salutation" values="Herr,Frau" value="" id="\
salutation"/>
    <label for="title">Titel:</label>
    <we:subscribe type="title" values="Dr.,Prof.,Prof. Dr." value="" id\
="title"/>
    <label for="forename">Vorname:</label>
    <we:subscribe type="firstname" id="forename"/>
    <label for="surname">Nachname:</label>
    <we:subscribe type="lastname" id="surname"/>
    <label for="mailingList">Mailinglisten:</label>
    <we:subscribe type="listSelect" values="Sport,Politik,SEO" value="\
Sport" id="mailingList"/>
    <br/><br/>
    <input type="submit" name="Submit" value="Absenden" />
</we:form>
```

Wichtig beim Einsatz der Kundenverwaltung für den Verteileraufbau sind die Newsletter-Modul-Einstellungen, bei denen Sie die Felder aus der Kundenverwaltung den Formularfeldern (`<we:subscribe type="..." />`) bei der Newsletter-Anmeldung zuordnen müssen (siehe Abbildung 5.53).

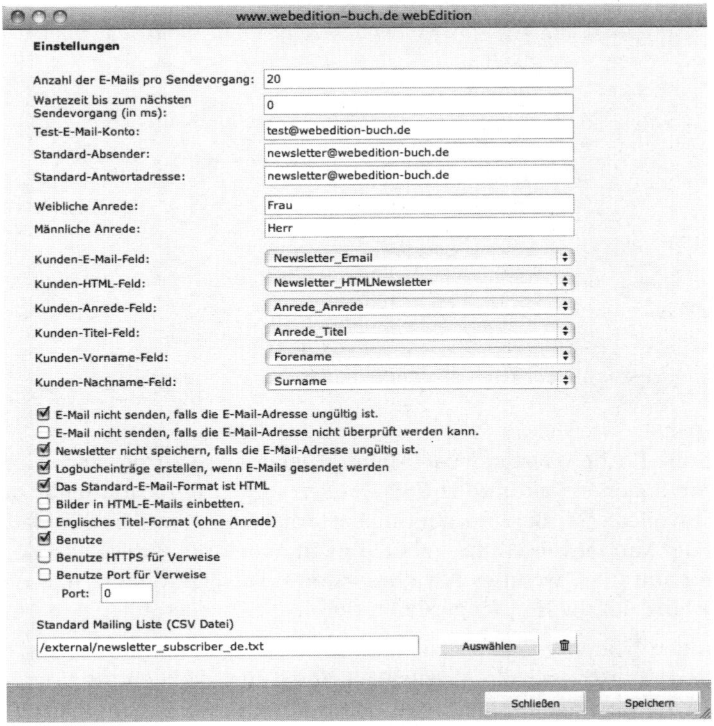

Abbildung 5.53: Einstellungen für das Newsletter-Modul

Nutzen Sie Kundengruppen in der webEdition-Kundenverwaltung, um die Kunden zu gruppieren, kann es sinnvoll sein, Newsletter-Abonnenten ebenfalls einer speziellen Kundengruppe (z. B. `NLAbonnent`) zuzuordnen. Dies ist aktuell leider mit dem webEdition Tag `<we:addDelNewsletterEmail type="customer" />` nicht möglich. Ein Workaround ist, das Feld in der Kundenverwaltung, in dem die Kundengruppen als Default-Werte hinterlegt sind, so aufzubauen, dass die Kundengruppe für Newsletter-Abonnenten die erste Kundengruppe ist (z. B. `"NLAbonnent,Kunde,Partner"`). Dadurch wird beim Speichern eines Kunden in der Kundenverwaltung automatisch der erste Default-Wert zugewiesen.

Der Vorteil beim Verteileraufbau in der webEdition-Kundenverwaltung liegt vor allem in der möglichen Nachqualifizierung der Empfängerdaten. Dadurch können Sie im Nachgang zur Newsletter-Registrierung weitere Profilinformationen wie Geburtsdatum etc. erfassen. Dies lässt sich mit der CSV-Variante aufgrund des beschränkten Dateiformats mit webEdition (siehe Abbildung 5.54) derzeit leider nicht so einfach realisieren.

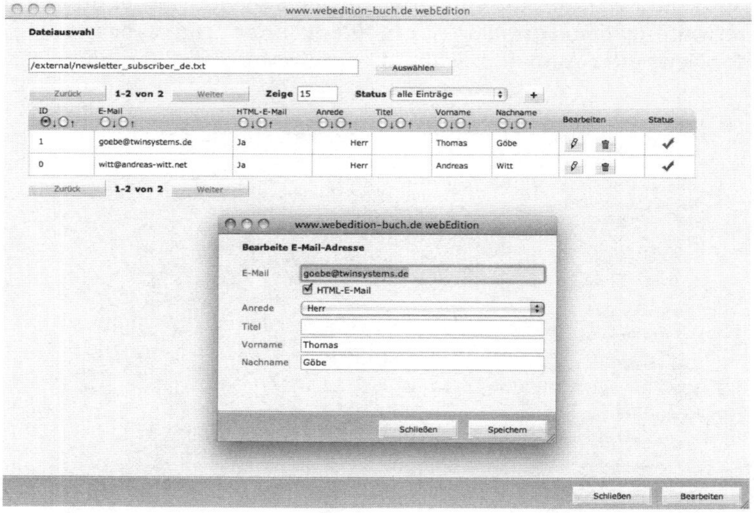

Abbildung 5.54: Bearbeiten von CSV-Empfängerlisten mit dem Newsletter-Modul

Setzen Sie für den Versand von Mailings jedoch ein Drittsystem ein, kann die Empfängerverwaltung via CSV-Dateien wegen der Portabilität der Daten sinnvoller sein. Bei internationalen Projekten sollten Sie ebenfalls zwischen der Kundenverwaltung (aktuell nicht mandantenfähig) und den CSV-Dateien abwägen, wenn es etwa um externe Versandsysteme und den Zugriffsschutz auf die Empfängerdaten durch verschiedene Redakteure geht.

Neben den beiden genannten Verfahren, Verteilerlisten aufzubauen, bietet das Newsletter-Modul die Möglichkeit, die Anmeldedaten an eine E-Mail-Adresse zu versenden. Dazu wird das webEdition Tag `<we:addDelNews-`

`letterEmail type="emailonly" />` verwendet. Alle mit dem Anmeldeformular erfassten Daten werden dann an eine hinterlegte E-Mail-Adresse weitergeleitet.

5.7.2 Mailings versenden

Neben den strategischen E-Mail-Marketing-Maßnahmen, die dem Verteileraufbau dienen, können Sie mit dem Newsletter-Modul natürlich auch Mailings versenden. Der Begriff „Mailings" umfasst verschiedene Arten von E-Mail-Aussendungen, dazu gehören unter anderem:

- Newsletter
- Trigger-Mails
- Transaktionsmails
- Life-Cycle-Mails

Bei *Life-Cycle-Mails* handelt es sich um Mailings, die sich auf definierte Zustände des Empfängers beziehen. Diese Zustände sind oft Kundenkategorien wie Neukunde, Bestandskunde, inaktiver Kunde etc. Obwohl solche Informationen in der webEdition-Kundenverwaltung gespeichert werden können, bietet das webEdition Newsletter-Modul aktuell keine Möglichkeit, automatisiert auf solche Zustandsänderungen zu reagieren und entsprechende E-Mails zu versenden.

Unter *Transaktionsmails* sind E-Mails zu verstehen, die sich auf Ereignisse bei Bestellungen im Online-Shop beziehen. Diese Ereignisse sind z. B. Bestellbestätigung, Versandbestätigung, Hinweis auf Zahlungseingang etc. Solche zum Teil automatisierten Mailings werden in webEdition direkt über das Shop-Modul und nicht über das Newsletter-Modul umgesetzt. Daher befassen wir uns mit Transaktionsmails im Abschnitt 5.8 zum Shop-Modul.

Mit *Trigger-Mails* sind E-Mails gemeint, die sich auf bestimmte persönliche Daten des Empfängers beziehen: Geburtstag, Geburt des Kindes, Namenstag etc. Daneben zählen aber auch Opt-In- bzw. Begrüßungskampagnen bei der Anmeldung zum Newsletter zu den Trigger-Mails. Genau solche Trigger-Mails lassen sich mit webEdition und dem Newsletter-Modul realisieren.

Abbildung 5.55 zeigt den möglichen Aufbau einer Opt-In- bzw. Begrüßungs-Kampagne. Im ersten Schritt meldet sich der potenzielle Abonnent zum Newsletter über ein Formular (vgl. Abschnitt 5.7.1) auf der Website an. Bei einer Anmeldung mittels Double Opt-In-Verfahren erhält er eine Opt-In E-Mail mit einem Bestätigungs-Link. Zur Verifizierung der E-Mail-Adresse wird er darin aufgefordert, auf diesen Link zu klicken. Zurück auf der Website erhält der Abonnent im Idealfall eine Meldung über die erfolgreiche Aufnahme in den Newsletter-Verteiler.

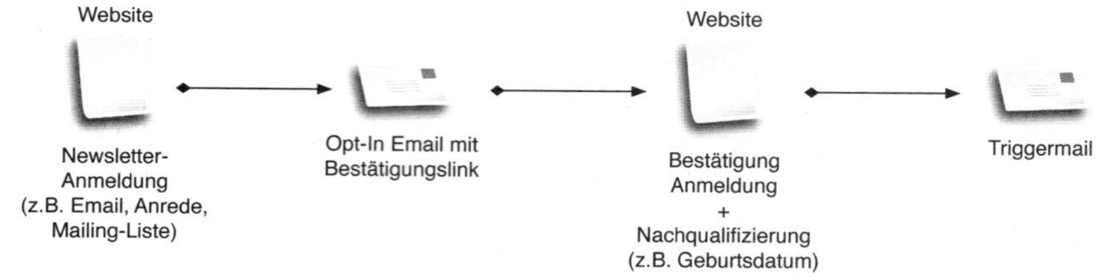

Abbildung 5.55: Ablauf einer Newsletter-Anmeldung plus Opt-In-Kampagne

An genau dieser Stelle stehen Ihnen mit webEdition verschiedene Möglichkeiten zur Verfügung: Erfassen Sie Ihre Newsletter-Abonnenten mit der webEdition Kundenverwaltung, können Sie nun eine Nachqualifizierung der Abonnentendaten vornehmen. Weiterhin können Sie dem Abonnenten eine Trigger-Mail senden, die z. B. den letzten Newsletter oder Produktvorstellungen aus dem webEdition Shop enthält. Dazu wird im `else`-Zweig des webEdition Tags `<we:ifDoubleOptIn>` im nachfolgend gezeigten Code-Beispiel ein `<we:sendMail>` aufgerufen, das ein webEdition-Dokument mit der ID 100 (z. B. redaktionelle Willkommens-E-Mail mit automatisch ermitteltem Produktangebot) versendet. Eine Personalisierung der Trigger-Mail ist ebenfalls möglich.

```
<we:ifSubscribe>
    <we:ifDoubleOptIn>
        <p>Es wurde eine Mail an <we:var type="global" name="\
WE_NEWSLETTER_EMAIL" /> geschickt! Um den Eintrag in unseren \
Newsletterverteiler zu bestätigen, müssen Sie den in dieser Mail \
enthaltenen Link anklicken.</p>
    <we:else/>
        <p>Ihre E-Mail-Adresse wurde erfolgreich in unseren \
Newsletterverteiler aufgenommen.</p>

        <we:comment>Google Code for Newsletter-Anmeldung Conversion \
Page</we:comment>

        <we:comment>Nachqualifizierung bei Verwendung der \
Kundenverwaltung hier möglich</we:comment>

        <we:comment>Senden einer Trigger-Mail hier möglich</we:comment>
        <we:sendMail id="100" subject="Ihr Dankeschön für die \
Newsletter-Anmeldung" recipient="\$WE_NEWSLETTER_EMAIL" from="\
newsletter@webedition-buch.de" mimetype="text/html" usebasehref="true" \
useformmaillog="true" useformmailblock="true" />
    </we:ifDoubleOptIn>
<we:else/>
    <we:ifNotSubscribe>
```

```
        <we:ifEmailExists>
            <p style="color:red;">Diese E-Mail ist bereits in unserer ↘
Liste eingetragen!</p>
        <we:else/>
            <we:ifEmailInvalid>
                <p style="color:red;">Die eingegebene E-Mail-Adresse ↘
ist nicht gültig!</p>
            <we:else/>
                <p style="color:red;">ACHTUNG: Es gab einen Fehler beim↘
 Eintragen der E-Mail-Adresse <we:var type="global" name="↘
WE_NEWSLETTER_EMAIL">! Bitte wenden Sie sich an <a href="mailto:↘
newsletter@webedition-buch.de">newsletter@webedition-buch.de</a></p>
            </we:ifEmailInvalid>
        </we:ifEmailExists>
    </we:ifNotSubscribe>
<we:ifSubscribe>
```

Die ID des zu versendenden webEdition-Dokuments lässt sich auch dynamisch ermittelt, so dass je nach Geschlecht ein anderes Dokument versendet wird. Was beim Attribut `match` überprüft werden soll, ist von den Newsletter-Einstellungen (siehe Abbildung 5.53) der jeweiligen webEdition-Installation abhängig.

```
<we:comment>Senden einer Trigger-Mail hier möglich</we:comment>

<we:ifVar name="WE_SALUTATION" match="Frau" type="global" operator="↘
equal">
        <we:comment>Trigger-Mail für Frauen</we:comment>
        <we:setVat to="global" nameto="docID" value="101" />
<we:else/>
        <we:comment>Trigger-Mail für Männer</we:comment>
        <we:setVat to="global" nameto="docID" value="100" />
</we:ifVar>

<we:sendMail id="\$docID" subject="Ihr Dankeschön für die Newsletter-↘
Anmeldung" recipient="\$WE_NEWSLETTER_EMAIL" from="↘
newsletter@webedition-buch.de" mimetype="text/html" usebasehref="true" ↘
useformmaillog="true" useformmailblock="true" />
```

Newsletter als weitere Mailing-Art enthalten redaktionelle Beiträge, die in frei wählbaren Versand-Frequenzen an Empfängerlisten versandt werden: Produktankündigungen, aktuelle Unternehmensnachrichten, Pressemitteilungen, Veranstaltungshinweise etc. Das Versenden von Newslettern ist die Stärke des webEdition Newsletter-Moduls. Ein Newsletter kann dabei aus folgenden Komponenten bestehen, die als Blöcke beliebig kombiniert und zusätzlich unterschiedlichen Empfängerlisten zugeordnet werden können (siehe Abbildung 5.56):

- webEdition-Dokument
- Feld eines webEdition-Dokuments

- webEdition-Objekt
- Feld eines webEdition-Objekts
- Text (Plaintext und HTML)
- Datei
- Anhang
- URL

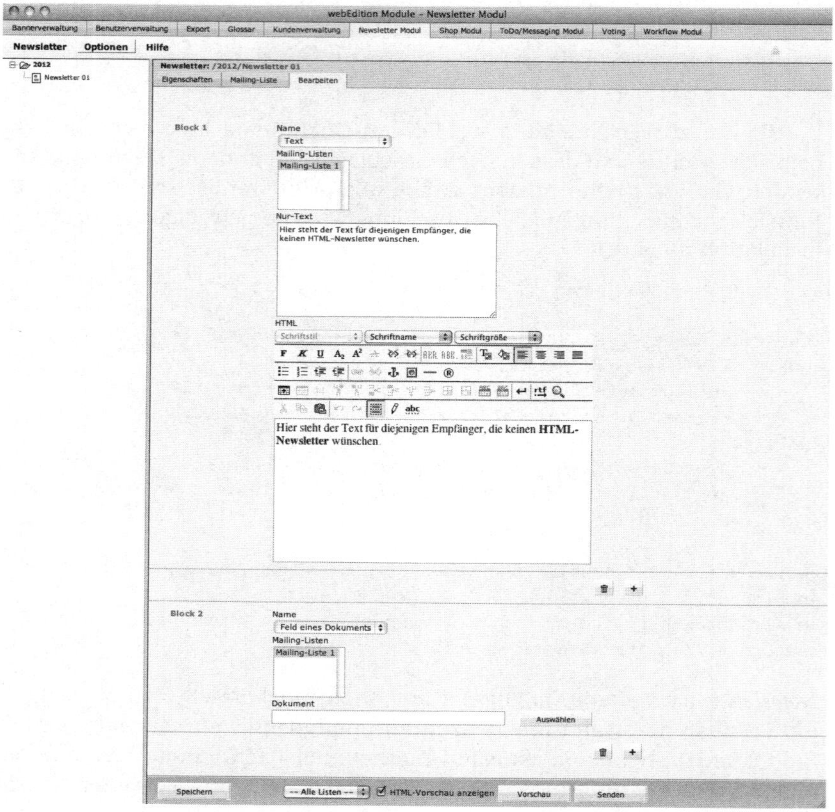

Abbildung 5.56: Erstellen eines Newsletter mit dem webEdition Newsletter-Modul

Obwohl diese Block-basierte Struktur eine sehr hohe Flexibilität in der Zusammenstellung von Content-Elementen und der Zuweisung von Empfängergruppen ermöglicht, haben sich in der Praxis zwei Vorgehensweisen bewährt. Zum einen werden extern erstellte und designte HTML-Newsletter per Copy & Paste ins HTML-Textfeld kopiert und versandt. Zum anderen werden Newsletter auf Basis von webEdition-Dokumenten redaktionell erstellt. Dadurch lassen sich Vorteile wie Vorlagen-basierte Inhaltserfassung, Freigabeprozesse, definierte Layouts und personalisierte Anreden auch für Newsletter nutzen.

Gleichzeitig lässt sich dadurch die Newsletter-Erstellung automatisieren, indem Sie bestehende Inhalte von der Website, wie News-Meldungen, aktuelle Referenzen etc., auch im Newsletter verwenden. Wird gleichzeitig ein Newsletter-Archiv auf der Website angeboten, muss jedoch berücksichtigt werden, dass das webEdition Newsletter-Modul keine permanent statischen HTML-Seiten erstellen kann. Spätestens bei einem Update von webEdition werden auch als **statisch** markierte webEdition-Dokumente neu gespeichert und dabei Filterkriterien wie Datum oder ID neu angewandt, so dass die letzten News-Meldungen oder neuesten Referenzen gegenüber dem Versandzeitpunkt des Newsletters variieren können. Somit würden sich teilweise die Inhalte im E-Mail-Newsletter und im Newsletter-Archiv auf der Website unterscheiden. Ein möglicher Workaround wäre hierbei, jedem Newsletter redaktionell das Versanddatum zuzuweisen und dieses dann als Filterkriterium anzusetzen.

Dokumenten-Vorlagen für Newsletter unterscheiden sich kaum von Vorlagen für andere webEdition-Dokumente; es kommen lediglich einige für Newsletter relevante webEdition Tags hinzu. Das folgende Beispiel zeigt eine mögliche Vorlagen-Struktur für einen Newsletter, der zwischen Plaintext und HTML sowie nach dem Geschlecht unterscheidet.

```
<we:ifMale>
    Lieber <we:newsletterSalutation type="firstname" />,
<we:else/>
    <we:ifFemale>
        Liebe <we:newsletterSalutation type="firstname" />,
    <we:else/>
        Lieber Interessent,
    </we:ifFemale>
</we:ifMale>

<we:ifHtmlMail>
    <we:comment>Hier HTML Newsletter</we:comment>
    Um sich vom Newsletter abzumelden, klicken Sie bitte hier: <we:\
newsletterUnsubscribeLink id="100"  plain="false"/>
<we:else/>
    <we:comment>Hier Plaintext Newsletter</we:comment>
    Um sich vom Newsletter abzumelden, klicken Sie bitte hier: <we:\
newsletterUnsubscribeLink id="100"  plain="true"/>
</we:ifHtmlMail>
```

Die Tags lassen sich kombinieren und die Anreden, abhängig von den ausgefüllten Feldern, bestimmen. Die Anrede erfolgt bspw. förmlich, sofern der Abonnent das Titelfeld bei der Newsletter-Anmeldung ausgefüllt hat. Es ist auch möglich, dem Redakteur die Auswahl der Anredeform zu überlassen.

```
<we:ifMale>
    <we:ifNewsletterSalutationNotEmpty type="title">
        Sehr geehrter Herr <we:newsletterSalutation type="title" /> <we\
:newsletterSalutation type="lastname" />,
    <we:else/>
        Lieber <we:newsletterSalutation type="firstname" />,
    </we:ifNewsletterSalutationNotEmpty>
</we:ifMale>
```

Mit der Unterscheidung nach Geschlecht können bei der Erstellung eines Newsletters Dokumente unterschiedlichen Inhalts für Männer und Frauen erstellt und dann automatisch den Empfängern nach Geschlecht zugeordnet werden. Eine weitere Personalisierung von Inhalten anhand von Profileigenschaften des Empfängers ist derzeit mit webEdition Templates nicht möglich.

Vor dem Versand eines Mailings bietet das Newsletter-Modul verschiedene Funktionen, um die Zustellung und die Darstellung des Newsletters zu überprüfen:

- Schwarze Liste
- Domain-Check
- Newsletter-Vorschau-Ansicht
- sende Test-E-Mail
- Test-Versand

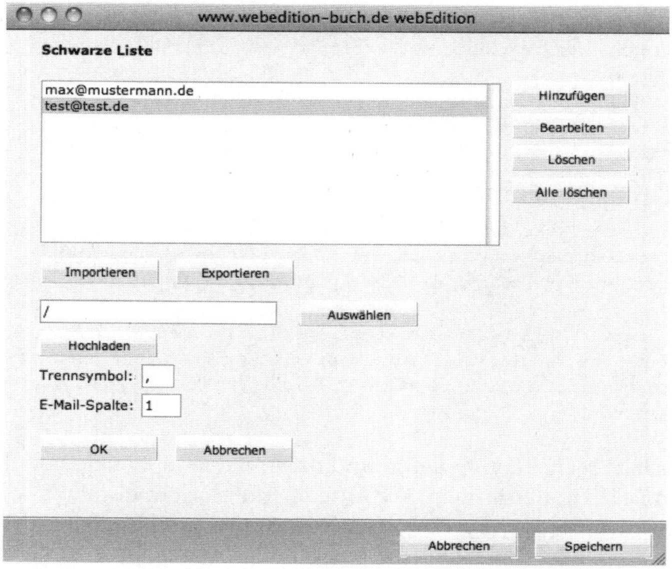

Abbildung 5.57: Mail-Adressen-Filter im Newsletter-Modul (Schwarze Liste)

Mit der *Schwarzen Liste* verwalten Sie E-Mail-Adressen, die nicht mit Mailings beliefert werden dürfen, unabhängig davon, ob sie in einer Empfängerliste enthalten sind oder nicht. Dazu fügen Sie die entsprechenden E-Mail-Adressen manuell hinzu oder importieren sie im CSV-Format (siehe Abbildung 5.57). Ein Export der gesamten Schwarzen Liste als CSV-Datei ist ebenfalls möglich.

Beim **Domain-Check** werden die in den Empfängerlisten enthaltenen E-Mail-Adressen auf syntaktische Richtigkeit und die Existenz der enthaltenen Domains überprüft. Als fehlerhaft gekennzeichnete E-Mail-Adressen können Sie nach dem Test manuell bearbeiten bzw. löschen. Mit der **Vorschau** lässt sich der Newsletter im Browser anzeigen und so die HTML- und Text-Darstellung überprüfen. Zusätzlich haben Sie die Möglichkeit eine **Test-E-Mail** an die hinterlegte Test-E-Mail-Adresse, die für jeden Newsletter individuell angegeben werden kann, zu versenden, um die Darstellung in verschiedenen E-Mail-Clients zu testen. Der **Test-Versand** sollte als letzter Schritt vor dem eigentlichen Versand erfolgen. Dabei wird der erstellte Newsletter mit den E-Mail-Adressen verknüpft und einer syntaktischen Prüfung unterzogen. Auftretende Fehler werden wieder zur manuellen Berichtigung ausgegeben.

5.8 Shop

Das webEdition Shop-Modul dient dem Aufbau sowie der flexiblen und freien Gestaltung eines Online-Shops.

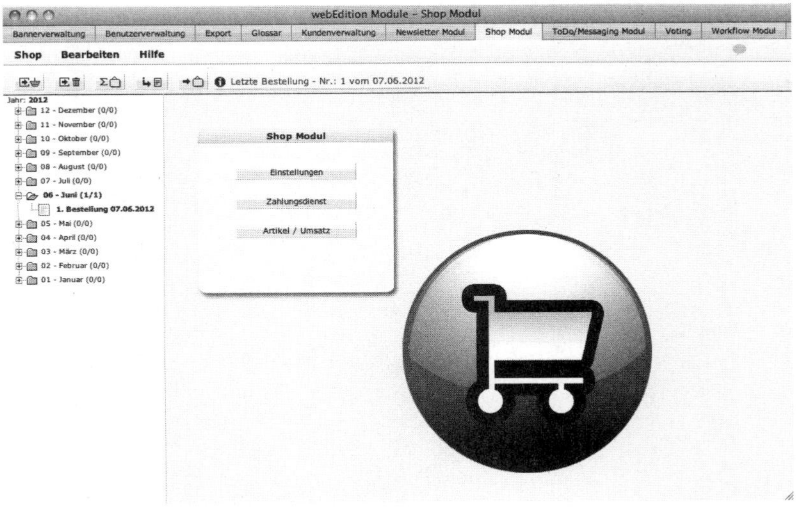

Abbildung 5.58: Bestellverwaltung des webEdition Shop-Moduls

Dazu können Artikel und Artikel- bzw. Warengruppen in unbegrenzter Anzahl verwaltet, Warenkörbe (auch mehrere) frei platziert, der Online-Shop auf B2C- und/oder B2B-Kunden ausgerichtet, beliebige Payment-Provider und Warenwirtschaftssysteme angebunden und die Kunden in der webEdition-Kundenverwaltung (vgl. Abschnitt 5.6) erfasst bzw. verwaltet werden. Für den Aufbau eines Online-Shops mit dem Shop-Modul ist der Einsatz der webEdition-Kundenverwaltung zwingend erforderlich.

Auch wenn wir uns aufgrund der Komplexität nicht in ausreichendem Maße mit dem Thema eCommerce und Online-Shops befassen können, möchten wir zunächst auf die grundsätzlichen Anforderungen eines Online-Shop-Systems eingehen, bevor wir das webEdition Shop-Modul vorstellen.

5.8.1 Anforderungen an ein Shop-System

Bei eCommerce-Plattformen oder Online-Shops handelt es sich konzeptionell wie technisch um sehr komplexe Projekte. Ganz entscheidend sind nicht einzelne Funktionen eines Shop-Systems oder das richtige Produkt, sondern der Dreiklang aus Shop-Betreiber, Shop-System und Dienstleister-Agentur. Erst wenn diese Akteure die gestellten Anforderungen harmonisch realisieren, wird sich Kundenzufriedenheit einstellen und ein erfolgreicher Online-Shop möglich.

Abbildung 5.59: Erfolgsfaktoren eines Online-Shops

Die Abbildung 5.59 zeigt, dass die Kundenzufriedenheit von zentraler Bedeutung für den Erfolg eines Online-Shops ist. Dies geht auch aus der aktuellen Studie *Erfolgsfaktoren im eCommerce – Deutschlands Top Online-Shops*[9] des Branchen-Kompetenzzentrums ECC-Handel hervor. Die Studie zeigt, dass Kundenzufriedenheit und Kundenbindung entscheidende Wettbewerbsvorteile sind, um sich langfristig am Markt zu positionieren und mit einem Online-Shop bzw. einer eCommerce-Plattform erfolgreich zu sein. Dabei lässt sich Kundenzufriedenheit, als Ergebnis der durchgeführten Untersuchung, über die folgenden sieben Faktoren definieren:

1. Websitegestaltung
2. Benutzerfreundlichkeit (User Experience)
3. Sortiment des Online-Shops
4. Preisgestaltung
5. Angebotene Bezahlverfahren
6. Versandoptionen
7. Lieferabwicklung (Lieferung, Reklamation)

Hier zeigt sich sehr deutlich, dass alle drei Akteure (Agentur, Shop-Betreiber und Shop-System) Einfluss auf die Kundenzufriedenheit haben. Zudem sollte der Betrieb eines Online-Shops, wie in der Abbildung 5.59 dargestellt, als kontinuierlicher Prozess verstanden werden. Nur wer stetig auf Kundenbedürfnisse reagiert und sein Angebot weiterentwickelt, wird auch erfolgreich bleiben. Daraus ergeben sich für die Auswahl eines Shop-Systems folgende Anforderungen:

Anbindung bestehender IT-Systeme
: Vor der Auswahl einer passenden Shop-System-Lösung muss ermittelt werden, ob bereits existierende IT-Systeme wie Warenwirtschaft oder CRM über eine API angebunden werden müssen. Daneben kann der Import von Artikeldaten oder der Export vom Bestellinformationen für die Auswertung in Drittsystemen eine weitere Anforderung sein.

Produktpräsentation
: Eine zentrale Bedeutung bei Online-Shops nimmt die Präsentation der Artikel ein. Hier sollte geprüft werden, ob das Shop-System ggf.

[9] Vgl. Hudetz, K.; Hotz, A.; Klinksiek, S.; Pöpplow, M. (2012): „Erfolgsfaktoren im eCommerce – Deutschlands Top Online-Shops“. Universität Köln Inst. f. Handelsforsch., 1. Auflage, Köln.

eine große Anzahl an Artikeldaten verwalten kann. Auch die Abbildung von Produktvarianten (z. B. in Größe und Farbe) kann in vielen Fällen eine wichtige Anforderung sein. Dazu gehört auch die Möglichkeit, jedem Produkt und/oder jeder Produktvariante Bilder und Videos zuordnen zu können. Weiterhin ist zu prüfen, inwieweit sich das Layout/Design an die eigenen Bedürfnisse anpassen lässt.

Suche

Gerade bei umfangreichen Produktsortimenten ist eine intelligente und konfigurierbare Suchmaschine unerlässlich. Daher sollte das Shop-System eine integrierte Suche anbieten oder zumindest die Implementierung einer externen Suchmaschine unterstützen.

Suchmaschinenoptimierung (SEO)

Neben einer internen Suche ist vor allem die Auffindbarkeit der Produkte in Suchmaschinen für die Sichtbarkeit des Online-Shops erfolgsentscheidend. Daher sollte das Shop-System die Angabe von Titel, Keywords und Description auf Artikel- bzw. Produktebene unterstützen. Suchmaschinenoptimierte bzw. sprechende URLs sollten ebenfalls umsetzbar sein.

Bestellprozess

Die Benutzerfreundlichkeit des Bestellprozesses ist entscheidend für den Erfolg eine Online-Shops. Nur wenn dieser leicht bedienbar und verständlich aufgebaut ist, wird der potenzielle Kunde die Bestellung aufgeben. Somit sollte sich der Bestellprozess für die jeweiligen Anforderungen des Online-Shops anpassen oder individuell gestalten lassen. Aber auch die Navigationsstruktur sollte berücksichtigt werden.

Bezahlverfahren

Zur Abwicklung von Zahlungen stehen dem Shop-Betreiber eine Vielzahl an Verfahren zur Verfügung. Dabei sollte das Shop-System die Integration verschiedener Bezahlverfahren unterstützen und bereits Schnittstellen zu den wichtigsten Verfahren anbieten. Dadurch können Entwicklungskosten und -zeiten reduziert werden.

Lieferoptionen

Günstige Versandkosten sind bei Kunden sehr beliebt, aber auch zusätzliche Versandoptionen wie Expressversand werden beim Bestellen von Produkten immer interessanter. Daher sollte es mit dem Shop-System möglich sein, verschiedene Versandoptionen anzubieten.

Zielgruppe

Bei der Definition der Zielgruppe ist es von Bedeutung, ob sich der Online-Shop an Endverbraucher, Geschäftskunden oder beide richtet. Je nach Zielgruppe werden dann an das Shop-System unterschiedliche Anforderungen hinsichtlich der Auszeichnung von Preisen und

Widerrufsbelehrungen gestellt. Da Online-Shops zunehmend international agieren und ihre Produkte und/oder Dienstleistungen weltweit vertreiben, kann die Mehrsprachigkeit ein Ausschlusskriterium sein. Dazu gehört auch die Unterstützung verschiedener Mehrwertsteuersätze, Währungen und von der Lieferadresse abhängiger Versandkosten.

Support und Weiterentwicklung
Die Auswahl eines Shop-Systems ist in den meisten Fällen eine strategische Entscheidung. Daher ist die stetige Weiterentwicklung des Systems von großer Relevanz. Denn nur wenn das Shop-System kontinuierlich an die sich ändernden gesetzlichen Anforderungen angepasst wird, kann es auch langfristig eingesetzt werden. Gleichzeitig sollte eine technische Weiterentwicklung mit neuen Features und das zeitnahe Beheben besonders von sicherheitskritischen Fehlern durch den Hersteller/die Entwickler erfolgen. Zudem sollte geprüft werden, wie es mit Support und Unterstützungsleistungen aussieht: Gibt es hier vom Hersteller angebotene Dienstleistungen oder ein Partnernetzwerk?

5.8.2 Funktionsumfang des Shop-Moduls

Im Gegensatz zu klassischen Shop-Systemen (z. B. osCommerce, Magento, xt:Commerce etc.) handelt es sich beim webEdition Shop-Modul nicht um ein eigenständiges System. Es ist vielmehr eine Erweiterung des CMS um eine – einfach gesagt – Warenkorbfunktionalität. Dieser Ansatz bietet gleich mehrere Vorteile:

- Verringerung der Systemkomplexität
- Nutzung bereits vorhandener Funktionen
- Verzicht auf externe (Shop-)Systeme
- Optimale Verzahnung mit dem Basissystem und weiteren Modulen
- Gleiche Benutzeroberfläche für Redakteure (keine weiteren Schulungen notwendig)

Ein ähnliches Vorgehen und die damit verbundenen Vorteile nutzt bspw. das CMS Joomla! mit der Shop-Erweiterung *VirtueMart*.[10] Bereits vorhandene Funktionen und Eigenschaften des CMS werden mit der Erweiterung

[10] `http://virtuemart.net`

so ergänzt, dass sich ein Online-Shop abbilden lässt. Für einen Online-Shop muss das webEdition Shop-Modul zusammen mit der webEdition-Kundenverwaltung eingesetzt werden. Die nachfolgende Liste zeigt, welche Aufgaben das Basissystem, das Shop-Modul und die Kundenverwaltung übernehmen:

Basissystem
- Produkte als Dokumente verwalten
- Produktvarianten
- Produkt-Kategorien mittels webEdition-Kategorien
- SEO für Produkt-Detailseiten
- Produkt-Übersichten (Listen)
- Produktsuche
- Mehrsprachigkeit & Internationalisierung

Kundenverwaltung
- Speichern der Rechnungsadresse
- Speichern der abweichenden Lieferadresse
- Login-Bereich für Kunden

Shop-Modul
- Erfassen und Verwalten der Bestellungen
- Verwalten von Portoinformationen
- Einstellungen für Zahlungssysteme
- Konfiguration Mehrwertsteuersätze
- Versand von Transaktions-Mailings
- Bestellprozess (frei in Gestaltung und Prozess)
- Frei definierbare Zusatzfelder (pro Artikel oder pro Bestellung)

Die Liste ließe sich noch um eine weitere Spalte für das DB/Objekt-Modul ergänzen, sofern die Artikeldaten mittels webEdition-Objekten statt mit webEdition-Dokumenten verwaltet werden. Ob und wann die Verwaltung mit webEdition-Objekten vorteilhafter gegenüber webEdition-Dokumenten ist, erläutern wir im Abschnitt 5.8.4. Nun werden wir uns mit den einzelnen Funktionen ausführlicher befassen.

Artikel bzw. Produkte verwalten

Artikel bzw. Produkte eines Shops werden über webEdition-Dokumente oder über webEdition-Objekte abgebildet. Die Produkteigenschaften können dabei in frei wählbaren Feldern gespeichert werden. Vorausgesetzt werden nur die Felder **shoptitle**, **shopdescription** und ein Feld, das die Preisinformationen enthält. Hier wird als Bezeichnung **price** vorgeschlagen. Weitere Felder wie Produktabbildungen, Abmaße, Besonderheiten oder Produktvideos fügen Sie in beliebiger Anzahl hinzu.

Produktvarianten

Unabhängig davon, ob Artikel mit webEdition-Dokumenten oder -Objekten realisiert werden, können Sie zu jedem Produkt Varianten angelegen. Dabei wählen Sie zunächst diejenigen Datenfelder aus, die Sie pro Variante überschreiben möchten. Neben dem Preis sind dies Angaben wie Größe, Farbe und Produktabbildungen etc.

Produktkategorien

Produktkategorien lassen sich uneingeschränkt über die webEdition-Kategorien, die wir bereits im Abschnitt 4.5.2 vorgestellt haben, abbilden. Dabei haben Sie die Möglichkeit sowohl über Kategorie-Verzeichnisse als auch über Kategorie-Einträge komplexe Kategorieverknüpfungen aufbauen, die Sie zur Filterung oder zum Cross- und Upselling einsetzen können. Bei der Zuordnung von Kategorien zu Produkten gibt es keine Einschränkungen.

Suchmaschinenoptimierung

Da Produkt-Detailseiten auf webEdition-Dokumenten oder -Objekten basieren, stehen Ihnen alle Möglichkeiten der Suchmaschinenoptimierung zur Verfügung. Objekte bieten z. B. die automatische Generierung von SEO-URLs nach definierten Parametern (siehe Abschnitt 5.3). Bei webEdition-Dokumenten geben Sie die URLs redaktionell (und SEO-optimiert) an. Zudem sollten Sie bei Dokumenten die Default-Felder **Titel**, **Beschreibung** und **Stichworte** für die sog. *Conversion Trinity* in den Suchmaschinen-Ergebnislisten (SERPs) nutzen (siehe dazu Abschnitt 2.5.2).

Produkt-Übersichten bzw. Produkt-Listen

Zur Auflistung von Produkten bietet webEdition umfangreiche Möglichkeiten. Möchten Sie bspw. Übersichtsseiten anhand von Produktkategorien erstellen, nutzen Sie die Produktkategorien einfach als Filterkriterium. Aber auch andere Kriterien, wie Produkteigenschaften (Größe, Farbe, Form etc.), können Filterkriterium für Übersichtsseiten sein. Wenn Sie einen mehrsprachigen Online-Shop betreiben, nutzen Sie zusätzlich die Spracheinstellungen der Produkte als Filterkriterium, um sicherzustellen, dass immer die richtige Sprachversion angezeigt wird.

Produktsuche

webEdition bietet die Möglichkeit, die Inhalte der Datenbank ohne eine separate Suchmaschine zu durchsuchen. Dazu nutzen Sie die webEdition

Tags `<we:search />` und `<we:listview type="search">`. über die Eigenschaft **durchsuchbar** steuern Sie, ob ein Produkt bzw. anderes Asset in webEdition von der Suche auszuschließen ist.

Mehrsprachigkeit und Internationalisierung

Mit dem Shop-Modul realisierte Online-Shops profitieren von den in webEdition vorhandenen Möglichkeiten der Mehrsprachigkeit und der Internationalisierung. Möchten Sie Artikel bzw. Produkte mehrsprachig angelegen, gehen Sie genauso vor (vgl. Abschnitt 2.3) wie bei anderen Inhalten auch. Multi-Shop-Projekte sind ebenfalls möglich, wobei diese nicht mandantenfähig sind. Es lässt sich jedoch steuern, welche Produkte unter welcher Domain angezeigt werden. Etwas kniffliger wird es bei der Bestellverwaltung im Backend. Hier gehen alle Bestellungen, unabhängig von der Domain, in das Shop-Modul ein.

Verwalten von Kundendaten

Die bei einer Bestellung anzugebenden Kundendaten wie z. B. Rechnungs- und Lieferadresse werden in der Kundenverwaltung gespeichert. Das Shop-Modul greift dann auf die Informationen zu und bestimmt über das Land und die Sprache des Kunden, welche Versandkosten und Mehrwertsteuersätze anfallen und in welcher Sprache Transaktions-Mailings zu versenden sind. über die webEdition-Kundenverwaltung lässt sich auch ein Login für Kunden realisieren, der z. B. Zugriff auf die letzten Bestellungen oder die Adressen ermöglicht.

Bestellungen bearbeiten und verwalten

Die Administrations-Oberfläche des Shop-Moduls erlaubt Ihnen die Verwaltung eingegangener Bestellungen. Diese werden nach Jahren und Monaten unterteilt. Eingegangene Bestellungen bearbeitet der Shop-Betreiber, der ggf. weitere Artikel ergänzt. In der Abbildung 5.60 ist die Ansicht einer Bestellung im Backend des Shop-Moduls zu sehen. Im oberen Bereich finden Sie die verschiedenen Status, wie z. B. **Bestelldatum**, **Versandt am**, **Bezahlt am** etc. Insgesamt stehen Ihnen als Shop-Betreiber im webEdition Shop-Modul bis zu 16 verschiedene und zum Teil frei definierbare Status zur Verfügung. Neben den Status befindet sich das Datum, an dem der jeweilige Status erreicht wurde. Das Bestelldatum wird automatisch bei der erfolgreichen Bestellung vom Shop-Modul erzeugt. Weitere Status ergänzt der Shop-Betreiber manuell über das Kalenderblatt-Symbol. Zusätzlich lassen sich, sofern gewünscht, Transaktions-Mailings zu jedem Status manuell oder automatisch versenden. In der Administrationsoberfläche wird Ihnen das Versanddatum des letzten Versands einer Transaktions-Mail angezeigt.

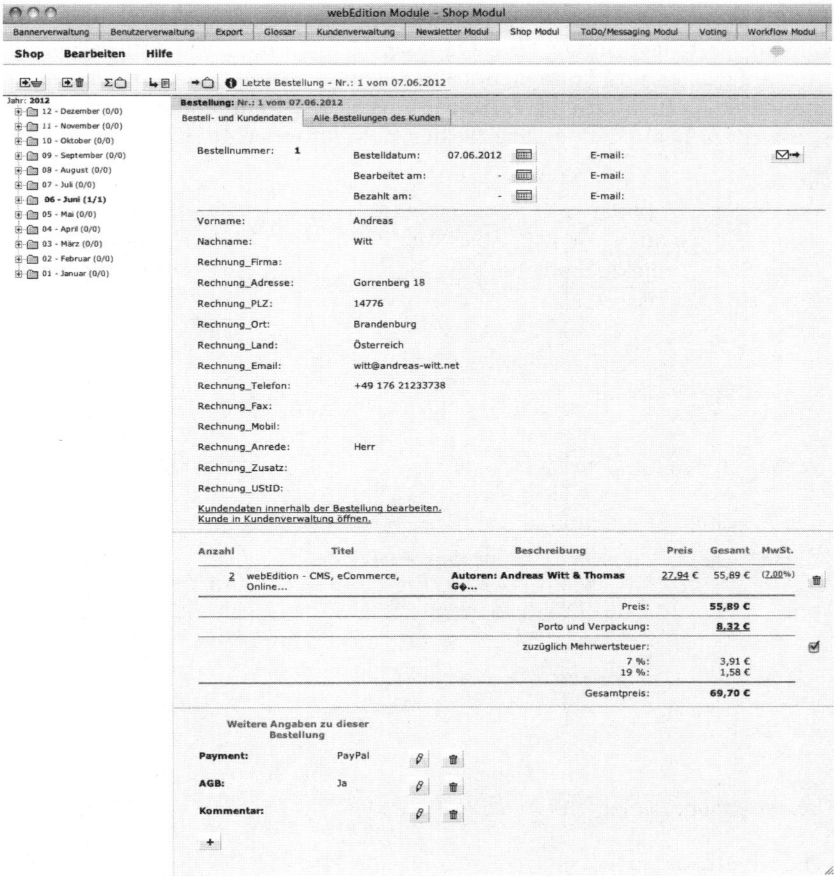

Abbildung 5.60: Bestellung in der Shop-Modul-Administrations-Ooberfläche bearbeiten

Im zweiten Abschnitt finden sich Kundendaten aus der Kundenverwaltung. Welche Daten des Kunden hier angezeigt werden, legen Sie zuvor im Einstellungsdialog fest. Ausnahmen bilden hier die Felder **Forename** und **Surname** (vgl. Abschnitt 5.6), die den Vor- und Nachnamen des Kunden enthalten. Am Ende der aufgelisteten Kundendaten können Sie diese bei Bedarf über den Link **Kundendaten innerhalb der Bestellung bearbeiten** für die aktuelle Bestellung oder über den Link **Kunde in Kundenverwaltung öffnen** direkt in der Kundenverwaltung bearbeiten.

Der dritte Abschnitt enthält eine Auflistung aller bestellten Artikel bzw. Produkte mit Bezeichnung, Anzahl und Einzelpreis sowie den Gesamtpreis, Versandkosten und ggf. anfallende Mehrwertsteuern. Eine Bestellung können Sie als Shop-Betreiber um weitere Artikel ergänzen oder vorhandene Artikel entfernen, sofern Ihnen dies der Kunde mitgeteilt hat. Dazu wählen Sie **Bearbeiten | Bestellung | Artikel hinzufügen** und erhalten die in Abbildung 5.61 dargestellte Eingabemaske. Alle verfügbaren Artikel werden dort aufgelistet und können nun hinzugefügt werden. Neben der Anzahl wählen Sie bei Bedarf eine Artikelvariante (sofern vorhanden) aus und fügen weitere benutzerdefinierte Felder (z. B. **Info=nachträglich hinzugefügt**) hinzu.

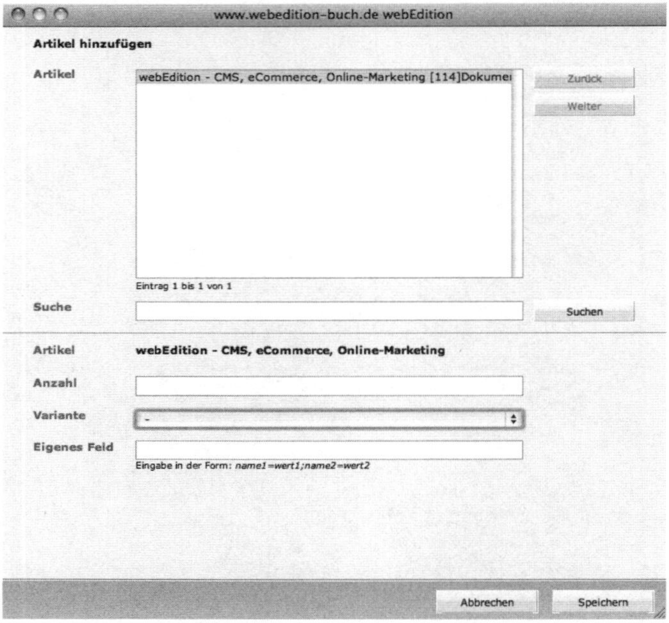

Abbildung 5.61: Artikel zu einer Bestellung hinzufügen

Im letzten Abschnitt sind benutzerdefinierte Felder zu der aktuellen Bestellung aufgelistet. Diese Felder werden über das Tag `<we:shopField reference="cart" />` erzeugt. Mit dem Attribut `reference` legen Sie fest, ob die Felder der gesamten Bestellung (`cart`) oder dem entsprechenden Artikel (**article**) zuzuordnen sind. Auch hier haben Sie die Möglichkeit, weitere benutzerdefinierte Felder zu ergänzen oder vorhandene zu löschen.

Verwaltung von Porto- und Verpackungskosten

Mit dem webEdition Shop-Modul verwalten Sie Porto- und Verpackungskosten länderspezifisch und gestaffelt nach Bestellwert. Dazu wählen Sie zunächst das Feld in der webEdition-Kundenverwaltung, das die Angabe des Lieferlandes (am besten ISO-kodiert) enthält. Es empfiehlt sich, die

Porto- und Verpackungskosten als Nettowerte und den zugehörigen Mehrwertsteuersatz zu speichern. Die eingetragenen Versandkosten können sich dann an 1 bis n Länder richten und eine beliebige Staffelung nach Bestellwert besitzen. Zu beachten ist, dass Sie im Feld **Länder** die ISO-kodierten Werte eintragen müssen (siehe Abbildung 5.62), sofern es sich in der Kundenverwaltung um ein Feld vom Typ **country** handelt.

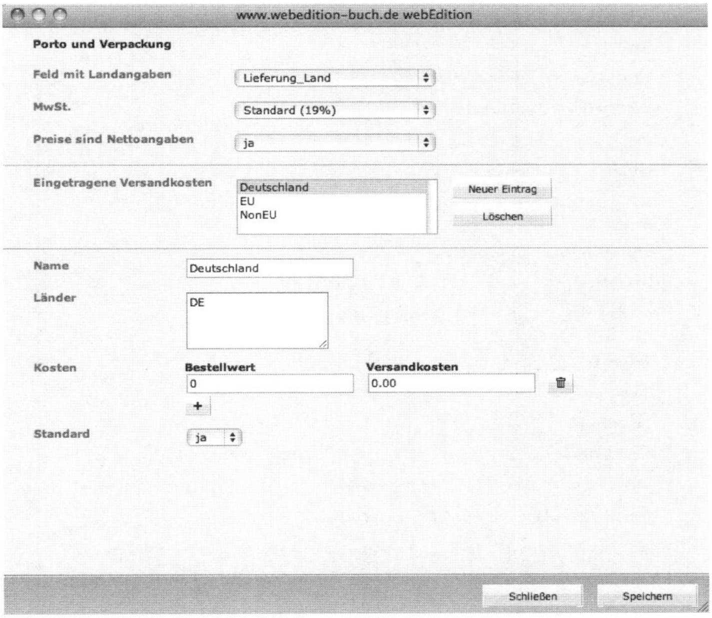

Abbildung 5.62: Einstellungen für Porto und Verpackung

Konfiguration von Zahlungssystemen

Derzeit bietet das Shop-Modul eine Integration zum Payment Service Provider *Saferpay* und zum Online-Zahlungssystem *Paypal*. Die Einstellungen für beide Bezahlsysteme erfolgen direkt im webEdition Shop-Modul über **Bearbeiten | Bezahldienst**; es öffnet sich das in Abbildung 5.63 dargestellte Dialogfenster.

Zunächst wählen Sie im ersten Drittel die Felder aus der Kundenverwaltung aus, die an die Bezahldienste übermittelt werden sollen. Anschließend erfolgt die recht einfache Konfiguration von Paypal, bei der Sie zwischen einem Test-Account und dem Live-Betrieb unterscheiden. Die Konfiguration für die Saferpay-Anbindung ist etwas aufwendiger.

Für die Nutzung der beiden Bezahldienste im Online-Shop stellt webEdition die beiden Tags `<we:paypal />` und `<we:saferpay />` zur Verfügung.

Wie diese eingesetzt und in Templates genutzt werden, zeigen wir im Abschnitt 5.8.4.

Abbildung 5.63: Konfiguration von Zahlungssystemen

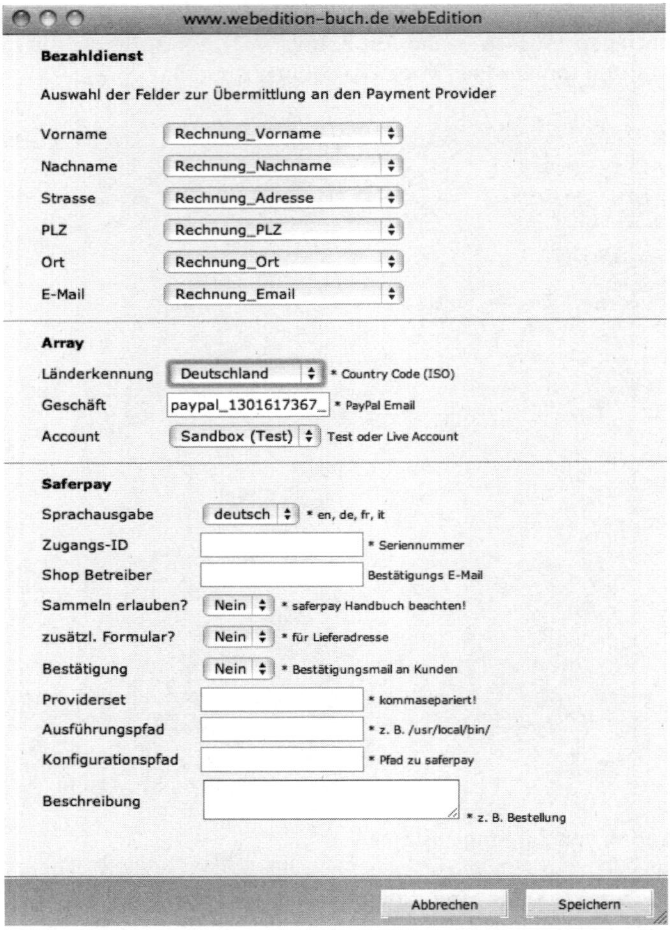

Konfiguration der Mehrwertsteuersätze

Mit dem webEdition Shop-Modul lassen sich verschiedene Mehrwertsteuersätze verwalten und in einem Shop einsetzen. Dazu bietet die Administrationsoberfläche des Shop-Moduls über **Bearbeiten | Mehrwertsteuersätze** den in Abbildung 5.64 dargestellten Konfigurationsdialog. Hier legen Sie beliebige Steuersätze an und ordnen sie später jedem Artikel zu. Werden Artikel über webEdition-Dokumente abgebildet, müssen Sie in der Dokumentenvorlage das webEdition Tag <shopVat type="select" /> hinzufügen. Werden webEdition-Objekte für die Verwaltung von Shop-Artikeln genutzt, muss das Objekt ein Feld vom Typ **Mehrwertsteuer Feld** besitzen.

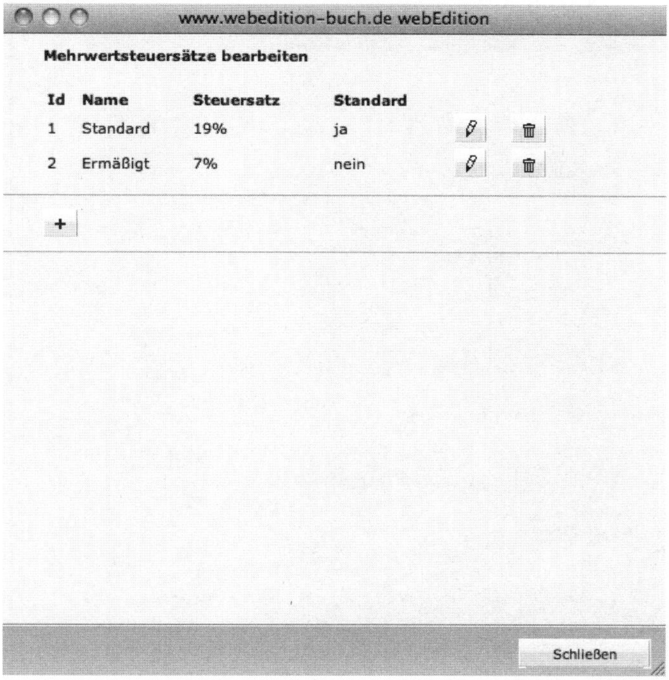

Abbildung 5.64: Mehrwertsteuersätze im Shop-Backend verwalten

Ist der Shop-Betreiber mit seinem Online-Shop international tätig, werden Mehrwertsteuern nur unter bestimmten Voraussetzungen, die je nach Land variieren können, fällig. Um dies zu berücksichtigen, definieren Sie im webEdition Shop-Modul über das Menü **Bearbeiten | Länder** Regeln zur Berechnung der Mehrwertsteuer pro Land. Dazu wählen Sie zunächst wieder ein Feld aus der webEdition-Kundenverwaltung aus, das die Informationen zum Land enthält. Hierfür sollten Sie in der webEdition-Kundenverwaltung ein Feld vom Typ **country** nutzen und dann in den Einstellungen als **Feld ist ISO kodiert** markieren.

Anschließend tragen Sie in den drei Feldern **Mehrwertsteuerpflichtige Länder**, **Nicht mehrwertsteuerpflichtige Länder** und **Länder mit Sonderregeln** alle betroffenen Länder bzw. deren ISO-Codes ein. Sonderregeln können bspw. beim Verkauf von Waren und Dienstleistungen innerhalb der Europäischen Union auf diejenigen Kunden zutreffen, die bei der Bestellung im europäischen Ausland eine Umsatzsteueridentifikationsnummer angeben. Ob eine solche Nummer bei der Bestellung angegeben wurde, wird vom Shop-

Modul automatisch geprüft, sofern das entsprechende Feld aus der Kundenverwaltung (z. B. **Rechnung_UStID**) bei den Ländereinstellungen angegeben wurde.

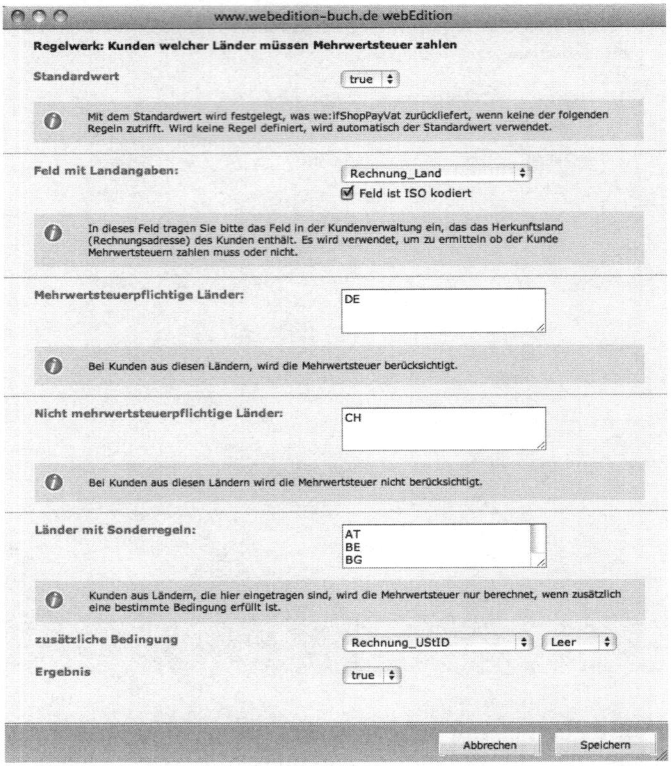

Abbildung 5.65: Regeln zur Anwendung von Mehrwertsteuersätzen bei Bestellungen im Ausland

Transaktions-Mailings – Bestell- und Versandbestätigungen per E-Mail

Im Abschnitt 5.7.2 haben wir bereits darauf hingewiesen, dass Transaktions-Mailings wie z. B. Bestellbestätigungen und Versandstatus über das webEdition Shop-Modul versendet werden. Diese Transaktions-Mailings basieren auf Status, die eine Bestellung besitzen kann. Zu den vom Shop-Modul vorgegebenen Status gehören:

- Bestellt am (DateOrder)
- Bestellungseingang bestätigt (DateConfirmation)
- Bestellung versandt (DateShipping)

- Bestellung bezahlt (DatePayment)
- Bestellung storniert (DateCancellation)
- Bestellvorgang abgeschlossen (DateFinished)

Daneben stehen zehn weitere frei definierbare Status für die individuelle Nutzung zur Verfügung. Bei der Konfiguration der Transaktions-Mailings (siehe Abbildung 5.66) können Sie pro Status für jede Frontend-Sprache eigene Transaktions-Mails definieren.

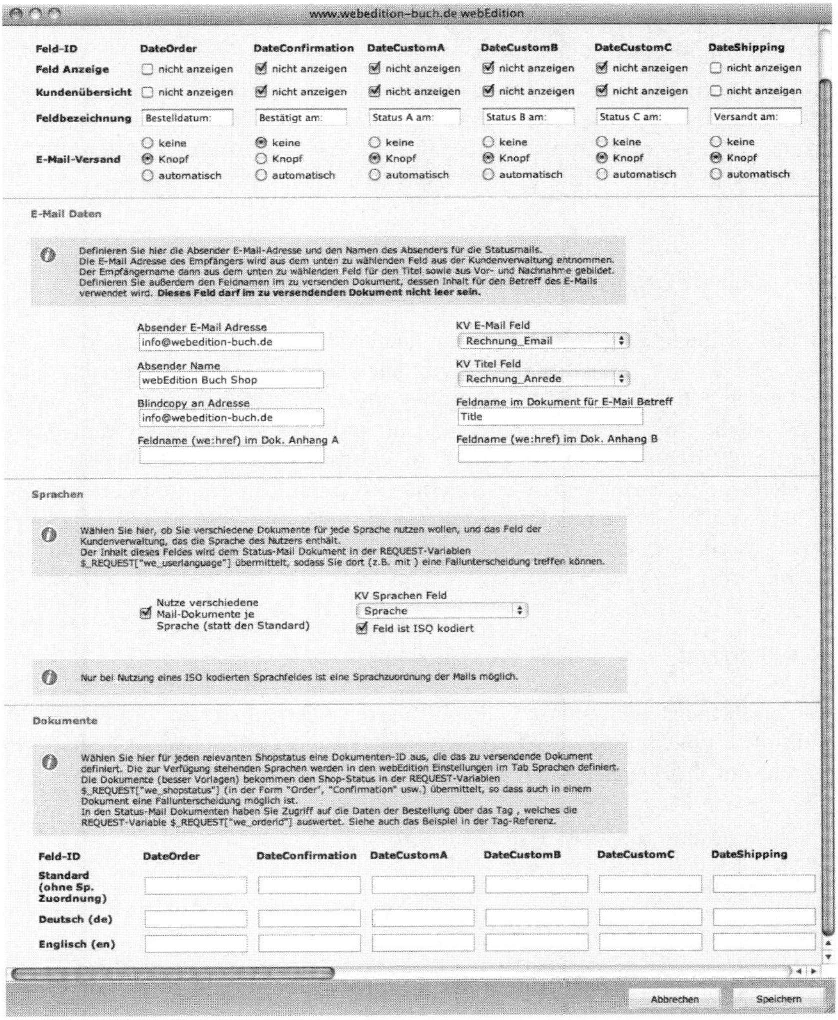

Abbildung 5.66: Einstellungen für Transaktions-Mails im webEdition Shop-Modul

Welche Sprachversion versandt werden soll, wird anhand eines Feldes (vom Typ **language**) aus der webEdition-Kundenverwaltung ermittelt. Außerdem müssen Sie für den Versand der Mailings das Feld aus der webEdition-Kundenverwaltung angeben, das die E-Mail-Adresse des Kunden enthält. Für den Empfängernamen greift das Shop-Modul immer auf die Felder **Forename** und **Surname** der Kundenverwaltung zu.

Abhängig vom Status einer Bestellung legen Sie fest, ob eine Transaktions-Mail automatisch oder über das Shop-Modul-Backend manuell versendet werden soll. Dazu wird in der Shop-Modul-Bestellansicht (siehe Abbildung 5.60) ein Briefsymbol und ein Versanddatum, zu dem die Transaktions-Mail versandt wurde, angezeigt. Bereits versandte Mailings können Sie über die entsprechenden Buttons erneut manuell versenden.

Transaktions-Mailings basieren auf webEdition-Vorlagen und unterliegen daher keiner gestalterischen Einschränkung. über das Tag `<we:order />` greifen Sie in einer Transaktions-Mail auf alle Daten einer Bestellung zu. Gleiches gilt für die Kundendaten, die sich über `<we:customer />` ermitteln lassen.

Frei wählbare Zusatzfelder (pro Artikel und/oder Bestellung)

Bei jeder Bestellung können weitere Daten über weitere Zusatzfelder – die sog. ShopFields – angegeben werden. Die Zusatzfelder beziehen sich dabei auf jeden Artikel einer Bestellung oder auf die gesamte Bestellung. Sinnvoll sind solche Zusatzfelder, um etwa zusätzliche Hinweise des Kunden (Kommentare) aufzunehmen oder die vom Kunden gewählte Zahlungsweise zu speichern. Zusatzfelder auf Artikelebene können für Varianten genutzt werden, um z. B. Größenangaben zu erfassen, die keine Auswirkungen auf den Artikelpreis oder Produktabbildungen haben. Zusatzfelder werden über das webEdition Tag `<we:shopField type="cart | article" />` erzeugt.

Bestellprozess

Ein großer Vorteil ist die freie Gestaltung des Bestellprozesses mit dem webEdition Shop-Modul. Als Shop-Betreiber können Sie selbst festlegen, wie genau der Prozess aussehen soll, z. B.:

1. Produkte in den Warenkorb legen
2. Rechnungsinformationen angeben
3. Eventuell abweichende Lieferadresse angeben
4. Abschließende Übersicht der Bestellung
5. Kaufvorgang abschließen

Die Schritte 2 und 3 können aber auch ein Prozessschritt sein. Da sich die Versandkosten oft nach der Empfängeradresse (speziell dem Land) richten, kann es auch von Vorteil sein, diese Information gleich zu Beginn abzufragen. Wenn die Angabe einer abweichenden Liefer- bzw. Rechnungsadresse nicht angeboten wird, lässt sich das einfach umsetzen. Den Bestellprozess können Sie für Neukunden und eingeloggte Bestandskunden auch unterschiedlich abbilden. Bestandskunden würden vom Warenkorb direkt zur Bestellübersicht geleitet werden, ohne noch einmal die Rechnungs- und Lieferinformationen bestätigen zu müssen. Bei der Gestaltung müssen Sie natürlich die rechtlichen Rahmenbedingungen[11] einhalten.

5.8.3 Besonderheiten des Shop-Moduls

Wie bereits erwähnt, bietet das Shop-Modul in Kombination mit dem Basissystem, der Kundenverwaltung und dem DB/Objekt-Modul sehr große Flexibilität bei der Realisierung von Online-Shops. Daher ist es umso wichtiger, zu Beginn eines Shop-Projekts einige konzeptionelle Besonderheiten zu beachten, um bei späteren Erweiterungen nicht „von vorn anfangen" zu müssen:

1. Artikelverwaltung (Dokumente oder Objekte)
2. Preise im Backend (Brutto oder Netto)
3. Produktkategorien (Kategorien oder Klasse)
4. Varianten (ein- oder mehrdimensional)
5. Multi-Store-Management
6. Mehrsprachige Online-Shops

Artikelverwaltung – Dokumente oder Objekte

Wie Sie bereits wissen, lassen sich Assets mit webEdition als Dokumente und/oder Objekte verwalten. Shop-Artikel bzw. Produkte sind ebenfalls Assets, die sich sowohl als Dokumente als auch als Objekte verwalten lassen. Die Verwaltung von Produkten als webEdition-Dokumente empfiehlt sich dann, wenn nur sehr wenige Produkte vorhanden sind und diese immer redaktionell verwaltet werden. Dadurch nutzen Sie die Vorteile (Hilfetexte bei der Dateneingabe) der Template-basierten Eingabe. Dies ist besonders

[11] Vgl. Dr. Föhlisch, C. (2010): „10 Schritte zum rechtssicheren Shop". Trusted Shops GmbH, Köln.

dann sinnvoll, wenn Sie als Shop-Betreiber nur sehr selten die Produktinformationen überarbeiten und daher nicht „täglich“ mit der Eingabemaske arbeiten.

Müssen sehr viele Shop-Artikel verwaltet werden, lohnt sich der Einsatz des DB/Objekt-Moduls. Oft werden große Produktmengen in Warenwirtschaftssystemen verwaltet, so dass die Produkte automatisiert zu übertragen sind. Durch das DB/Objekt-Modul lässt sich eine einheitliche Datenstruktur schaffen, die eine Anbindung von Drittsystemen oder den regelmäßigen Import von Produktdaten unterstützt. Die Artikeldaten werden dabei in einer separaten Tabelle innerhalb der webEdition-Datenbank verwaltet und lassen sich daher besser und unabhängig von anderen Daten des CMS automatisiert manipulieren.

Für den Export von Artikeldaten aus webEdition heraus ist es irrelevant, ob die Produkte als webEdition-Dokumente oder -Objekte verwaltet werden. Mittels webEdition Templates können die Datenfelder eines Artikels individuell ausgelesen und in das gewünschte Zielformat ausgegeben werden.

Preisverwaltung im Backend

Je nach Zielgruppe (B2C oder B2B oder beide) des Online-Shops wird immer wieder die Frage diskutiert, ob Artikelpreise im Backend als Netto- oder Bruttopreise angegeben werden sollen. Grundsätzlich ist dies für das Shop-Modul nicht von Bedeutung. Bei der Berechnung von Artikel- und Warenkorbpreisen, Versandkosten und der Übergabe von Informationen an Bezahldienste lässt sich jederzeit festlegen, ob es sich um Brutto- oder Nettopreise (mit dem Attribut `netprices="true | false"`) handelt. Dadurch ist es auch möglich, problemlos einen Shop zu betreiben, der sich sowohl an B2C- als auch an B2B-Kunden richtet, unabhängig davon, ob die Produktpreise im Backend als Netto- oder Bruttowerte hinterlegt sind.

Die folgende Auflistung zeigt, welche Daten bei der Bestellung durch das webEdition Shop-Modul gespeichert werden (vgl. auch Abbildung 5.60):

- Bezeichnung & Beschreibung des Produkts bzw. der Produkte
- Anzahl des Produkts bzw. der Produkte
- Einzelpreis des Produkts
- Produktpreis ist Nettowert (Ja, Nein)
- Mehrwertsteuersatz des Produkts
- Höhe der Versandkosten
- Versandkosten sind Nettowerte (Ja, Nein)

- Mehrwertsteuersatz der Versandkosten
- Verschiedene Zeitstempel (Bestelldatum, Versandzeitpunkt, Datum Zahlungseingang etc.)
- Alle Datenfelder aus der webEdition-Kundenverwaltung
- Alle Zusatzfelder (CustomFields) einer Bestellung

Aus diesem Datenmodell einer gespeicherten Bestellung ergeben sich mehrere Vorteile:

- Produkte und Versandkosten können unterschiedliche Mehrwertsteuersätze besitzen (auch Produkte untereinander).
- Die Bestellung kann nachträglich durch den Shop-Betreiber um weitere Artikel ergänzt werden (Gesamtpreis der Bestellung wird im Backend dynamisch errechnet und nicht gespeichert).
- Bei einer vorhandenen Bestellung können durch den Shop-Betreiber Artikel entfernt werden (Gesamtpreis der Bestellung wird im Backend dynamisch errechnet und nicht gespeichert).
- Im laufenden Betrieb lassen sich Artikelpreise von Netto- auf Bruttowerte oder umgekehrt umstellen.

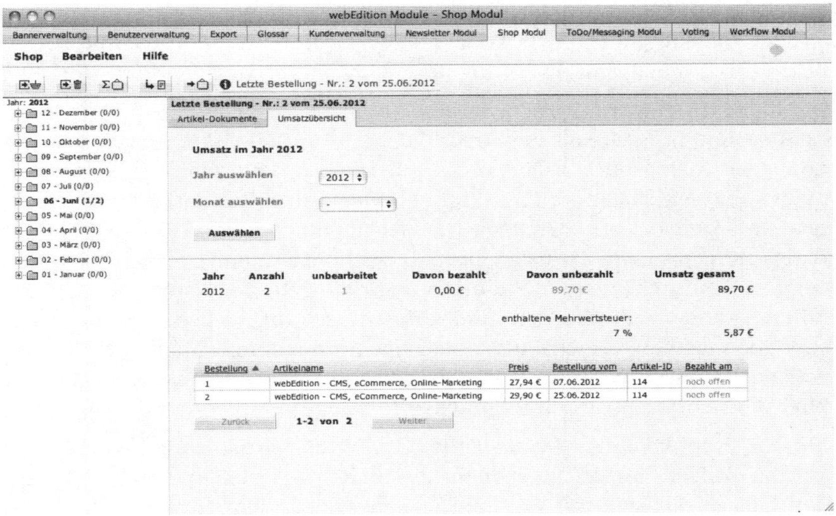

Abbildung 5.67: Umsatzübersicht eingegangener Bestellungen im webEdition Shop-Modul

Gerade der letzte Punkt kann interessant werden, wenn sich der Shop im Nachhinein auch an B2B- bzw. B2C-Kunden richten soll. Die Abbildung 5.67 zeigt in der Tabelle zwei Bestellungen. Bei der ersten Bestellung wurde zweimal der Artikel *webEdition Buch* zum Netto-Produktpreis von 27,94 EUR gekauft. Anschließend wurde derselbe Artikel im webEdition Backend mit dem Bruttopreis von 29,90 EUR (inkl. 7% Mehrwertsteuer) ausgezeichnet und einmal bestellt. Obwohl einmal als Netto- und einmal als Bruttopreis ausgezeichnet, wird die Gesamtsumme der Bestellungen mit 89,70 EUR (inkl. 7% Mehrwertsteuer) für insgesamt drei bestellte Bücher korrekt angegeben. Zu beachten ist, dass bei der Umstellung von Netto- auf Bruttopreise oder umgekehrt Anpassungen an der Template-Programmierung notwendig sein können. In jedem Fall müssen jedoch die Werte des Attributs `netprices` entweder auf `true` oder auf `false` korrigiert werden.

Produktkategorien

Produktkategorien dienen dazu, Produkte mit ähnlichen bzw. gleichen Eigenschaften zu klassifizieren. Dadurch lassen sich z. B. Übersichtsseiten aller Bücher oder aller Artikel der Kategorie Software erstellen. Wir haben bereits im Abschnitt 4.5.2 ausführlich über webEdition-Kategorien gesprochen, die webEdition-Dokumenten und webEdition-Objekten zur Verfügung stehen. Diese Kategorien lassen sich auch für die Klassifizierung von Produkten nutzen. Der Vorteil ist hierbei, dass die Kategorien auch für andere Assets, wie Newsmeldungen, zur Verfügung stehen, die dann automatisch zu Produktkategorien zugeordnet werden können. Nachteilig ist die fehlende Unterstützung der Mehrsprachigkeit, sofern die Kategorien auch auf der Website ausgegeben werden sollen. Werden webEdition-Kategorien nur für die interne Klassifizierung und Verschlagwortung genutzt, wird eine Übersetzung nicht benötigt.

Eine weitere Möglichkeit ist die Abbildung von Produktkategorien über eine eigene Klasse im DB/Objekt-Modul. Dies ist dann sinnvoll, wenn Produktkategorien zusammen mit Produktdaten in webEdition importiert werden und sich dabei die Kategorien permanent ändern können bzw. die Kategorien in einem Drittsystem (z. B. Warenwirtschaft) primär verwaltet werden. Dadurch werden Produktkategorien getrennt von anderen webEdition-Kategorien verwaltet und können „gefahrlos" beim Import überschrieben werden. Gleichzeitig lassen sich für die unterschiedlichen Sprachversionen einer Produktkategorie eigenständige Sprachobjekte anlegen und über die webEdition-interne Sprachverlinkung miteinander verknüpfen.

Müssen Produktkategorien aus Drittsystemen importiert und mehrsprachig auf der Website angezeigt werden, empfiehlt sich die Objekt-Lösung. Andernfalls lassen sich mit webEdition-Kategorien mehr Synergieeffekte bei der Verknüpfung mit anderen Assets erzielen.

Produktvarianten

Varianten eines Produktes stellen grundsätzlich dasselbe Produkt, aber mit Variationen in bestimmten Produkteigenschaften (Farbe, Größe, Preis etc.), dar. Produktvarianten haben den Vorteil, dass der Aufwand der Produktdatenpflege verringert wird, da für die verschiedenen Varianten nur diejenigen Datenfelder bearbeitet werden müssen, die von der Originalversion abweichen. Varianten stehen sowohl für webEdition-Dokumente als auch für webEdition-Objekte zur Verfügung, sofern das Dokument oder die Klasse des Objekts die Felder **shoptitle** und **shopdescription** besitzt. Nach dem ersten Speichern erscheint im Backend der zusätzliche Tab **Varianten** (siehe Abbildung 5.68), über den sich definieren lässt, welche verfügbaren Klassen- oder Dokumentenfelder für Varianten nutzbar sind.

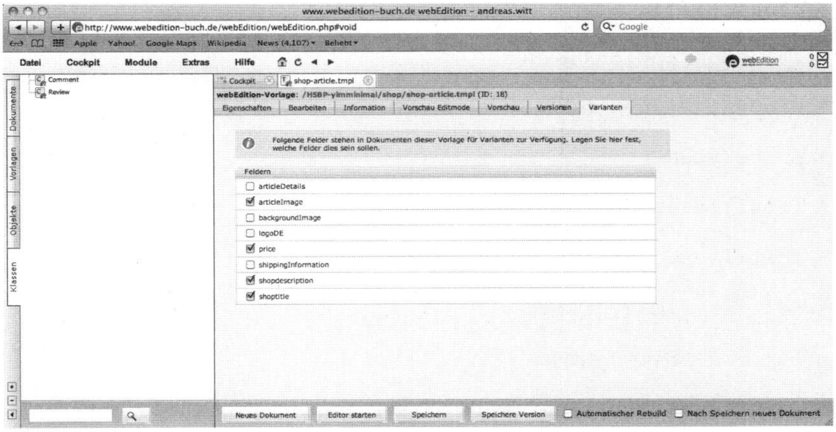

Abbildung 5.68: Konfiguration von Feldern für Produktvarianten bei webEdition-Dokumenten

Bei Produktvarianten unterscheiden wir zwischen ein- und mehrdimensionalen Varianten. Eindimensionale sind solche, bei denen nur eine Produkteigenschaft den Preis beeinflusst, sich jedoch mehrere Produkteigenschaften pro Variante ändern können. Dies können z. B. die Größe (z. B. S, M, L), die Farbe, die Produktabbildung (passend zur Farbe) und der Preis sein. Beeinflusst z. B. nur die Produkteigenschaft Größe oder Farbe den Produktpreis, sprechen wir von einer eindimensionalen Produktvariante. Bei mehrdimensionalen Produktvarianten wird der Produktpreis von mehreren Eigenschaften beeinflusst. So kann es sein, dass ein Shirt der Größe S in der Farbe Rot einen anderen Preis hat als das Shirt in Größe S und in Farbe Blau oder in Größe M und Farbe Rot.

Im Gegensatz zu eindimensionalen lassen sich mehrdimensionale Produktvarianten nur eingeschränkt über die webEdition-Varianten abbilden. Hierfür müsste dann jedes Produkt bspw. für jede Größe als eigenständiges Dokument bzw. Objekt angelegt werden, und es würde eine Variantierung für die Farbe erfolgen. Nachteil ist die mehrfache Auflistung des gleichen Produkts im Online-Shop, das sich lediglich in der Größe unterscheidet. Zudem kann der Kunde im Online-Shop das Produkt nicht anhand von zwei Auswahlfeldern in Größe und Farbe kombinieren.

Jedoch gibt es eine Lösungsmöglichkeit, um mehrdimensionale Produktvarianten mit webEdition-Objekten abzubilden. Dazu müssen Produkte bzw. Artikel als webEdition-Objekte angelegt werden. In unserem Beispiel gehen wir davon aus, dass Textilprodukte verkauft werden, die sich in Größe, Farbe und somit im Preis unterscheiden. In webEdition erstellen wir eine Klasse `Textilien` mit folgenden Feldern (in Klammern der Typ):

- `TextilienName` (Textinput)
- `shoptitle` (Textinut)
- `shopdescription` (Textfeld)
- `shopVat` (Mehrwertsteuerfeld)
- `price` (float)
- `TextilienIsVariant` (Checkbox)
- `TextilienColor` (Auswahl)
- `TextilienImage` (Grafik)
- `TextilienSize` (Auswahl)
- `TextilienSizeVariant` (Multi Objekt (auf sich selbst))

Als Variantenfelder werden dabei `TextilienColor`, `TextilienImage` und `price` festgelegt. Nun wird für jede Größe ein eigenes Produktobjekt anlegt, das verschiedene Farbvarianten (rot, grün, blau etc.) besitzt. Die einzelnen Produktobjekte für jede Größe werden dann über das Multi-Objekt-Feld `TextilienSizeVariant` miteinander verknüpft und bis auf das *Originalprodukt* (eine definierte Größe) über das Feld `TextilienIsVariant` als zusätzliche Variante gekennzeichnet. Im Online-Shop werden dann nur diejenigen Produkte angezeigt, bei denen das Feld `TextilienIsVariant` den Wert `Leer` besitzt.

```
<we:comment>über die condition werden nur Produkte ausgegeben, die \
nicht als Variante markiert sind</we:comment>
<we:condition name="isNotVariant">
  <we:conditionAdd field="TextilienIsVariant" value="" compare="="/>
</we:condition>
<we:listview type="object" name="textilien" classid="1" condition="\\
$isNotVariant" order="we_filename">
```

```
  <we:repeat>
    <h2><we:field type="text" name="shoptitle" hyperlink="true"/></h2>
    <we:field type="img" name="TextilienImage" thumbnail="OverviewSmall\
" border="0"/>
    <we:comment>... hier stehen weitere Felder ...</we:comment>
  </we:repeat>
</we:listview>
```

Gleichzeitig erhält das Template für die Produkt-Detaildarstellung zwei Auswahllisten für die Größe und die Farbe. Die Auswahlliste für die Farbe ist eine Liste über die möglichen Varianten der jeweiligen Größe. Die Auswahlliste der Größe ist eine Liste über die verknüpften Multi-Objekte des Feldes `TextilienSizeVariant`.

```
<we:comment>Produkt-Details anzeigen</we:comment>
<h1><we:var type="text" name="shoptitle"/></h1>

<we:comment>Artikelbild anzeigen, sofern vorhanden inkl. Zoomfunktion</\
we:comment>
<div class="left">
  <we:ifNotEmpty match="TextilienImage" type="img">
    <a href="<we:img name="TextilienImage" only="src"/>" rel="colorbox\
">
      <we:img name="TextilienImage" thumbnail="detailSmall" class="pic\
"/>
      <span>Bild zoomen</span>
    </a>
  </we:ifNotEmpty>
</div>


<div class="right">
  <we:comment>Preis anzeigen, mit oder ohne MwSt. abhängig vom Kunden</\
we:comment>
  <p class="articleprice">
    <we:ifNotEmpty match="price">
      <we:ifShopPayVat>
        <we:calculate num_format="german" print="true"><we:var type="\
float" name="price" />*(1+(<we:var type="shopVat" />/100))</we:\
calculate> &euro;
      <we:else/>
        <we:var type="float" name="price" num_format="german"/> &euro;
      </we:ifShopPayVat>
    <we:else/>
      Preis auf Anfrage
    </we:ifNotEmpty>
  </p>

  <we:comment>über dieses Formular wird gesteuert, welcher Artikel (\
Größe) und welche Variante (Farbe) angezeigt werden soll. Die \
Manipulation erfolgt mittels jQuery</we:comment>
  <we:form id="self" nameid="chooseVariant" method="post">
```

```
    <we:comment>Liste der verfügbaren Größen</we:comment>
    <we:listview type="multiobject" name="TextilienSizeVariant" order="\
we_filename" classid="1">
      <select name="sizeVariant" id="sizeVariant" class="selectvariant\
">
        <we:repeat>
          <option value="<we:field type="text" name="WE_ID"/>"><we:\
field name="TextilienSize"/></option>
        </we:repeat>
      </select>
    </we:listview>

    <we:comment>Liste der Farbvarianten</wecomment>
    <we:ifHasShopVariants>
      <we:listview type="shopVariant">
        In Farbe:
        <select name="colorVariant" id="colorVariant" class="\
selectvariant">
          <option value=""><?php echo strtoupper($GLOBALS['we_obj']->\
getElement('size')); ?></option>
          <we:repeat>
            <option value="<we:field name="WE_VARIANT"/>"> <we:field \
name="WE_VARIANT"/> </option>
          </we:repeat>
        </select>
      </we:listview>
    </we:ifHasShopVariants>
  </we:form>
  <p><we:a edit="shop" id="23" target="_self" shopname="demoShop" class\
="button">In den Warenkorb</we:a></p>
</div>
<br class="clearer"/>
```

Bei dieser Vorgehensweise kann gleichzeitig sichergestellt werden, dass für die ausgewählte Größe auch nur die zur Verfügung stehenden Farbvarianten angezeigt werden. Sind beispielsweise immer alle Farben, aber nicht alle Größen vorhanden, wäre die Multi-Objekte Varianten-Kombination auch in umgekehrter Folge möglich.

Eine weitere Möglichkeit, mehrdimensionale Varianten mit webEdition zu realisieren, sind die sog. `shopFields` (frei wählbare Zusatzfelder), die Sie bei jeder Bestellung auf Artikel-Ebene oder für die gesamte Bestellung angegeben. Diese Lösung eignet sich jedoch nur, wenn die Produkteigenschaft keine anderen Produkteigenschaften wie z. B. Produktabbildung oder den Preis beeinflusst. Wenn wir bei unserem Beispiel mit den Textilien bleiben, könnte dies die Größe sein. Sie beeinflusst weder den Preis noch die Produktabbildung (im Gegensatz zur Farbe). Anstatt nun eine Verknüpfung über Multi-Objekte für die verschiedenen Größen zu erstellen, wird das Produkt nur einmal mit den verschiedenen Farbvarianten angelegt. Im oben genannten Code-Beispiel wird nun

```
<we:listview type="multiobject"></we:listview>
```

entfernt und durch folgendes webEdition Tag ersetzt:

```
<we:shopField name="TextilienSize" reference="article" shopname="\
demoShop" type="select" values="S,M,L,XL" xml="true" />
```

Zusammenfassend lässt sich festhalten, dass Produktvarianten, in welcher Form auch immer, mit webEdition abgebildet werden können. Am einfachsten lassen sich eindimensionale Varianten umsetzen. Mehrdimensionale Varianten, bei denen eine Produkteigenschaft keine Auswirkungen auf andere Produkteigenschaften hat (z. B. Preis), lassen sich über `shopFields` abbilden, was den Implementierungsaufwand erheblich verringert. Komplexe Produktvariationen sind in Kombination mit dem DB/Objekt-Modul möglich.

Multi-Store-Management

Multi-Store-Management oder auch Multi-Shops bezeichnet die Verwaltung und den Betrieb mehrerer Online-Shops mit nur einer Shopsystem-Installation. Neben der Reduzierung von Systemwartungen liegen die Vorteile vor allem in der Produktvermarktung. Mit Multi-Store-Management lässt sich eine Spezialisierung auf bestimmte Produkte erreichen, die dann über sog. Nischen-Online-Shops (separate Domains) angeboten werden. Das wirkt sich positiv auf die Wahrnehmung der Kunden und auch bei der Auffindbarkeit in Suchmaschinen aus, da die Optimierungsmöglichkeiten bei ausgewählten Produkten effektiver als bei einem „Tante-Emma-Laden" sind.

Mit den in Abschnitt 2.4 beschriebenen Multi-Domain-Strategien lassen sich mit dem webEdition Shop-Modul auch Multi-Shops betreiben. Jedoch müssen Sie auch hier die Einschränkung berücksichtigen, dass alle Bestellungen und Kundendaten (in der Kundenverwaltung) Domain-übergreifend in einer Shop-Modul-Instanz erfasst werden. Gibt es mehrere Shop-Betreiber, die Zugriff auf das Shop-Modul und die Kundenverwaltung haben, können diese alle Bestellungen einsehen. Beim Betrieb von Multi-Shops ist dies jedoch selten eine Anforderung, vielmehr sollen mehrere Online-Shops durch einen Shop-Betreiber administriert werden.

Abhängig von der Multi-Store-Strategie (z. B. ob Produkte nur in einem oder in mehreren Online-Shops erscheinen sollen), erfolgt die Verwaltung der Produkte unter Verwendung von webEdition-Dokumenten oder -Objekten. Unsere Empfehlung ist, das DB/Objekt-Modul zu nutzen. Es ermöglicht eine zentrale Datenhaltung und bietet größere Flexibilität bei späteren Erweiterungen.

Abbildung 5.69: Multi-Store-Management mit webEdition

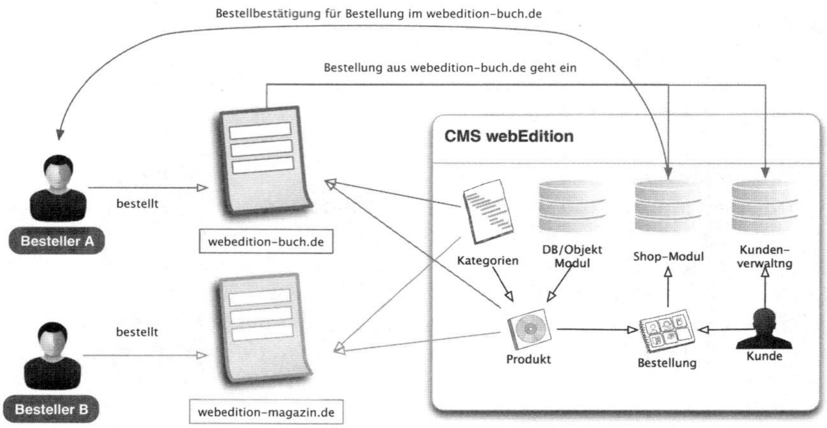

Die Abbildung 5.69 zeigt schematisch den Aufbau von Multi-Shops mit webEdition. Produkte verwalten Sie mit dem webEdition DB/Objekt-Modul und mit webEdition-Kategorien ordnen Sie Produktgruppen zu. Gleichzeitig legen Sie für jeden Multi-Shop ebenfalls eine Kategorie (z. B. `/multi-shop/weBuch` und `/multi-shop/weMagazin`) an. Jedem Produkt weisen Sie dann eine oder mehrere Multi-Shop-Kategorien zu. Um auf der Website des Shops `webedition-buch.de` nur diejenigen Produkte anzuzeigen, die auch die entsprechende Kategorie haben, nutzen wir folgenden Code-Schnipsel:

```
<we:comment>über die Variable multiShopCatID werden nur Produkte \
ausgegeben, die auch die entsprechende Multi-Shop-Kategorie besitzen</\
we:comment>
<we:ifIsDomain domain="www.webedition-buch.de">
  <we:setVar to="global" nameto="multiShopCatID" value="3" />
<we:else/>
  <we:ifIsDomain domain="www.webedition-magazin.de">
    <we:setVar to="global" nameto="multiShopCatID" value="4" />
  </we:ifIsDomain>
</we:ifIsDomain>

<we:listview type="object" name="exemplare" classid="1" categoryids="\\
$multiShopCatID" order="we_filename">
  <we:repeat>
    <we:field type="text" name="shoptitle" hyperlink="true"/>
    <we:field type="img" name="cover" thumbnail="OverviewSmall" border\
="0"/>
    <we:comment>... hier stehen weitere Felder ...</we:comment>
  </we:repeat>
</we:listview>
```

Mit diesem Vorgehen lässt sich mit nur einem Template für die verschiedenen Multi-Shops genau aussteuern, welche Produkte angezeigt werden sollen.

Basis einer jeden Bestellung ist die Initialisierung des Warenkorb-Objektes. Dies wird für Multi-Shops wie folgt gelöst und muss als Erstes im Template stehen.

```
<we:sessionStart />

<we:comment>Bezeichnung des Warenkorbs festlegen</we:comment>
<we:ifIsDomain domain="www.webedition-buch.de">
  <we:setVar to="global" nameto="multiShopShopname" value="weBuch" />
<we:else/>
  <we:ifIsDomain domain="www.webedition-magazin.de">
    <we:setVar to="global" nameto="multiShopShopname" value="weMagazin"\
 />
  </we:ifIsDomain>
</we:ifIsDomain>

<we:createShop shopname="\$multiShopShopname" />
<we:addDelShopItem shopname="\$multiShopShopname" floatquantities="\
false" comment="nur ganzzahlige Artikelmengen" />
<we:useShopVariant comment="Falls Produktvarianten existieren, dann \
nutze sie" />
```

Somit stellen wir sicher, dass je nach Domain ein eigenständiges Warenkorb-Objekt für Bestellungen initialisiert wird. Obwohl wir nun eine Unterscheidung für das Frontend (Website des Online-Shops) geschaffen haben, gehen alle Bestellungen unserer Multi-Shops in das gleiche webEdition Shop-Modul ein und werden dort zunächst nicht unterschieden. Eine Unterscheidung der Bestellungen nach Multi-Shop ist jedoch für die spätere Bearbeitung, den Versand von Bestätigungsmails, die Zustellung von Rechnungen und die Auflistung der bereits aufgegebenen Bestellungen in einem geschlossenen Kundenbereich zwingend notwendig. Hier nutzen wir die bereits erwähnten CustomFields. Im Bestellprozess fügen wir ein für den Kunden unsichtbares `shopField` hinzu, über das eine Multi-Shop-Identifizierung möglich ist.

```
<we:comment>Wir nutzen die bereits initialisierte globale Variable \
$multiShopShopname, um jeder Bestellung den Shopname zuzuordnen</we:\
comment>
<we:shopField name="Shopname" reference="cart" shopname="\\
$multiShopShopname" type="hidden" value="\$multiShopShopname" xml="true\
" />
```

In der Bestellansicht des Shop-Modul-Backends würde dann im Abschnitt **weitere Angaben zu dieser Bestellung** neben den in Abbildung 5.60 bereits verfügbaren Feldern **Payment**, **AGB** und **Kommentar** das Feld **Shopname** aufgelistet werden. Dadurch ist für den Shop-Betreiber ersichtlich, über welchen Multi-Shop die Bestellung erfolgte. Gleichzeitig kann dieses Feld als Filterkriterium für

- Transaktions-Mailings (Bestellbestätigung, Versandbestätigung etc.)
- Automatische Erstellung der Rechnung
- Auflistung der Bestellungen im geschlossenen Kundenbereich

genutzt werden. Dies ist besonders für den ersten und zweiten Punkt wichtig. Im Shop-Modul lassen sich zwar für jede Sprachversion eines Online-Shops verschiedene Transaktionsmails festlegen (vgl. Abschnitt 5.65), jedoch keine Unterscheidung nach Multi-Shop vornehmen. Daher muss die Unterscheidung im Template anhand des `<we:shopField type="hidden" name="Shopname" />` erfolgen.

```
<we:comment>Transaktionsmails fuer Shop-Bestellung, z.B. \
Bestellbestaetigungsmail. Dem webEdition Tag <we:order> wird \
automatisch die BestellID uebermittelt</we:comment>
<we:order>
  <we:field type="text" name="CustomerID" to="global" nameto="KundenID\
"/>
  <we:field type="text" name="OrderID" to="global" nameto="BestellID"/>

  <we:ifField name="Shopname" type="text" match="weBuch" operator="\
equal">
     <we:comment>Bestellbestaetigung fuer Online-Shop webedition-buch.\
de</we:comment>
     <we:listview type="orderitem" orderid="\$BestellID">
       <we:repeat>
         <we:comment>hier werden die Produkte der Bestellung \
aufgelistet</we:comment>
       </we:repeat>
     </we:listview>
  </we:ifField>

  <we:ifField name="Shopname" type="text" match="weMagazin" operator="\
equal">
    <we:comment>Bestellbestaetigung fuer Online-Shop webedition-buch.de\
</we:comment>
    <we:listview type="orderitem" orderid="\$BestellID">
      <we:repeat>
        <we:comment>hier werden die Produkte der Bestellung aufgelistet\
</we:comment>
      </we:repeat>
    </we:listview>
  </we:ifField>
</we:order>
```

Zusammenfassend lässt sich festhalten, dass Shop-Betreiber mit dem CMS webEdition, dem Shop-Modul, der Kundenverwaltung und dem DB/Objekt-

Modul ein Multi-Store-Management mit folgenden Funktionen betreiben können:

- Zentrale Bestellverwaltung aller Multi-Shop-Bestellungen im webEdition Shop-Modul
- Zentrale Kundenverwaltung aller Kunden in der webEdition-Kundenverwaltung
- Zentrale Verwaltung aller Produkte für die verschiedenen Multi-Shops im DB/Objekt-Modul und den webEdition-Kategorien
- Produkte können ausschließlich in einem oder auch in mehreren Online-Shops (auch mit unterschiedlichen Preisen, falls gewünscht) genutzt werden
- Geringer Wartungs- und Erweiterungsaufwand durch einheitliches Template für alle Multi-Shops
- Separate Transaktionsmails pro Multi-Shop
- Freie Gestaltung und Design pro Multi-Shop

Einschränkungen, die es zu beachten gilt, sind die derzeit fehlende Unterstützung mehrerer Währungen im Shop-Modul-Backend und separate Einstellungen für Versandkosten pro Multi-Shop. Obwohl es möglich ist, im Frontend verschiedene Währungen zu verarbeiten und an die unterschiedlichen Payment-Provider zu übermitteln, werden im Backend alle Bestellungen mit der in den **Grundeinstellungen** hinterlegten Währung angezeigt. Ähnliches gilt auch für die Berechnung der Versandkosten. Die in den Einstellungen hinterlegten Werte gelten für alle Bestellungen, unabhängig von der Zugehörigkeit des jeweiligen Multi-Shops. Im Frontend lassen sich diese Einstellungen durch die zusätzlichen Attribute für extern berechnete Versandkosten bei den webEdition Tags `<we:writeShopData />`, `<we:saferpay />` und `<we:paypal />` überschreiben:

- `shipping` (Höhe der Versandkosten)
- `shippingisnet` (sind Versandkosten Brutto- oder Nettopreise?)
- `shippingvatrate` (MwSt. der Versandkosten)

Diese extern berechneten Versandkosten werden dann auch korrekt im webEdition Shop-Modul (Backend) verarbeitet und angezeigt, so dass es hier keine Einschränkungen gibt. Unter Verwendung des webEdition DB/Objekt-Moduls können Sie Versandkosten als Objekte verwalten und über ein Multi-Objekt-Feld beim Produkt zuweisen. Dadurch ließen sich von den Standardeinstellung abweichende Lieferkosten für unterschiedliche Produkte bzw.

Produktgruppen festlegen und über die zuvor genannten Attribute einer Bestellung zuordnen. Dieses Vorgehen ermöglicht auch die Umsetzung verschiedener Versandoptionen wie:

- Standardversand
- Express-Versand
- Selbstabholung
- Spedition

Pro Versandoption wäre ein eigenes webEdition-Objekt (z. B. der Klassen `ExternalShipping`) anzulegen und dann dem Produkt zuzuordnen. So kann sichergestellt werden, dass „übergroße“ Produkte nur als „Selbstabholung“ oder „Versand per Spedition“ zugestellt werden.

Mehrsprachige Online-Shops

Wir haben bereits darauf hingewiesen, dass sich mit webEdition problemlos mehrsprachige Websites und somit auch Online-Shops realisieren lassen. Dabei werden auch für Produkte webEdition-Dokumente oder -Objekte genutzt, die sich mit den Internationalisierungsmöglichkeiten mehrsprachig verwalten lassen. Wie auch bei anderen Inhalten gilt für Produkte, dass für jede Sprache ein eigenes webEdition-Dokument bzw. -Objekt angelegt und mit den anderen Sprachversionen verknüpft wird. Dadurch lässt sich eine Sprachumschaltung im Online-Shop umsetzen.

Diese Vorgehensweise funktioniert, solange ein Produkt bzw. Artikel nicht in den Warenkorb gelegt wurde. Sobald ein Artikel in den Warenkorb gelegt wurde, funktioniert die Übersetzung der Artikelbeschreibung innerhalb der Warenkorbansicht nicht mehr, d. h., hat ein Kunde in der deutschen Version des Online-Shops einen Artikel in den Warenkorb gelegt, wechselt dann zur englischen Seite und lässt sich eine Warenkorbübersicht anzeigen, wird er den deutschen Artikel vorfinden. Das ist darauf zurückzuführen, dass sich im Warenkorb eine identische *Kopie* des Produktes bzw. der Produktvariante mit den ausgewählten Eigenschaften befindet und nicht eine Referenz auf das Produkt.

Um zu vermeiden, dass deutschsprachige Produktbeschreibungen im z. B. englischsprachigen Warenkorb zu finden sind, nutzen wir den Mutli-Store-Ansatz und erzeugen für jede Sprachversion automatisch einen eigenen Warenkorb.

```
<we:sessionStart />
<we:comment>Sprache des Dokuments ermitteln und an den Shopnamen "\
weBuch" anhaengen, entspricht dann z.B. weBuchDE</we:comment>
```

```
<we:pageLanguage type="language" case="uppercase" doc="top" to="global"\
 nameto="pageLanguageOfDocument" />
<?php $GLOBALS['languageShopname'] = "weBuch".$GLOBALS['\
pageLanguageOfDocument']; ?>
<we:createShop shopname="\$languageShopname" />
<we:addDelShopItem shopname="\$languageShopname" floatquantities="false\
" comment="nur ganzzahlige Artikelmengen" />
<we:useShopVariant comment="Falls Produktvarianten existieren, dann \
nutze sie" />
```

Dieses Vorgehen lässt sich natürlich mit den Ansätzen des Multi-Store-Managements kombinieren, so dass sich mehrsprachige Multi-Shops mit webEdition umsetzen lassen. Kleiner Nachteil der Lösung ist, dass der Kunde den zuvor im deutschsprachigen Online-Shop in den Warenkorb gelegten Artikel im englischsprachigen Online-Shop noch einmal (als englischen Artikel) in den Warenkorb legen muss.

5.8.4 Implementierung eines Online-Shops am Beispiel von www.webedition-buch.de

Nachdem wir uns konzeptionell mit den wichtigsten Besonderheiten des webEdition Shop-Moduls befasst haben, zeigen wir am Beispiel des einfachen Online-Shops `www.webedition-buch.de`, wie eine mögliche Shop-Implementierung erfolgt. Die von uns bevorzugte Reihenfolge ist dabei kein Muss, sondern nur als Empfehlung zu verstehen.

Schritt 1 – Konfiguration der Kundenverwaltung

Die webEdition-Kundenverwaltung nimmt alle Kundeninformationen einer Bestellung auf, bevor diese zusammen mit den vom Kunden gewählten Produkten als Bestellung des webEdition Shop-Moduls gespeichert werden. Daher ist der konzeptionelle Aufbau für die Umsetzung des Bestellprozesses und weitere Einstellungen für das Shop-Modul von Bedeutung. Für unseren Online-Shop haben wir uns für eine separate Rechnungs- und Lieferadresse als eigene Feldgruppe entschieden. Nach dem Öffnen der webEdition-Kundenverwaltung über **Module | Kundenverwaltung** gelangen Sie über **Kunden | Administration | Felder verwalten** in den Bearbeitungsmodus für alle Felder der webEdition-Kundenverwaltung. Wie Sie der Abbildung 5.70 entnehmen können, haben wir die Feldgruppen **Rechnung** und **Lieferung** erstellt und mit folgenden Feldern ausgestattet:

- **Anrede** (select)
- **Vorname** (input)
- **Nachname** (input)
- **Firma** (input)
- **Adresse** (input)
- **Zusatz** (input)
- **PLZ** (input)
- **Ort** (input)
- **Land** (country)
- **Email** (input)
- **Telefon** (input)
- **Fax** (input)
- **Mobil** (input)
- **UStID** (input), nur für Rechnung

Daneben haben wir das Feld **Sprache** (Typ=language) der Feldgruppe **Sonstige** zugeordnet. Anhand dieses Feldes wird ermittelt, in welcher Sprache Transaktions-Mailings aus dem Shop-Modul heraus versendet werden.

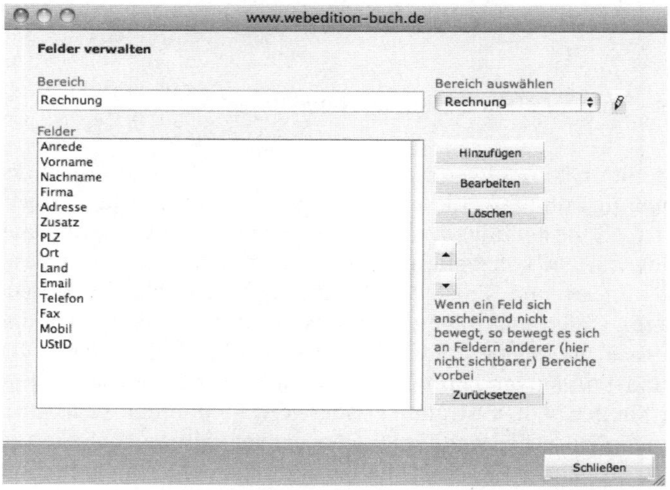

Abbildung 5.70: Konfiguration der Kundenverwaltung für Rechnungs- und Lieferadresse

Schritt 2 – Standardkonfiguration des Shop-Moduls

Zunächst nehmen wir die Grundeinstellungen des Shop-Moduls vor. Diese erreichen Sie entweder über **Extras | Einstellungen | Shop-Modul** oder im Shop-Modul unter **Bearbeiten | Einstellungen**. Folgende Werte werden für unseren Referenz-Shop definiert (vgl. Abbildung 5.71):

Währung
: Standardwährung des Shops

MwSt.
: In älteren Versionen konnte nur ein Mehrwertsteuersatz angegeben werden, jetzt sind mehrere möglich. Jedoch lässt sich diese Einstellung sehr gut als Default-Einstellung nutzen, falls keine anderen zugewiesenen Werte direkt am Produkt greifen. Daher lohnt es sich, hier einen Wert einzutragen.

Nummernformat
: Hauptsächlich fürs Backend

Datensätze pro Seite
: Für die Darstellung im Backend

Klassen-ID
: Hier werden die IDs derjenigen Klassen aus dem DB/Objekt-Modul eingetragen, die für die Produktverwaltung genutzt werden; in unserem Fall nicht benötigt.

Kundenfelder (Kundenverwaltung)
: Hier wählen Sie die Felder aus der Kundenverwaltung aus, die im Shop-Modul-Backend beim Bearbeiten einer Bestellung (siehe Abbildung 5.60) angezeigt werden. Ausnahmen bilden hier die Default-Felder **Vorname** und **Nachname**, diese werden im Shop-Modul immer angezeigt und können nicht ausgewählt werden.

Kundenfelder (Bestellung)
: Hier wählen Sie die Felder aus der Bestellung aus, die im Shop-Modul-Backend beim Bearbeiten einer Bestellung angezeigt werden sollen. Wir empfehlen, diese Einstellung statt **Kundenfelder (Kundenverwaltung)** zu nutzen.

Feld Land
: Hier wählen Sie das Feld aus der Kundenverwaltung aus, in dem das Land des Kunden enthalten ist. Gleichzeitig geben Sie an, ob es sich hierbei um ein ISO-kodiertes Feld handelt. Damit wird die korrekte Darstellung im Backend des Shop-Moduls gewährleistet.

Feld Sprache

Hier wählen Sie das Feld aus der Kundenverwaltung aus, das die Spracheinstellung des Kunden enthält. Gleichzeitig geben Sie an, ob es sich hierbei um ein ISO-kodiertes Feld handelt. Damit wird die korrekte Darstellung im Backend des Shop-Moduls gewährleistet.

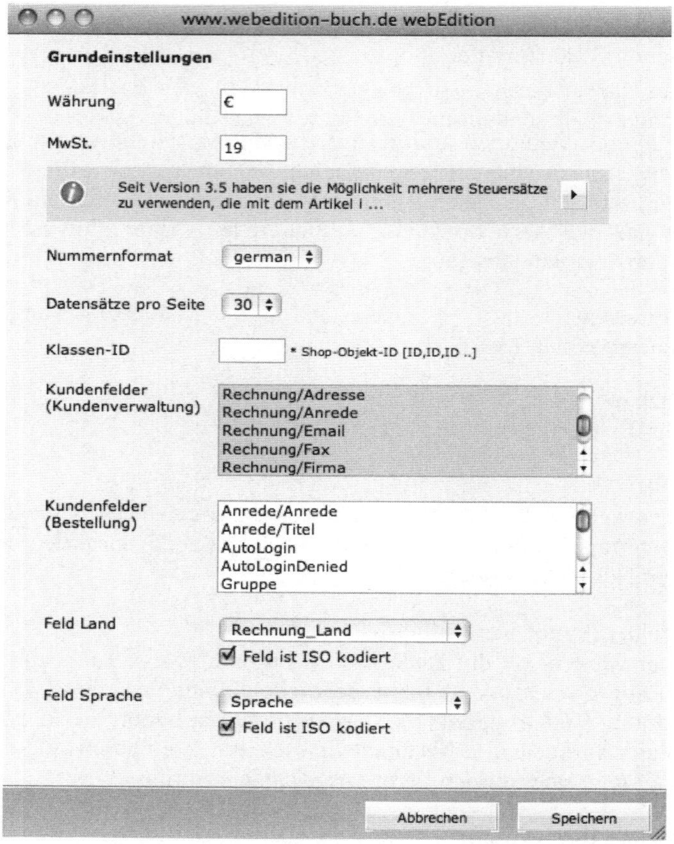

Abbildung 5.71: Grundeinstellungen des Shop-Moduls

Anschließend erfassen wir alle notwendigen Mehrwertsteuersätze und konfigurieren das Regelwerk für die Anwendung der Mehrwertsteuer. Für unseren Referenz-Shop haben wir die beiden Steuersätze **Standard 19%** und **Ermäßigt 7%** (benötigen wir für das Buch) angelegt (siehe Abbildung 5.64). Den Einstellungsdialog für die Mehrwertsteuersätze erreichen Sie im Shop-Modul über **Bearbeiten | Mehrwertsteuersätze**. Wie die einzelnen Steuersätze anzuwenden sind, hängt davon ab, wo der Leistungsprozess der bestellten Ware stattfindet und wo die Rechnungsstellung erfolgt. Das entsprechende Regelwerk wird im Shop-Modul unter **Bearbeiten | Länder** verwaltet. Für unseren Referenz-Shop werden folgende Einstellungen vorgenommen (siehe Abbildung 5.65):

Standardwert
: `true`, weil für unseren Referenz-Shop der Leistungserstellungsprozess in Deutschland stattfindet und somit grundsätzlich jeder Kunde die in Deutschland geltende MwSt. zahlen muss.

Feld mit Landangaben
: Hier wählen wir das Land der Rechnungsanschrift (**Rechnung_Land**) aus, da für die Berechnung der MwSt. der Sitz des Rechnungsempfängers von Bedeutung ist. Da wir als Feldtyp in der webEdition-Kundenverwaltung **country** ausgewählt haben, müssen wir zusätzlich noch die Checkbox **Feld ist ISO kodiert** aktivieren.

Mehrwertsteuerpflichtige Länder
: **DE**, für unseren Referenz-Shop müssen alle Rechnungsempfänger in Deutschland MwSt. zahlen. Als Wert wird eine ISO-kodierte Länderkennung erwartet, weil das unter **Feld mit Landangaben** angegebene Feld ebenfalls als ISO-kodiert markiert wurde.

Nicht mehrwertsteuerpflichtige Länder
: **CH** für die Schweiz, da sie kein Mitglied der EU ist. Als Wert wird eine ISO-kodierte Länderkennung erwartet, weil das unter **Feld mit Landangaben** angegebene Feld ebenfalls als ISO-kodiert markiert wurde.

Länder mit Sonderregeln
: Hier werden für unseren Referenz-Shop alle Länder eingetragen, die Mitgliedsstaaten der EU sind. Als Wert wird eine ISO-kodierte Länderkennung erwartet, weil das unter **Feld mit Landangaben** angegebene Feld ebenfalls als ISO-kodiert markiert wurde.

zusätzliche Bedingung
: Diese Feld bezieht sich auf alle im Feld **Länder mit Sonderregeln** angegebenen Länder und präft, ob eine angegebene Bedingung erfüllt ist. Für unseren Online-Shop muss der Rechnungsempfänger MwSt. zahlen, wenn das Feld **Rechnung_UStID** leer ist.

Ergebnis
: Das Ergebnis für die unter **zusätzliche Bedingung** genannte Bedingung muss `true` sein.

Im vorerst letzten Einstellungsdialog für die Standardkonfiguration befassen wir uns mit den Versand- und Portokosten. Die Einstellungen erreichen Sie im Shop-Modul über **Bearbeiten | Porto und Verpackung**. Da wir mit unserem Referenz-Shop europaweit versenden, haben wir uns bei den Versandkosten für eine Dreiteilung in **Deutschland**, **EU** und **NonEU** entschieden. Folgende Einstellungen wurden vorgenommen (siehe Abbildung 5.62):

Feld mit Landangaben

Da wir zwischen Rechnungs- und Lieferadresse unterscheiden, wählen wir hier das Land der Lieferadresse **Lieferung_Land** aus.

MwSt.

Hier wählen wir aus den verfügbaren und zuvor angelegten MwSt.-Sätzen den passenden aus. In unserem Fall sind es 19% für Versand- und Verpackungskosten.

Preise sind Nettoangaben

über dieses Feld kann angegeben werden, ob es sich um Brutto- oder Nettopreise handelt. Wir haben uns für Bruttopreise entschieden und als Wert **nein** ausgewählt.

Eingetragene Versandkosten

Enthält die Liste der vorhandenen Versandkosten.

Name

Name der aktuell im Feld **Eingetragene Versandkosten** ausgewählten Versandkosten, z. B. **Deutschland**, **EU** oder **NonEU**.

Länder

Da es sich bei dem Feld **Lieferung_Land** um ein ISO-kodiertes Feld vom Typ **country** handelt, werden hier die ISO-kodierten Länderkennungen aller von der Regel betroffenen Länder eingetragen.

Kosten

Hier können abhängig vom Bestellwert unterschiedliche Versandkosten (ohne Begrenzung) angegeben werden. Für unseren Referenz-Shop gibt es jedoch keine Unterscheidung, so dass es pro Regel nur einen Eintrag für **Bestellwert** mit 0 und je nach Regel einen Wert für **Versandkosten** gibt.

Standard

Zum Schluss legen wir für die einzelnen Regeln fest, ob es sich um den Standardwert an Versandkosten handelt – in unserem Fall ist es **Deutschland**.

Schritt 3 – Produkte verwalten

Da es sich bei unserem Referenz-Online-Shop um einen sehr kleinen Shop mit aktuell nur einem Produkt – dem webEdition-Buch – handelt, haben wir uns bei der Verwaltung der Produkte für webEdition-Dokumente entschieden. Das nachfolgende Code-Beispiel zeigt das Template zur Verwaltung der Artikel auf Basis von webEdition-Dokumenten.

```
<section id="main">
  <br/><br/>
  <h1><we:var type="text" name="Title"/></h1>
  <we:comment>Ansicht im Bearbeiten-Modus</we:comment>
  <we:ifEditmode>
    <div class="grid full">
      Artikelname: <we:input type="text" name="shoptitle" /><br/>
      Artikelpreis (Netto): <we:input type="text" name="price" /><br/>
      MwSt. <we:shopVat type="select" comment="Auswahlfeld ueber die \
verfuegbaren MwSt-Saetze, die in den Shop-Einstellungen angelegt wurden\
"/><br/>
      Versandinformationen:<br/>
      <we:textarea wysiwyg="true" name="shippingInformation" width\
="400" height="200" html="true" php="false" inlineedit="false" \
buttonpos="bottom" classes="orange,blue,green" spellcheck="true" /><br\
/>
      Artikelbeschreibung<br/>
      <we:textarea wysiwyg="true" name="shopdescription" width="400" \
height="200" html="true" php="false" inlineedit="false" buttonpos="\
bottom" classes="orange,blue,green" spellcheck="true" />
      Artikelabbildung: <we:img name="articleImage" thumbnail="170w" \
showcontrol="true" showinputs="true" xml="true" />
      Beschreibung unter dem Artikelbild: <we:textarea wysiwyg="true" \
name="articleDetails" width="400" height="200" html="true" php="false" \
inlineedit="false" buttonpos="bottom" classes="orange,blue,green" \
spellcheck="true" />
      </div>
  <we:else/>
      <we:comment>Ansicht im Vorschau-Modus</we:comment>
      <div class="grid oneQuarter">
      <we:img name="articleImage" thumbnail="170w" showcontrol="true" \
showinputs="true" xml="true" /><br/><br/>
      <strong class="blue">Preis:
      <we:ifShopPayVat>
        <we:ifShopVat id="1">
          <we:calculate num_format="german" print="true"><we:input type\
="text" name="price" />*1.<we:shopVat id="1"/></we:calculate>
        <we:else/>
          <we:calculate num_format="german" print="true"><we:input type\
="text" name="price" />*1.0<we:shopVat id="2"/></we:calculate>
        </we:ifShopVat>
      <we:else/>
        <we:input type="text" name="price" num_format="german"/>
      </we:ifShopPayVat> &euro;</strong><br/>
      <we:textarea wysiwyg="true" name="articleDetails"/>
      <we:comment>Link, der das Produkt in den Warenkorb legt</we:\
comment>
      <p class="Desc"><span class="site"><we:a edit="shop" id="115" \
hidedirindex="true" amount="1" shopname="weBuch">Jetzt vorbestellen</we\
:a></span></p>
      </div>
      <div class="grid half">
```

```
        <h2><we:input type="text" name="shoptitle" /></h2>
        <we:textarea wysiwyg="true" name="shopdescription"/>
        </div>
        <div class="grid oneQuarter">
        <we:comment>hier ist noch das Banner-Modul integriert</we:comment\
>
        <we:banner name="weBuchShopArticle220" width="220" height="250" \
type="js" target="_blank" link="true" xml="true" />
        <h3>Versandinformationen</h3>
        <we:textarea wysiwyg="true" name="shippingInformation"/>
        </div>
    </we:ifEditmode>
    <div class="clear"></div>
</section>
```

Wurde die Vorlage das erste Mal gespeichert, wird ein weiterer Reiter bzw. Tab **Varianten** sichtbar, über den sich konfigurieren lässt, welche der im Template vorhandenen Eingabefelder für Produktvarianten zur Verfügung stehen (vgl. Abbildung 5.68). über eine Checkbox lassen sich die gewünschten Felder aktivieren und später beim Anlegen von Produkten nutzen. Für unseren Referenz-Shop benötigen wir keine Varianten.

Schritt 4 – Vorlagen für den Bestellprozess

Der Bestellprozess kann je nach Online-Shop, Produktangebot und Zielgruppe stark variieren, wobei er mehrheitlich aus ähnlichen Stufen besteht. Die Abbildung 5.72 zeigt, wie wir den Bestellprozess für den Referenz-Shop `www.webedition-buch.de` realisiert haben.

Abbildung 5.72: Bestellprozess auf webedition-buch.de

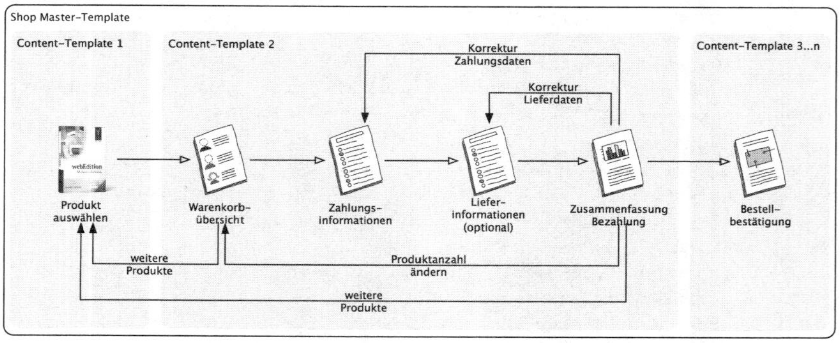

Der gesamte Bestellprozess im Online-Shop wurde mit vier Templates umgesetzt, wobei als Zahlungsdienst in unserem Beispiel nur Paypal berücksichtigt wird. Für jede weitere Zahlungsvariante ist ein zusätzliches Template empfehlenswert.

Die Master-Vorlage enthält neben dem HTML-Grundgerüst der Website die Warenkorb-Initialisierung mit <we:sessionStart />, <we:createShop shopname="weBuch" /> und <we:addDelShopItem shopname="weBuch" />. Alle anderen Content-Shop-Vorlagen nutzen diese Master-Vorlage.

Die Vorlage für die Produktdarstellung, in Abbildung 5.72 als „Content-Template 1" bezeichnet, wurde bereits unter Schritt 3 vorgestellt. Der eigentliche Bestellprozess bis hin zur Zahlung, wird mit einer Vorlage abgebildet. Aufgrund des Umfangs werden wir im Buch nur einige Vorlagen-Ausschnitte zeigen. Sie haben jedoch die Möglichkeit, den Code als Demo-Website nachzuvollziehen.[12]

Das Hinzufügen eines Produktes zum Warenkorb des Kunden wird über folgendes Tag realisiert. Dabei wird über das Attribut amount angegeben, dass als Stückzahl 1 in den Warenkorb gelegt werden soll. Dieser Warenkorb-Link wird bereits in der Vorlage für die Produktvorstellung integriert.

```
<we:a edit="shop" id="115" hidedirindex="true" amount="1" shopname="\
weBuch">Jetzt vorbestellen</we:a>
```

Der Link führt dann direkt zur Warenkorb-Ansicht, die alle bereits enthaltenen Produkte (in unserem Fall nur das Buch) und die Stückzahl enthält. Die Warenkorb-Übersicht kann zusätzlich die Möglichkeit bieten, die Artikelmenge bzw. Stückzahl zu verändern. Das Ergebnis des Code-Beispiels für die Lieferinformationen ist in Abbildung 5.73 dargestellt.

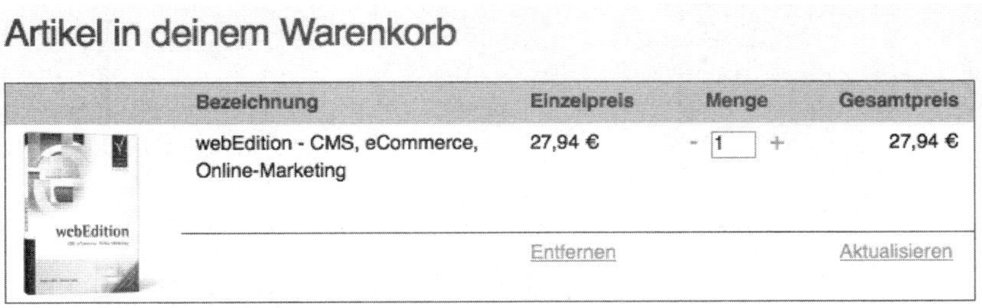

Abbildung 5.73: Warenkorb-Ansicht auf webedition-buch.de

```
<we:form type="shopliste" id="self" nameid="shoppingCart" method="post"\
 target="_self">
  <div class="grid threeQuarter">
    <h2>Artikel in deinem Warenkorb</h2>
    <table cellspacing="5" cellpadding="0" class="shoppingCart">
      <tr>
        <th> </th>
        <th align="left">Bezeichnung</th>
        <th align="left" width="70">Einzelpreis</th>
        <th align="center" width="10">Menge</th>
```

[12] Den Download finden Sie unter http://www.webedition-buch.de.

```
          <th align="right" width="70">Gesamtpreis</th>
        </tr>
        <we:repeatShopItem shopname="weBuch">
          <tr>
            <td valign="top" rowspan="2"><we:field type="img" name="\
articleImage" thumbnail="ShoppingCart" border="0"/></td>
            <td valign="top" class="border"><we:field type="text" name="\
shoptitle"/></td>
            <td valign="top" width="70" class="border"><we:field type="\
text" name="price" num_format="german"/> &euro;</td>
            <we:comment>die Tabellenspalte enthaelt sowohl einen Link zum\
 schrittweisen Verringern als auch zum schrittweisen Erhoehen der \
Stueckzahl, sowie ein Texteingabefeld, um die Anzahl direkt anzugeben</\
we:comment>
            <td valign="top" width="100" align="center" class="border"><\
we:a edit="shop" id="self" amount="-1" shopname="weBuch" style="text-\
decoration:none;font-size:1.3em;" title="verringern">-</we:a> <we:\
showShopItemNumber shopname="weBuch" type="textinput" floatquantities="\
false" num_format="german" style="margin:0 5px 0 5px;"/> <we:a edit="\
shop" id="self" amount="+1" shopname="weBuch" style="text-decoration:\
none;font-size:1.3em;" title="erh&ouml;hen">+</we:a></td>
            <td valign="top" width="70" align="right" class="border"><we:\
calculate num_format="german" sum="priceCompleteNet" print="true"><we:\
field type="text" name="price"/>*<we:showShopItemNumber shopname="\
weBuch" /></we:calculate> &euro;</td>
          </tr>
          <tr>
            <td></td>
            <we:comment>Link entfernt Produkt aus dem Warenkorb</we:\
commen>
            <td><we:a edit="shop" id="self" delarticle="true" shopname="\
weBuch">Entfernen</we:a></td>
            <td></td>
            <we:comment>wird die Artikelanzahl direkt in das \
Texteingabefeld eingetragen, kann die Gesamtsumme ueber diesen Link \
aktualisiert werden</we:comment>
            <td><a href="javascript:document.getElementById('shoppingCart\
').submit();">Aktualisieren</a></td>
          </tr>
          <we:ifShopPayVat >
            <we:calculate print="false" sum="vatCompleteArticle">(<we:sum\
 name="priceCompleteNet"/>*(1+(<we:field type="shopVat"/>/100)))-<we:\
sum name="priceCompleteNet"/></we:calculate>
          </we:ifShopPayVat>
        </we:repeatShopItem>
      </table>
    </div>
</we:form>
```

Ist der Kunde mit seiner Produktauswahl zufrieden, startet er den Checkout-Prozess, in dem er bei unserem Referenz-Shop auf ein Formular zur Eingabe der Zahlungsinformationen weitergeleitet wird. Hier werden neben der

Rechnungsadresse die Bezahlvariante (Paypal oder Rechnung), die optionale Eingabe der USt-ID und die Bestätigung der AGB abgefragt. Für die Erfassung der Rechnungsadresse wird auf die zuvor unter Schritt 1 angelegten Datenfelder der Kundenverwaltung zugegriffen. Das Ergebnis des Code-Beispiels für die Rechnungsinformationen ist in Abbildung 5.74 dargestellt.

Abbildung 5.74: Formular zur Erfassung der Zahlungsinformationen auf webedition-buch.de

```
<div class="grid threeQuarter">
  <h2>Rechnungsinformationen</h2>
  <div class="shopOrder form">
    <we:form nameid="shoppingCart" method="post" target="_self" class="\
mustValidate">
      <we:sessionField type="hidden" name="ID" comment="muss gesetzt \
sein, dass der Kunde angelegt wird"/>
      <we:sessionField type="hidden" name="Username" autofill="true" />
      <we:sessionField type="hidden" name="Password" autofill="true" />
```

```
        <we:sessionField type="hidden" name="Sprache" languageautofill="\
true" doc="top" comment="dem Kunden automatisch die Sprache der Website\
 zuweisen"/>
        <we:comment>Bestellabbrecher werden in eine eigene Kundengruppe \
zum Nachfassen gespeichert</we:comment>
        <we:sessionField type="hidden" name="Gruppe" value="\
BestellungAbgebrochen" />
        <br/>

        <div id="innerLeft">
          <we:comment>alle Feldbezeichungen werden in einem Array ['\
translate...'] gobal fuer jede Sprache gespeichert, um die automatische\
 Uebersetzung zu ermoeglichen</we:comment>
          <label for="Rechnung_Anrede"><we:var type="global" name="\
translateFormSalutation"/><span class="required"><we:var type="global" \
name="translateFormRequired"/></span></label>
          <we:sessionField type="select" name="Rechnung_Anrede" id="\
Rechnung_Anrede" value="Bitte wählen" values="Herr,Frau" class="select \
validate[required]" />
          <label for="Rechnung_Vorname"><we:var type="global" name="\
translateFormFirstname"/><span class="required"><we:var type="global" \
name="translateFormRequired"/></span></label>
          <we:sessionField type="textinput" name="Rechnung_Vorname" id="\
Rechnung_Vorname" class="input validate[required]" />
          <we:comment>[...] Formular fuer Buchdarstellung gekuerzt</we:\
comment>
          <label for="Rechnung_Telefon"><we:var type="global" name="\
translateFormPhone"/><span class="required"><we:var type="global" name\
="translateFormRequired"/></span></label>
          <we:sessionField type="textinput" name="Rechnung_Telefon" id="\
Rechnung_Telefon" class="input validate[required,custom[phone]]" />
        </div>
        <div id="innerRight">
          <h3><we:var type="global" name="translateFormPaymentOption"/></\
h3>

          <we:comment>die Information ueber die Zahlungsvariante \
speichern wir in einem shopField fuer die spaetere Unterscheidung in \
der Bestellbestaetigungsmail</we:comment>
          <we:shopField name="Payment" id="Payment_Paypal" reference="\
cart" shopname="weBuch" type="radio" value="PayPal" checked="true" xml\
="true" />
          <label for="Payment_Paypal" class="checkbox"><we:var type="\
global" name="translateFormPaymentOptionPayPal"/></label><br class="\
clear"/>

          <we:ifPageLanguage match="de_DE" doc="top"><we:setVar to="\
global" nameto="paymentValue" value="Rechnung" /><we:else/><we:setVar \
to="global" nameto="paymentValue" value="Invoice" /></we:ifPageLanguage\
>

          <we:ifVar name="paymentBillingCheck" match="101" type="session"\
```

```
 operator="less">
          <we:shopField name="Payment" id="Payment_Bill" reference="\
cart" shopname="weBuch" type="radio" value="$paymentValue" xml="true" \
/>
          <label for="Payment_Bill" class="checkbox"><we:var type="\
global" name="translateFormPaymentOptionBill"/></label><br class="clear\
"/><br/>
        <we:else/>
          <we:shopField name="Payment" id="Payment_Bill" reference="\
cart" shopname="weBuch" type="radio" disabled="disabled" value="\
$paymentValue" xml="true" />
          <label for="Payment_Bill" class="checkbox grey"><we:var type\
="global" name="translateFormPaymentOptionBill"/></label><br class="\
clear"/><br/>
        </we:ifVar>

        <label for="Rechnung_UStID" class="optional"><we:var type="\
global" name="translateFormTaxID"/></label>
        <we:sessionField type="textinput" name="Rechnung_UStID" id="\
Rechnung_UStID" class="input" /><br/><br/>

        <we:comment>die Zustimmung zu den AGB speichern wir ebenfalls \
direkt an der Bestellung in einem shopField</we:comment>
        <we:shopField name="AGB" id="AGB" reference="cart" shopname="\
weBuch" type="checkbox" value="Ja" checked="false" xml="true" class="\
validate[required]" />
        <label for="AGB" class="checkbox"><we:var type="global" name="\
translateFormTerms"/><span class="required"><we:var type="global" name\
="translateFormRequired"/></span></label><br class="clear"/><br/>

        <h3><we:var type="global" name="translateFormDelivery"/></h3>
        <p><we:var type="global" name="translateFormDeliveryText"/></p>

        <input type="submit" name="submit" class="shopSubmit" style="\
float:right;" value="<we:var type="global" name="translateFormNext"/>" \
/><br class="clear"/>
      </div>
      <div class="clear"></div>
    </we:form>
  </div>
</div>
```

Sind alle Pflichtfelder ausgefüllt, wird der Kunden zum nächsten Formular weitergeleitet, wo er, falls gewünscht, eine abweichende Lieferadresse, die Newsletter-Anmeldung und eine Textnachricht angeben kann. Im Template müssen an dieser Stelle mehrere Besonderheiten beachtet werden. Zunächst wird über die Checkbox **Abweichende Lieferadresse** nicht nur das Formular für eine abweichende Lieferadresse ein- und ausgeblendet, sondern auch die Validierung des Formulars bestimmt. Zudem muss berücksichtigt werden, dass wir bei den Einstellungen für die Versandkosten (siehe Schritt 2) als Referenzfeld aus der Kundenverwaltung das Feld **Lie-**

ferung_Land angegeben haben. Gibt der Kunde keine abweichende Lieferadresse an, würde die Berechnung der Versandkosten aufgrund des leeren Feldes nicht erfolgen. Daher muss automatisch das Feld **Lieferung_Land** mit dem Wert des Feldes **Rechnung_Land** belegt werden.

Als weitere Besonderheit müssen wir noch die Default-Felder **Vorname** und **Nachname** der Kundenverwaltung automatisch mit den Werten aus den Feldern **Rechnung_Vorname** und **Rechnung_Nachname** belegen. Hintergrund ist, dass die beiden Default-Felder immer im webEdition Backend bei der Bearbeitung einer Bestellung angezeigt werden, wir jedoch Vor- und Nachnamen bei der Rechnungs- und Lieferadresse separat erfassen. Außerdem werden die beiden Felder **Vorname** und **Nachname** der Kundenverwaltung auch für die Empfängeradresse bei Transaktions-Mailings verwendet. Das Ergebnis des Code-Beispiels für die Lieferinformationen ist in Abbildung 5.75 dargestellt.

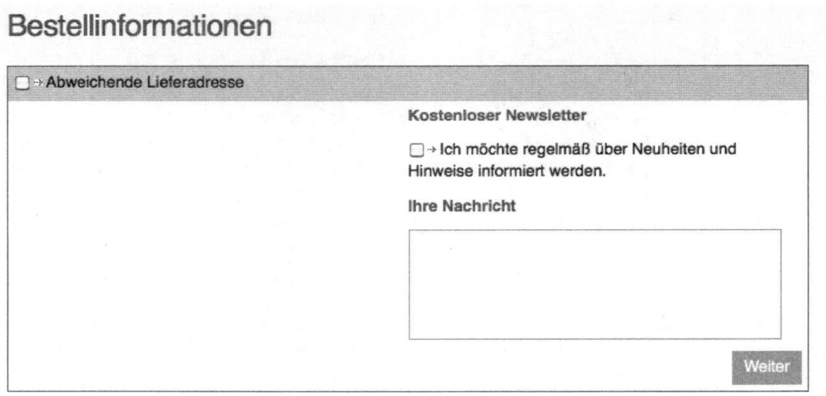

Abbildung 5.75: Formular zur Erfassung von Lieferinformationen auf webedition-buch.de

```
<div class="grid threeQuarter">
  <h2>Bestellinformationen</h2>
  <div class="shopOrder form">
  <we:comment>falls die Checkbox fuer eine abweichende Lieferadresse \
aktiviert ist, muss das Formular validiert werden</we:comment>
  <we:ifShopField name="Abweichende_Lieferadresse" reference="cart" \
shopname="weBuch" match="Ja" operator="equal">
    <we:setVar to="global" nameto="cssClassForm" value="mustValidate" \
striptags="true" />
    <we:setVar to="global" nameto="cssClassDiv" value="" striptags="\
true" />
  <we:else/>
    <we:setVar to="global" nameto="cssClassForm" value="" striptags="\
true" />
    <we:setVar to="global" nameto="cssClassDiv" value="hidden" \
striptags="true" />
```

```
    <we setVar to="sessionfield" nameto="Lieferung_Land" from="\
sessionfield" namefrom="Rechnung_Land" comment="falls keine abweichende\
 Lieferadresse, dann gleiches Land wie Rechnungsadresse"/>
  </we:ifShopField>

  <we:form nameid="shoppingCart" method="post" target="_self" class="\
$cssClassForm">
    <input type="hidden" name="summary" value="true" />
    <we sessionField type="hidden" name="ID" />

    <we comment>Fuer die interne Darstellung in der Kundenverwaltung \
werden die Felder "Allgemein/Vorname" und "Allgemein/Nachname" \
automatisch gesetzt</we:comment>
    <we ifVarEmpty match="Forename" type="sessionfield">
      <we:setVar to="global" nameto="customerForename" from="\
sessionfield" namefrom="Rechnung_Vorname" />
      <we:setVar to="global" nameto="customerSurname" from="\
sessionfield" namefrom="Rechnung_Nachname" />
      <we:sessionField type="hidden" name="Forename" value="\
$customerForename" />
      <we:sessionField type="hidden" name="Surname" value="\
$customerSurname" />
    </we:ifVarEmpty>

    <we comment>Checkbox zum Aktivieren bzw. Deaktivieren einer \
abweichenden Lieferadresse, wird ebenfalls als shopField bei der \
Bestellung gespeichert</we:comment>
    <we shopField name="Abweichende_Lieferadresse" id="\
Abweichende_Lieferadresse" reference="cart" shopname="weBuch" type="\
checkbox" value="Ja" checked="false" xml="true" />
    <label for="Abweichende_Lieferadresse" class="optional checkbox"><\
we:var type="global" name="translateFormAlternativeDeliveryAddress"/></\
label><br class="clear"/>

    <div id="innerLeft" class="<we:var type="global" name="cssClassDiv"\
 />">
      <label for="Lieferung_Anrede"><we:var type="global" name="\
translateFormSalutation"/><span class="required"><we:var type="global" \
name="translateFormRequired"/></span></label>
      <we:sessionField type="select" name="Lieferung_Anrede" id="\
Lieferung_Anrede" value="Bitte wählen" values="Herr,Frau" class="select\
 validate[required]" />
      <label for="Lieferung_Vorname"><we:var type="global" name="\
translateFormFirstname"/><span class="required"><we:var type="global" \
name="translateFormRequired"/></span></label>
      <we:sessionField type="textinput" name="Lieferung_Vorname" id="\
Lieferung_Vorname" class="input validate[required]" />
      <we:comment>[...] Formular fuer Buchdarstellung gekuerzt</we:\
comment>
      <label for="Lieferung_Telefon"><we:var type="global" name="\
translateFormPhone"/><span class="required"><we:var type="global" name\
="translateFormRequired"/></span></label>
```

```
        <we:sessionField type="textinput" name="Lieferung_Telefon" id="\
Lieferung_Telefon" class="input validate[required,custom[phone]]" />
      </div>
      <div id="innerRight">
        <h3>Kostenloser Newsletter</h3>
        <we:shopField name="Newsletter" id="Newsletter" reference="cart" \
shopname="weBuch" type="checkbox" value="Ja" checked="false" xml="true\
"/>
        <label for="Newsletter" class="optional checkbox"><we:var type="\
global" name="translateFormNewsletterShop"/></label><br class="clear"/>

        <h3><we:var type="global" name="translateFormMessage"/></h3>
        <label for="Kommentar" class="hidden"><we:var type="global" name\
="translateFormMessage"/></label>
        <we:shopField name="Kommentar" id="Kommentar" reference="cart" \
shopname="weBuch" type="textarea" xml="true" />
        <input type="submit" name="submit" class="shopSubmit" style="\
float:right;" value="<we:var type="global" name="translateFormNext"/>" \
/><br class="clear"/>
      </div>
      <div class="clear"></div>
    </we:form>
    </div>
</div>
```

In einem letzten Schritt erhält der Kunde eine Gesamtübersicht seines Warenkorbs und seiner angegebenen Zahlungs- und Lieferinformationen. An dieser Stelle hat er noch einmal die Möglichkeit, die Zahlungs- und Lieferinformationen zu korrigieren, weiter einzukaufen (in diesem Fall gehen die eingegebenen Daten *nicht* verloren) oder die Bestellung über **Jetzt Kaufen** abzuschließen. Das Ergebnis des Code-Beispiels für die Zusammenfassung der Bestellung ist in Abbildung 5.76 dargestellt.

Abbildung 5.76: Zusammenfassung der Bestellung auf webedition-buch.de

```
<div class="grid threeQuarter">
  <h2>Deine Bestelldaten im Überblick</h2>
  <table cellspacing="5" cellpadding="0" class="shoppingCart">
    <tr>
      <th> </th>
      <th align="left">Bezeichnung</th>
      <th align="left" width="70">Einzelpreis</th>
      <th align="center" width="10">Menge</th>
      <th align="right" width="70">Gesamtpreis</th>
    </tr>
    <we:comment>Auflistung aller vom Kunden ausgewaehlten Produkte</we:\
comment>
    <we:repeatShopItem shopname="weBuch">
      <tr>
        <td valign="top" rowspan="2"><we:field type="img" name="\
articleImage" thumbnail="ShoppingCart" border="0"/></td>
        <td valign="top" class="border"><we:field type="text" name="\
shoptitle"/></td>
        <td valign="top" width="70" class="border"><we:field type="text\
" name="price" num_format="german"/> &euro;</td>
        <td valign="top" width="100" align="center" class="border"><we:\
showShopItemNumber shopname="weBuch" type="print" floatquantities="\
false" num_format="german" /></td>
        <td valign="top" width="70" align="right" class="border"><we:\
calculate num_format="german" sum="priceCompleteNet" print="true"><we:\
field type="text" name="price"/>*<we:showShopItemNumber shopname="\
weBuch" /></we:calculate> &euro;</td>
      </tr>
      <tr>
        <td> </td>
        <td> </td>
        <td> </td>
        <td> </td>
      </tr>
      <we:ifShopPayVat>
        <we:calculate print="false" sum="vatCompleteArticle">(<we:sum \
name="priceCompleteNet"/>*(1+(<we:field type="shopVat"/>/100)))-<we:sum\
 name="priceCompleteNet"/></we:calculate>
      </we:ifShopPayVat>
    </we:repeatShopItem>
    <tr>
      <td colspan="5"><h3>Bestellinformationen & Lieferadresse</h3></td\
>
    </tr>
    <tr>
      <td> </td>
      <td>
        <we:ifShopField name="Abweichende_Lieferadresse" reference="\
cart" shopname="weBuch" match="Ja" operator="equal">
          <we:ifVarNotEmpty match="Lieferung_Firma" type="sessionfield\
"><we:sessionField type="print" name="Lieferung_Firma" /><br/></we:\
ifVarNotEmpty>
```

```
          <we:sessionField type="print" name="Lieferung_Anrede" /> <we:\
sessionField type="print" name="Lieferung_Vorname" /> <we:sessionField \
type="print" name="Lieferung_Nachname" /><br/>
          <we:sessionField type="print" name="Lieferung_Adresse" /><br\
/>
          <we:ifVarNotEmpty match="Lieferung_Zusatz" type="sessionfield\
"><we:sessionField type="print" name="Lieferung_Zusatz" /><br/></we:\
ifVarNotEmpty>
          <we:sessionField type="print" name="Lieferung_PLZ" /> <we:\
sessionField type="print" name="Lieferung_Ort" /><br/>
          <we:sessionField type="print" name="Lieferung_Land" ascountry\
="true" /><br/><br/>
          <we:sessionField type="print" name="Lieferung_Email" /><br/>
          <we:sessionField type="print" name="Lieferung_Telefon" />
        <we:else/>
          Keine Abweichende Lieferadresse
        </we:ifShopField>
      </td>
      <td colspan="3">
        <strong>Newsletter: </strong><we:ifShopFieldNotEmpty name="\
Newsletter" reference="cart" shopname="weBuch">Ja<we:else/>Nein</we:\
ifShopFieldNotEmpty><br/>
        <we:shopField name="Kommentar" reference="cart" shopname="\
weBuch" type="print" xml="true" to="global" nameto="shopComment" />
        <we:ifShopFieldNotEmpty name="Kommentar" reference="cart" \
shopname="weBuch">
          <strong><we:var type="global" name="translateFormMessage"/>: \
</strong><we:shopField name="Kommentar" id="Kommentar" reference="cart"\
 shopname="weBuch" type="print" xml="true" /><br/>
        </we:ifShopFieldNotEmpty>
      </td>
    </tr>
    <tr>
      <td> </td>
      <td></td>
      <td></td>
      <td colspan="2" align="right"><we:form id="self" nameid="\
shoppingOrder" method="post" target="_self"><input type="hidden" name="\
delivery" value="true" /><input type="submit" name="submit" class="\
shopSubmit" value="Bestellinformationen bearbeiten" /></we:form></td>
    </tr>
    <tr>
      <td colspan="5"><h3>Zahlungsinformationen & Rechnungsadresse</h3\
></td>
    </tr>
    <tr>
      <td> </td>
      <td>
        <we:ifVarNotEmpty match="Rechnung_Firma" type="sessionfield"><\
we:sessionField type="print" name="Rechnung_Firma" /><br/></we:\
ifVarNotEmpty>
        <we:sessionField type="print" name="Rechnung_Anrede" /> <we:\
```

```
sessionField type="print" name="Rechnung_Vorname" /> <we:sessionField ↘
type="print" name="Rechnung_Nachname" /><br/>
        <we:sessionField type="print" name="Rechnung_Adresse" /><br/>
        <we:ifVarNotEmpty match="Rechnung_Zusatz" type="sessionfield"><↘
we:sessionField type="print" name="Rechnung_Zusatz" /><br/></we:↘
ifVarNotEmpty>
        <we:sessionField type="print" name="Rechnung_PLZ" /> <we:↘
sessionField type="print" name="Rechnung_Ort" /><br/>
        <we:sessionField type="print" name="Rechnung_Land" ascountry="↘
true" /><br/><br/>
        <we:sessionField type="print" name="Rechnung_Email" /><br/>
        <we:sessionField type="print" name="Rechnung_Telefon" />
      </td>
      <td colspan="3">
        <strong><we:var type="global" name="translateFormPaymentOption↘
"/>: </strong><we:shopField name="Payment" reference="cart" shopname="↘
weBuch" type="print" xml="true" /><br/>
        <we:ifVarNotEmpty match="Rechnung_UStID" type="sessionfield"><↘
strong><we:var type="global" name="translateFormTaxID"/>: </strong><we:↘
sessionField type="print" name="Rechnung_UStID" /><br/></we:↘
ifVarNotEmpty>
        <strong><we:var type="global" name="translateFormTerms"/>: </↘
strong><we:shopField name="AGB" reference="cart" shopname="weBuch" type↘
="print" xml="true" />
      </td>
    </tr>
    <tr>
      <td> </td>
      <td></td>
      <td></td>
      <td colspan="2" align="right"><we:form id="self" nameid="↘
shoppingPayment" method="post" target="_self"><input type="hidden" name↘
="payment" value="true" /><input type="submit" name="submit" class="↘
shopSubmit" value="Zahlungsinformationen bearbeiten" /></we:form></td>
    </tr>
  </table>
</div>

<we:comment>je nach Zahlungsvariante wird auf ein anderes webEdition-↘
Dokument weitergeleitet</we:comment>
<we:ifShopField name="Payment" reference="cart" shopname="weBuch" match↘
="PayPal" operator="equal">
  <we:setVar to="global" nameto="paymentDocumentID" value="117" />
<we:else/>
  <we:setVar to="global" nameto="paymentDocumentID" value="118" />
</we:ifShopField>

<we:form id="$paymentDocumentID" nameid="shoppingSummary" method="post"↘
 target="_self">
  <we:comment>Falls der Kunde am Ende der Bestellung keine abweichende ↘
Lieferadresse angegeben hat, waehrend der Bestellung jedoch einmal eine↘
 solche eingegeben hat, muss diese nun geloescht werden. Bis auf das ↘
```

```
Land, das wird automatisch gesetzt und fuer die Berechnung der \
Versandkosten benoetigt</we:comment>
  <we:ifShopField name="Abweichende_Lieferadresse" reference="cart" \
shopname="weBuch" match="Ja" operator="less">
    <we:sessionField type="hidden" name="Lieferung_Anrede" value="" />
    <we:sessionField type="hidden" name="Lieferung_Vorname" value="" />
    <we:comment>[...] Formular fuer Buchdarstellung gekuerzt</we:\
comment>
    <we:sessionField type="hidden" name="Lieferung_Telefon" value="" />
  </we:ifShopField>

  <div class="grid oneQuarter">
    <h2>Zusammenfassung</h2>
    <dl class="shopSummary">
      <dt>Menge:</dt><dd><we:repeatShopItem shopname="weBuch"><we:\
showShopItemNumber shopname="weBuch" type="print" floatquantities="\
false" num_format="german" /></we:repeatShopItem></dd><br class="clear\
"/>
      <dt>Summe:</dt><dd><we:sum name="priceCompleteNet" num_format="\
german" /> &euro;</dd><br class="clear"/>
      <dt>Versand:</dt><dd><we:shipping sum="priceCompleteNet" \
num_format="german" type="net" /> &euro;</dd><br class="clear"/>
      <we:ifShopPayVat>
        <dt>zzgl. MwSt.:</dt><dd><we:calculate sum="vatComplete" \
num_format="german" print="true"><we:sum name="vatCompleteArticle"/>+<\
we:shipping sum="priceCompleteNet" type="vat" /></we:calculate> &euro\
;</dd><br class="clear"/>
        <dt class="strong borderTop">Gesamt:</dt><dd class="strong \
borderTop"><we:calculate num_format="german" print="true"><we:sum name\
="priceCompleteNet"/>+<we:sum name="vatComplete"/>+<we:shipping sum="\
priceCompleteNet" type="net" /></we:calculate> &euro;</dd><br class="\
clear"/>
      <we:else/>
        <dt class="strong borderTop">Gesamt:</dt><dd class="strong \
borderTop"><we:calculate num_format="german" print="true"><we:sum name\
="priceCompleteNet"/>+<we:shipping sum="priceCompleteNet" type="net" \
/></we:calculate> &euro;</dd><br class="clear"/>
      </we:ifShopPayVat>
    </dl>
    <input type="submit" name="submit" class="shopSubmit" value="<we:\
var type="global" name="translateFormBuy"/>" />
  </div>
  <div class="clear"></div>
</we:form>
```

Hat der Kunde den Kauf getätigt, wird er nun auf die Bestellbestätigungsseite der jeweiligen Zahlungsvariante weitergeleitet. Diese werden in einem separaten Template verwaltet. In unserem Beispiel befassen wir uns mit der Bezahlung via Paypal, die wir über das Tag `<we:paypal />` umsetzen. Zuvor müssen wir jedoch noch die Einstellungen für Paypal im Shop-Modul vornehmen. Die Einstellungen erreichen Sie über **Bearbeiten | Bezahldienst**.

Dort wählen Sie zunächst die entsprechenden Felder der Feldgruppe **Rechnung** aus der webEdition-Kundenverwaltung und tragen für Paypal die entsprechende Paypal-Adresse ein. Es kann zwischen Testbetrieb (Sandbox) und Paypal-Shop unterschieden werden (vgl. Abbildung 5.63).

Bei der Bezahlung via Paypal wird der Kunde zunächst zu Paypal weitergeleitet, wo er die Möglichkeit hat, sich mit einem Paypal-Account anzumelden oder die Bestellung via Kreditkarte und Lastschrifteinzug zu bezahlen. Nach der erfolgreichen Bezahlung gelangt er wieder zum Shop zurück und erhält eine Erfolgs- oder Fehlermeldung, die zuvor redaktionell erfasst wurde.

```
<section id="main">
  <we:ifEditmode>
    <we:comment>Bearbeitungs-Modus</we:comment>
    <div class="grid full">
      Überschrift Success: <we:input type="text" name="successTitle" \
/><br/>
      Text Success: <we:textarea wysiwyg="true" name="successText" \
width="400" height="200" html="true" php="false" inlineedit="false" \
buttonpos="bottom" classes="orange,blue,green" spellcheck="true" /><br\
/>
      <hr/>
      Überschrift Success: <we:input type="text" name="errorTitle" /><\
br/>
      Text Success: <we:textarea wysiwyg="true" name="errorText" width\
="400" height="200" html="true" php="false" inlineedit="false" \
buttonpos="bottom" classes="orange,blue,green" spellcheck="true" /><br\
/>
    </div>
  <we:else/>
    <we:ifNotWebEdition>
      <we:ifShopNotEmpty shopname="weBuch">
        <we:comment>Hinweis an Shop-Betreiber senden, dass eventuell \
eine Paypal-Bestellung erfolgt ist, aber der Kunde nicht zum Shop \
zurueckgeleitet wurde</we:comment>
        <we:sessionField type="print" name="Rechnung_Land" to="global" \
nameto="paypalCountry" />
        <we:paypal shopname="weBuch" pricename="price" formtagonly="\
true" usevat="true" netprices="true" countrycode="\$paypalCountry" \
languagecode="\$language" charset="UTF-8" currency="EUR" />

        <we:comment>Bestellt ein nicht registrierter Kunde, wird dessen\
 "Status" in der Kundenverwaltung neu gesetzt. Dazu werden die \
erforderlichen Daten des Kunden in den Request übertragen und mit we:\
saveRegisteredUser gespeichert.</we:comment>
        <?php
        $_REQUEST['s']['ID'] = $_SESSION['webuser']['ID'];
        $_REQUEST['s']['Gruppe'] = 'Kunde';
        ?>
        <we:saveRegisteredUser register="true" />
```

```
        <we:ifVar name="action" match="success" type="request">
          <we:comment>Bestellung abgeschlossen, Warenkorb wird geleert\
</we:comment>
          <we:deleteShop shopname="weBuch" />

          <we:comment>Session des Users loeschen</we:comment>
          <?php unset($_SESSION['webuser']); ?>

          <h1><we:var type="text" name="successTitle"/></h1>
          <div class="grid full">
            <we:textarea name="successText" />
          </div>
        <we:else/>
          <we:ifVarSet name="action" type="request">
            <h1><we:var type="text" name="errorTitle"/></h1>
            <div class="grid full">
              <we:textarea name="errorText" />
            </div>
          </we:ifVarSet>
        </we:ifVar>
      <we:else/>
        <we:comment>Wenn der Warenkorb leer ist, wird auf die Shop-\
Startseite weitergeleitet</we:comment>
        <?php header("Location: /".$GLOBALS['language']."/shop/");exit;\
 ?>
      </we:ifShopNotEmpty>
    </we:ifNotWebEdition>
  </we:ifEditmode>
  <div class="clear"></div>
</section>
```

Schritt 5 – Templates für Transaktions-Mailings

Neben der Bestätigung über die erfolgreich eingegangene Bestellung ist es wichtig, den Kunden weiterhin über den Bearbeitungsstatus seiner Bestellung zu informieren. Dazu werden sog. Transaktions-Mailings (siehe Seite 224) eingesetzt. Je nach Bearbeitungsstatus kann der Kunde mit E-Mails informiert werden. Oft genutzte Transaktions-Mailings sind unter anderem:

- Bestellbestätigung
- Informationen über den Versand
- Bestätigung der Stornierung

Am Beispiel einer Bestellbestätigungs-Mail zeigen wir, wie Sie mit dem webEdition Shop-Modul Transaktionsmails erstellen und automatisch versenden. Für die Erstellung von Transaktions-Mailings mit webEdition sind die beiden Tags `<we:order>` und `<we:listview type="orderitem">` von

Bedeutung. Damit lässt sich auf alle Informationen einer Bestellung zugreifen, um sie in den Transaktions-Mailings anzuzeigen. Das nachfolgende Code-Beispiel zeigt Ihnen einen Ausschnitt der Bestellbestätigungs-Mail (Deutsch) unseres Referenz-Shops. Dabei erstellen wir für jede Frontend-Sprache des Online-Shops eine separate Vorlage.

In der Bestellbestätigungs-Mail wird automatisch ermittelt, ob es sich bei der aktuellen Bestellung um Artikel mit Netto- oder Bruttopreisen handelt. Gleiches gilt auch für die Versandkosten. Hier kann ebenfalls automatisch ermittelt werden, ob diese zum Zeitpunkt der Bestellung als Netto- oder Bruttowerte angegeben waren. Für die Bestellbestätigungs-Mail gehen wir davon aus, dass alle Artikel einen Mehrwertsteuersatz von 7% und die Versandkosten von 19% besitzen. Dieser Teil ließe sich im Template auch insoweit generalisieren, dass für Produkte auch unterschiedliche MwSt. gelten können und die Berechnung dann automatisch erfolgt.

```
<we:order>
  <we:field type="text" name="CustomerID" to="global" nameto="KundenID\
"/>
  <we:field type="text" name="OrderID" to="global" nameto="BestellID"/>
        <table border="0" cellpadding="0" cellspacing="0" width="600" \
id="templateBody">
        <tr>
      <td valign="top" class="bodyContent">
        <!-- // Begin Module: Standard Content \\ -->
        <table border="0" cellpadding="0" cellspacing="0" width="100%">
          <tr>
            <td valign="top">
              <h1 class="h1">Auftragsbest&auml;tigung</h1>
              <we:comment>ueber <we:field type="text" name="Customer_\
[...]" /> kann auf alle Kundendatenfelder der Bestellung zugegriffen \
werden</we:comment>
              <we:comment>wir unterscheiden zwischen maennlicher und \
weiblicher Anrede</we:comment>
              <we:ifField name="Customer_Rechnung_Anrede" type="text" \
match="Herr" operator="equal">
                Lieber <we:field type="text" name="\
Customer_Rechnung_Vorname" />, vielen Dank f&uuml;r deine Bestellung \
mit der Auftragsnummer: weBuch-<we:field type="text" name="OrderID"/>-<\
we:field type="text" name="CustomerID"/><br/><br/>
                Sobald wir deine Bestellung dem Versanddienstleister &\
uuml;bergeben haben, erh&auml;ltst du eine Email mit der Rechnung.
              <we:else/>
                Liebe <we:field type="text" name="\
Customer_Rechnung_Vorname" />, vielen Dank f&uuml;r deine Bestellung \
mit der Auftragsnummer: weBuch-<we:field type="text" name="OrderID"/>-<\
we:field type="text" name="CustomerID"/><br/><br/>
                Sobald wir deine Bestellung dem Versanddienstleister &\
uuml;bergeben haben, erh&auml;ltst du eine Email mit der Rechnung.
              </we:ifField>
              <br/><br/>
```

```
                                        </td>
          </tr>
        </table>
        <table border="0" cellpadding="0" cellspacing="0" width="100%">
          <tr><td valign="top" colspan="3"><h2 class="h2">Einzelheiten \
zu deiner Bestellung</h1></td></tr>
          <tr><td colspan="3"><hr/></td></tr>
          <tr>
            <th valign="top" align="left"><strong>Rechnungsadresse</\
strong></td>
            <th valign="top" align="left"><strong>Lieferadresse</strong\
></td>
            <th valign="top" align="left"><strong>Zahlung via</strong\
></td>
          </tr>
          <tr>
            <we:comment>Ausgabe der Rechnungsadresse</we:comment>
            <td valign="top">
              <we:ifFieldNotEmpty match="Customer_Rechnung_Firma"><we:\
field type="text" name="Customer_Rechnung_Firma" /><br/></we:\
ifFieldNotEmpty>
              <we:field type="text" name="Customer_Rechnung_Vorname" />\
 <we:field type="text" name="Customer_Rechnung_Nachname" /><br />
              <we:field type="text" name="Customer_Rechnung_Adresse" \
/><br />
              <we:ifFieldNotEmpty match="Customer_Rechnung_Zusatz"><we:\
field type="text" name="Customer_Rechnung_Zusatz"/><br/></we:\
ifFieldNotEmpty>
              <we:field type="text" name="Customer_Rechnung_PLZ"/> <we:\
field type="text" name="Customer_Rechnung_Ort"/><br />
              <we:field type="country" name="Customer_Rechnung_Land"/><\
br />
            </td>
            <we:comment>Ausgabe der abweichenden Lieferadresse, falls \
keine vorhanden, dann Rechnungsadresse als Lieferadresse anzeigen</we:\
comment>
            <we:comment>auf Felder vom Typ "shopField" wird mittels <we\
:field typ="text" name="Abweichende_Lieferadresse"> zugegriffen</we:\
comment>
            <td valign="top">
              <we:ifFieldNotEmpty match="Abweichende_Lieferadresse">
                <we:ifFieldNotEmpty match="Customer_Lieferung_Firma"><\
we:field type="text" name="Customer_Lieferung_Firma" /><br/></we:\
ifFieldNotEmpty>
                <we:field type="text" name="Customer_Lieferung_Vorname\
"/> <we:field type="text" name="Customer_Lieferung_Nachname"/><br />
                <we:field type="text" name="Customer_Lieferung_Adresse\
"/><br />
                <we:ifFieldNotEmpty match="Customer_Lieferung_Zusatz"><\
we:field type="text" name="Customer_Lieferung_Zusatz"/><br/></we:\
ifFieldNotEmpty>
```

```
                <we:field type="text" name="Customer_Lieferung_PLZ"/> <\
we:field type="text" name="Customer_Lieferung_Ort"/><br />
                <we:field type="country" name="Customer_Lieferung_Land\
"/><br />
              <we:else/>
                <we:ifFieldNotEmpty match="Customer_Rechnung_Firma"><we\
:field type="text" name="Customer_Rechnung_Firma"/><br/></we:\
ifFieldNotEmpty>
                <we:field type="text" name="Customer_Rechnung_Vorname\
"/> <we:field type="text" name="Customer_Rechnung_Nachname"/><br />
                <we:field type="text" name="Customer_Rechnung_Adresse\
"/><br />
                <we:ifFieldNotEmpty match="Customer_Rechnung_Zusatz"><\
we:field type="text" name="Customer_Rechnung_Zusatz"/><br/></we:\
ifFieldNotEmpty>
                <we:field type="text" name="Customer_Rechnung_PLZ"/> <\
we:field type="text" name="Customer_Rechnung_Ort"/><br />
                <we:field type="country" name="Customer_Rechnung_Land\
"/><br />
              </we:ifFieldNotEmpty>
            </td>
            <we:comment>Ausgabe der Zahlungsvariante und, falls \
vorhanden, der UStID</we:comment>
            <td valign="top">
              <we:field type="text" name="Payment"/>
              <we:ifFieldNotEmpty match="Customer_Rechnung_UStID"><br/>\
UStID: <we:field type="text" name="Customer_Rechnung_UStID" /></we:\
ifFieldNotEmpty>
            </td>
          </tr>
        </table>
        <br/>
        <table border="0" cellpadding="0" cellspacing="0" width="100%">
          <tr>
            <th valign="top" align="left">Beschreibung</td>
            <th valign="top" align="center">Menge</td>
            <th valign="top" align="left">Einzelpreis</td>
            <th valign="top" align="right">Summe</td>
          </tr>
          <tr><td colspan="4"><hr/></td></tr>
          <we:comment>Uebersicht aller bestellten Artikel, mit der \
Pruefung, ob die Bestellung mit Netto- oder Bruttopreisen erfolgte</we:\
comment>
          <we:field type="text" name="shopPriceIsNet" to="global" \
nameto="orderIsNet"/>
          <we:listview type="orderitem" orderid="\$BestellID">
            <we:repeat>
              <we:comment>in Abhaengigkeit davon, ob die Bestellung mit\
 Netto- oder Bruttopreisen erfolgte, muss die MwSt. unterschiedlich \
berechnet werden</we:comment>
              <we:comment>wir gehen davon aus, dass alle Produkte 7% \
MwSt. haben</we:comment>
```

```
                <we:ifVar name="orderIsNet" match="1" type="global" \
operator="equal">
                  <we:calculate print="false" sum="totalVat">(<we:field \
type="text" name="Quantity" />*<we:field type="text" name="price"/>*<we\
:field type="text" name="shopvat" />)/100</we:calculate>
                <we:else/>
                  <we:calculate print="false" sum="totalVat">(<we:field \
type="text" name="Quantity" />*<we:field type="text" name="price"/>)\
-((<we:field type="text" name="Quantity" />*<we:field type="text" name\
="price"/>)/(1+(<we:field type="text" name="shopvat" />/100)))</we:\
calculate>
                </we:ifVar>
                <tr>
                  <td valign="top" align="left"><we:field type="text" \
name="shoptitle"/></td>
                  <td valign="top" align="center"><we:field type="text" \
name="Quantity" /></td>
                  <we:comment>Artikelpreise immer als Netto-Werte \
ausgeben</we:comment>
                  <we:ifVar name="orderIsNet" match="1" type="global" \
operator="equal">
                    <td valign="top" align="left"><we:field type="text" \
name="price" num_format="german"/> &euro;</td>
                    <td valign="top" align="right"><we:calculate \
num_format="german" print="true" sum="totalArticleNet"><we:field type="\
text" name="Quantity" />*<we:field type="text" name="price"/></we:\
calculate> &euro;</td>
                  <we:else/>
                    <td valign="top" align="left"><we:calculate \
num_format="german" print="true"><we:field type="text" name="price" \
/>/(1+(<we:field type="text" name="shopvat" />/100))</we:calculate> &\
euro;</td>
                    <td valign="top" align="right"><we:calculate \
num_format="german" print="true" sum="totalArticleNet"><we:field type="\
text" name="Quantity" />*(<we:field type="text" name="price" />/(1+(<we\
:field type="text" name="shopvat" />/100)))</we:calculate> &euro;</td>
                  </we:ifVar>
                </tr>
                <tr><td colspan="4"><hr/></td></tr>
              </we:repeat>
            </we:listview>
            <tr>
              <td> </td>
              <td valign="top" colspan="2">Versandkosten</td>
              <we:comment>Ausgabe der Versandkosten als Nettowert</we:\
comment>
              <td align="right">
                <we:ifField name="Shipping_isNet" type="text" match="1" \
operator="equal">
                  <we:field type="text" name="Shipping_costs" num_format\
="german"/>
                <we:else/>
```

```
                <we:calculate print="true" num_format="german"><we:\
field name="Shipping_costs"/>/(1+(<we:field name="Shipping_vatRate\
"/>/100))</we:calculate>
              </we:ifField>
            &euro;</td>
          </tr>
          <we:comment>wenn Kunde MwSt. zahlen muss, dann auch MwSt. \
ausweisen</we:comment>
          <we:ifField name="shopCalcVat" type="text" match="1" operator\
="equal">
            <tr>
              <td> </td>
              <td valign="top" colspan="2">zzgl. 7% MwSt.</td>
              <td align="right"><we:sum name="totalVat" num_format="\
german"/> &euro;</td>
            </tr>
            <tr>
              <we:comment>Wir gehen davon aus, dass die Versandkosten \
19% MwSt. haben</we:comment>
              <td> </td>
              <td valign="top" colspan="2">zzgl. 19% MwSt.</td>
              <td align="right">
                <we:ifField name="Shipping_isNet" type="text" match="1"\
 operator="equal">
                  <we:calculate print="true" num_format="german">(<we:\
field name="Shipping_costs"/>*<we:field name="Shipping_vatRate"/>)\
/100</we:calculate>
                <we:else/>
                  <we:calculate print="true" num_format="german"><we:\
field name="Shipping_costs"/>/(1+(<we:field name="Shipping_vatRate\
"/>/100))</we:calculate>
                </we:ifField>
              &euro;</td>
            </tr>
            <tr>
              <td> </td>
              <td valign="top" colspan="2"><strong>Bestellsumme</strong\
></td>
              <td align="right">
                <we:ifField name="Shipping_isNet" type="text" match="1"\
 operator="equal">
                  <strong><we:calculate print="true" num_format="german\
"><we:sum name="totalArticleNet"/>+<we:sum name="totalVat"/>+(<we:field\
 name="Shipping_costs"/>*(1+(<we:field name="Shipping_vatRate"/>/100)))\
</we:calculate> &euro;</strong>
                <we:else/>
                  <strong><we:calculate print="true" num_format="german\
"><we:sum name="totalArticleNet"/>+<we:sum name="totalVat"/>+<we:field \
name="Shipping_costs"/></we:calculate> &euro;</strong>
                </we:ifField>
              </td>
            </tr>
```

```
            <we:else/>
              <tr>
                <td> </td>
                <td valign="top" colspan="2"><strong>Bestellsumme</strong↘
></td>
                <td align="right">
                  <we:ifField name="Shipping_isNet" type="text" match="1"↘
 operator="equal">
                    <strong><we:calculate print="true" num_format="german↘
"><we:sum name="totalArticleNet"/>+<we:field name="Shipping_costs"/></↘
we:calculate> &euro;</strong>
                  <we:else/>
                    <strong><we:calculate print="true" num_format="german↘
"><we:sum name="totalArticleNet"/>+(<we:field name="Shipping_costs↘
"/>/(1+(<we:field name="Shipping_vatRate"/>/100)))</we:calculate> &euro↘
;</strong>
                  </we:ifField>
                </td>
              </tr>
            </we:ifField>
          </table>
          <!-- // End Module: Standard Content \\ -->
        </td>
      </tr>
    </table>
</we:order>
```

Nachdem wir die Vorlage für die Bestellbestätigung gespeichert haben, müssen wir noch ein webEdition-Dokument für die Bestellbestätigungs-Mail anlegen. Dazu öffnen Sie das Menü **Datei | Neu | webEdition-Seite | Leere Seite**. Bei dem sich öffnenden Dokument wählen Sie unter dem Reiter **Eigenschaften** beim Feld **Vorlage** die zuvor gespeicherte Vorlage aus. Dann aktivieren Sie die Checkbox **Seite dynamisch generieren** und geben im Feld **Titel** den Betreff für die Bestätigungsmail ein, z. B. „Informationen zu Ihrer Bestellung im webEdition Buch Shop". Jetzt können Sie das webEdition-Dokument **Veröffentlichen**. Dem Reiter **Informationen** können Sie jetzt die Dokumenten-ID (ID) entnehmen, die wir für die Einstellungen der Status-Mails im webEdition Shop-Modul benötigen.

Abbildung 5.77 zeigt den Einstellungsdialog für die Transaktions-Mailings für das Shop-Modul, den Sie über **Bearbeiten | Status-Emails** erreichen.

Für unseren Referenz-Shop haben wir folgende Einstellungen vorgenommen:

- Im Abschnitt **Anzeige Daten** haben wir für **DateOrder** den **E-Mail-Versand** auf **automatisch** gesetzt, so dass die Bestellbestätigungs-Mail automatisch versendet wird.
- Im Abschnitt **E-Mail-Daten** haben wir für das **KV E-Mail Feld Rechnung_Email** festgelegt, für **KV Titel Feld Rechnung_Anrede** und für **Feldname im**

Dokument für E-Mail Betreff Title eingetragen. Das entspricht dem Feld **Titel** unter dem Reiter **Eigenschaften** bei dem zuvor angelegten Dokument.

- Im Abschnitt **Sprachen** haben wir die Checkbox **Nutze verschiedene Mail-Dokumente je Sprache** aktiviert und aus der Kundenverwaltung das Feld **Sprache** für **KV Sprachen Feld** ausgewählt und es als ISO-kodiert markiert. Dadurch lassen sich, abhängig von der Sprache des Kunden, unterschiedliche Bestätigungsmails versenden.
- Im Abschnitt **Dokumente** haben wir dann für **DateOrder** im Feld **Deutsch (de)** die webEdition Dokumenten-ID der Bestätigungsmail eingetragen.

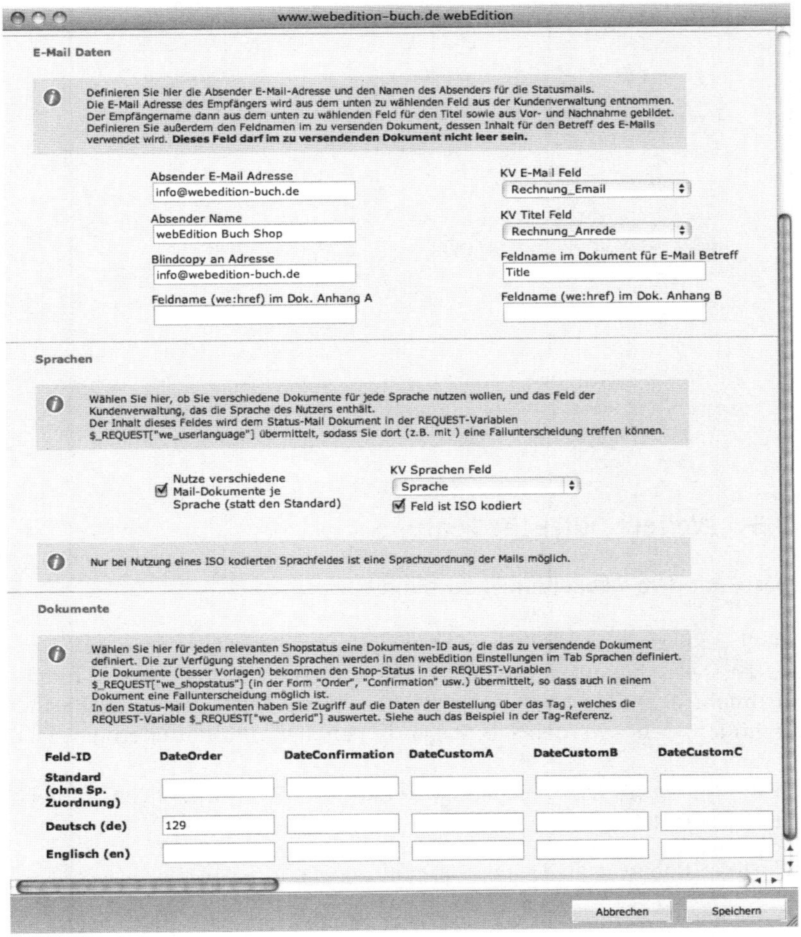

Abbildung 5.77: Einstellungen für Transaktions-Mailings auf webedition-buch.de

Nach dem Speichern dieser Einstellungen wird nun automatisch bei jeder erfolgreich eingegangenen Bestellung eine Bestellbestätigungs-Mail versendet. Wie diese für unseren Referenz-Shop aussieht, entnehmen Sie der Abbildung 5.78.

webEdition Buch
CMS, eCommerce
Online-Marketing

Auftragsbestätigung

Lieber Andreas, vielen Dank für deine Bestellung mit der Auftragsnummer: weBuch-1-17

Einzelheiten zu deiner Bestellung

Rechnungsadresse	Lieferadresse	Zahlung via
Andreas Witt Gorrenberg 18 14776 Brandenburg Österreich	Andreas Witt Gorrenberg 18 14776 Brandenburg Österreich	PayPal

Beschreibung	Menge	Einzelpreis	Summe
webEdition - CMS, eCommerce, Online-Marketing	2	27,94 €	55,89 €
	Versandkosten		8,32 €
	zzgl. 7% MwSt.		3,91 €
	zzgl. 19% MwSt.		1,58 €
	Bestellsumme		**69,70 €**

Abbildung 5.78: Bestellbestätigungsmail der Bestellung auf webedition-buch.de

5.8.5 Weitere nützliche Features

Rabatte mit dem webEdition Shop-Modul

Aktuell fehlt dem webEdition Shop-Modul ein sog. *Promotional Pricing* oder zu Deutsch ein Rabattsystem. Rabatte sind ein beliebtes Marketing-Instrument in Online-Shops, um die Anzahl der Bestellungen und Kunden zu erhöhen, dabei werden z. B. folgende Rabatt-Kombinationen eingesetzt:

- Fester Rabatt für eine Bestellung (Neukunden-Rabatt, z. B. 20 EUR bei der ersten Bestellung)
- Flexibler Rabatt (z. B. 3% bei der Zahlung via Vorkasse)
- Kostenloser Versand für verschiedene Kundengruppen, Bestellwerte etc.

- Kaufe zwei Artikel und bekomme einen dritten gratis dazu
- Ab x Artikel erhältst du n% Rabatt

Obwohl ein integriertes Rabatt- und Coupon-System derzeit nicht zur Verfügung steht, lassen sich die drei ersten genannten Rabatt-Kombinationen dennoch mit dem webEdition-Shop-Modul abbilden. Um feste Rabatte umzusetzen, muss der Shop-Betreiber zunächst nur einen zusätzlichen Artikel anlegen, der als **shoptitle** den Namen `Rabatt` erhält und als Artikelpreis den festen Rabatt als negativen Wert angibt. Abhängig davon, wann dieser feste Rabatt gewährt werden soll, wird dieser Rabatt-Artikel kurz vor dem Speichern in der Datenbank bzw. vor dem übermitteln der Zahlungsinformationen an Payment-Provider zum Warenkorb hinzugefügt.

```
<we:comment>Rabatte mit festen Werten werden automatisch zum Schluss \
als Produkt in das Warenkorb-Objekt gelegt</we:comment>
<we:ifVar name="customerGroup" match="Neukunde" operator="equal" type="\
global">
  <?php
  $_REQUEST['shop_artikelid'] = 115; //webEdition ID des Rabatt-\
Artikels
  $_REQUEST['shop_anzahl'] = 1; //Anzahl des Artikels
  $_REQUEST['type'] = "w"; // "o" fuer Objekt und "w" fuer Dokument
  $_REQUEST['t'] = time();
  $_REQUEST['we_variant'] = ""; //falls vorhanden, Artikelvariante
  $_REQUEST['shopname'] = "weBuch"; //Name des Shops
  ?>
  <we:addDelShopItem shopname="weBuch" floatquantities="false" />
</we:ifVar>

<we:comment>jetzt wird die Bestellung gespeichert</we:comment>
<we:writeShopData shopname="weBuch" pricename="Price" netprices="true" \
usevat="true"/>
```

Dynamische Rabatte, d. h. Rabatte, die sich z. B. nach der aktuellen Höhe des Warenkorbwertes ermitteln, lassen sich mit etwas zusätzlichem Aufwand ebenfalls umsetzen. Anders als bei festen Rabattwerten legen wir keinen zusätzlichen Rabatt-Artikel an, sondern erzeugen ihn dynamisch über ein sog. *webEdition Custom Tag* (siehe Abschnitt 6.1). Für unser Beispiel nutzen wir eine sehr einfache Variante, die 3% Rabatt bei Zahlung via Vorkasse gewährt.

```
<?php
/**
 * This function writes an discount article to $GLOBALS[$shopname]
 * @param          $attribs array
 * @return         void
 */
function we_tag_discountForShop($attribs) {
  $shopname = we_getTagAttribute('shopname',$attribs);
```

```
  $discountValue = we_getTagAttribute('discountValue',$attribs);
  $discountPrice = number_format(we_getTagAttribute('discountPrice',↘
$attribs),2,".",",");

  $key = uniqid('we_cart_');
  $type = 'w'; //o for object or w for document
  $variant = ''; // we don't need it
  $quantity = 1; //only one discount for complete order
  $serial = array("ID"=>"", "OF_ID"=>"","OF_Category"=>"","OF_TriggerID↘
"=>"","WE_VARIANT"=>"","OF_Language"=>"de_DE","we_shopdescription"=>"↘
Wir gewähren ".$discountValue." für die Zahlung per Vorkasse","↘
we_shoptitle"=>$discountValue." Rabatt","we_price"=>$discountPrice);
  $customFields =''; //we don't need it

  $item = array(
    'id' => $id,
    'type' => $type,
    'variant' => $variant,
    'quantity' => $quantity,
    'serial' => $serial,
    'customFields' => $customFields
  );

  $GLOBALS[$shopname]->ShoppingItems[$key] = $item;
}
?>
```

Den PHP-Code speichern wir als `we_tag_discountForShop.inc.php` auf dem Webserver im Verzeichnis `webEdition/we/include/we_tags/custom_tags`. Nun kann dieses Custom Tag in webEdition wie folgt eingesetzt werden:

```
<we:comment>Rabatt als zusaetzlichen Artikel zur Bestellung hinzufuegen↘
, bevor die Bestellung in der DB gespeichert wird</we:comment>
<we:ifShopField name="Payment" reference="cart" shopname="weBuch" match↘
="Vorkasse" operator="equal">
    <we:comment>$totalOrderDiscount enthaelt den zuvor ermittelten ↘
Rabatt-Wert</we:comment>
    <we:discountForShop shopname="weBuch" discountValue="3%" ↘
discountPrice="\$totalOrderDiscount"/>
</we:ifShopField>

<we:comment>Die Bestellung wird mit writeShopdata abgeschlossen und in ↘
die Bestellungstabelle geschrieben</we:comment>
<we:writeShopData shopname="weBuch" pricename="price" usevat="true" ↘
netprices="true" />
```

Bei den beiden zuvor genannten Lösungsvorschlägen müssen Sie jedoch beachten, dass diese nicht zusammen mit dem `<we:paypal />` Tag genutzt werden können. Möchten Sie die Zahlung via Paypal auch mit Rabatten ermöglichen, müssen Sie die Paypal API selbst integrieren.

Unterschiedliche Versandkosten lassen sich mit webEdition sehr einfach realisieren. Zum einen besteht die Möglichkeit, in den Einstellungen für **Porto und Verpackung** abhängig vom Warenkorbwert unterschiedliche Versandkosten festzulegen, so dass z. B. ab einem Warenwert von 100 EUR keine Versandkosten mehr anfallen. Und zum anderen können die bereits im Abschnitt *Multi-Store-Management* erwähnten Attribute `shipping`, `shippingisnet` und `shippingvatrate` eingesetzt werden. Sollen für die Kundengruppe `Neukunde` bei jeder Bestellung die regulären Versandkosten entfallen, ließe sich das wie folgt umsetzen:

```
<we:comment>Kunden der Kundengruppe "Neukunde" zahlen keine ↘
Versandkosten</we:comment>
<we:ifVar name="Gruppe" match="Neukunde" type="sessionfield" operator="↘
equal">
  <we:writeShopData shopname="weBuch" pricename="price" usevat="true" ↘
netprices="true" shipping="0" shippingisnet="1" shippingvatrate="19"/>
<we:else/>
  <we:writeShopData shopname="weBuch" pricename="price" usevat="true" ↘
netprices="true" />
</we:ifVar>
```

Das Beispiel zeigt, dass sich Rabatt-Konditionen für Versandkosten sehr flexibel realisieren lassen.

Google Produktdaten-Feed

Ein wichtiger Aspekt für den erfolgreichen Betrieb eines Online-Shops ist die Auffindbarkeit bzw. Sichtbarkeit der Produkte in Suchmaschinen. Google als eine der dominierenden Suchmaschinen bietet hierzu einen speziellen Dienst an, die *Google Produktsuche*. Die Produktsuche ermöglicht das automatische Einreichen von Produktinformationen, die dann in der Google Produktsuche oder in der globalen Google-Suche angezeigt werden. Auch wenn dieser Dienst zukünftig kostenpflichtig[13] als *Product Listing Ads (PLA)* angeboten wird, kann die Nutzung im Vergleich oder in Ergänzung zu Google AdWords-Anzeigen verschiedene Wettbewerbsvorteile ermöglichen:

- Das Produktsortiment kann mit weniger Aufwand beworben werden.
- Durch sog. *Double Serving*[14] ist es möglich, sowohl mit Google AdWords-Anzeigen als auch mit Product Listings Ads in den Suchergebnissen zu erscheinen.
- Da Google PLAs nur ausliefert, wenn sie für die Suche relevant sind, ist das dargestellte Produkt auch von Relevanz für den Suchenden.

[13] `http://googlecommerce.blogspot.de/2012/05/building-better-shopping-experience.html#!/2012/05/building-better-shopping-experience.html`

[14] `http://support.google.com/adwords/certification/bin/answer.py?hl=de&answer=152213`

- Durch Produktbilder und Preisangaben kann zusätzliche Aufmerksamkeit erzielt werden.
- Niedrigere Klickpreise durch die bisher verhaltene Nutzung von Product Listing Ads.

Voraussetzung für die Einreichung eines Produktdaten-Feeds ist die Anmeldung beim *Google Merchant Center*.[15] Nach der Registrierung reichen Sie für die verfügbaren Länder verschiedene Produktdaten-Feeds ein. Wir tun dies für unseren Referenz-Shop `http://www.webedition-buch.de` für Deutschland. Bei der Erstellung haben wir uns an den Spezifikationen für Produktdaten-Feeds von Google orientiert.[16] Für die Produktkategorisierung gibt Google eine eigene Taxonomie vor,[17] die wir für unseren Referenz-Shop über webEdition-Kategorien abgebildet haben.

```
<?xml version="1.0"?>
<rss xmlns:g="http://base.google.com/ns/1.0" version="2.0">
  <channel>
          <title><we:var type="text" name="Title"/></title>
    <link>http://www.webedition-buch.de</link>
    <description><we:var type="text" name="Description"/></description>
    <we:listview type="document" name="shopArticles" doctype="weBuch: \
Shop" order="we_id" languages="de_DE">
      <we:repeat>
        <item>
          <title><![CDATA[<we:field type="text" name="shoptitle"/>]]></\
title>
          <link><![CDATA[http://www.webedition-buch.de<we:field type="\
text" name="WE_PATH" />]]></link>
          <description><![CDATA[<we:field type="text" name="\
shopdescription"/>]]></description>
          <g:id>Buch-<we:field type="text" name="WE_ID" /></g:id>
          <g:condition>neu</g:condition>

          <we:comment>Artikelpreise muessen immer Bruttopreise sein (\
ausgenommen USA)</we:comment>
          <we:field type="text" name="price" to="global" nameto="\
articleNetPrice"/>
          <we:field type="shopVat" to="global" nameto="articleVat"/>
          <?php $GLOBALS['articleGrosPrice'] = round($GLOBALS['\
articleNetPrice']*(1+($GLOBALS['articleVat']/100)),2); ?>
          <g:price><we:var type="global" name="articleGrosPrice"/></g:\
price>

          <g:availability>vorbestellt</g:availability>
```

[15] `http://www.google.com/merchants/`
[16] `http://support.google.com/merchants/bin/answer.py?hl=de&answer=188494&topic=2473824&ctx=topic#DE`
[17] `http://support.google.com/merchants/bin/answer.py?hl=de&answer=160081`

```
          <g:image_link><![CDATA[http://www.webedition-buch.de<we:field\
 type="img" name="articleImage" only="src" />]]></g:image_link>
          <g:shipping>
            <g:country>DE</g:country>
            <g:service>Kostenloser Versand</g:service>
            <g:price>0 EUR</g:price>
          </g:shipping>

          <we:comment>Fuer Buecher kann hier die ISBN eingetragen \
werden</we:comment>
          <g:gtin>978-3-941841-79-6</g:gtin>

          <we:comment>wir geben alle Google-Produktkategorien aus (es \
darf nur eine existieren), die unterhalb des Kategorieverzeichnisses "/\
Google Produktsuche" liegen</we:comment>
          <we:category showpath="true" rootdir="/Google Produktsuche" \
field="Path" separator=" &gt; " to="global" nameto="googleCats"/>
          <we:comment>vor der Ausgabe muessen wir noch den ersten \
Separator (" > ") entfernen</we:comment>
          <?php $GLOBALS['googleCats'] = substr($GLOBALS['googleCats\
'],3,strlen($GLOBALS['googleCats'])); ?>
          <g:google_product_category><![CDATA[<we:var type="global" \
name="googleCats" />]]></g:google_product_category>
        </item>
      </we:repeat>
    </we:listview>
  </channel>
</rss>
```

Das Beispiel lässt sich natürlich auch auf Projekte, die mit webEdition-Objekten verwaltet werden, anpassen. Nachdem wir die Vorlage für die Generierung eines XML-basierten Produktdaten-Feeds erstellt haben, müssen wir dieses wieder mit einem Dokument verknüpfen. Dazu nutzen Sie das Menü **Datei | Neu | webEdition-Seite | Leere Seite** und wählen im Reiter **Eigenschaften** für das Feld **Vorlage** die zuvor erstellte Vorlage aus; lassen Sie in diesem Fall die Checkbox **Seite dynamisch generieren** deaktiviert. Als **Erweiterung** des **Namens** wählen Sie **.xml** aus und **Veröffentlichen** die Seite. Da wir dieses Dokument als statisches Dokument gespeichert haben, muss eine regelmäßige Veröffentlichung über den Zeitplaner konfiguriert werden. Dazu wechseln Sie zum Reiter **Zeitplaner** und legen eine neue Veröffentlichungsfrequenz abhängig von dem gewünschten Aktualisierungsintervall an.

Im letzten Schritt muss der erstellte Google Produktdaten-Feed im Google Merchant Center eingereicht werden. Dort sollten Sie zunächst einen **Neuen Test-Daten-Feed** erstellen. Ist ein solcher Feed angelegt, erstellen Sie über den Link **Zeitplan erstellen** einen Produktdaten-Feed mit Aktualisierungsintervall und URL (siehe Abbildung 5.79). über den Button **Planen und jetzt abrufen** wird der Produktdaten-Feed von Google überprüft und ggf. Optimierungsmaßnahmen bzw. auftretende Fehler benannt.

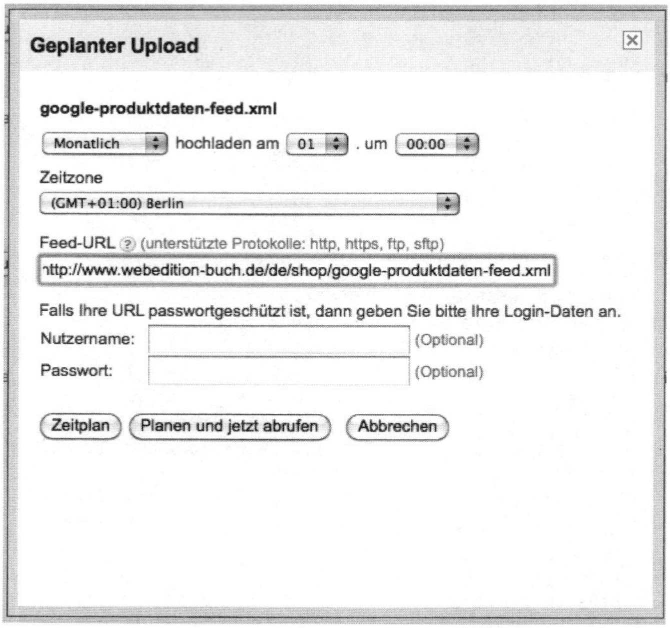

Abbildung 5.79: Google Produktdaten-Feed im Google Merchant Center einreichen

Google Analytics eCommerce Tracking

Ein weiteres sehr wichtiges Thema, nicht nur für Online-Shops, ist die Analyse des Besucherverhaltens (*Web Analytics*). Mit Hilfe von Web Analytics-Systemen, wie z. B. Google Analytics,[18] eTracker,[19] ECONDA[20] etc. ist es möglich, Probleme und Potenziale in der Website bzw. im Online-Shop aufzudecken. Das gesamte Themenfeld der Web Analytics ist sehr spannend und komplex zugleich, so dass wir uns im Rahmen dieses Buches leider nicht in der erforderlichen Tiefe damit beschäftigen können.[21]

In diesem Abschnitt befassen wir uns mit der Web Analytics-Software *Google Analytics* und der Umsetzung des Google Analytics eCommerce-Tracking mit dem CMS webEdition. Das Erfassen von eCommerce-Transaktionen beschränkt sich mit dem Google eCommerce-Tracking zunächst auf die Erfas-

18 `http://www.google.com/intl/de/analytics/`

19 `http://www.etracker.com/de/`

20 `http://www.econda.de`

21 Als weiterführende Literatur empfehlen wir das Buch Marco Hassler: „Web Analytics – Metriken auswerten, Besucherverhalten verstehen, Website optimieren“, 3. Auflage, mitp, 2012.

sung der Bestellung auf der Bestellbestätigungsseite.[22] Hierzu müssen wir einen zusätzlichen Google Analytics Code mit den Werten der Bestellung versehen.

Dazu nutzen wir die bereits bekannten Tags `<we:order />` und `<we:listview type="order">` in unserer Vorlage für den Bezahldienst Paypal.

```
<we:ifNotWebEdition>
  <we:order id="\$BestellID">
    <we:field type="text" name="shopCalcVat" to="global" nameto="\
shopPayVat" />
    <we:field type="text" name="shopPriceIsNet" to="global" nameto="\
orderIsNet"/>
    <we:field type="text" name="Shipping_vatRate" to="global" nameto="\
shippingVat"/>
    <we:field type="text" name="Shipping_isNet" to="global" nameto="\
shippingIsNet"/>
                <we:field type="text" name="CustomerID" to="global" \
nameto="KundenID"/>

    <we:comment>ermittlung Gesamtpreis der Bestellung und MwSt.</we:\
comment>
    <we:listview type="orderitem" orderid="\$BestellID">
      <we:repeat>
        <we:ifVar name="orderIsNet" match="1" type="global" operator="\
equal">
          <we:ifVar name="shopPayVat" match="1" type="global" operator\
="equal">
            <we:calculate print="false" sum="completeArticlePrice">(<we\
:field type="text" name="price"/>*(1+(<we:field type="text" name="\
shopvat"/>/100)))*<we:field type="float" name="Quantity"/></we:\
calculate>
            <we:calculate print="false" sum="completeArticleVat">((<we:\
field type="text" name="price"/>*(1+(<we:field type="text" name="\
shopvat"/>/100)))-<we:field type="text" name="price"/>)*<we:field type\
="float" name="Quantity"/></we:calculate>
          <we:else/>
            <we:calculate print="false" sum="completeArticlePrice"><we:\
field type="text" name="price"/>*<we:field type="float" name="Quantity\
"/></we:calculate>
          </we:ifVar>
        <we:else/>
          <we:ifVar name="shopPayVat" match="1" type="global" operator\
="equal">
            <we:calculate print="false" sum="completeArticlePrice">(<we\
:field type="text" name="price"/>*<we:field type="float" name="Quantity\
"/></we:calculate>
            <we:calculate print="false" sum="completeArticleVat">(<we:\
field type="text" name="price"/>-(<we:field type="text" name="price\
"/>/(1+(<we:field type="text" name="shopvat"/>/100))))*<we:field type="\
```

22 Vgl. Aden T. (2009): „Google Analytics – Implementieren. Interpretieren. Profitieren“, 1. Auflage, Carl Hanser Verlag, München, S. 76ff.

```
float" name="Quantity"/></we:calculate>
          <we:else/>
            <we:calculate print="false" sum="completeArticlePrice">(<we\
:field type="text" name="price"/>/(1+(<we:field type="text" name="\
shopvat"/>/100)))*<we:field type="float" name="Quantity"/></we:\
calculate>
          </we:ifVar>
        </we:ifVar>
      </we:repeat>
    </we:listview>

    <we:comment>der Kunde muss MwSt. zahlen</we:comment>
    <we:ifVar name="shopPayVat" match="1" type="global" operator="equal\
">
      <we:comment>Versandkosten sind Netto-Preise</we:comment>
      <we:ifVar name="shippingIsNet" match="1" type="global" operator="\
equal">
        <we:calculate print="false" sum="completeOrderPrice"><we:sum \
name="completeArticlePrice"/>+(<we:field type="text" name="\
Shipping_costs"/>*(1+(<we:field type="text" name="Shipping_vatRate\
"/>/100)))</we:calculate>
        <we:calculate print="false" sum="completeOrderVat"><we:sum name\
="completeArticleVat"/>+(<we:field type="text" name="Shipping_costs\
"/>*<we:field type="text" name="Shipping_vatRate"/>/100)</we:calculate>
        <we:calculate print="false" sum="shippingCosts"><we:field type\
="text" name="Shipping_costs"/>*(1+(<we:field type="text" name="\
Shipping_vatRate"/>/100))</we:calculate>
      <we:else/>
        <we:comment>Versandkosten sind Brutto-Preise</we:comment>
        <we:calculate print="false" sum="completeOrderPrice"><we:sum \
name="completeArticlePrice"/>+<we:field type="text" name="\
Shipping_costs"/></we:calculate>
        <we:calculate print="false" sum="completeOrderVat"><we:sum name\
="completeArticleVat"/>+(<we:field type="text" name="Shipping_costs\
"/>-(<we:field type="text" name="Shipping_costs"/>/(1+(<we:field type="\
text" name="Shipping_vatRate"/>/100))))</we:calculate>
        <we:calculate print="false" sum="shippingCosts"><we:field type\
="text" name="Shipping_costs"/>*1</we:calculate>
      </we:ifVar>
    <we:else/>
      <we:comment>der Kunde zahlt keine MwSt.</we:comment>
      <we:comment>Versandkosten sind Netto-Preise</we:comment>
      <we:ifVar name="shippingIsNet" match="1" type="global" operator="\
equal">
        <we:calculate print="false" sum="completeOrderPrice"><we:sum \
name="completeArticlePrice"/>+<we:field type="text" name="\
Shipping_costs"/></we:calculate>
        <we:calculate print="false" sum="shippingCosts"><we:field type\
="text" name="Shipping_costs"/>*1</we:calculate>
      <we:else/>
        <we:calculate print="false" sum="completeOrderPrice"><we:sum \
name="completeArticlePrice"/>+(<we:field type="text" name="\
```

```
Shipping_costs"/>/(1+(<we:field type="text" name="Shipping_vatRate↘
"/>/100)))</we:calculate>
        <we:calculate print="false" sum="shippingCosts"><we:field type↘
="text" name="Shipping_costs"/>/(1+(<we:field type="text" name="↘
Shipping_vatRate"/>/100))</we:calculate>
      </we:ifVar>
    </we:ifVar>

    <script type="text/javascript">
      _gaq.push(['_addTrans',
      '<we:var type="session" name="we_shopname" />-<we:field type="↘
text" name="OrderID"/>-<we:field type="text" name="CustomerID" />', // ↘
order ID - required
      '<we:var type="session" name="we_shopname" />', // affiliation or↘
 store name
      '<we:sum name="completeOrderPrice" num_format="english"/>', // ↘
total - required
      '<we:sum name="completeOrderVat" num_format="english"/>', // tax
      '<we:sum name="shippingCosts" num_format="english"/>', // ↘
shipping
      '<we:field type="text" name="Customer_Rechnung_PLZ" /> <we:field ↘
type="text" name="Customer_Rechnung_Ort" />', // city
      '',   // state or province
      '<we:field type="country" name="Customer_Rechnung_Land" ascountry↘
="true" />' // country
      ]);

    <we:listview type="orderitem" orderid="\$BestellID">
      <we:repeat>
        _gaq.push(['_addItem',
        '<we:var type="session" name="we_shopname" />-<we:field type="↘
text" name="OrderID"/>-<we:var type="global" name="KundenID" />', // ↘
order ID - required
        '<we:field type="text" name="ArticleID" />', // SKU/code - ↘
required
        '<we:field type="text" name="shoptitle"/>', // product name
        '<we:category doc="self" showpath="false" rootdir="/Shop" field↘
="Title" />', // category or variation
        '<we:field type="text" name="price" num_format="english"/>', //↘
 unit price - required
        '<we:field type="float" name="Quantity" num_format="english"/>'↘
 // quantity - required
        ]);
      </we:repeat>
    </we:listview>
      _gaq.push(['_trackTrans']);
      _gaq.push(['_trackPageview', '<we:var type="property" name="Path"↘
 doc="top" />']);
    </script>
  </we:order>
</we:ifNotWebEdition>
```

Abbildung 5.80: Google Analytics: Übersicht eCommerce-Aktivitäten

Das Code-Beispiel ist so aufgebaut, dass es für Multi-Shop-Projekte genutzt werden kann, unabhängig davon, ob Artikelpreise und Versandkosten als Brutto- oder Nettopreise angegeben werden. Um eine Identifizierung der Bestellungen in Google Analytics für unterschiedliche Shops (Multi-Shops) zu gewährleisten, wird der Name des Multi-Shops automatisch anhand des Attributs `shopname` ermittelt und sowohl der `orderID` als auch dem `affiliation or store name` übergeben. Werden die Daten nun korrekt an Google Analytics übermittelt, erhalten wir eine Übersicht der eCommerce-Aktivitäten, wie in Abbildung 5.80 dargestellt.

Shop-Monitoring mit ECONDA

Die econda GmbH ist einer der führenden deutschen Anbieter von Web-Controlling-Lösungen mit dem Schwerpunkt *Web Shop Controlling*. Dies führte 2008 zu einer strategischen Kooperation zwischen der econda GmbH und der Living-e AG (die bis zur Version 6.0.0.6 das CMS webEdition als Hersteller entwickelt hat).

Mit dem Erscheinen von webEdition 6 wurden die Web-Controlling-Lösungen *Shop Monitor*, *Site Monitor* und *Click Monitor* der econda GmbH in das CMS integriert. Durch diese technische Integration konnten Anwender von webEdition die econda-Lösungen über einen Einstellungsdialog im CMS aktivieren, das Tracking erfolgte dann ohne weitere Programmieraufwände automatisch. Besonders interessant ist hierbei die Integration in das webEdition Shop-Modul, die eine automatische Erfassung aller Bestellungen, Kunden-Registrierungen, Bestellabbrüche, Conversion-Rates etc. „Out of the box" ermöglicht. Um das Tracking für jede Website zusätzlich zu personalisieren, steht das Tag `<we:econda>` zur Verfügung.

Nachdem die Living-e AG im Juli 2009 das CMS vollständig der Community übergeben hatte und nicht mehr aktiv an der Weiterentwicklung des CMS mitwirkte, erlosch damit auch die Kooperation zwischen der econda GmbH und der Living-e AG. Dies führte letztendlich dazu, dass seit der webEdition-Version 6.3 damit begonnen wurde, die (teilweise veraltete) technische Integration der econda-Lösungen aufgrund der umfangreichen Systemänderungen auszubauen. Da dies bisher nur im webEdition-Basissystem stattgefunden hat, kann die econda Shop-Monitor-Integration im webEdition Shop-Modul weiterhin genutzt werden.

Unabhängig von der technischen Integration von econda-Lösungen in webEdition möchten wir den econda Shop-Monitor als Web Shop Controlling-Lösung aus folgenden Gründen vorstellen:

- spezialisierte Lösung für das Online-Shop Controlling
- persönlicher Support durch die econda GmbH
- für Shop-Betreiber interessante Zusatzprodukte wie z. B. *Cross Sell*[23]
- intelligente Services wie z. B. *Conversion Tuning*[24] und *Shop-Potenzialanalyse*[25] mit econda-Spezialisten

Der econda Shop Monitor kann wie jede andere Web Analytics-Lösung über spezielle JavaScript Code-Schnipsel in die Website integriert werden.[26] Da sich in der aktuellen webEdition-Version 6.3 weiterhin die econda-Integration für das Shop-Modul nutzen lässt, möchten wir Ihnen diese Lösung vorstellen.

Zur Nutzung des econda Shop Monitors empfiehlt es sich, zunächst die webEdition-Version 6.2.7 über den OnlineInstaller zu installieren. Nach der Installation kann über das Menü **Extra | Econda** der Einstellungsdialog (siehe Abbildung 5.81) aufgerufen werden, um das econda Tracking zu aktivieren. Hierzu wird eine von der econda GmbH bereitgestellte JavaScript-Datei benötigt. Dazu melden Sie sich einfach zum kostenlosen Testzeitraum an.[27]

23 `http://www.econda.de/produkte/cross-sell.html`
24 `http://www.econda.de/services/conversion-tuning.html`
25 `http://www.econda.de/services/shop-potenzialanalyse.html`
26 `http://help.econda.de/de/2_integration/1-shopmonitor/3-selbst-integrieren/start`
27 `http://www.econda.de/testen/shop-monitor-testen.html`

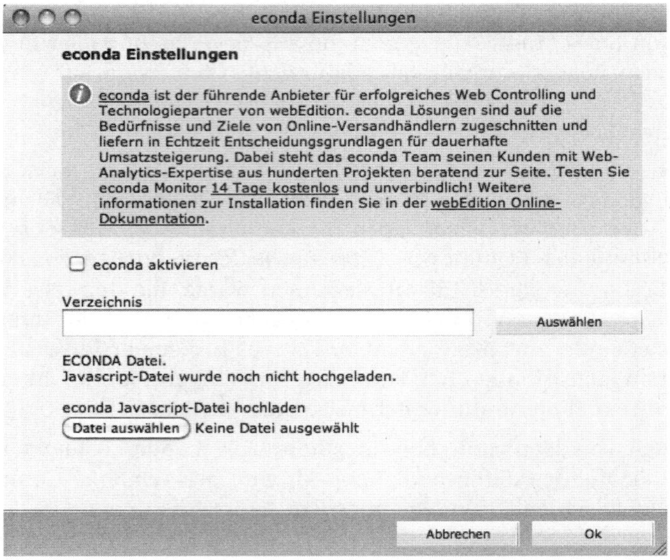

Abbildung 5.81: econda Tracking in webEdition 6.2 aktivieren

Nach der Aktivierung sollte ein Update auf die aktuellste webEdition-Version erfolgen. Auch wenn ab webEdition 6.3 der in Abbildung 5.81 dargestellte Dialog nicht mehr zur Verfügung steht, wurden die Einstellungen beim Update von webEdition 6.2.7 übernommen. Nun fügen wir noch den folgenden Code in alle (Master-)Vorlagen direkt nach dem öffnenden <body>-Tag oder direkt vor dem schließenden </body>-Tag ein. Während der Entstehung des Buches wurde zudem die bisher bestehende econda Shop-Monitor-Integration in Version 6.3.3 überarbeitet.[28]

```
<we:ifNotWebEdition>
  <?php
  if(defined("WE_ECONDA_STAT") && defined("WE_ECONDA_PATH") && ↘
WE_ECONDA_STAT  && WE_ECONDA_PATH !=""){
        include_once($_SERVER["DOCUMENT_ROOT"]."/webEdition/we/include/↘
weTracking/econda/weEcondaImplementHeader.inc.php");
        include_once($_SERVER["DOCUMENT_ROOT"]."/webEdition/we/include/↘
weTracking/econda/weEcondaImplement.inc.php");
  }
  ?>
</we:ifNotWebEdition>
```

Nachdem nun alle notwendigen Schritte durchgeführt sind, werden die unterschiedlichsten Statistiken über Besucherverhalten, Bestellungen, Conversion Rates, Bounces, Kampagnen etc. bereits im econda Shop Monitor

[28] http://qa.webedition.org/tracker/view.php?id=6693

erfasst. In nächsten Schritt lässt sich das Standard-Tracking von econda durch das webEdition Tag `<we:econda>` personalisieren. über das nachfolgende Code-Beispiel legen wir z. B. fest, ob beim Tracking von Seitenaufrufen

- der Pfad der Seite (`labelFrom=path`),
- der Name des Navigationspunktes (`labelFrom=navigation`),
- die webEdition-Kategorie einer Seite (`labelFrom=categorie`) oder
- ein benutzerdefinierter Wert (`labelFrom=input`)

erfasst wird. Die Standardeinstellung ist hier `path`.

```
<we:econda type="content" labelFrom="input | navigation | path | \
categorie"/>
```

Soll z. B. der Bestellprozess in seinen einzelnen Schritten erfasst werden, muss für jeden Bestellschritt der entsprechende Code in der Vorlage integriert werden.

```
<we:econda type="orderProcess" step="1" pageName="Zahlungsinformationen\
"/>
```

Sollen bestimmte Seiten vom Tracking ausgeschlossen werden, nutzen Sie folgenden Code:

```
<we:econda type="exclude"/>
```

Weitere Einstellungen sind zunächst nicht erforderlich, um mit dem Shop Monitor Ihren Online-Shop zu überwachen und zu optimieren. Nach dem Login im Shop Monitor wird der angemeldete Benutzer auf eines seiner persönlichen Dashboards (siehe Abbildung 5.82), vergleichbar mit dem webEdition Cockpit, geleitet.

Jeder Nutzer kann verschiedene individualisierte Dashboards anlegen und mit verschiedenen Gadgets befüllen. Abhängig von den gewählten Kennzahlen lassen sich bereits auf dem Dashboard wichtige Entwicklungen bzw. Trends und Probleme erkennen. Der *Funnel-Report* am Beispiel des Bestellprozesses zeigt in Abbildung 5.82 rechts unten, dass während des Bestellprozesses von der Eingabe der Zahlungsinformationen (der Kunde möchte etwas bestellen) bis zum Absenden der Bestellung 8% der möglichen Käufer den Prozess abbrechen. Hier sollte der Bestellprozess noch einmal überprüft werden.

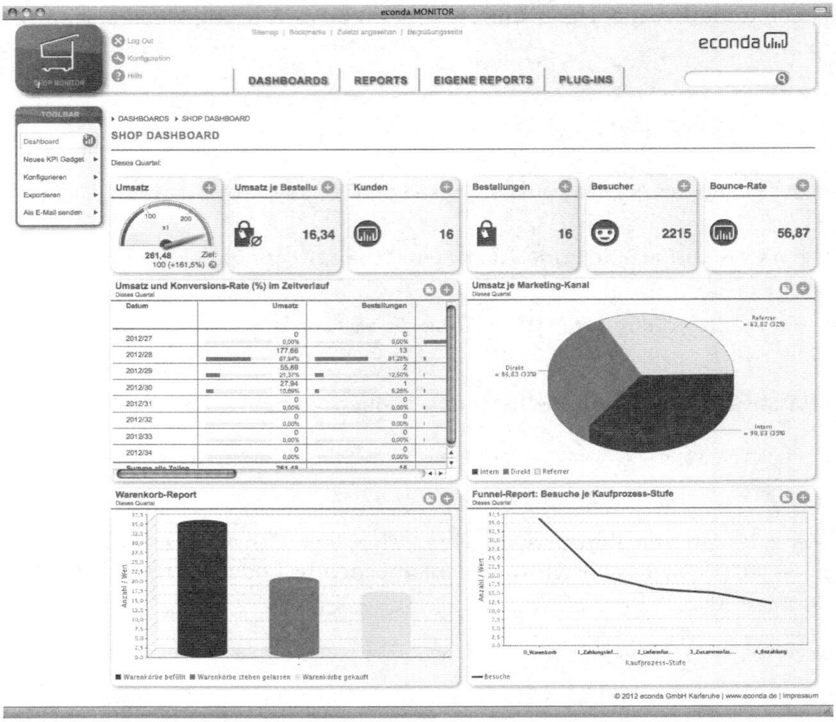

Abbildung 5.82: econda Shop Monitor – Dashboard

Alle Informationen, die auf dem Dashboard in aggregierter Form angezeigt werden, stehen in den umfangreichen Standard-Reports detailliert zur Verfügung. Der econda Shop Monitor bietet bereits per Knopfdruck umfangreiche Analysen für die Bereiche Marketing (z. B. Zielerreichung, Kampagnen, Mailings, Suchmaschinen, Keyword-Marketing etc.), Kaufprozessanalyse, Warenkorbanalyse (z. B. Warenkörbe befüllt, stehen gelassen, gekauft etc.), Sortimentanalysen (z. B. nach Top-Seller, Kategorien, Produktvarianten etc.), Stornos, Kunden, Ziele (z. B. Newsletter-Anmeldung), Mobile Tracking usw.

Neben den vordefinierten Analysen können selbstverständlich weitere eigene Analysen zur Berechnung von Kennzahlen erstellt, bearbeitet und per E-Mail versandt werden. Auch im Bereich der Multi-Channel-Analysen bietet der econda Shop Monitor Auswertungen und Informationen. Die aktuell viel diskutierten *Customer Journeys* lassen sich bspw. nach verschiedenen Parametern grafisch abbilden. In der Abbildung 5.83 lässt sich in der Spalte **Marketing-Kanal** durch den sich wiederholenden Wert **Intern** erkennen, dass anscheinend die Webseite nicht komplett getaggt ist und somit das Tracking nicht korrekt erfolgt. Andernfalls würde statt **Intern** der Seitentitel bzw. der Pfad der Seite erscheinen.

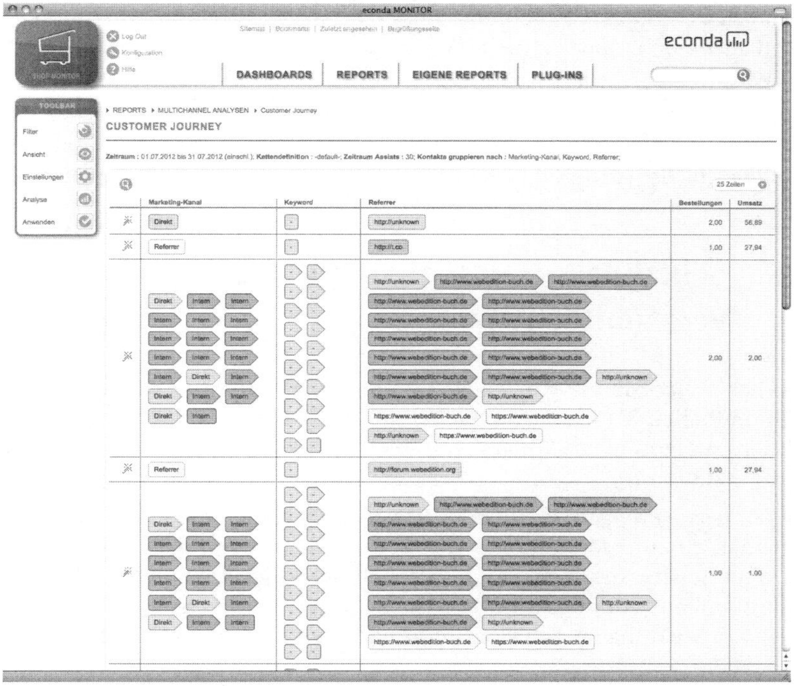

Abbildung 5.83: econda Shop Monitor – Customer Journey

Alle Berichte und Kennzahlen aus den econda-Produkten lassen sich auch per E-Mail automatisiert versenden, so dass das Einloggen in die econda Web-Oberfläche nicht notwendig ist. Zusätzlich bietet der econda Shop Monitor für Windows und Mac OS X eine Desktop-Applikation mit der Bezeichnung *Live Ticker* (siehe Abbildung 5.84), die die Anzahl an Seitenaufrufen, Bestellungen, Besuchern, Kunden etc. der letzten Stunde auflistet.

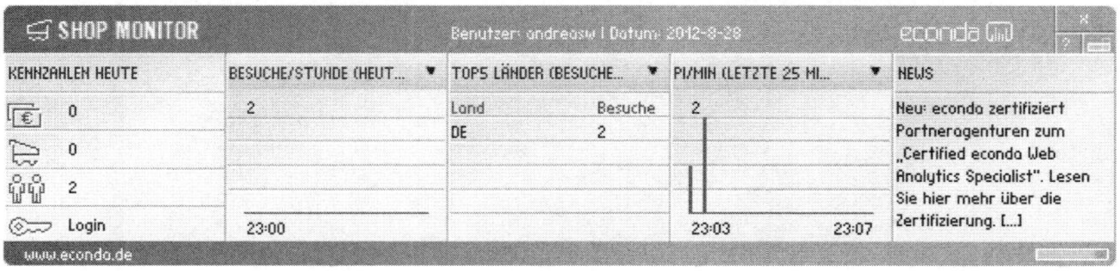

Abbildung 5.84: econda Shop Monitor – Live Ticker

Neben dem Shop Monitor bietet die econda GmbH noch weitere Produkte und Dienstleistungen an. Für Shop-Betreiber dürfte vor allem das Produkt *Cross Sell* interessant sein, das eine Recommendation-Engine, ein Online-Abverkaufstool und eine Re-Marketing Suite miteinander vereint. Eine automatisierte Produktempfehlung müsste beispielsweise mit webEdition aufwendig implementiert werden, da sie aktuell nicht im Shop-Modul enthalten ist.

Unsere Empfehlung für Shop-Betreiber lautet, den econda Shop Monitor auf jeden Fall zu testen. Dabei können Sie sich direkt an econda-Mitarbeiter wenden, die Sie gerne und unverzüglich bei der Integration unterstützen.

5.9 Scheduler – Content zeitgesteuert veröffentlichen

Das Scheduler-Modul ermöglicht es, eine oder mehrere Aktionen wie das Veröffentlichen, Parken (offline schalten) oder auch die Zuweisung von webEdition-Kategorien im Voraus zu planen und ohne weiteren Benutzereingriff auszuführen.

Sie können News-Artikel Tage im Voraus einstellen, statische Dokumente regelmäßig neu veröffentlichen und somit aktualisieren oder auch Produkte zeitgesteuert aus dem Programm nehmen oder hinzufügen. Einer der häufigsten Anwendungsfälle ist tatsächlich das automatisierte Veröffentlichen von Meldungen, aktuellen Informationen oder auch Produkten.

5.9.1 Zeitgesteuerte Aufgaben einrichten

Um eine Aktion wie das zeitgesteuerte Veröffentlichen eines Dokuments einzustellen, öffnen Sie das entsprechende Dokument und klicken auf den Reiter **Zeitplaner** (siehe Abbildung 5.85).

Abbildung 5.85: Zeitplaner im Dokument

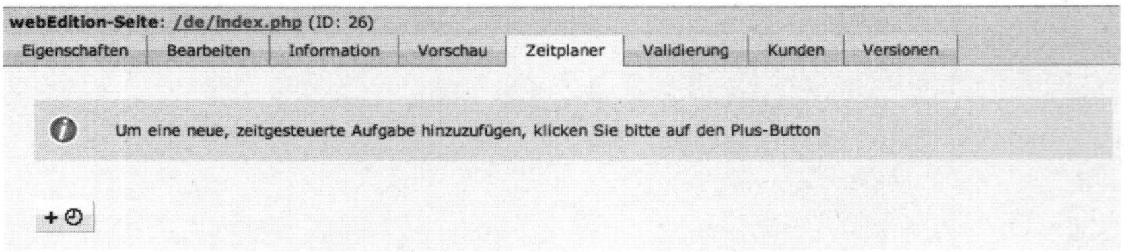

Anschließend klicken Sie auf die Plus-Schaltfläche, und es öffnet sich die in Abbildung 5.86 dargestellte Eingabemaske. Folgende selbsterklärende Aktionen stehen für Dokumente zur Verfügung:

- Veröffentlichen
- Parken
- Löschen
- Dokument-Typ ändern
- Kategorien ändern
- Verzeichnis ändern

Legen Sie nach der Aktion das Intervall fest, in dem die Aktion ausgeführt werden soll. Möglich sind

- Einmal
- Stündlich
- Täglich
- Wöchentlich
- Monatlich
- Jährlich

Als letzten Schritt wählen Sie das Datum der Ausführung (bei Intervall einmalig) bzw. die erste Ausführung der Aktion. Das gewählte Intervall errechnet webEdition entsprechend der ersten Aktion. Speichern oder veröffentlichen Sie anschließend das Dokument. Der Zeitplaner ist aktiv. Falls Sie mehrere zeitgesteuerte Aktionen für ein Dokument anlegen möchten, nutzen Sie dazu erneut den Plus-Knopf und stellen die weiteren Aktionen ein.

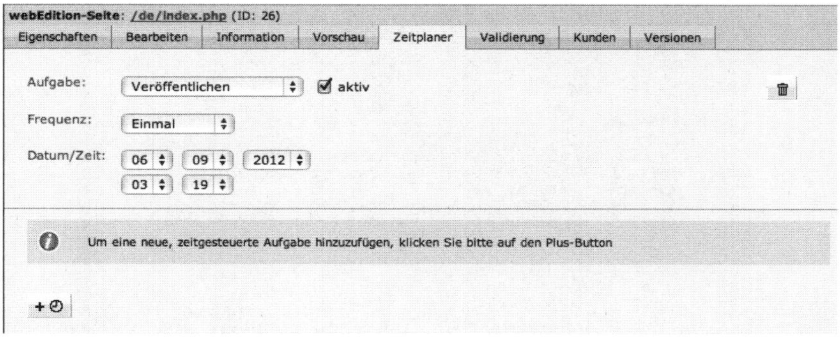

Abbildung 5.86: Neue Aktion im Zeitplaner einstellen

Für webEdition-Objekte steht der Zeitplaner ebenfalls zur Verfügung. Auch dort legen Sie über den Reiter **Zeitplaner** die Aktionen fest. Bis auf die Aktion **Dokument-Typ ändern** sind die Möglichkeiten bei Dokumenten und Objekten identisch.

5.9.2 Konfiguration des Schedulers

Bei der Nutzung des Zeitplaners stellt sich schnell die Frage, wie die einzelnen Aktionen denn gestartet werden. Um etwas zeitgesteuert auszuführen, muss ja stets ein Programm oder eine Komponente aktiv sein, die zur richtigen Zeit die geplanten Aufgaben ausführt – es wird also ein Trigger-Event benötigt.

WebEdition bietet hierfür drei Möglichkeiten an, die Sie in den Einstellungen **Extras | Einstellungen | Allgemein** über den Reiter **Erweitert** erreichen:

1. **vor Seitenaufruf**
2. **nach Seitenaufruf**
3. **externer Cron-Job**

Die Optionen **vor Seitenaufruf** und **nach Seitenaufruf** (siehe Abbildung 5.87) starten die Überprüfung und ggf. Ausführung der Zeitplaner-Aktionen vor bzw. nach jedem Seitenaufruf. Wenn Sie nur wenige Aktionen im Zeitplaner eingeplant haben und die Besucherzahl auf Ihrem Projekt noch überschaubar ist, dann ist dies eine gute Möglichkeit. Bei vielen Aktionen sollten Sie diesen Weg aber nicht gehen, denn die Überprüfung und ggf. Ausführung benötigt Zeit, und dies erhöht somit auch die Ladezeit Ihrer Dokumente. Genau betrachtet werden bei dieser Variante die Aktionen nicht immer zum eingestellten Zeitpunkt ausgeführt. Wenn zu dem Zeitpunkt gerade kein Besucher auf Ihrer Webseite ist, dann kann der Zeitplaner nicht gestartet werden. Die Aktionen werden in dem Fall jedoch beim nächsten Seitenaufruf nachträglich ausgeführt.

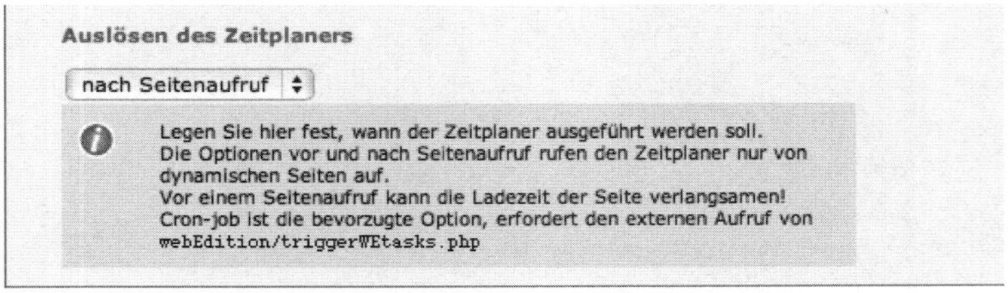

Abbildung 5.87: Trigger für den Zeitplaner festlegen

Bei der dritten Option, **externer Cron-Job**, richten Sie auf Ihrem Server oder über einen externen Dienst einen Cron-Job ein. Der Cron-Job (ebenfalls eine zeitgesteuerte Aufgabe – jedoch auf Serverebene) ruft dabei die Datei `webEdition/triggerWEtasks.php` Ihrer webEdition-Installation auf. Diese Datei prüft alle eingestellten Zeitplaner-Aktionen und führt die fälligen Aktionen aus.

Die meisten Webhoster bieten inzwischen die Möglichkeit, im jeweiligen Kundenmenü solche Cron-Jobs einzurichten. Die möglichen Intervalle sind dabei unterschiedlich. Eine Ausführung alle 15 bis 30 Minuten stellt oft eine sinnvolle Einstellung dar.

Wenn Sie die Möglichkeit haben, empfehlen wir die Einstellung **externer Cron-Job**, da diese den Seitenaufruf Ihrer Dokumente beschleunigt und die Aktionen auch in Phasen ohne Besucher ausgeführt werden.

5.10 Voting – Umfragen erstellen

Mit dem Voting-Modul lassen sich verschiedene Typen von Online-Umfragen (auch mehrsprachig) erstellen.

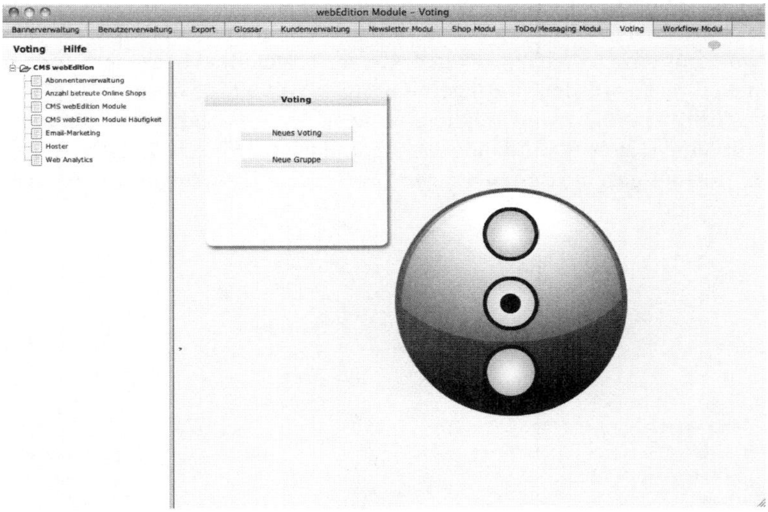

Abbildung 5.88: webEdition Voting-Modul

Dabei können Sie wählen zwischen

- **Multiple Choice** (mehrere Antwortmöglichkeiten)
- **geschlossenen Fragen** (nur eine Antwortmöglichkeit)
- **Fragen mit Freitext-Antwort**
- **Fragen mit Verzweigungslogik**

oder diese miteinander kombinieren. Zusätzlich haben Sie die Möglichkeit mit dem Voting-Modul weitere frei definierbare Formularfelder (z. B. Name, E-Mail-Adresse etc.) für Incentives (z. B. Gewinnspiele) zu erfassen. Zur Vermeidung von Mehrfachabstimmungen und Manipulationsversuchen bei angeschlossenen Gewinnspielen bietet das Voting-Modul verschiedene Zugriffsschutzmechanismen.

Umfragenergebnisse von Fragen oder Fragengruppen lassen sich als CSV-Datei exportieren und somit in Tabellenkalkulations- oder anderen Statistikprogrammen, wie z. B. PSPP,[29] weiterverarbeiten.

Mit der Version 6.1 wurde das Voting-Modul umfangreich erweitert, so dass nun Freitextanworten und die Abbildung von Folgefragen über eine Verzweigungslogik möglich sind. Für die Verzweigungslogik gibt es die beiden Optionen:

- **Genereller Redirect**
- **Individueller Redirect**

Die beiden Optionen sind in der Abbildung 5.89 grafisch dargestellt. Bei einem generellen Redirect wird der Umfrageteilnehmer unabhängig von der Antwort auf eine festgelegte Folgefrage weitergeleitet. Bei einem individuellen Redirect wird der Umfrageteilnehmer abhängig von der Antwort auf eine zuvor für die Antwortmöglichkeit festgelegte Folgefrage weitergeleitet. Daraus ergibt sich für individuelle Redirects die Einschränkung, dass Sie diese nur bei geschlossenen Fragen (optional mit Freitextantwort) einsetzen können.

Abbildung 5.89: Verzweigungslogik für Folgefragen im Voting-Modul

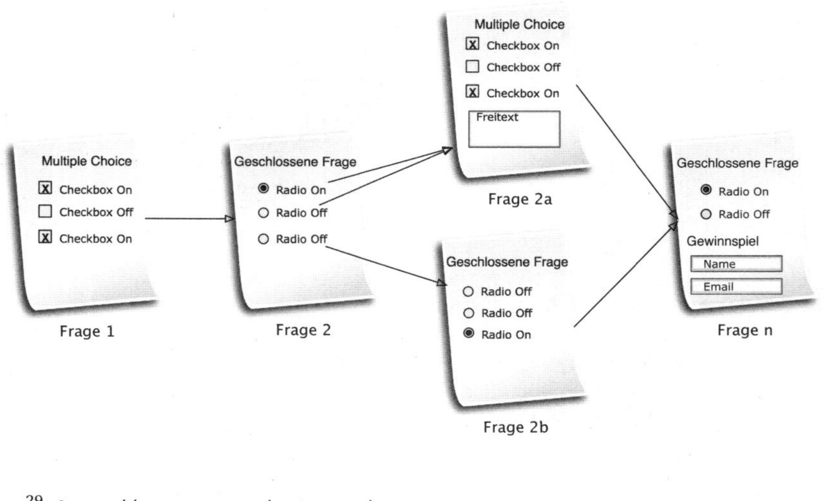

[29] `http://www.gnu.org/software/pspp`

Eine weitere Neuerung im Voting-Modul ist die Speicherung von Kontaktdaten für Incentives. Dadurch können z. B. für ein Gewinnspiel benötigte Kontaktdaten im Umfrageprotokoll mit aufgenommen werden. Dabei ist darauf zu achten, dass Sie die Kontaktdaten vom Umfrageteilnehmer zusammen mit der Beantwortung einer Frage erheben, da sonst eine Speicherung im Umfrageprotokoll nicht möglich wäre.

5.10.1 Anwendungsmöglichkeiten für Online-Umfragen

Das integrierte Voting-Modul eignet sich für verschiedene Anwendungsfälle in der Markt- und Meinungsforschung. Neben einfachen Umfragen, die auf das Kundenfeedback oder die Produktentwicklung abzielen, lassen sich mit dem Voting-Modul erstellte Umfragen sehr gut für die Produktbewertung in Online-Shops nutzen. Hierfür könnte z. B. ein Umfrage-Link in eine Bestätigungsmail des Shop-Moduls eingefügt werden, der den Kunden zu einer standardisierten Umfrage weiterleitet und dabei die ID des Produkts übergibt, die dann in die `additionalfields` eingetragen wird. Somit lassen sich mit einer Umfrage produktübergreifende Bewertungen realisieren.

Durch die Integration von Voting-Modul und Kundenverwaltung sind auch Umfragen in geschützten Bereichen möglich. Dadurch sind bspw. Mitarbeiterbefragungen in Intranets denkbar. Weiterhin lassen sich die Kundengruppen in der Kundenverwaltung nutzen, um Online-Umfragen nach Nutzergruppen zu differenzieren. Weitere Anwendungsbereiche von Online-Umfragen sind Themensammlungen für Veranstaltungen und Vorträge, Zufriedenheitsbefragungen etc.

5.10.2 Umfragen erstellen

Zum Anlegen von Umfragen müssen Sie zunächst das Voting-Modul über das Menü **Module | Voting** aufrufen. Besteht eine Umfrage nur aus einer einzigen Frage, können Sie diese direkt über **Voting | Neu | Voting** anlegen. Möchten Sie eine Umfrage bestehend aus mehreren Fragen erstellen, empfiehlt es sich, zuvor eine Voting-Gruppe über **Voting | Neu | Gruppe** anzulegen und dort alle (Teil-)Fragen zu speichern.

Beim Anlegen einer Umfrage wählen Sie unter dem Reiter **Eigenschaften** (siehe Abbildung 5.90) zunächst einen Namen und ggf. eine Umfragegruppe aus. Anschließend legen Sie über **Zugriff einschränken** fest, ob die Umfrage nur für bestimmte Kunden aus der Kundenverwaltung zur Verfügung steht und bis wann (**Gültigkeit**) an der Umfrage teilgenommen werden kann.

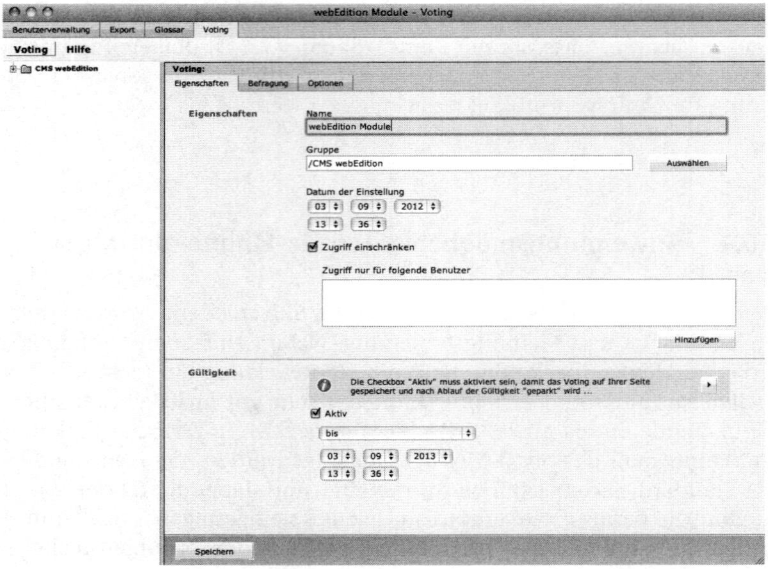

Abbildung 5.90: Voting-Modul – Eigenschaften einer Umfrage

Im nächsten Schritt legen Sie unter dem Reiter **Befragung** die Frage und die dazugehörigen Antworten fest (siehe Abbildung 5.91).

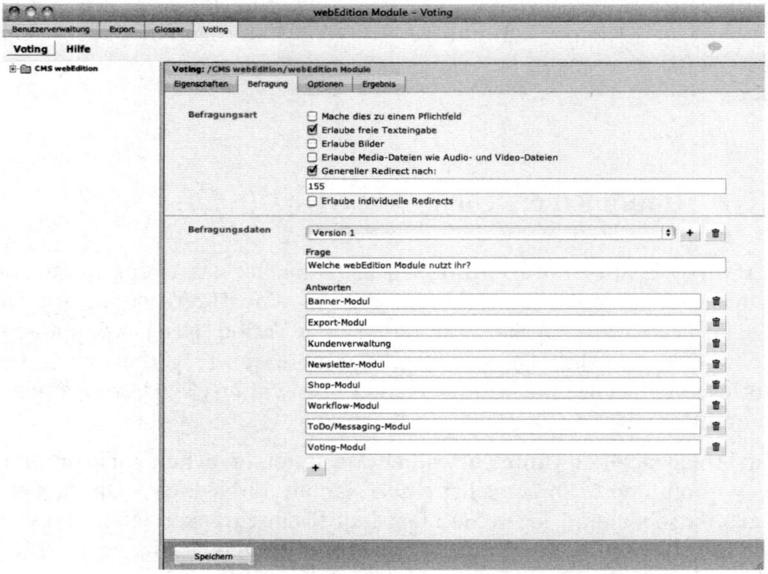

Abbildung 5.91: Voting-Modul – Umfrage erstellen

Dabei müssen Sie zu jeder Frage mindestens zwei Antwortmöglichkeiten angeben. Für jede Frage lässt sich festlegen, ob

- die Frage beantwortet werden muss (Pflichtfeld)
- für die Frage eine Freitextantwort zulässig ist
- Antworten zusätzlich mit Bildern verknüpft werden können
- Antworten zusätzlich mit Audio- oder Video-Dateien verknüpft werden können
- für die Frage ein genereller Redirect angegeben werden kann
- für jede Antwortmöglichkeit ein individueller Redirect angegeben werden kann

Um Antworten mit Media-Dateien zu verknüpfen, müssen Sie die webEdition-ID des Bildes, der Audio- oder der Video-Datei in dem dafür vorgesehenen Texteingabefeld unter der Antwort angeben. Ähnlich verhält es sich bei generellen und individuellen Redirects. Hier tragen Sie die webEdition Dokumenten-ID des Dokuments ein, das die Frage auf der Website anzeigt. Dazu ist es erforderlich, dass Sie zunächst die Frage mit einem webEdition-Dokument verknüpfen. Hierfür empfiehlt sich der Einsatz eines separaten Dokumententyps (z. B. **Umfrage**), über den Sie eine neue Seite anlegen und aus den zuvor im Voting-Modul erstellten Umfragen die entsprechende auswählen. Nach dem Speichern geben Sie die webEdition Dokumenten-ID bei der entsprechenden Umfrage für einen generellen oder individuellen Redirect an.

Zu jeder Frage können verschiedene Versionen angelegt werden. Abweichende Versionen können z. B. für unterschiedliche Sprachen genutzt werden, oder es sollen für verschiedene Nutzergruppen verschiedene Fragestellungen (jedoch mit gleichen Antwortmöglichkeiten oder umgekehrt) untersucht werden. Hierfür können Sie im Bereich **Befragungsdaten** über das Plus-Symbol weitere Versionen anlegen. Dabei müssen Sie selbstständig darauf achten, dass für alle Versionen die Antwortmöglichkeiten in Bedeutung und Anzahl korrespondieren.

Unter dem Reiter **Optionen** können weitere Einstellungen (siehe Abbildung 5.92) zur Teilnahme an der Umfrage vorgenommen werden. Hier geben Sie an, ob ein Umfrageteilnehmer nur einmal oder mehrmals an der Umfrage teilnehmen darf. Dabei lassen sich auch Zeitintervalle für die Wiederteilnahme festlegen. Um eine Mehrfachteilnahme auszuschließen, legen Sie fest, nach welchen Methoden (Cookie oder IP) eine Erkennung des Umfrageteilnehmers erfolgt.

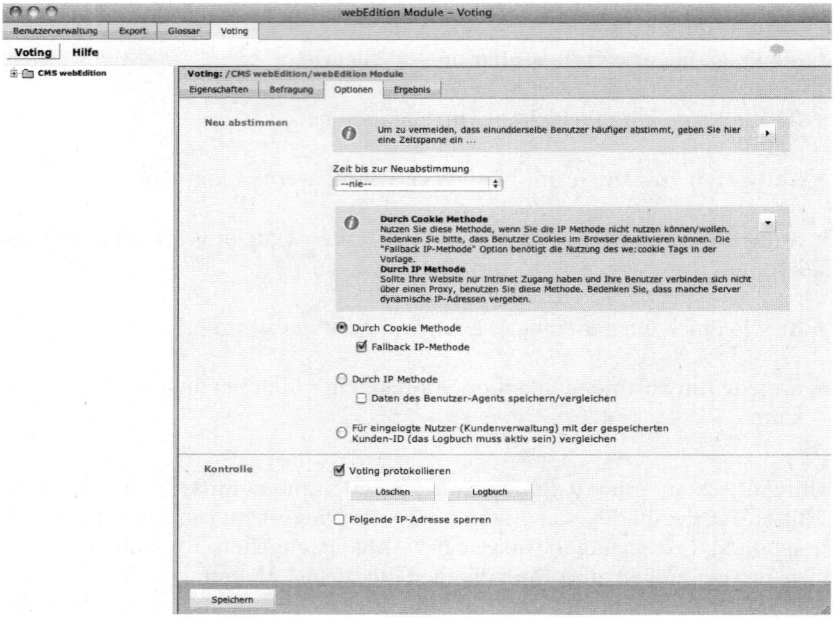

Abbildung 5.92: Voting-Modul – Umfrageoptionen

Zusätzlich empfehlen wir, das Voting immer zu protokollieren. Sofern mit dem Voting Freitextantworten und/oder weitere Kontaktdaten für Incentives erfasst werden, müssen Sie das Voting-Protokoll aktivieren.

5.10.3 Umfrageergebnisse exportieren

Sofern eine erstellte Umfrage das erste Mal gespeichert wird, erscheint neben den Reitern **Eigenschaften**, **Befragung** und **Optionen** der zusätzliche Reiter **Ergebnis**. Hier werden, abhängig von der bisherigen Anzahl an Teilnehmern, die aktuellen Umfrageergebnisse (siehe Abbildung 5.93) in einem Balkendiagramm dargestellt.

Die Ergebnisse und die Daten aus dem Voting-Protokoll (siehe Abbildung 5.94) lassen sich als CSV-Datei direkt bei jeder Umfrage oder über eine Umfrage-Gruppe gesammelt exportieren. Vor dem Export bestimmen Sie Detailinformationen zu Textbegrenzern etc. Dadurch lassen sich die Ergebnisse in anderen Programmen weiterverarbeiten und grafisch aufbereiten.

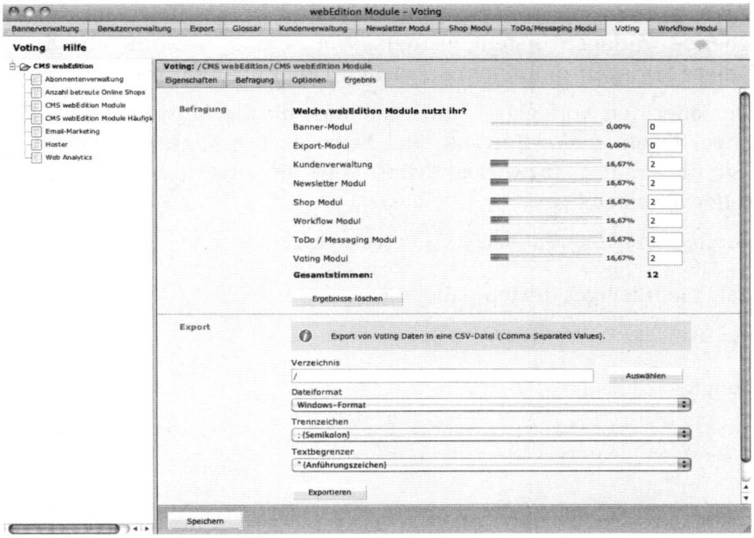

Abbildung 5.93: Voting-Modul – Umfrageergebnisse

Für die korrekte Auswertung und Weiterverarbeitung von Umfrageergebnissen sollten Sie daher im Vorfeld eine Antwortmatrix festlegen. Diese ist insoweit wichtig, als sie die spätere Auswertung stark beeinflusst. Neben Text-Antworten, die auch über Radio-Buttons und Checkboxen möglich sind, können Sie Bewertungsskalen (z. B. von 1 bis 5) als Antwortmöglichkeiten festlegen. Dabei ist darauf zu achten, dass die Werte bei identischen Skalen immer die gleiche Reihenfolge haben, da es sonst zu Fehlinterpretationen der Ergebnisse kommen kann.

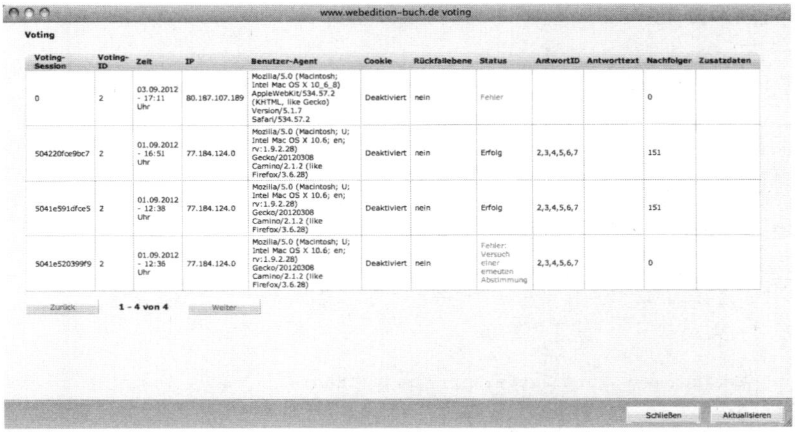

Abbildung 5.94: Voting-Modul – Umfrage-Protokoll

5.10.4 Vorlagen für Umfragen erstellen

Zur Anzeige der mit dem Voting-Modul erstellten Umfragen müssen entsprechende Vorlagen erstellt werden. Wie bereits erwähnt, empfiehlt es sich, diese Vorlagen mit einem speziellen Dokumententyp zu verknüpfen.

Mit der oder den Vorlage(n) wird gesteuert, ob die Antwortmöglichkeiten als Checkboxen, Radio-Buttons oder Select-Listen angezeigt werden. Haben Sie die Freitext-Antwort aktiviert, wird die letzte Antwortmöglichkeit entweder als einzeiliges

```
<we:votingField name="answer" type="textinput" />
```

oder als mehrzeiliges Texteingabefeld

```
<we:votingField name="answer" type="textarea" />
```

angezeigt.

```
<we:cookie comment="muss an erster Stelle im Template stehen"/><we:\
votingSession /><we:writeVoting allowredirect="true" additionalfields="\
name,email"/>

<section id="main">
  <h1><we:var type="text" name="Title"/></h1>
  <we:voting name="voting">
    <we:form id="self" method="post">
      <div class="grid half">
        <we:comment>uber das Select-Feld waehlt der Redakteur das \
Voting aus, das angezeigt werden soll</we:comment>
        <we:votingSelect firstentry="----" submitonchange="true" />
        <input type="hidden" name="votingId" value="<we:votingField \
name="id" type="voting" />" />
        <h2><we:votingField name="question"/></h2>

        <we:comment>Alle Antwortmoeglichkeiten werden als Checkbox (\
Mehrfachauswahl) dargestellt</we:comment>
        <ul class="votingList">
          <we:answers>
            <li><we:votingField name="answer" type="checkbox" class="\
checkbox" xml="true"/><label for="<we:ifVotingFieldNotEmpty name="\
answer" type="checkbox"><we:votingField name="id" type="checkbox"/><we:\
else/><we:votingField name="id" type="textinput"/></we:\
ifVotingFieldNotEmpty>"><we:votingField name="answer" type="text"/></\
label><we:votingField name="answer" type="textinput" class="input" /></\
li>
          </we:answers>
        </ul>
      </div>

      <we:comment>Formularfelder zur Teilnahme an einem Gewinnspiel</we\
:comment>
      <div class="grid half">
```

```
        <h2>Teilnahme am Gewinnspiel</h2>
        <label for="name">Ihr Name</label><we:userInput type="textinput\
" name="name" passid="name"/>
        <label for="name">Ihre Email</label><we:userInput type="\
textinput" name="email" passid="email"/>
      </div>
      <div class="clear"></div>

      <input type="submit" class="submit" value="Absenden"/>
    </we:form>
  </we:voting>
</section>
```

Das Code-Beispiel zeigt eine Vorlage, über die Sie eine mit dem Voting-Modul erstellte Umfrage auswählen und auf der Website anzeigen. In der Vorlage wird gesteuert, ob die Antwortmöglichkeiten als Checkboxen für eine Mehrfachauswahl oder als Radio-Buttons für nur eine Antwortmöglichkeit angezeigt werden. Hierbei kann der Programmierer entscheiden, ob er dafür zwei getrennte Vorlagen oder nur eine erstellt, in welcher der Redakteur über einen weiteren Schalter selbst bestimmt, ob es sich um eine Multiple-Choice- oder eine geschlossene Frage handelt.

Möchten Sie mit dem Voting-Modul Umfrageketten (Folgefragen) abbilden, ist es erforderlich, dass Sie das Attribut `allowredirect="true"` im webEdition Tag `<we:writeVoting />` setzen. Gleiches gilt für das Speichern von Kontaktdaten zur Teilnahme an Gewinnspielen. Hier muss das Attribut `additionalfields` die Namen der entsprechenden Formularfelder enthalten.

Ist eine Umfrage beendet, können Sie den Teilnehmer auf eine *Danke-Seite* weiterleiten, die nur einen redaktionellen Text oder das bisherige Ergebnis der Umfrage enthält, wie im nachfolgenden Code-Beispiel dargestellt.

```
<we:cookie comment="muss an erster Stelle im Template stehen"/><we:\
votingSession /><we:writeVoting allowredirect="true" additionalfields="\
name,email"/>
<we:setVar to="global" nameto="resultVotingID" from="request" namefrom\
="votingId" />
<section id="main">
  <h1><we:var type="text" name="Title"/></h1>
  <we:voting name="voting" id="$resultVotingID">
    <h2>Ergebnisse zur Umfrage <we:votingField name="question" type="\
text" /></h2>
    <strong>Anzahl abgegebene Stimmen: <we:votingField name="result" \
type="total" /></strong>
    <we:comment>Alle Antwortmoeglichkeiten werden als Checkbox (\
Mehrfachauswahl) dargestellt</we:comment>
    <ul class="votingList">
      <we:answers>
        <li><we:votingField name="result" type="percent" /> % stimmten \
für <we:votingField name="answer" type="text" /></li>
```

```
      </we:answers>
    </ul>
  </we:voting>
</section>
```

Mit den für das Voting-Modul verfügbaren webEdition Tags können Sie auch Übersichtslisten über mehrere Umfragen (z. B. einer Umfragegruppe) erstellen. Dazu nutzen Sie das Tag

```
<we:votingList name="voteList" groupid="0" subgroup="false" />
```

Hierbei kann über das Attribut `groupid` die ID eines Voting-Ordners bestimmt werden. Zusätzlich lässt sich über das Attribut `subgroup="false"` festlegen, ob im Voting-Ordner enthaltene Unterordner mit ausgegeben werden sollen oder nicht.

5.11 Workflow- und ToDo/Messaging

Mit dem Workflow- und ToDo/Messaging-Modul stellt webEdition zwei Erweiterungen zur Verfügung, die den redaktionellen Arbeitsprozess unterstützen. Die Stärken beider Module werden besonders bei Teams mit mehr als zwei Redakteuren ersichtlich. Auch wenn das ToDo/Messaging-Modul ohne Workflow-Modul einsetzbar ist, erreichen beide Module gemeinsam die größte Effizienz. Im folgenden Abschnitt stellen wir die Funktionen und Möglichkeiten beider Module vor:

- Nachrichten an interne Benutzer oder externe E-Mail-Adresse verfassen
- ToDos erstellen, priorisieren, delegieren und mit einer Deadline versehen
- Workflows erstellen und Benutzern zuordnen
- Workflows über User Generated Content anstoßen

5.11.1 ToDo/Messaging-Modul – internes Nachrichtensystem und Aufgabenverwaltung

Mit dem ToDo/Messaging-Modul lassen sich Nachrichten erstellen und Aufgaben erfassen. Sie können Nachrichten an interne webEdition-Benutzer oder externe E-Mail-Adressen versenden. Der Vorteil liegt im Einsatz als internes Nachrichtensystem, um Nachrichten hinsichtlich der (Weiter-)Entwicklung und redaktionellen Betreuung der Website von der üblichen E-Mail-Kommunikation getrennt zu halten und die Nachrichten und Aufgaben nachvollziehbar zu verwalten.

Die Abbildung 5.95 zeigt das ToDo/Messaging-Modul mit einer Auflistung von ToDos (Aufgaben). Die Darstellung von Nachrichten und Aufgaben erfolgt identisch. Im oberen Bereich werden in einer Liste alle Nachrichten bzw. Aufgaben dargestellt und im unteren Bereich die Detailansicht einer ausgewählten Nachricht bzw. Aufgabe.

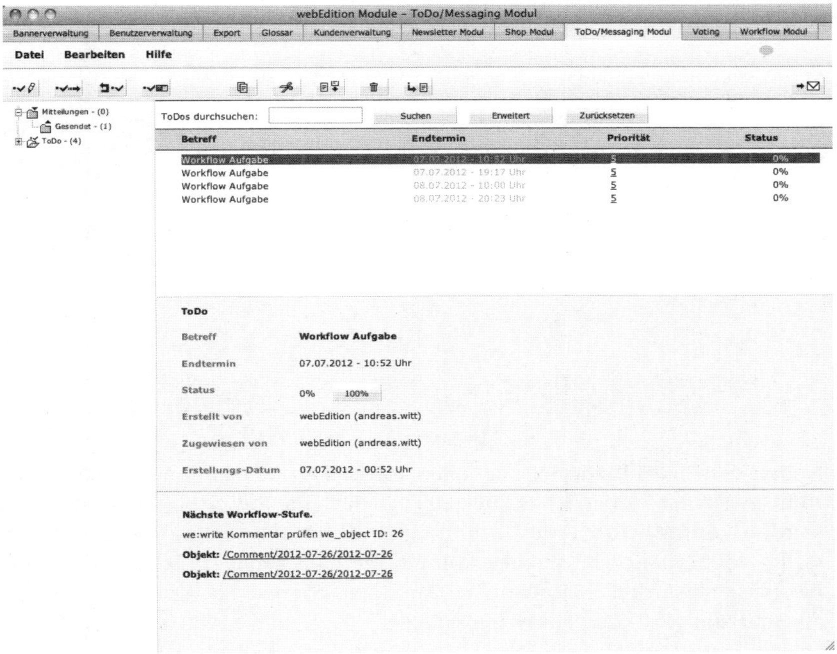

Abbildung 5.95: Ansicht des ToDo/Messaging-Moduls

Neben den vom System vorgegebenen Verzeichnissen `Mitteilungen` und `Gesendet` für Nachrichten sowie `ToDo`, `Erledigt` und `Zurückgewiesen` für Aufgaben, kann jeder Nutzer weitere Verzeichnisse zur Strukturierung seiner Nachrichten und Aufgaben anlegen. Nachrichten und Aufgaben lassen sich über die Bearbeitungsfunktionen **Kopieren**, **Ausschneiden** und **Einfügen** in die gewünschten Verzeichnisse bewegen.

Erstellen Sie eine neue Aufgaben über **Datei | Neu | ToDo** oder klicken Sie auf das entsprechende Icon (ganz links) in der Button-Leiste. Anschließend erscheint der in Abbildung 5.96 dargestellte Dialog. Als Empfänger wird vom CMS zunächst immer der eigene Benutzer eingetragen, so dass bei eigenen ToDos die Auswahl eines Empfängers entfällt. Empfänger von ToDos können nur interne Benutzer sein. Die webEdition-Benutzer können Sie in einem Adressbuch speichern, wobei unter Adressbuch ein Schnellzugriff auf häufig ausgewählte Benutzer zu verstehen ist – eher eine Merkliste.

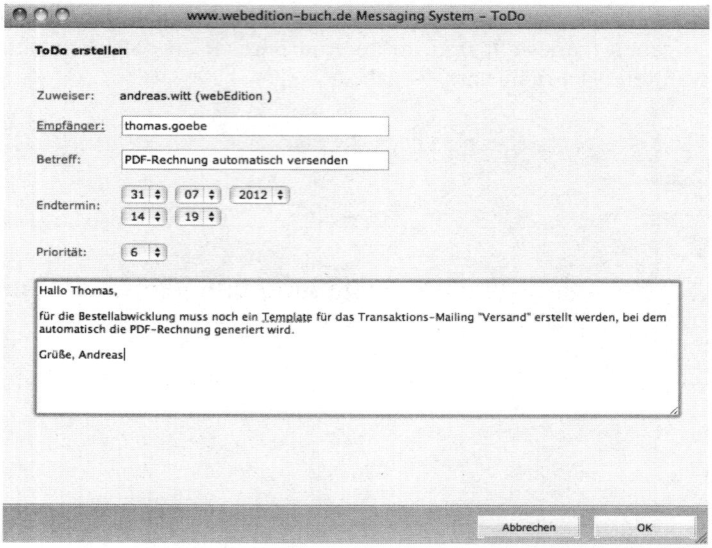

Abbildung 5.96: Anlegen und Delegieren einer Aufgabe

Neben dem Betreff können Sie jeder Aufgabe eine Deadline und eine Priorität (zwischen 1 und 10) zuordnen. Ob die Aufgabe erfolgreich zugestellt werden konnte, wird Ihnen unmittelbar durch das System mitgeteilt. Erstellte oder erhaltene Aufgaben können **Weitergeleitet**, **Zurückgewiesen** oder **Aktualisiert** werden. Bei allen drei Aktionen können Sie einen Kommentar als Statusbericht bzw. Hinweis ergänzen. Zusätzlich lässt sich beim Aktualisieren einer Aufgabe der Status der Bearbeitung in Prozent angeben sowie die Deadline und die Priorität ändern.

Beim Verfassen einer Nachricht (**Datei | Neu | Mitteilung**) gehen Sie ebenso vor, nur dass Sie als Empfänger auch E-Mail-Adressen angeben können und es weder eine Deadline noch eine Priorität gibt.

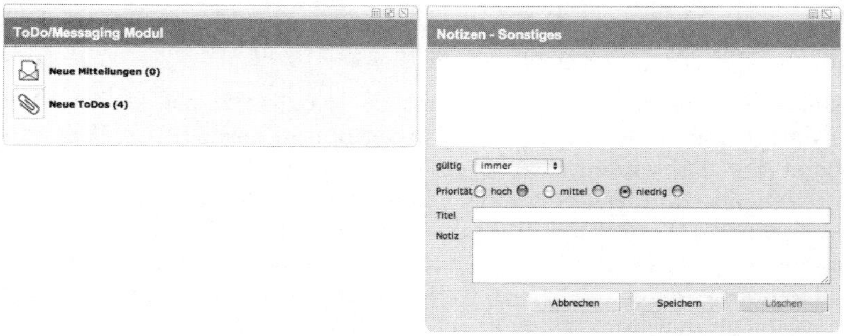

Abbildung 5.97: Cockpit-Widget des ToDo/Messaging-Moduls

Über neue ToDos bzw. Nachrichten kann sich der Benutzer zum einen über das zugehörige Cockpit-Widget (siehe Abbildung 5.97) informieren lassen. Und zum anderen erhält der Benutzer eine automatische Benachrichtigung über ein Popup-Fenster. Diese Benachrichtigungen sind auch dann aktiv, wenn sich der Benutzer nicht im ToDo/Messaging-Modul befindet.

Kleiner Tipp: Das Cockpit-Widget **Notizen** stellt eine sehr nützliche Ergänzung zum ToDo/Messaging-Modul dar, sofern kleine und kurzfristige Aufgaben oder Erinnerungshilfen erfasst, aber nicht über das ToDo/Messaging-Modul archiviert werden müssen.

5.11.2 Workflow-Modul – Erstellung und Veröffentlichung von Content steuern

Mit dem Workflow-Modul lassen sich redaktionelle Arbeitsabläufe systematisch steuern und bei Redaktionsteams Verantwortlichkeiten und Freigabeprozesse abbilden. Das Modul bildet Arbeitsschritte als Matrix ab und stellt somit sicher, dass die Dokumente den zugewiesenen Workflow durchlaufen. Die Matrix ist unbegrenzt seriell und parallel erweiterbar.

Für den korrekten Einsatz von Workflows innerhalb von webEdition wird das ToDo/Messaging-Modul zwingend vorausgesetzt. Vom Workflow-Modul werden automatisch ToDos erstellt, sobald ein Dokument einen Arbeitsschritt im Workflow erreicht, die dann über das ToDo/Messaging-Modul an den für den jeweiligen Arbeitsschritt zuständigen Redakteur zugewiesen werden. Zusätzlich kann der Redakteur per E-Mail benachrichtigt werden.

Abbildung 5.98 zeigt exemplarisch einen redaktionellen Workflow beim Erstellen einer Newsmeldung auf einer mehrsprachigen Website. Der Workflow sieht vor, dass es für die verschiedenen Sprachversionen unterschiedliche Redakteure gibt, dass nicht jede Newsmeldung in jeder Sprachversion übersetzt werden muss, dass es eine Prüfinstanz (einen oder mehrere Lektoren) gibt und dass die Veröffentlichung der News durch den Redakteur (der die News erstellt hat) oder einen Chefredakteur erfolgt.

Die Abbildung eines solchen redaktionellen Arbeitsablaufs erfolgt anhand von Backend-Benutzern und deren Berechtigungen. Oft werden in Content Management Systemen folgende Rechte unterschieden:

- Lesen
- Erstellen
- Löschen
- Veröffentlichen
- Ausführen

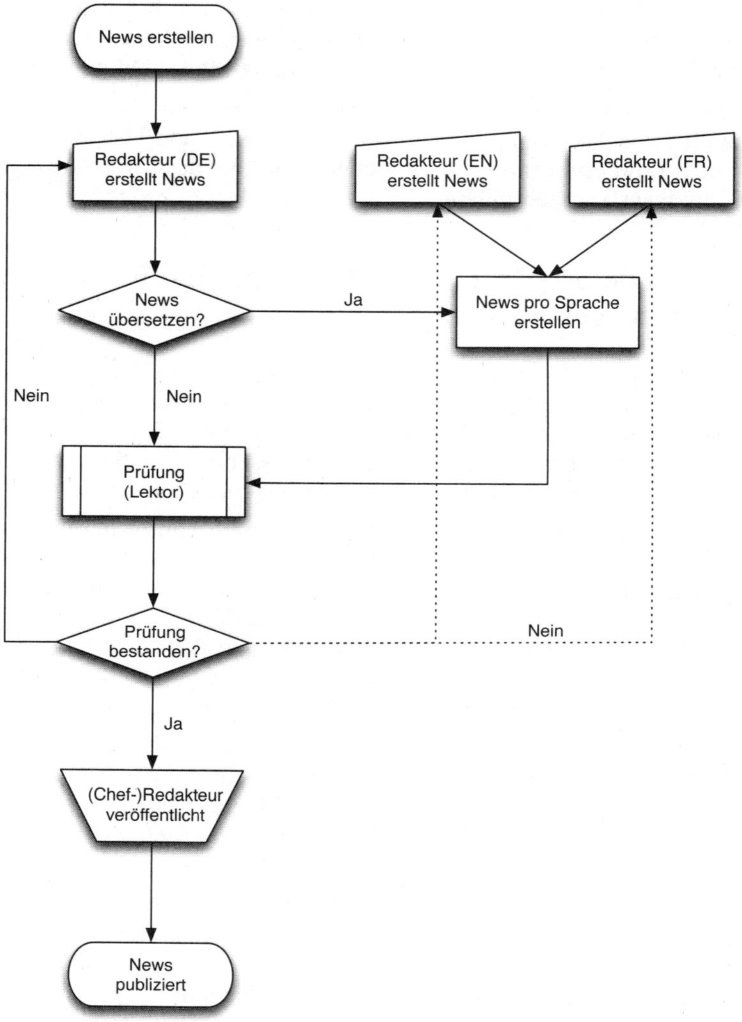

Abbildung 5.98: Workflow beim Erstellen einer News für mehrsprachige Websites

Um den in Abbildung 5.98 dargestellten Workflow abzubilden, werden z. B. Benutzer der Gruppe `Redakteure` erstellt, die zwar Inhalte lesen, erstellen und löschen, aber nicht veröffentlichen dürfen. Andernfalls könnte der Redakteur durch die Veröffentlichung des erstellten Dokuments den Workflow jederzeit beenden. Der Chefredakteur hat hingegen zusätzlich das Recht *Veröffentlichen*, um das von den Redakteuren erstellte Dokument auch freigeben und publizieren zu können.

Die Besonderheit des webEdition Workflow-Moduls liegt darin, dass ein Redakteur, der das Recht *Veröffentlichen* nicht besitzt, dennoch ein erstelltes Dokument (z. B. sein eigenes nach Freigabe durch den Lektor oder Chefredakteur) publizieren kann. Dazu muss der Redakteur an letzter Stelle des Workflows stehen. Andere Content Management Systeme haben teilweise Probleme, solche Anforderungen abzubilden, da sie sehr starr an den zugewiesenen Berechtigungen festhalten.

Mit dem webEdition Workflow-Modul können sowohl webEdition-Dokumente als auch webEdition-Objekte einen Workflow durchlaufen. Dabei unterscheiden wir zwei verschiedene Arten von Workflows:

1. Verzeichnisorientierter Workflow
2. Typorientierter Workflow

Verzeichnisorientierte Workflows gelten für alle Dokumente/Objekte, die sich in einem definierten Verzeichnis befinden. Beim typorientierten Workflow sind nur diejenigen Dokumente/Objekte betroffen, die eine bestimmte Kategorie, Objekt-Klasse oder Dokumententyp besitzen. Dabei ist das Verzeichnis, in dem die Dokumente/Objekte gespeichert werden, nicht von Bedeutung.

Workflows in webEdition erstellen

Den in Abbildung 5.98 dargestellten Prozess wollen wir exemplarisch mit dem webEdition Workflow-Modul abbilden. Dabei lassen sich zwei verschiedene Strategien nutzen:

1. Nur einen Workflow erstellen
2. Zwei Workflows erstellen, einmal mit und einmal ohne Übersetzung

Für unser Beispiel entscheiden wir uns für nur einen Workflow. Im webEdition Workflow-Modul erstellen wir über das Menü **Workflow | Neu** einen neuen Workflow mit dem Namen `News erstellen`. Unter dem Reiter **Eigenschaften** entscheiden wir dann über die Art des Workflows, wobei wir uns für einen Workflow auf Basis eines Verzeichnisses `/de` entschieden haben. Der eigentliche Workflow wird unter dem Reiter **Übersicht** erstellt. Die Abbildung 5.99 zeigt dabei die von uns erwähnte Matrix.

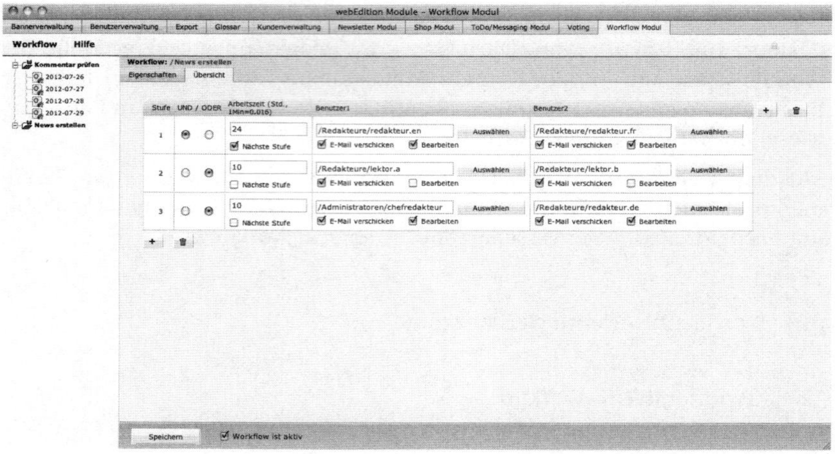

Abbildung 5.99: Workflow-Matrix im webEdition Workflow-Modul

Von oben nach unten werden die einzelnen Stufen bzw. Arbeitsschritte (seriell) fortlaufend durchnummeriert abgebildet. Für jeden Arbeitsschritt bzw. jede Stufe kann eine beliebige Anzahl an Redakteuren angegeben werden, z. B. `redakteur.de` (parallel). Dabei lässt sich pro beteiligtem Redakteur festlegen, ob er zusätzlich über eine (in der Benutzerverwaltung hinterlegte) E-Mail oder nur über das ToDo/Messaging-Modul benachrichtigt werden soll. Gleichzeitig legen wir fest, ob das Dokument vom Redakteur bearbeitet werden darf oder nur eine Prüfung (z. B. `lektor.a`) erfolgen soll.

Für jeden Arbeitsschritt können Sie über die Booleschen Operatoren UND und ODER angeben, ob für die nächste Stufe die Zustimmung aller für den Arbeitsschritt angegebenen Redakteure (UND) oder nur eines der Redakteure (ODER) nötig ist. Zusätzlich lässt sich für jede Stufe eine Arbeitszeit festsetzen. Beim Überschreiten wird das Dokument entweder automatisch zurückgewiesen oder eine Stufe weitergeleitet (hierfür ist die Checkbox **Nächste Stufe** zu aktivieren). Dies ist z. B. für unseren Workflow in der ersten Stufe wichtig, falls es keine Übersetzungen gibt, so dass der Workflow nicht „hängen bleibt".

Nachdem der Workflow gespeichert ist, kann ein Redakteur ein Dokument nach dem ersten Speichern über den Button **In Workflow** einem Workflow (z. B. `News erstellen`) übergeben und mit einer Mitteilung ergänzen (siehe Abbildung 5.100). Dann beginnt der erstellte Workflow mit *Stufe 1*.

Über den aktuellen Bearbeitungsstatus eines Dokuments oder Objekts kann sich der Redakteur über den Reiter **Information** einen Überblick verschaffen. Dort werden alle Arbeitsschritte aufgelistet und der Zugriff auf das **Logbuch** mit allen Mitteilungen und Kommentaren ermöglicht.

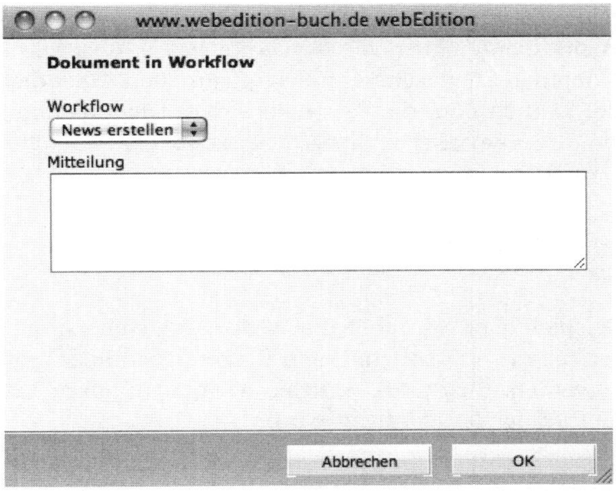

Abbildung 5.100: webEdition-Dokument an Workflow übergeben

Dieselben Informationen sind auch über das Workflow-Modul (siehe Abbildung 5.101) einsehbar. Dazu wählen Sie in der Baumansicht den jeweiligen Workflow (Ordner) aus und klicken auf das gewünschte Objekt.

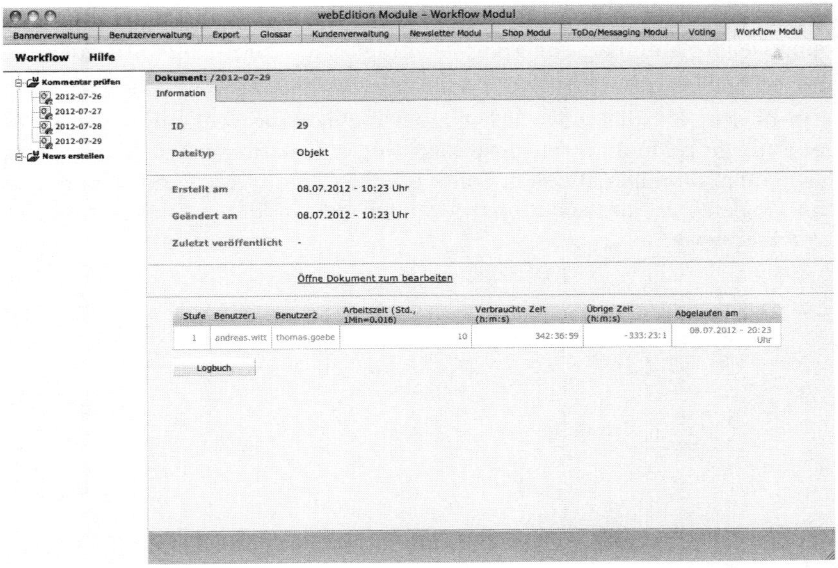

Abbildung 5.101: Workflow-Status von Dokumenten

Workflows und User Generated Content

Mit dem webEdition Workflow-Modul lassen sich neben internen redaktionellen Arbeitsabläufen auch von Nutzern erstellte Inhalte – der sog. User Generated Content – überwachen und veröffentlichen. Über die Website erstellte Inhalte können über die Parameter `workflowname` und `workflowuserid` beim Tag `<we:write type="document | object" />` automatisch einem Workflow übergeben werden.

```
<we:write type="object" formname="comment" publish="false" classid="2" \
onduplicate="overwrite" mail="info@webedition-buch.de" protected="false\
" workflowname="Kommentar prüfen" workflowuserid="1"/>
```

Das Code-Beispiel zeigt, wie über die Website erstellte Kommentare dem Workflow `Kommentar prüfen` und dem Backend-Benutzer mit der UserID 1 übergeben werden. Über `publish=false` wird verhindert, dass der Kommentar ohne Prüfung veröffentlicht wird.

In diesem Zusammenhang möchten wir auch noch einmal auf die webEdition-Kundenverwaltung hinweisen, die sich gerade für Web-2.0-Anwendungen mit User-Interaktionen in Kombination mit dem Workflow-Modul nutzen lässt. Am Beispiel der Kommentare ließe sich z. B. mit der Kundenverwaltung (vgl. Abschnitt 5.6.2) ermitteln, ob es sich um einen registrierten User handelt, bei dem keine redaktionelle Prüfung erfolgen muss, oder um einen nicht eingeloggten User, dessen Kommentar vor der Veröffentlichung auf Spam untersucht werden sollte. Aber selbst hier lässt sich noch eine weitere automatische Spam-Prüfung[30] zwischenschalten, bevor es zu einer redaktionellen Bearbeitung der Kommentare kommt.

Am diesem Beispiel zeigt sich einmal mehr, dass webEdition bereits eine sehr gute Modul-Strategie besitzt und Interaktionsmöglichkeiten zwischen den Modulen anbietet. Somit erhöht sich das Anwendungspotenzial im Vergleich zu abgeschotteten Modulen oder anderen Plugin-Strategien von Wettbewerbern.

[30] `http://www.andreas-witt.net/blog/2011/webedition-kommentare-und-gastebucheintrage-automatisch-auf-spam-prufen/`

Kapitel

6

Apps, Custom Tags & mehr

webEdition stellt bereits von Haus aus umfangreiche Funktionen bereit und ist durch die Möglichkeit, PHP in Vorlagen zu nutzen, hochgradig ausbaufähig. Im Rahmen der bereits in Abschnitt 1.3 angesprochenen Best-of-Breed-Strategien und speziellen Anforderungen in manchen Web-Projekten ist es zum Teil unerlässlich, das CMS selbst zu erweitern oder auch Eingriffe in Systemprozesse wie den Speichervorgang vorzunehmen.

Diesem Wunsch trägt auch die webEdition-Entwicklung immer mehr Rechnung, und so können Sie bereits heute das CMS individuell erweitern. Dabei stehen Ihnen grundsätzlich die drei folgenden Wege offen:

- webEdition Custom Tags
- webEdition Custom Hooks
- webEdition SDK zur Entwicklung eigener Module, den sog. webEdition Apps

In diesem Kapitel stellen wir diese drei Erweiterungsmöglichkeiten grundsätzlich vor und geben einen Überblick zu dieser Thematik.

6.1 Custom Tags

Mit dem Einsatz von webEdition Custom Tags „rüsten" Sie spezielle Funktionen in webEdition nach. Theoretisch könnten Sie diese Funktionalität auch direkt in webEdition Vorlagen integrieren, jedoch bieten Custom Tags den Vorteil, dass sich die speziellen Funktionen kapseln und somit in verschiedenen webEdition-Installationen wieder verwenden lassen. Dabei nutzen Sie Custom Tags genauso wie die webEdition Standard-Tags in Ihren Vorlagen. Sie stehen (optional) ebenfalls im Tag Wizard zur Verfügung. Die Funktion der Tags erstellen Sie jedoch selbst.

Die Erstellung von Custom Tags erfordert je nach Aufgabe des Tags ein unterschiedliches Maß an Wissen über webEdition-Interna. Die einfachsten Tags sind oft die if-Tags. Diese prüfen eine Bedingung und geben `true` oder `false` als Ergebnis der Prüfung zurück. Die nächste Stufe stellen Tags dar, die vorhandene Inhalte modifizieren und ausgeben. Einen größeren Aufwand bedeuten Tags, die Eingabefelder im Bearbeiten-Modus bereitstellen und diese speichern. Und die aufwendigsten Tags sind schließlich Aufgaben wie eigene Listview-Typen.

Bei komplexeren Custom Tags ist ein intensives Studium der bestehenden webEdition Tags sowie der webEdition-internen Funktionsweisen unumgänglich. Eine umfassende Dokumentation können wir daher an dieser Stelle nicht liefern. Im Folgenden stellen wir deshalb die beiden eher einfachen Custom Tags `<we:ifImageFormat>` sowie `<we:youtube>` vor, an denen Sie die Grundlagen kennenlernen.[1] Das Tag `<we:ifImageFormat>` prüft die Dimensionen eines Bildes auf Hoch- bzw. Querformat, so dass Sie bspw. abhängig vom Format eine Miniaturansicht auswählen können. Das Tag `<we:youtube>` gibt im Bearbeiten-Modus ein Eingabefeld für die Eingabe einer Youtube-Video-ID und außerhalb des Bearbeiten-Modus den korrekten Code zum Einbinden des Videos aus.

6.1.1 Das Custom Tag <we:ifImageFormat>

Mit `<we:ifImageFormat>` kann ein Bild auf sein Format geprüft werden. Im Parameter `format` geben Sie das zu prüfende Format an. Wählen Sie `custom`, um zu prüfen, ob die Proportionen des Bildes den Angaben in `width` und `height` entsprechen.

[1] Unter `http://www.webedition-buch.de/de/buchinhalte/downloads.php` finden Sie beide Tags zum Download.

Das Tag wertet zusätzlich die Parameter id und path aus. Mit id geben Sie die ID eines Bildes, mit Pfad optional einen direkten Pfad an. Die Angabe einer ID hat Vorrang vor der Angabe eines Pfades.

Unser Custom Tag besteht wie alle Custom Tags aus zwei Komponenten: einer PHP-Datei mit der eigentlichen Funktion sowie einer PHP-Datei mit Beschreibungen für den Tag Wizard.

Legen Sie Custom Tags immer im Verzeichnis webEdition/we/include/we_tags/custom_tags/ und die Dateien für den Tag Wizard im Verzeichnis webEdition/we/include/weTagWizard/we_tags/custom_tags ab. Diese Verzeichnisse sind updatesicher, bleiben also bei webEdition-Aktualisierungen unangetastet. Sowohl der Dateiname der Tag-Datei als auch der Datei für den Tag Wizard muss genau mit dem Funktionsnamen des Tags übereinstimmen. Für unser erstes Beispiel-Tag bedeutet dies den Dateinamen we_tag_ifImageFormat.inc.php. Legen Sie also die Datei webEdition/we/include/we_tags/custom_tags/we_tag_ifImageFormat.inc.php mit folgendem Inhalt an:

```
<?php
function we_tag_ifImageFormat($attribs) {

  // Pfad ist ein Pflichtfeld
  if (($foo = attributFehltError($attribs, "path", __FUNCTION__))) {
    print($foo);
    return false;
  }

  // Tag-Parameter abfragen
  $format = weTag_getAttribute('format', \$attribs, 'landscape');

  // die Angabe einer ID hat Vorrang vor einem Pfad
  $id = abs(weTag_getAttribute('id', $attribs));
  if ($id > 0) {
    $path = we_tag('url', array('id' => $id));
  } else {
    $path = weTag_getAttribute('path', $attribs);
  }

  // Pfad um den Document_Root ergänzen
  $path = $_SERVER['DOCUMENT_ROOT'].$path;

  // wenn als Format custom gewählt wurde, müssen Höhe und Breite ↘
angegeben werden
  if ($format == 'custom') {
    if (($foo = attributFehltError($attribs, "width", __FUNCTION__))) {
      print($foo);
      return false;
    }
    if (($foo = attributFehltError($attribs, "height", __FUNCTION__))) ↘
{
```

```
        print($foo);
        return false;
      }

      $width = abs(weTag_getAttribute('width', $attribs));
      $height = abs(weTag_getAttribute('height', $attribs));
    }

    // Größe des Bildes ermitteln
    $imagesize = getimagesize($path);

    // Format prüfen und Ergebnis ausgeben
    switch ($format) {
      case "landscape": return ($imagesize[0] > $imagesize[1]); break;
      case "portrait": return ($imagesize[0] < $imagesize[1]); break;
      case "custom":  return (($imagesize[0] / $imagesize[1]) == ($width ↘
/ $height)); break;
    }

    // als Standard false zurückgeben
    return false;
  }
?>
```

In der Datei definieren wir die Funktion `we_tag_ifImageFormat`. Wenn Sie das Tag in einer Vorlage nutzen, sucht webEdition nach einer Datei mit dem Namen `we_tag_Name-des-Tags` und ruft die gleichnamige Funktion auf. Die Tag-Datei wird zunächst in den webEdition Standard Tags und anschließend in den Custom Tags gesucht. Damit haben Standard Tags immer Vorrang vor gleichnamigen Custom Tags.

Jeder webEdition Tag Funktion wird mindestens ein Parameter übergeben. Dies ist ein Array mit den in der Vorlage eingestellten Attributen des Tags. Sofern das Tag ein End-Tag besitzt und den Inhalt zwischen Start und Ende verarbeitet, steht ein zweiter Parameter mit diesem Inhalt zur Verfügung. If-Tags wie unser Beispiel-Tag benötigen lediglich den ersten Parameter.

Die Anweisungen im Tag selbst sind noch überschaubar und im Wesentlichen Standard-PHP-Code. Das Tag nutzt jedoch zwei wesentliche Funktionen bei der Arbeit mit Custom Tags:

`attributFehltError`
: Die Funktion prüft, ob ein Pflichtattribut in der Vorlage angegeben wurde. Sie erwartet die folgenden Parameter in der angegebenen Reihenfolge:

  `array $attribs`
  : das Array mit den an den Tag übergebenen Attributen

  `string $attr`
  : der Name des zu prüfenden Attributs

`string $tag`
: der Name des Tags

`boolean $canBeEmpty`
: optional: Darf das Attribut leer sein? Standard ist `false`.

Wenn das geprüfte Attribut ausgefüllt ist, liefert die Funktion `false` zurück, andernfalls eine aussagekräftige Fehlermeldung, die Sie als Rückgabewert der Tag-Funktion zurückgeben sollten.

`weTag_getAttribute`
: Diese Funktion ermittelt den Wert eines einzelnen Attributs aus dem übergebenen Attribut-Array. Sie erwartet folgende Parameter in der angegebenen Reihenfolge:

`string $name`
: Name des Attributs

`array $attribs`
: die an das Tag übergebenen Attribute

`mixed $default`
: optional: der Standardwert, falls das Attribut nicht übergeben wurde

`bool $isFlag`
: optional: legt fest, ob das Attribut ein Flag, ein `true-/false`-Feld ist

`bool $useGlobal`
: prüft, ob der Attributwert eine PHP-Variable und in `$GLOBALS` enthalten ist

Die Funktion liefert den in der Vorlage eingetragenen Wert oder – falls nichts angegeben wurde – den Standardwert zurück.

Als if-Tag muss der Rückgabewert der Tag-Funktion `true` oder `false` – bzw. im Fehlerfall der Fehlerhinweis – sein.

Als nächsten Schritt erstellen Sie eine Datei, um das Tag auch im Tag Wizard anzuzeigen und nutzbar zu machen. Legen Sie dazu eine PHP-Datei `webEdition/we/include/weTagWizard/we_tags/custom_tags/we_tag_ifImageFormat.inc.php` mit dem folgenden Inhalt an:

```
<?php
// NOTE you are inside the constructor of weTagData.class.php

$this->NeedsEndTag = true;        // es muss ein Abschluss-Tag angegeben \
werden
$this->Groups[] = 'if_tags';      // der Tag gehört zu der Gruppe der if-\
tags
```

```
$this->Description = "Mit we:ifImageFormat kann ein Bild auf sein \
Format gepr&uuml;ft werden. Im Parameter format geben Sie das zu pr&\
uuml;fende Format an. W&auml;hlen Sie custom, um zu pr&uuml;fen, ob die\
 Proportionen des Bildes den Angaben in width und height entsprechen.";

$path = new weTagData_textAttribute('path', false, '');
$id = new weTagData_selectorAttribute('id', FILE_TABLE, 'image/*', \
false, '');
$width = new weTagData_textAttribute('width', false, '');
$height = new weTagData_textAttribute('height', false, '');

$this->TypeAttribute = new weTagData_typeAttribute('format', array(
  new weTagDataOption('landscape',false,'',array($id,$path),array()),
  new weTagDataOption('portrait',false,'',array($id,$path),array()),
  new weTagDataOption('custom',false,'',array($id,$path,$width, $height\
),array()) ));

$this->Attributes = array($id,$path,$width,$height);
```

Der Tag Wizard ist weitgehend objektorientiert programmiert. Der obige PHP-Code wird direkt im Konstruktor eines Objekts der Klasse `weTagData` aufgerufen. Sie haben also Zugriff auf die Methoden und Variablen des Objekts.

Für die Anzeige im Tag Wizard legen Sie zunächst Folgendes fest:

`NeedsEndTag`
: braucht das Tag ein Abschluss-Tag? Abschluss-Tags lauten genau wie der Tag-Name selbst, beginnen jedoch mit einen /. In unserem Beispiel ist ein Abschluss-Tag nötig, und der komplette Aufruf von `we:ifImageFormat` lautet:

```
<we:ifImageFormat>beliebiger Code</we:ifImageFormat>}.
```

`Groups`
: Custom Tags werden automatisch in der Gruppe **Eigene Tags** einsortiert. Geben Sie hier bei Bedarf weitere Gruppen an. Die Gruppen verwendet der Tag Wizard zur Filterung. Sie helfen dem Entwickler daher, bei der Auswahl im Wizard schneller ein bestimmtes Tag zu finden.

`Description`
: eine Beschreibung, die im Tag Wizard als Einleitung angezeigt wird.

Als Nächstes definieren Sie die Parameter, die der Entwickler im Tag Wizard eingeben bzw. auswählen kann. Legen Sie dazu pro Eingabefeld ein neues Objekt der jeweiligen Eingabeklasse an.

Einzelne Eingabeklassen nehmen Objekte der Klasse `weTagDataOption` entgegen. Die Objekte werden für Optionen, z. B. bei Auswahlfeldern, genutzt. Die Funktion erwartet die Parameter

`string $name`
der Name

`mixed $value`
der auswählbare Wert

`array $allowedAttributes`
erlaubte Attribute, wenn diese Option gewählt ist

`array $requiredAttributes`
Pflichtattribute, wenn diese Option gewählt ist

Die folgenden Klassen für Eingabemöglichkeiten stehen zur Verfügung:

`weTagData_choiceAttribute`
erzeugt im Tag Wizard ein Eingabefeld mit einem passenden Auswahlfeld. Eine Auswahl daraus wird in das Eingabefeld übernommen. Parameter:

`string $name`
Name des Attributs

`array $options`
ein Array mit `weTagDataOption`-Objekten

`boolean $required`
Pflichtfeld-Flag

`weTagData_multiSelectorAttribute`
ermöglicht die Auswahl eines oder mehrerer Einträge aus einer web-Edition-Haupttabelle (Dokumente, Objekte, Kategorien, Benutzer). Parameter:

`string $name`
Name des Attributs

`string $table`
die Quelltabelle

`string $selectable`
Sind die Einträge auswählbar?

`string $textName`
Name der ausgewählten Spalte (z. B. `path`)

`boolean $required`
Pflichtfeld-Flag

`weTagData_selectAttribute`
: ein einfaches Auswahlfeld. Parameter:

  `string $name`
  : Name des Attributs

  `array $options`
  : die Optionen in Form eines Arrays mit `weTagDataOption`-Objekten

  `boolean $required`
  : Pflichtfeld-Flag

`weTagData_selectorAttribute`
: ermöglicht die Auswahl aus einer webEdition-Haupttabelle. Parameter:

  `string $name`
  : Name des Attributs

  `string $table`
  : die Quelltabelle

  `string $selectable`
  : Sind die Einträge auswählbar?

  `boolean $required`
  : Pflichtfeld-Flag

`weTagData_sqlColAttribute`
: Auswahl einer beliebigen Spalte aus einer Haupttabelle. Parameter:

  `string $name`
  : Name des Attributs

  `string $table`
  : die Quelltabelle

  `boolean $required`
  : Pflichtfeld-Flag

  `array $filter`
  : ein Array mit Filtern

`weTagData_sqlRowAttribute`
: Auswahl einer Zeile aus einer webEdition-Haupttabelle. Parameter:

  `string $name`
  : Name des Attributs

  `string $table`
  : die Quelltabelle

  `boolean $required`
  : Pflichtfeld-Attribut

`string $valueName`
Name der Spalte, deren Wert gespeichert wird

`string $textName`
Name der Spalte, die in der Auswahl angezeigt wird

`string $order`
Sortierreihenfolge

`weTagData_textAttribute`
Ein einfaches Textfeld zur Eingabe eines Werts. Parameter:

`string $name`
Name des Attributs

`boolean $required`
Pflichtfeld-Attribut

`weTagData_typeAttribute`
Auswahlfeld – abhängig vom ausgewählten Wert ändern sich die angezeigten Eingabe-Optionen im Tag Wizard. Parameter:

`string $name`
Name des Attributs

`array $options`
ein Array mit Objekten der Klasse `weTagDataOption`; geben Sie darin auch an, welche anderen Attribute bei der Auswahl angezeigt werden sollen.

`boolean $required`
Pflichtfeld-Flag

Die definierten Eingabemöglichkeiten fügen Sie abschließend dem Array `Attributes` des weTagData-Objekts hinzu. Abbildung 6.1 zeigt die Ausgabe aller Eingabetypen im Tag Wizard.

Die einzelnen Eingabeklassen nehmen teilweise weitere Parameter entgegen. Schauen Sie bei Bedarf in die Klassendefinitionen in `webEdition/we/include/weTagWizard/classes`.

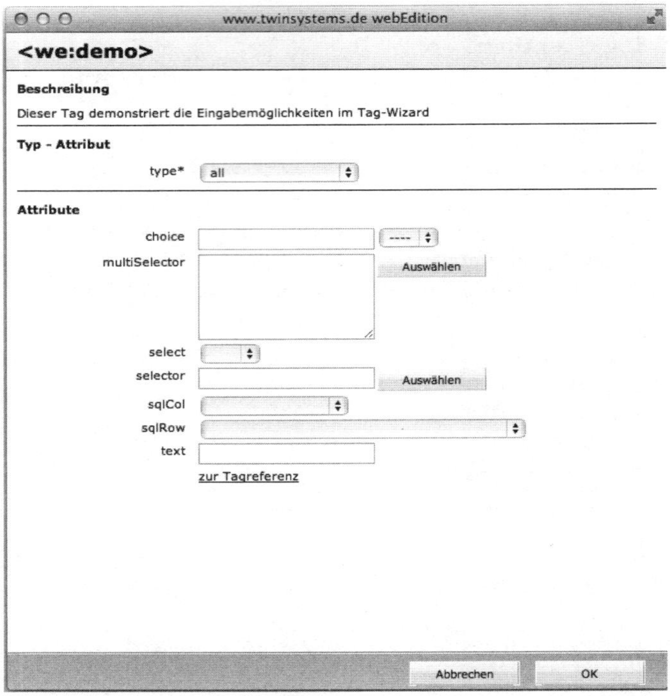

Abbildung 6.1: Eingabemöglichkeiten im Tag Wizard

6.1.2 Das Custom Tag <we:youtube>

Das zweite Beispiel-Tag `<we:youtube>` hat ein Eingabefeld und eine sichtbare Ausgabe. Innerhalb des Bearbeiten-Modus zeigt das Tag dem Redakteur ein einzeiliges Eingabefeld für die Angabe der Youtube-Video-ID an. Außerhalb des Bearbeiten-Modus erzeugt das Tag den korrekten Code zur Anzeige eines `<iframe>` mit dem eingegebenen Video.

Da Eingabefelder innerhalb von Custom Tags aktuell noch etwas aufwendig sind, bedienen wir uns des bereits vorhandenen Tags `<we:input>`. Im Grundsatz reichen wir die Aufgabe der Eingabe und Speicherung einer Youtube-ID durch den Redakteur an dieses Tag weiter und fangen außerhalb des Bearbeiten-Modus die Ausgabe ab, um sie weiterzuverarbeiten.

Das folgende Listing zeigt den kompletten Code aus `webEdition/we/include/we_tags/custom_tags/we_tag_youtube.inc.php`.

```
<?php
function we_tag_youtube($attribs) {
```

```
  // name ist ein Pflichtfeld
  if (($foo = attributFehltError($attribs, "name", __FUNCTION__))) {
    return $foo;
  }

  // Tag-Parameter abfragen
  $name = weTag_getAttribute('name', $attribs);
  $value = weTag_getAttribute('value', $attribs, '');
  $allowfullscreen = weTag_getAttribute('allowfullscreen', $attribs, ↘
true, true);
  $showrel = weTag_getAttribute('showrel', $attribs, true, true);
  $privacy = weTag_getAttribute('privacy', $attribs, false, true);
  $https = weTag_getAttribute('https', $attribs, false, true);

  $width = abs(weTag_getAttribute('width', $attribs, 420));
  $height = abs(weTag_getAttribute('height', $attribs, 315));

  // befinden wir uns im Bearbeiten-Modus?
  if ($GLOBALS['we_editmode']) {
    // einzelne Parameter an we:input durchreichen
    return we_tag('input', array('name' => $name, 'type' => 'text', '↘
spellcheck' => 'false', 'value' => $value));
  } else {
    // die Eingabe des Redakteurs ermitteln
    $id = we_tag('var', array('name' => $name, 'type' => 'text'));

    // wenn nichts eingegeben wurde, den Wert aus dem Parameter Value ↘
nutzen
    if (empty($id)) { $id = $value; }

    // ist keine Youtube-ID angegeben, keine Ausgabe
    if (empty($id)) {
      return '';
    } else {
      // die URL für den Youtube iFrame zusammenstellen
      $url = '';
      if ($https) { $url .= 'https://'; } else { $url .= 'http://'; }

      if ($privacy) {
        $url .= 'www.youtube-nocookie.com/embed/';
      } else {
        $url .= 'www.youtube.com/embed/';
      }

      $url .= $id;

      if (!$showrel) { $url .= '?rel=0'; }

      // den iframe-Code zusammenstellen...
      $code = '<iframe width="'.$width.'" height="'.$height.'" src="'.↘
$url.'" frameborder="0" '.($allowfullscreen ? 'allowfullscreen' : '')↘
```

```
.'></iframe>';

      // ...und ausgeben
      return $code;
    }
  }
}
?>
```

Im Vergleich zu `<we:ifImageFormat>` enthält dieses Tag zwei Besonderheiten. Zum einen die Prüfung, ob das Tag im Bearbeiten-Modus aufgerufen wird. Dazu stellt webEdition die globale boolesche Variable `$GLOBALS ['we_editmode']`) bereit. Zum anderen nutzen wir die Funktion `we_tag`, um ein anderes webEdition Tag aufzurufen. Diese Funktion erwartet als ersten Parameter den Namen des Tags und als zweiten ein assoziatives Array mit den zu übergebenden Attributen. Die Rückgabe ist je nach Modus HTML-Code oder ein durch den Redakteur eingegebener Wert.

Damit auch dieses Tag im Tag Wizard angezeigt wird, erstellen Sie abschließend die Datei mit folgendem Inhalt:

```
<?php

//NOTE you are inside the constructor of weTagData.class.php

$this->NeedsEndTag = false;
$this->Description = "Ein Youtube-Video einbinden. Geben Sie in Value ↘
die Youtube-ID ein. Geben Sie in Value nichts ein, um ein Eingabefeld ↘
für die ID anzuzeigen.";

$name = new weTagData_textAttribute('name', true, '');
$value = new weTagData_textAttribute('value', false, '');
$width = new weTagData_textAttribute('width', false, '');
$height = new weTagData_textAttribute('height', false, '');

$allowfullscreen = new weTagData_selectAttribute('allowfullscreen', ↘
array(
  new weTagDataOption('true', false, ''),
  new weTagDataOption('false', false, '') ), false, '');
$showrel = new weTagData_selectAttribute('showrel', array(
  new weTagDataOption('true', false, ''),
  new weTagDataOption('false', false, '') ), false, '');
$privacy = new weTagData_selectAttribute('privacy', array(
  new weTagDataOption('true', false, ''),
  new weTagDataOption('false', false, '') ), false, '');
$https = new weTagData_selectAttribute('https', array(
  new weTagDataOption('true', false, ''),
  new weTagDataOption('false', false, '') ), false, '');

$this->Attributes = array($name,$value,$width,$height,$allowfullscreen,↘
$privacy,$showrel,$https);
```

Das Tag lässt sich natürlich noch erweitern. So ist auch eine Angabe von Höhe und Breite durch den Redakteur sinnvoll. Nutzen Sie daher die vorgestellten Tags und erstellen Sie eigene Erweiterungen oder komplett eigene Tags. Ein guter Ansatz dabei sind auch die bestehenden webEdition Tags. webEdition ist Open Source, also schauen Sie einfach mal hinein. Alle Tags finden Sie im Verzeichnis `webEdition/we/include/we_tags`.

6.2 Hooks

Mit webEdition Hooks nehmen Sie Einfluss auf die interne Verarbeitung von Daten während des Speicherns, Veröffentlichens, Parkens und Löschens jeglicher Inhaltstypen im CMS-Basissystem, in der Kundenverwaltung, im Datenbank-/Objekt-Modul oder auch in webEdition Apps. Hooks ermöglichen dabei das Ausführen von beliebigem PHP-Code, so dass Sie Daten individuell manipulieren können.

Mit der Installation von webEdition werden die folgenden sieben Standard-Hooks ausgeliefert.[2] Weitere Standard-Hooks stehen derzeit nicht zur Verfügung.

1. `we_customHook_customer_preSave.inc.php`
2. `we_customHook_publish.inc.php`
3. `we_customHook_prePublish.inc.php`
4. `we_customHook_save.inc.php`
5. `we_customHook_preSave.inc.php`
6. `we_customHook_unpublish.inc.php`
7. `we_customHook_delete.inc.php`

Um diese Hooks zu nutzen, speichern Sie sie im Verzeichnis `webEdition/we/include/we_hook/custom_hooks/` und aktivieren Hooks allgemein in den Einstellungen unter **Extras | Einstellungen | Allgemein** über den Reiter **System** (siehe Abbildung 6.2).

Anhand der Benennung lässt sich sehr gut ableiten, wann der Hook ausgeführt wird. Im Falle von `pre` führt webEdition den Hook vor der eigentlichen Aktion (z. B. Speichern oder Veröffentlichen) aus, andernfalls nach der Aktion. Alle Hooks werden ausgeführt, wenn ein Dokument, Template, Objekt oder Klasse gespeichert, veröffentlicht, geparkt oder gelöscht wird. Soll ein Hook gezielt nur eine bestimmte Klasse des Datenbank-/Objekt-Moduls

[2] Im Verzeichnis `/webEdition/we/include/we_hook/sample_hooks/`.

oder nur Dokumente eines bestimmten Dokumenten-Typs verarbeiten, so muss die Unterscheidung im Hook selbst vorgenommen werden.

Am nachfolgenden Code-Beispiel zeigen wir, wie Sie einen Hook einsetzen. Als Beispielanwendung dient eine Veranstaltungsdatenbank, die wir mit dem Datenbank-/Objekt-Modul realisiert haben. Neben den inhaltlichen Informationen wie Titel, Datum, Text etc. gibt es zu jeder Veranstaltung auch einen Veranstaltungsort, den wir auf einer Karte darstellen möchten.

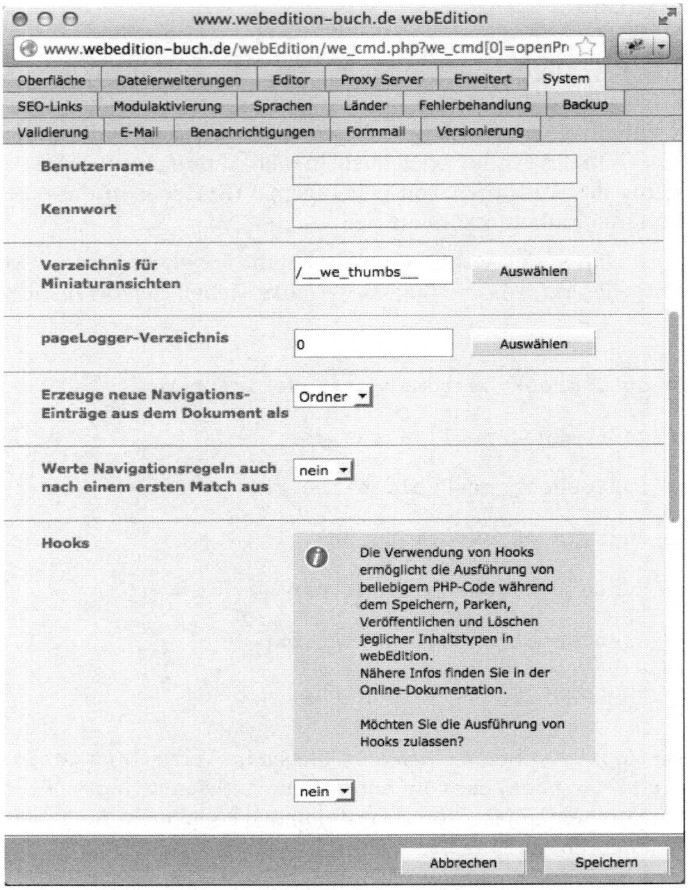

Abbildung 6.2: webEdition Hooks aktivieren

Zur korrekten Darstellung des Veranstaltungsorts durch einen Kartendienst (z. B. Google Maps) benötigen wir Längen- und Breitengrad des Orts. Da oft die postalische Adresse bereits vorliegt und das manuelle Ermitteln der Geo-Koordinaten für den Redakteur sehr aufwendig sein kann, automatisieren wir diesen Schritt über den Hook `weCustomHook_save`.

Dazu haben wir eine Klasse `Veranstaltung` im Datenbank-/Objekt-Modul angelegt, die unter anderem folgende Felder enthält:

- `Veranstaltung_PLZ`
- `Veranstaltung_Ort` (als Pflichtfeld definiert)
- `Veranstaltung_Strasse_Nr` (als Pflichtfeld definiert)
- `Veranstaltung_Longitude`
- `Veranstaltung_Latitude`

Legt ein Redakteur eine Veranstaltung an, sind die Pflichtfelder `Veranstaltung_Ort` und `Veranstaltung_Strasse_Nr` anzugeben. Anhand dieser Felder bestimmen wir über die Google Maps API automatisch die entsprechenden Geo-Koordinaten.

```
<?php
/**
* if hook execution is enabled this function will be executed
* when saving a document, template, object or class
* The array $param has all information about the respective document.
*
* @param array $param
*/
function weCustomHook_save($param) {

  include_once $_SERVER['DOCUMENT_ROOT'].'/webEdition/we/include/we.inc\
.php';
  include_once $_SERVER['DOCUMENT_ROOT'].'/webEdition/we/include/\
we_modules/object/we_objectFile.inc.php';

  /**
  * es soll nur etwas getan werden, wenn es sich um ein
  * Objekt der Klasse Veranstaltungsort (ID: 1) handelt
  * und das Feld Longitude nicht bereits Werte enthaelt
  */
  $savedObj=$param[0];

  $getGeocodeOf = "";
  $googleGeocodeObjJSON = "";
  $googleGeocodeObj = "";

  switch(get_class($savedObj)){

    case 'we_objectFile':
      /*
      * Hook nur bei Objekten der Klassen Veranstaltung (ID: 1)
      */
      if($savedObj->TableID == 1){
```

```
        $getGeocodeOf = $savedObj->getElement('Veranstaltung_Strasse_Nr\
').'+'.$savedObj->getElement('Veranstaltung_Ort');
        $getGeocodeOf = str_replace(" ", "+", $getGeocodeOf);

        $googleApiPath = 'http://maps.google.com/maps/api/geocode/json?\
address='.urlencode($getGeocodeOf).'&sensor=false';

        $ch = curl_init();
        curl_setopt($ch, CURLOPT_URL, $googleApiPath);
        curl_setopt($ch, CURLOPT_RETURNTRANSFER, 1);
        $googleGeocodeObj = json_decode(curl_exec($ch), true);

        /*
        * Nur speichern, wenn die Google Maps API ein Ergebnis liefert
        */
        if($googleGeocodeObj['status'] == "OK"){
          $savedObj->setElement('Veranstaltung_Longitude', \
$googleGeocodeObj['results'][0]['geometry']['location']['lat']);
          $savedObj->setElement('Veranstaltung_Latitude', \
$googleGeocodeObj['results'][0]['geometry']['location']['lng']);
          /*
          * we_save() kann die beiden Parameter $resave und $skipHook \
verarbeiten
          * durch das $skipHook=true wird eine Endlosschleife \
verhindert
           */
          $savedObj->we_save(false, true);
        }
      }
    break;
    /*
    * 'we_object' ist das Speichern einer Klasse
    */
    case 'we_object':
    break;
    default:
    break;
  }

  /*
  * Schreibe ins webEdition Error-Log
  */
   t_e($savedObj);
}

?>
```

Wie erwähnt, wird der Custom Hook immer dann ausgeführt, wenn im webEdition-Backend Templates, Dokumente, Objekte und Klassen erstellt, gespeichert oder veröffentlicht werden. Daher prüfen wir zu Beginn über eine `Switch`-Anweisung, ob es sich um ein Objekt (`we_objecFile`), eine

Klasse (`we_object`) oder etwas anderes handelt. Nur wenn dem Hook als `$param` ein Objekt übergeben wurde, erfolgt eine Verarbeitung der Daten.

Oft wird das Datenbank-/Objekt-Modul für verschiedene Aufgaben eingesetzt und mit verschiedenen Klassen bestückt. Daher prüfen wir in einem zweiten Schritt, ob das Objekt der Klasse `Veranstaltung` angehört. Diese Prüfung erfolgt über die Objekteigenschaft `TableID`. Im Anschluss lesen wir die Inhalte der beiden Felder `Veranstaltung_Strasse_Nr` und `Veranstaltung_Ort` aus, um über die Google Maps API den Längen- und Breitengrad zu ermitteln.

Sofern die Google Maps API anhand der vom Hook übergebenen Daten die Geo-Koordinaten ermitteln konnte, erhalten wir über die Schnittstelle den Status-Code `OK` und speichern über die webEdition-internen Funktionen `setElement`[3] den Längen- und Breitengrad in die vorgesehenen Felder.

Der Speichervorgang erfolgt dabei über die webEdition-interne Funktion `we_save()`. Es ist wichtig, dass Sie den zweiten Parameter (`skipHook`) auf `true` setzen, um eine Endlosschleife zu verhindern.

Eine sehr nützliche Funktion während der Entwicklung ist der webEdition-interne Funktionsaufruf `t_e()`, mit dem Sie direkt ins webEdition Error-Log schreiben und somit die verarbeiteten Daten des Hooks überprüfen können. Im Live-Betrieb sollten Sie diese Funktion auskommentieren, da der Error-Log sonst sehr schnell wächst.

6.3 Apps

Neben Custom Tags und Hooks können Sie eigene Module – „Apps“ genannt – erstellen. Sie verhalten sich wie viele der mitgelieferten Module. Sie bringen eine Oberfläche für Redakteure, aber auch Entwickler mit, integrieren sich in das Rechtesystem der Benutzerverwaltung (siehe Abschnitt 5.2.2), stellen ggf. spezielle webEdition Tags zur Verfügung und erlauben zusätzlich, eigene Hooks zu definieren.

Diese Anwendungen basieren auf einem Software Development Kit, dem webEdition SDK. Es stellt Klassen und Methoden bereit, die Sie in Ihrer Anwendung zur Eingabe, Verarbeitung und Ausgabe von Daten nutzen. Genauso wie das CMS selbst wird das SDK kontinuierlich weiterentwickelt, um den Komfort (z. B. bei der Arbeit mit Eingabeelementen) zu verbessern und den Gesamtfunktionsumfang zu erweitern. Dazu zählt unter anderem die Integration des neuen JavaScript Frameworks, das aktuell in webEdition 6.4 und erst anschließend in das SDK aufgenommen wird.

[3] Diese und andere Methoden finden Sie in der Datei **`webEdition/we/include/we_modules/object/we_objectFile.inc.php`**. Da es sich hier um interne webEdition-Funktionen handelt, die sich bei Updates ändern können, setzen Sie diese mit Bedacht ein.

Wenn Sie eigene webEdition Apps planen, lassen Sie sich jedoch nicht entmutigen, und studieren Sie insbesondere die bereits bestehenden Apps (z. B. we:Hook-Verwaltung) und die Klassendefinitionen des SDK.[4]

Eine Beschreibung des SDK und der Anwendungserstellung würde ein eigenes Buch füllen. Daher beschränken wir uns im Folgenden darauf, die wichtigsten Grundlagen für die Erstellung von webEdition Apps aufzuzeigen. Zu diesen Grundlagen gehört die Anwendungsverwaltung. Diese wurde selbst mit dem SDK entwickelt und erlaubt es u. a., mit wenigen Schritten ein funktionierendes Grundgerüst für Ihre eigene Anwendung zu erstellen.

Rufen Sie die Anwendungsverwaltung über **Extras | Anwendungsverwaltung** auf. Sie sehen eine Liste der installierten webEdition Apps und haben die Möglichkeit, eine neue App zu erstellen oder bestehende zu löschen.

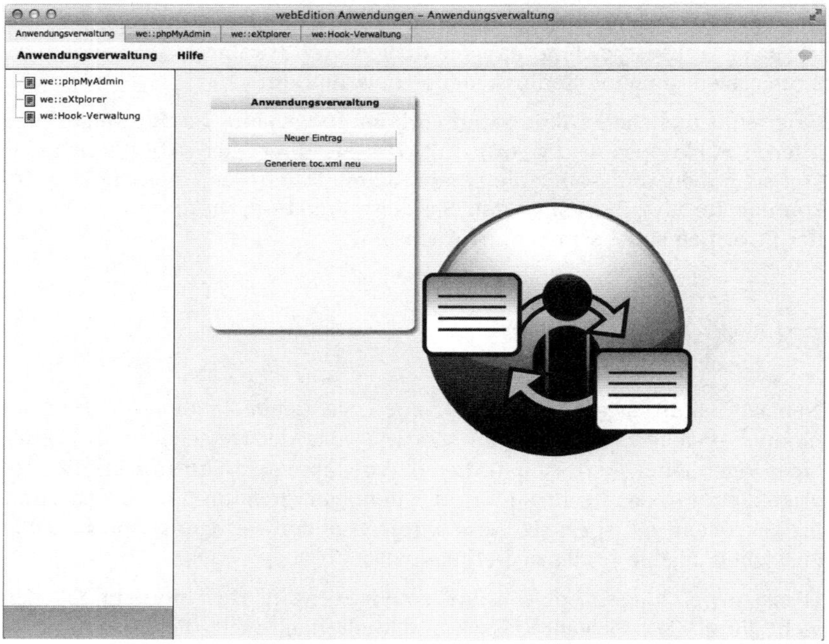

Abbildung 6.3: webEdition Anwendungsverwaltung

Erstellen Sie eine neue App über **Anwendungsverwaltung | Neuer Eintrag.** Abbildung 6.4 zeigt die Eingabemaske. Geben Sie einen systemweit eindeutigen Namen für Ihre Anwendung ein. Nutzen Sie dafür z. B. ein Präfix für Ihre Apps. Alle vom webEdition e.V. angebotenen Apps bekommen als Präfix ein `we:`, Fremdanwendungen wie PHPMyAdmin, die durch den webEdition e.V. in Form einer App bereitgestellt werden, bekommen `we::`.

[4] `http://documentation.webedition.org/api/`

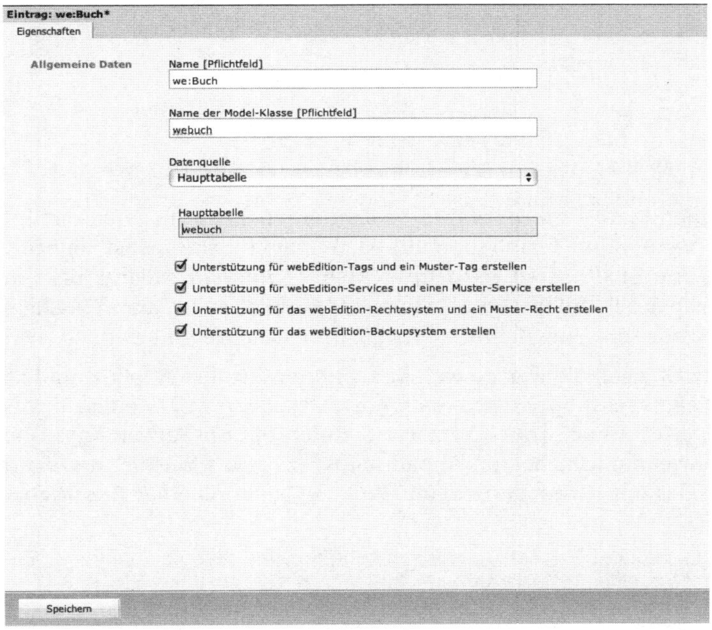

Abbildung 6.4: Neue webEdition App anlegen

Geben Sie anschließend einen Namen für die `Model`-Klasse, eine zentrale Klassendatei Ihrer Anwendung, an. Nach Möglichkeit belassen Sie es bei dem Vorschlag, den die Anwendungsverwaltung erzeugt. Im nächsten Schritt wählen Sie die Art der Datenablage aus:

Haupttabelle

Eine webEdition-Haupttabelle ist eine Tabelle, in der Ordner und Einträge angelegt werden können. Die Haupttabelle enthält einige Standardspalten, wie `ID`, `ParentID` oder auch `Text`. Den genauen Aufbau zeigt das folgende Listing in Form der SQL-Anweisungen, die von der Anwendungsverwaltung erzeugt werden.

Beim Einsatz einer Haupttabelle ist die App direkt nach dem Anlegen einsatzbereit. Das SDK stellt Methoden und Klassen zum Anlegen und Bearbeiten der Inhalte einer solchen Tabelle bereit.

custom

Bei dieser Einstellung erstellen Sie die eventuell nötigen Datenbanktabellen für Ihre Anwendung selbst. Sie müssen auch die meisten Methoden zum Zugriff selbst erstellen.

```
CREATE TABLE '###TBLPREFIX###webuch' (
'ID' BIGINT NOT NULL AUTO_INCREMENT PRIMARY KEY ,
'ParentID' BIGINT NOT NULL DEFAULT '0',
'IsFolder' TINYINT NOT NULL DEFAULT '0',
'ContentType' VARCHAR( 32 ) NOT NULL ,
'Path' VARCHAR( 255 ) NOT NULL ,
'Text' VARCHAR( 255 ) NOT NULL,
'Published' INT( 11 ) NOT NULL default '0', '
Status' VARCHAR( 255 ) NOT NULL default '') ENGINE = MYISAM;
```

Bei beiden Methoden muss Ihre Anwendung bei der „Installation" in einer neuen webEdition-Installation die Datenbanktabelle selbst anlegen. Der Begriff „Installation" ist deshalb nicht ganz treffend, weil aktuell Anwendungen per FTP in das App-Verzeichnis (`webEdition/apps`) hochgeladen werden müssen. Eine definierte Installationsroutine gibt es noch nicht.

Als Letztes legen Sie wenige weitere Optionen für Ihre App fest und klicken anschließend auf **Speichern**. Nach einem Neustart von webEdition ist das Grundgerüst Ihrer App einsatzbereit. Rufen Sie die Anwendung über **Extras | Anwendungsname** auf. Abbildung 6.5 zeigt als Beispiel den Startbildschirm des App-Grundgerüsts `we:Buch` bei Nutzung einer Haupttabelle.

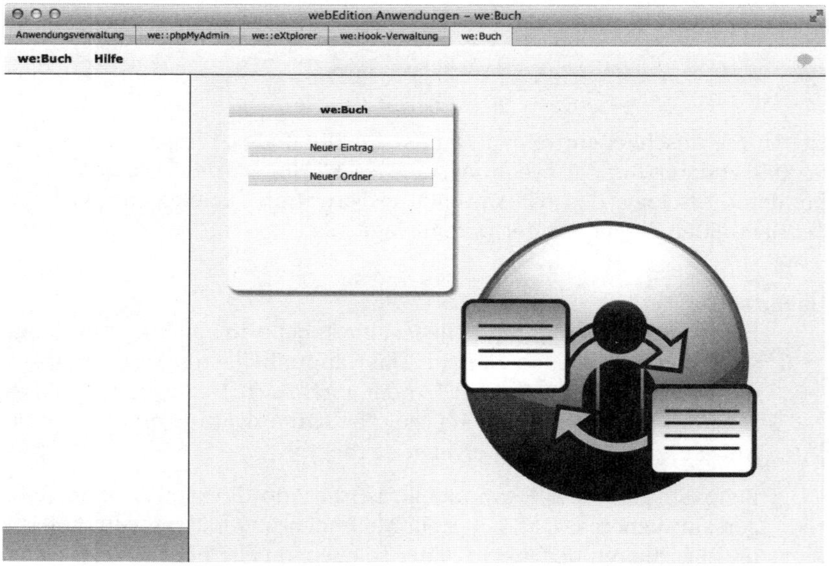

Abbildung 6.5: webEdition-Anwendung we:Buch

Im Hintergrund hat die Anwendungsverwaltung eine komplette Verzeichnisstruktur mit allen nötigen Dateien für die App erstellt. Je nach gewählten Optionen sind auch Code-Beispiele enthalten. Ihre App liegt im Verzeichnis `webEdition/apps/<Name der App>`.

Die Ordnernamen erklären den Inhalt. Bearbeiten Sie nun z. B. die Dateien im Ordner `lang`, um Sprachkonstanten festzulegen, legen Sie Tags der Anwendung im Ordner `tags` ab und stellen Sie die zentralen Konfigurationen im Ordner `conf` ein.

Eine besonders wichtige Datei ist das App-Manifest. Dieses finden Sie unter `/webEdition/apps/Appname/conf/manifest.xml`.

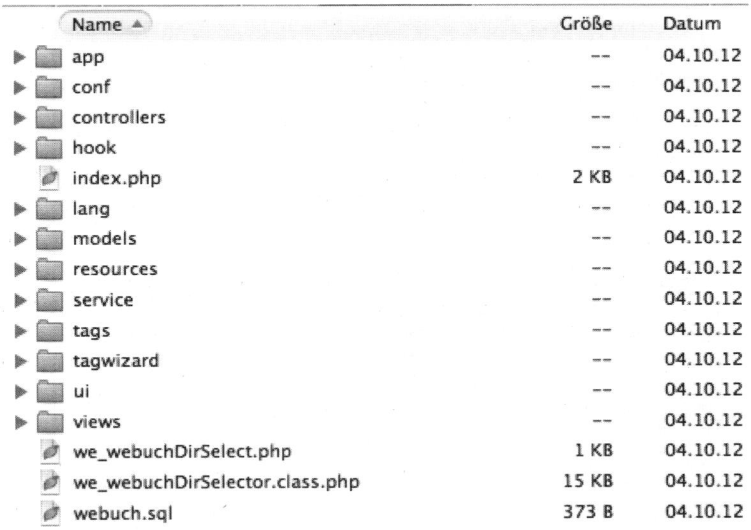

Abbildung 6.6: Verzeichnisstruktur einer webEdition App

Das Listing zeigt das durch die Anwendungsverwaltung generierte Manifest:

```
<?xml version="1.0" encoding="utf-8"?>
<!-- minimal manifest for webEdition applications -->
<!-- values not found here are obtained from /webEdition/lib/we/app/\
defaults/manifest.xml -->
<!-- a sample showing all currently supported values can be found at /\
webEdition/lib/we/app/defaults/sample-manifest.xml -->
<manifest>

  <creator>
    <company>webEdition Project</company>
    <name>webEdition e.V.</name>
    <address>Adresse</address>
           <country>DE</country>
    <phone></phone>
    <fax></fax>
    <email>applications@webedition.org</email>
    <www>http://www.webedition.org</www>
    <year>2010</year>
```

```
  </creator>

  <info>
    <implementation>tool</implementation>
    <name>we:Buch</name>
    <classname>webuch</classname>
    <!-- name of the app, at least de and en should be supplied -->
    <title>
      <de>App Name</de>
      <en>app name</en>
    </title>
    <!-- a small description of the app, at least de and en should be ↘
supplied -->
    <description>
      <de>Beschreibung</de>
      <en>description</en>
    </description>
    <version>0.01</version>
    <license>GPL3</license>
    <licenseurl>http://www.gnu.org/licenses/gpl.html</licenseurl>
    <encoding>none</encoding>
    <supportshooks>true</supportshooks>
    <usewetableprefix>true</usewetableprefix>
    <deactivatable>true</deactivatable>
    <deinstallable>true</deinstallable>
    <updatable>true</updatable>
    <categories>
      <category>miscellaneous</category>
    </categories>
  </info>

  <requirements>
        <php-version>5.2.4</php-version>
        <php-ext>simplexml</php-ext>
        <php-ext>gdlib</php-ext>
  </requirements>

  <dependencies>
    <version>6331</version>
    <sdkversion>6331</sdkversion>
  </dependencies>
</manifest>
```

Bearbeiten Sie in jedem Fall diese Datei und tragen Sie die zu Ihrer App passenden Inhalte ein. Achten Sie insbesondere auf die Abschnitte `requirements` und `dependencies`. Sie legen fest, welche webEdition- und SDK-Versionen sowie weitere Zusatzfunktionen Ihre Anwendung benötigt. Alle weiteren nötigen Schritte hängen von dem tatsächlichen Einsatzzweck Ihrer Anwendungen ab.

Wie bereits erwähnt, können wir das Thema Anwendungsentwicklung an dieser Stelle nur ganz begrenzt anreißen. Nachdem Sie nun ein Grundgerüst angelegt haben, schauen Sie in die generierten Dateien und auch in bestehende webEdition Apps, um Ihre Anwendung zu erstellen. Das webEdition SDK ermöglicht die Erstellung umfassender eigener Anwendungen für Redakteure und Entwickler.

Eine weitere Besonderheit des webEdition SDK liegt in der Lizenzierung unter der *Lesser General Public Licence* (LGPL). Sie ermöglicht es, webEdition Apps sowohl als Open Source Software anzubieten als auch kommerziell zu vertreiben, unabhängig davon, dass das webEdition Basissystem eine Open Source Software ist. Dadurch lassen sich ggf. Entwicklungskosten für umfangreiche webEdition Apps refinanzieren oder sogar ein Geschäftsmodell aufbauen.

Anhang

A

Anhang

Geschichte und Verein

A.1 Entwicklungsgeschichte

Ein wichtiges Kriterium bei der Wahl eines Content Management Systems ist die Zukunftssicherheit. Dabei geht es um Fragen wie:

- Wie wird die Weiterentwicklung sichergestellt?
- Wie sieht der Release-Zyklus aus (Anzahl und Häufigkeit neuer Versionen)?
- Können ältere Installationen problemlos auf eine neue Version upgedatet werden?

Niemand kann in die Zukunft sehen, doch ein Blick in die Vergangenheit gibt meist einen guten Eindruck, wie die weitere Entwicklung aussehen könnte. Daher im Folgenden ein Blick auf die Geschichte von webEdition.

Die Entwicklung begann im Jahre 2000 durch die Astarte New Media AG. Damals realisierte das Unternehmen das Formel 1 Internetportal *F1 Plus* und suchte ein geeignetes CMS. Holger Meyer, damals Entwickler bei Astarte, heute Geschäftsführer der Appsolute GmbH, hatte zu der Zeit (eher als Hobbyprojekt) erste Komponenten für ein CMS erstellt. Die nötigen Ausbauschritte für den produktiven Einsatz seiner Entwicklung im Formel 1 Portal waren überschaubar, und so wurde ein Vorläufer von webEdition bereits mehr als ein Jahr vor der Veröffentlichung in einem großen Projekt eingesetzt. Schnell entstand die Idee, ein neues Produkt, ein vollwertiges Content Management System daraus zu entwickeln. Der Name „webEdition" entstand eher zufällig bei der Durchsicht der durch die Astarte New Media AG reservierten Domainnamen. Die erste öffentliche Version wurde im November 2001 veröffentlicht.

Zu Beginn bestand webEdition nur aus einer kostenpflichtigen Basisversion. Astarte setzte auf die immer stärkere Verbreitung von Open Source Software und baute das System auf PHP und MySQL auf.

Dank des guten Preis-Leistungsverhältnisses sowie der innovativen Oberfläche konnte webEdition in kurzer Zeit viele Benutzer gewinnen. So spricht eine der frühen Pressemitteilungen des Unternehmens[1] von 1.000 Kunden innerhalb von zehn Monaten nach Veröffentlichung; andere Quellen sprechen von 2.000 Lizenzen in knapp einem Jahr.[2]

Ein Jahr nach Veröffentlichung der ersten Version erschien mit webEdition 2 eine umfangreiche Überarbeitung des Systems, und 2002 gewann die Software den ersten Platz des baden-württembergischen CyberOne-Wettbewerbs („Gesucht werden Startups und mittelständische Wachstumsunternehmen aus allen Technologiebranchen in Baden-Württemberg, die mit innovativen Konzepten und Strategien neue Standards setzen und die Märkte revolutionieren. Die Preisträger zeichnen sich durch innovative Konzepte und Strategien aus und bieten Internet-Lösungen speziell für den Mittelstand und kleine Unternehmen an."[3])

Das CMS war von Beginn an modular ausgerichtet, so dass im Laufe der Zeit Zusatzmodule entwickelt und veröffentlicht wurden.

Der Verkauf des CMS entwickelte sich so gut, dass die Weiterentwicklung im März 2003 in die neu gegründete webEdition Software GmbH ausgegliedert wurde, die auf zahlreiche der ursprünglichen webEdition-Entwickler zurückgreifen und somit in kurzer Folge viele Erweiterungen und Verbesserungen des CMS veröffentlichen konnte.

Darüber hinaus startete im August 2003 das webEdition Partnerprogramm. Damit richtete sich die webEdition Software GmbH an Agenturen und We-

1 `http://www.press1.de/ibot/db/1030455254264088612n0.html`

2 `http://it-republik.de/php/news/Astarte-bringt-drei-neue-Module-fuer-webEdition-007368.html`

3 `http://www.cyberone.de/cms/index.php?id=28`

bentwickler als Vertriebspartner. Die Partner verkauften webEdition-Lizenzen und bekamen neben einem Rabatt von 15% auf den Listenpreis Vorabinformationen über neue Entwicklungen sowie Unterstützung durch Marketingmaterialien.

Einen neuen, vielversprechenden Ansatz beschritt die webEdition Software GmbH Anfang 2005. Mit webEdition easy wurden besonders Kunden in den Fokus genommen, die zwar den Inhalt einer Internetpräsenz pflegen, sich jedoch weder mit der Programmierung von Vorlagen auseinandersetzen noch eine Agentur für die Programmierung beauftragen wollten. Web-Edition easy war ein vollständiges webEdition, jedoch waren einzelne Funktionen für den Redakteur gesperrt. Ergänzt wurde das System durch den First-Steps-Wizard, der es dem Redakteur ermöglichte, aus einer Anzahl an Layouts das passende für die eigene Seite auszuwählen.

webEdition easy wurde nur in Zusammenarbeit mit Webhostern angeboten, bei domainFACTORY etwa unter dem Namen „dF CMS" gegen eine monatliche Gebühr. webEdition easy kam zu einer Zeit, in der immer mehr Systeme einfache Webseiten ohne Programmieraufwand, also „Out of the box", anboten. Besonders Blogsysteme wie WordPress machten es Redakteuren leichter, aus einer Menge an fertigen Layoutvorlagen eine passende auszuwählen und direkt mit dem Erstellen der Inhalte zu beginnen. web-Edition easy konnte sich in diesem Markt nicht durchsetzen und wurde schließlich eingestellt.

2006 wurde aus der webEdition Software GmbH die living-e AG, die im Oktober 2006 das webEdition Partnerprogramm 2.0 vorstellte.[4] Das Neue bestand im Wesentlichen in einer Aufsplittung in Solution und Certified Partner sowie der Einführung einer höheren Jahresgebühr. Im November 2008 wurde das System unter die GPL gestellt; webEdition sollte zukünftig eine Managed Open Source Software werden. Unterstützt durch ehrenamtliche Entwickler aus der webEdition Community, bestand die Aufgabe der festangestellten Entwickler der living-e AG darin, die Entwicklung zu koordinieren und kostenpflichtigen Support anzubieten.

Mit der Offenlegung des Quellcodes wurde webEdition ab der Version 6 kostenlos angeboten. Die Lizenzgebühr entfiel und auch das Partnerprogramm wurde verändert. Partner konnten nun für ihre Partnergebühr in begrenztem Umfang Supportdienstleistungen in Anspruch nehmen. In den Reihen der webEdition-Partner wurde der Schritt sehr zwiespältig wahrgenommen. Eine große Zahl der Solution-Partner und auch webEdition-Nutzer sorgten sich um die Zukunft von webEdition. Viele befürchteten bereits zu diesem Zeitpunkt, dass die living-e AG die Weiterentwicklung von webEdition komplett einstellen und sich auf andere Geschäftsfelder konzentrieren würde. Die Einschätzung bewahrheitete sich, als die living-e AG am 1. Juni 2009 den Quellcode und alle weiteren Ressourcen um webEdition vollständig an

[4] `http://www.pressebox.de/pressemeldungen/living-e-ag/boxid/77069`

die Community übergab, die hauptsächlich aus den webEdition-Partnern bestand.

Schnell gab es erste Initiativen, und so trafen sich 36 zumeist ehemalige webEdition-Partner am 22. August 2009 in Frankfurt zum ersten webEdition Community Tag.[5] Einen Tag lang tauschte man sich in unterschiedlichen Workshops und Vorträgen über die Zukunft des CMS aus und entwickelte Ideen, Wünsche und Strategien.

Ein besonderer Schwerpunkt lag auf der Frage nach einer sinnvollen Organisationsform. Nach einigen Überlegungen kristallisierte sich die Idee, einen Verein zu gründen, als die sinnvollste Lösung heraus. Gleich am ersten webEdition Tag wurden darum erste Arbeitsgruppen gebildet, die sich unter anderem mit den Bedingungen für eine Vereinsgründung sowie ersten Überlegungen zu einer Satzung und ganz praktisch mit der technischen Weiterentwicklung des CMS beschäftigten.

Die Programmierung kam am schnellsten voran, und so erschien im Dezember 2009, nur vier Monate nach dem webEdition Tag in Frankfurt, mit webEdition 6.0.0.7 die erste vollständig von der webEdition Community entwickelte Version. Etwas später, im Februar des folgenden Jahres, konnte auch die Vereinsgründung in Angriff genommen werden. So traf sich am 20. Februar 2010 eine Gruppe von 13 webEdition-Nutzern zur Gründungsversammlung des webEdition e. V. Im September 2010 wurde der Verein schließlich in das Vereinsregister Berlin eingetragen, eine wichtige Voraussetzung für den Antrag auf Gemeinnützigkeit. Im Januar 2011 wurde der webEdition e. V. dann als gemeinnützig anerkannt.

Parallel dazu entstand mit `http://www.webedition.org` die neue zentrale Anlaufstelle für alle Ressourcen und Informationen rund um webEdition. Vom 12.–13. Oktober 2011 fand die erste webEdition Nutzer-Konferenz[6] in Frankfurt am Main statt.

Am 1. Dezember 2011 wurde das bis dahin ehrenamtliche Entwicklerteam durch einen fest angestellten Entwickler[7] verstärkt. Die Programmierung des CMS wurde seit der Übernahme durch den Verein stetig und in möglichst kurzen Abständen zwischen den Versionen vorangebracht. Es konnten bereits einige neue webEdition-Versionen veröffentlicht werden, in denen mehrere hundert kleine oder große Fehler behoben und umfangreiche neue Funktionen wie u. a. die „Suchmaschinen-freundlichen URLs“ für Objekte umgesetzt wurden. Einen Überblick gibt die Versionsübersicht der

[5] `http://www.we-tag.de/de/we-tag/01/index.php`

[6] `http://webedition.org/de/webedition-konferenz/2011/rueckblick.php`

[7] `http://webedition.org/de/aktuelles/webedition-verein/webEdition-Entwickler-Team-durch-Lukas-Imhof-verstaerkt`

Hauptversion webEdition 6.[8] Als Meilenstein ist die Version 6.3[9] vom 25. April 2012 zu nennen. Darin wurde nahezu die gesamte webEdition-interne Infrastruktur aktualisiert, so dass webEdition-Seiten sowohl im Backend als auch im Frontend deutlich schneller als bisher verarbeitet und ausgeliefert werden.

Wie eingangs erwähnt, hilft der Blick in die Geschichte, um Ableitungen für die Zukunft eines CMS zu machen. Aus unserer Sicht zeigt die Vergangenheit eine eindeutige Botschaft: Die Zukunft von webEdition war und ist gesichert!

A.2 webEdition und Open Source

Im Gegensatz zu sehr prominenten Open-Source-Projekten wie TYPO3 oder WordPress entwickelte sich webEdition zunächst als kommerzielle Software. Welche Motivation die living-e AG dazu bewegte, das CMS webEdition als quelloffene Software anzubieten, lässt sich nur mutmaßen. Ein beeinflussender Faktor war sicherlich die zunehmende Verbreitung von anderen kostenlosen und quelloffenen Content Management Systemen, die die gleiche Zielgruppe wie webEdition fokussierten. Gleichwohl wäre neben einer reinen GPL auch eine duale Lizenzierung möglich gewesen, bei der neben der kostenlosen CMS-Version eine kostenpflichtige Version angeboten würde. Die Geschichte von webEdition hat uns jedoch gezeigt, dass eine kommerzielle Weiterentwicklung trotz Maßnahmen wie dem Partnerprogramm 2.0 und einer Umstrukturierung im Preismodell (Kosten für das Basissystem wurden durch bereits mitgelieferte Zusatzmodule erhöht) nicht sichergestellt werden konnte.

Beim Übergang von der kommerziellen Lizenz zur quelloffenen GPL konnte die sich bildende Community von folgenden Faktoren profitieren:

- Viele Core-Entwickler engagierten sich zu Beginn bei der Weiterführung des Projektes.
- Es gab bereits ein umfassendes Partnernetzwerk, das an der Weiterentwicklung stark interessiert war.
- Das CMS webEdition besaß und besitzt eine sehr gute Marktreife und Marktdurchdringung im CMS-Markt für kleine und mittelständische Unternehmen.

[8] `http://webedition.org/de/webedition-cms/versionshistorie/webedition-6/`

[9] `http://webedition.org/de/webedition-cms/versionshistorie/webedition-6/version-6.3.0.0`

Die genannten Faktoren sind für den Erfolg von Open-Source-Projekten entscheidend, denn sie „überleben“ nur bei ausreichender Akzeptanz in der Community. Bei Open Source Software gestaltet sich das Geschäft sehr dienstleistungsorientiert in einer Art Ökosystem[10] aus Herstellern, Technologiepartnern, Dienstleistern und Kunden.

Durch die starke Marktdurchdringung und das von der living-e AG initiierte Partnerprogramm besitzt das Content Management System webEdition eine breite Kunden- und Dienstleisterbasis. Die Rolle des federführenden Herstellers hat seit 2010 der webEdition e. V. übernommen. Obwohl mit dem Erscheinen von webEdition 6 ein erster Technologiepartner – die econda GmbH mit dem Schwerpunkt Web Shop Controlling – gewonnen werden konnte, besteht in diesem Punkt aktuell noch Erweiterungspotenzial.

Gleichzeitig hat die Vereinsarbeit der letzten zwei Jahre dazu geführt, dass das Partnernetzwerk und die Mitgliederzahlen kontinuierlich wachsen und sich somit die Community und die Weiterentwicklung des CMS erfolgreich entwickeln. Dadurch bietet webEdition viele Einstiegs- und Nutzungsmöglichkeiten. Anwender, die bspw. Open Source Software hauptsächlich zur Kosteneinsparung einsetzen, können aufgrund der einfachen Bedienung das System selbst installieren und produktiv einsetzen. Wird für umfangreiche und technisch sehr aufwendige Projekte professionelle Unterstützung benötigt, kann ein entsprechender Dienstleister aus dem umfangreichen Partnernetzwerk[11] ausgewählt werden.

Ein weiterer Vorteil für Anwender, der durch die Quelloffenheit von webEdition entstand, ist die direkte Unterstützung bei der Weiterentwicklung durch engagierte Vereinsarbeit, Spenden oder Beauftragung von Funktionserweiterungen bei Core-Entwicklern. Umfangreiche Erweiterungen außerhalb der festgelegten Release-Planung[12] können in der Community diskutiert und bei kurzfristigem Bedarf gemeinschaftlich beauftragt werden. Dadurch profitiert die gesamte Community von neuen Funktionen, und Kosten für die Entwicklung können moderat verteilt werden.

A.3 webEdition und Barrierefreiheit

Ein Thema, dessen sich der webEdition e.V. besonders annehmen möchte, ist die Barrierefreiheit im Internet. Damit ist zusammenfassend die uneingeschränkte Zugänglichkeit von Informationen gemeint. Dabei sollen nicht nur Menschen mit Behinderungen, sondern alle Nutzer mit körperlichen und/oder technischen Einschränkungen berücksichtigt werden.

[10] Vgl. Fritsch, W. (2011): „Quelloffene Software erfordert Dienstleistungen – Die Community ist maßgeblich“, In: Computer Reseller News, Ausgabe 28/2011, WEKA FACHMEDIEN GmbH, Harr, S. 16–17.

[11] `http://webedition.org/de/partner/uebersicht.php`

[12] `http://www.webedition.org/de/webedition-cms/roadmap.php`

webEdition ermöglicht derzeit die Erstellung barrierefreier Websites nach den aktuell gültigen Richtlinien der *Barrierefreie-Informationstechnik-Verordnung* (kurz: BITV) 2.0[13] und den *Web Content Accessibility Guidelines* (kurz: WCAG) 2.0.[14] Dies soll auch in Zukunft sichergestellt werden.

Zudem setzt sich der webEdition e.V. für die barrierefreie Nutzung von webEdition ein, d. h. zukünftig sollen nicht nur barrierefreie Websites erstellt werden können, sondern die Nutzung des CMS und der Erstellungsprozess selbst sollen ebenfalls barrierefrei möglich sein.

Zur Realisierung dieses Zieles haben sich die Entwickler für ein stufenweises Vorgehen entschieden. Mit Erscheinen der webEdition-Version 6.3 wurden zunächst grundlegende systemweite Änderungen vorgenommen, die es ermöglichen, veraltete Web-Technologien (z. B. Frames) durch neuere zu ersetzen. Dadurch soll die derzeit vorhandene grafische Benutzeroberfläche schrittweise zugänglicher gestaltet werden, so dass bspw. die Bedienung des Backends vollständig über die Tastatur möglich ist. Neben der Beseitigung überholter Technologien werden in einem Evaluierungsprozess neue Frameworks geprüft und erst nach Erfüllung aller Anforderungen in das CMS integriert, z. B. das JavaScript Framework ExtJS,[15] das voraussichtlich ab webEdition 6.4 verfügbar sein wird. Für die webEdition-Version 7 ist eine grundlegende Überarbeitung der grafischen Benutzeroberfläche des Backends geplant, die dann eine barrierefreie Nutzung des CMS ermöglicht.

Dass die barrierefreie Nutzung von Software aktuell noch „stiefmütterlich" behandelt wird, bestätigte uns auch Jan Eric Hellbusch, Spezialist für barrierefreies Webdesign und Autor mehrerer Bücher[16] zum Thema Barrierefreiheit, auf der ersten webEdition Konferenz 2011 in seinem Vortrag *Herausforderung Barrierefreiheit – die ATAG 2.0 kommen.*[17] In seinem Vortrag machte Jan Eric Hellbusch auf die Notwendigkeit barrierefrei nutzbarer Redaktions- und Content Management Systeme aufmerksam. Im Mittelpunkt stand dabei die Vorstellung der *Authoring Tool Accessibility Guidelines* (kurz: ATAG) 2.0[18] sowie die technische Spezifikation *Accessible Rich Internet Applications* (kurz: ARIA),[19] die die Zugänglichkeit von sog. Rich Internet Applications im Web 2.0 (basierend auf JavaScript und AJAX) verbessern soll. Der Vortrag bekräftigte das vom webEdition e.V. gewählte stufenweise Vorgehen auf dem Weg zu einem barrierefrei nutzbaren Content Management System. Um es mit den Worten von Jan Eric Hellbusch zusammenzufassen: „Alles in der Web-Entwicklung braucht seine Zeit."

13 `http://www.bit.bund.de/BIT/DE/Meldungen/2011/BITV__2-0.html`
14 `http://www.w3.org/Translations/WCAG20-de/`
15 `http://www.sencha.com/products/extjs`
16 `http://2bweb.de/services/literatur.html`
17 `http://www.webedition.org/de/webedition-konferenz/2011/#session_atag`
18 `http://www.w3.org/TR/ATAG20/`
19 `http://www.w3.org/WAI/intro/aria.php`

A.4 Der webEdition Verein

13 engagierte webEdition-Nutzer und -Entwickler gründeten am 20. Februar 2010 in Berlin den webEdition e.V. Der als gemeinnützig anerkannte Verein möchte das CMS weiterentwickeln und so erweitern, dass eine barrierefreie Webseitenpflege möglich ist. Die Präambel aus der Satzung des webEdition e.V. macht die Ziele deutlich:

> Wir sind der Überzeugung, dass das Internet und seine Möglichkeiten allen Menschen zur Verfügung stehen sollte und bestehende Barrieren bei der Nutzung und Veröffentlichung abgebaut werden müssen.
>
> Der Verein fördert zu diesem Zweck das Open Source Content Management System webEdition. Dieses ermöglicht bereits jetzt die Veröffentlichung und Pflege von barrierearmen Internetauftritten und zeichnet sich durch eine einfache und auch für den Laien verständliche Bedienung aus.
>
> Das Ziel des Vereins ist es, die bestehenden Stärken des CMS webEdition in den Bereichen Barrierefreiheit und einfache Bedienbarkeit weiter auszubauen und zu erweitern.
>
> Deshalb ist neben der fortlaufenden Anpassung an die sich weiterentwickelnden Standards des Internets das erklärte Ziel, ein System zu schaffen, mit dem nicht nur barrierefreie Internetseiten erstellt werden, sondern der gesamte Vorgang des Publizierens und Veröffentlichens barrierefrei möglich ist.[20]

Etwas mehr als zwei Jahre nach der Gründung hat der Verein bereits 60 Mitglieder und Fördermitglieder (Stand: September 2012). Die Fördermitglieder werden unter anderem in Anlehnung an die Geschichte des CMS als webEdition Partner und webEdition Gold Partner bezeichnet. Dank der finanziellen Unterstützung der Mitglieder und Fördermitglieder ist es dem Verein gelungen, zwei Jahre nach der Gründung den ersten festangestellten Entwickler zu beschäftigen. Auch wenn webEdition wie viele andere Open-Source-Projekte besonders vom Engagement ehrenamtlicher Entwickler profitiert, ist der Einsatz von festangestellten Kräften ein wichtiger Meilenstein bei der Weiterentwicklung und Zukunftssicherheit des Systems. Besonders die Stabilität der Entwicklung profitiert dadurch enorm.

Neben der Weiterentwicklung des Systems, zu der auch der Betrieb eines Forums[21] sowie eines Bugtrackers[22] zur Erfassung von Fehlern und neuen Funktionen gehört, veranstaltet der webEdition e.V. einmal im Jahr ei-

[20] `http://webedition.org/de/verein/satzung/satzung.php`
[21] `http://forum.webedition.org`
[22] `http://qa.webedition.org`

ne webEdition-Nutzerkonferenz[23]. Mit Vorträgen und Workshops zu den Themen webEdition und Webentwicklung im Allgemeinen können die Teilnehmer ihr Wissen erweitern und gleichzeitig interessante Kontakte innerhalb der wachsenden webEdition Community knüpfen und pflegen. Darüber hinaus werden Fortbildungen und Schulungen für webEdition Core-Entwickler angeboten. In diesen werden die Teilnehmer in die Struktur des webEdition-Codes eingeführt und erfahren, wie sie sich an der Weiterentwicklung des Systems beteiligen können.

Der webEdition e.V. sorgt damit für die Code-Stabilität und stellt gleichzeitig die kontinuierliche Weiterentwicklung sicher. Durch die Organisationsform eines gemeinnützigen Vereins ist der Fokus nicht auf Gewinnerzielung ausgerichtet. Die Mitglieder haben in erster Linie die Zukunft des CMS zum Ziel und setzen sich dafür ein. Die vielen in den mehr als zwei Jahren seit Gründung des Vereins behobenen Fehler und umgesetzten neuen Funktionen bestätigen, dass sich das Modell bewährt hat und sowohl das CMS als auch der Verein eine sichere Zukunft haben.

[23] `http://www.webedition.org/de/webedition-konferenz/`

Index

D

E

LEARN